中国审计25年
回顾与展望

ZHONGGUO SHENJI 25 NIAN HUIGU YU
ZHANWANG

李金华　主编

人民出版社

前　言

今年是审计署成立 25 周年。

25 年在人类历史长河中是极其短暂的。但在我国创立和实行社会主义审计监督制度的这 25 年间，伴随着我国波澜壮阔的改革大潮，审计工作所经历的事情比较复杂，所走过的路程比较艰辛，值得认真回顾和总结，以便为我国审计事业更好更快地发展提供宝贵经验。

正是为了这个目的，我们编写了这本《中国审计 25 年回顾与展望》。本书包括综合篇、专题篇和展望篇三个部分。综合篇是以全国政协副主席、审计署原审计长李金华访谈的形式，对 25 年来不断探索中国特色审计之路的经验总结；专题篇是以审计署各司局和各事业单位总结的形式，对建立和完善中国特色社会主义审计监督制度的系统回顾；展望篇是以审计署领导同志专题文章的形式，对中国审计未来发展的思考和展望。

从这本书中，可以比较清楚地管窥这 25 年审计工作发展的基本脉络，可以得到许多有意义的深刻启示，可以激励广大审计工作者和关注审计事业发展的人们继续不断地进行探索和开拓，把具有中国特色社会主义审计监督制度更好地坚持下去，在坚持中不断发展，在坚持中不断提高，在坚持中不断完善，使之在我国社会主义现代化建设中，在构建社会主义和谐社会中发挥更加积极的作用。

编　者

2008 年 10 月

全面履行审计监督职责
推动经济社会又好又快发展（代序）

审计署审计长　刘家义

我国审计机关自1983年成立，至今已走过了25年的光辉历程。25年来，在党中央、国务院的正确领导下，审计机关坚持以邓小平理论、"三个代表"重要思想为指导，深入贯彻落实科学发展观，不断探寻审计工作的内在规律，不断探索社会主义审计监督制度，在探索中创新、在创新中发展，初步走出了一条有中国特色的审计之路，审计监督职能作用得到充分有效的发挥。

一、实事求是，与时俱进，开创中国特色审计之路

新中国的审计事业是伴随着伟大祖国波澜壮阔的经济体制改革和对外开放而产生，并逐步发展壮大的。党的十一届三中全会以来，党和国家的工作重点转到了经济建设上来。随着经济体制改革和对外开放、对内搞活的不断深入，职能部门集规章制定、执行、管理、监督于一体的状况，已经不能适应社会主义建设的新要求，迫切需要建立一个独立的、有权威的专门审计机关，以加强国家对财政经济活动的监督。为此，1982年《宪法》规定，国务院设立审计机关，在总理领导下，依照法律规定独立行使审计监督权。1983年9月15日，中华人民共和国审计署成立，我国社会主义审计事业开始起步。25年来，经过开创组建、积极探索、规范提高，审计工作在主动为党和国家工作大局服务的过程中不断发展壮大，取得了突出成绩，积累了宝贵经验，为开创中国特色审计之路奠定了坚实的基础。

（一）确立了符合中国实际的审计工作方针，审计工作思路不断明晰

25 年来，根据审计工作不同发展阶段的实际需要，我们确立了各个时期的指导思想和工作方针。组建初期，我们有针对性地提出了"边组建、边工作"的方针，使审计机关很快进入角色，逐步开展工作；组建任务基本完成之后，确定了"抓重点、打基础"、"积极发展、逐步提高"的方针，不断拓宽审计领域，促使审计监督成为一项经常性制度；党的十四大以后，适应发展社会主义市场经济的要求，提出了"加强改进、发展提高"的方针，不断加强审计法制和规范化建设；近些年来，根据经济社会发展的新要求，确定了"依法审计、服务大局、围绕中心、突出重点、求真务实"的工作方针，坚持以真实性为基础、以打假治乱为重点，加大了对严重违法违规问题和经济犯罪的查处力度，使依法履行审计监督职责更加到位。

实践证明，这些指导方针是符合中国经济社会发展实际的，是行之有效的。尤其是"依法审计、服务大局、围绕中心、突出重点、求真务实"的工作方针，是在前几代审计人努力的基础上，适应中国的现实情况，不断丰富、完善和发展起来的，需要我们一以贯之地坚持下去。

"依法审计"是审计工作必须始终坚持的法理精神。所谓"依法审计"，就是要以宪法有关规定为最高依据，按照法律的授权，以法定的程序、权力、义务、职责、依据、标准和手段开展独立审计工作。

"服务大局、围绕中心"是有效开展审计监督的重要战略，是审计工作保障经济社会健康发展的必然要求，也是审计事业不断适应中国特色社会主义建设事业的正确选择。审计工作只有从经济社会发展的大局出发，及时深入揭示存在的风险，站在更高层面上，有针对性地提出堵塞漏洞、加强管理、促进改革的建议，才能得到党和政府的重视和肯定，得到社会公众的支持和认可。

"突出重点"是审计工作的重要方略，也是审计作为经济社会运行"免疫系统"应对风险的一种有效策略和方法。它要求审计机关和审计人

员不仅要有宏观意识和职业敏感性，也要有分析判断力，能在纷繁复杂的情况下，分出轻重缓急，分出先后顺序，找准对全局、对未来有根本性影响、有重大危害的突破口，牢牢抓住事关经济社会发展大局的重点和难点问题，整合审计力量，"切断火源"，更有针对性地提出审计建议，更有效地发挥好审计的"免疫"功能，履行好审计的职能作用。

"求真务实"是审计工作的基本原则。"求真务实"从根本上说，就是要以发展的眼光来认识和处理问题，进而促进制度、体制和机制的改革和完善，其核心是服务发展和促进发展。

（二）形成了"3＋1"审计业务工作格局，审计监督水平不断提高

25 年来，审计监督的范围由开始主要是企业，发展到财政、行政事业、金融、外资、投资等各个领域，近几年又探索开展了经济责任审计和绩效审计。各项审计业务不断规范、深化和发展。财政审计由"上审下"发展到"同级审"，由重点审计财政收入发展到财政收支审计并重，再到以支出审计为主，注重整体性、效益性、宏观性和建设性。金融审计由对金融机构的财务收支审计发展到以金融资产质量为主线的资产负债损益审计，再到以促进防范风险、提高效益、规范管理为目标，推进建立安全高效稳健的金融运行机制。企业审计由重点查处违法违规问题发展到以真实性为基础的资产负债损益审计，进而走上了经济责任审计与财政财务收支审计相结合、强化监督与为企业服务相结合的路子。经济责任审计的对象从县级以下向地厅级领导干部全面推开，并开展了省部级领导干部经济责任审计试点。

财政、金融、国有企业审计与经济责任审计，构成了有中国特色的"3＋1"的审计业务工作格局，保障了全面履行审计监督职责的需要，促进了审计作为经济社会运行"免疫系统"作用的发挥。其中，金融审计、国有企业审计和经济责任审计在世界上都是独一无二的，具有中国审计的鲜明特色。

（三）探索出"八个结合"的审计工作模式，审计监督职责履行更加到位

25 年来，审计机关始终坚持从我国国情出发，立足于我国的审计工作仍处于社会主义审计事业发展的初级阶段这个最大实际，把学习借鉴别

国经验和探索创新相结合，建立了"八个结合"的审计工作模式，即财政财务收支审计与绩效审计相结合，揭露问题与促进整改相结合，常规审计与打击经济犯罪、惩治腐败相结合，经济责任审计与财政、金融、企业审计相结合，审计与审计调查相结合，中央审计与地方审计相结合，审计监督与其他部门监督相结合，审计监督与舆论监督相结合。通过这些"结合"，使有限的审计资源在当前条件下得到了最大限度的利用，尽可能地满足经济社会发展和社会各方面对审计的需要，提高了审计效力和影响力，同时也丰富了审计的内容和方法，推动了中国特色社会主义审计监督制度不断地创新、完善和发展。

（四）坚持"人、法、技"建设协调发展，为审计工作服务大局提供了基础和保障

25 年来，我们坚持以人为本，依法治审，不断探索和提高审计技术水平，推动"人、法、技"等基础建设，为审计事业的发展提供了根本保障。

以人为本，就是着眼于增强审计队伍的凝聚力、战斗力，狠抓审计干部队伍建设。各级审计机关，一方面加大审计干部公开选拔、交流轮岗、竞争上岗的力度，推进以实战为重点的能力建设，培养出了一大批查核问题的能手、分析研究的高手、计算机应用的强手和精通管理的行家里手；另一方面，大力弘扬"依法、求实、严格、奋进、奉献"的审计精神，始终把廉政建设作为审计工作的生命线，以"外抓审计纪律，内抓机关管理"为重点，坚持和完善以"八不准"① 为核心的审计纪律和审计机关

---

① 根据国务院领导同志关于"从严治理审计队伍"和"审计机关在经费上不得依附于被审计单位"的指示精神，为保证廉洁从审，维护审计机关的良好形象，2000 年 1 月，审计署印发了《关于加强审计纪律的规定》，简称"八不准"，内容是：

（一）不准由被审计单位安排住宿；

（二）不准接受被审计单位安排的就餐和宴请；

（三）不准无偿使用被审计单位的交通工具；

（四）不准参加被审计单位安排的旅游、娱乐和联欢等活动；

（五）不准无偿使用被审计单位的通讯工具和办公用品；

（六）不准接受被审计单位的任何纪念品、礼品、礼金和各种有价证券；

（七）不准向被审计单位提出与审计工作无关的要求；

（八）不准在被审计单位报销任何因公因私的费用。

"一把手"离任审计制度，实行了审前承诺制、审后回访制和廉政考核一票否决制等各项廉政制度。最近两年，组织开展了全系统的财务审计，主动要求有关部门对审计署进行财务检查，改进了工作，规范了管理。

依法治审，就是着眼于提高审计工作的规范化水平，大力加强审计法制建设。继国务院1985年和1988年相继发布《国务院关于审计工作的暂行规定》和《中华人民共和国审计条例》之后，《中华人民共和国审计法》于1994年正式颁布，2006年完成了修订，审计署陆续颁布了38个审计规范以及《国家审计基本准则》等20多个审计准则，构建起了以《宪法》为依据，以《审计法》及其实施条例为主体，以审计准则为基础的比较完善的审计法律体系，为审计工作的开展提供了法律制度保障。各级审计机关坚持"有法可依、有法必依、执法必严、违法必究"，把审计质量作为审计工作的生命线，力求审计结果"百分之百准确"，经得起实践和历史的检验，促进了审计工作水平的不断提高。

先进的审计技术方法是提高审计工作质量和效率的重要因素。25年来，审计机关在改进和创新审计技术方法方面取得了明显进步：一是审计人员的职业敏感性得到了增强，全局性、宏观性、建设性、效益性意识明显提高，审计视野的广度和深度得到了拓展，更加善于在查处重大违法违规问题的同时，分析和揭露深层次的问题，着力促进体制和机制的改革和完善；二是各级审计机关和审计干部更加注重现代审计技术方法的学习、研究和应用，积极采用内控测评、审计抽样等技术方法来提高审计质量和效率，同时高度重视审计信息化建设，不断加强计算机技术在审计工作中的应用，在办公自动化和计算机辅助审计等方面取得重要进展，探索开展了联网审计和信息系统审计。

（五）建立了审计结果公告制度，促进审计监督与社会监督、舆论监督有机结合

审计结果是政府信息的重要组成部分，不仅涉及审计机关自身的工作，更多涉及政府及其各个部门的工作。审计结果的公开，是社会公众了解政府履行职责包括改进工作和规范管理情况的重要途径，是社会公众关

注和监督国家财政收支活动的重要渠道。

党的十六大以来，按照《审计法》的规定和国务院关于政务公开的要求，本着稳步推进、逐步规范的原则，审计机关开始实行审计结果对外公告制度。到目前，全国审计机关共向社会公告审计结果 6000 多篇，其中审计署公告了 160 多项审计或审计调查结果，包括部门单位预算执行、商业银行、支农资金、国债资金、救灾资金、社会保障资金、环境保护、重大工程等项目，有效加强了社会和舆论监督，推动政府部门和工作人员提高了依法行政的自觉性和主动性，以及依法行政的能力和水平。从这个意义上说，审计结果由不向社会公告到向人大常委会报告，再到向社会公告，是推进依法行政、政务公开的重要举措，是促进形成严格遵守法律、严格依法办事法治氛围的重要手段，也是民主法治制度建设上的一大进步。

二、围绕中心，服务大局，审计监督在推动经济社会健康发展等方面发挥了重要作用

25 年来，审计机关始终坚持围绕党和国家经济工作中心开展监督，为促进实现党和国家在各个时期的总目标和重大任务服务，发挥了重要作用，取得了明显成效。

（一）着力监督检查党和国家政策措施的贯彻落实情况，确保政令畅通，维护人民群众的根本利益

25 年来，审计机关把监督检查党和国家政策措施的贯彻落实情况作为重要内容，高度关注宏观调控措施的执行结果和涉及人民群众切身利益的问题，审计监督的内容由检查财政财务收支的真实、合法性扩展到效益性，由关注经济效益扩展到社会效益和生态效益，由查处经济领域的重大违法违规问题扩展到影响资源、环保、民生等关系经济社会全面协调可持续发展的问题，有力地推动了国家宏观调控政策目标的实现，切实保障了人民的权益。如 2003 年以来，审计署共组织了 40 余项维护民生的审计和专项审计调查，涉及"三农"、教育、卫生、社会保障、救灾扶贫、环境

保护等众多方面，推动了各项惠民政策的落实，促使这些资金更好地用于保障人民群众切身利益和经济社会发展。

（二）着力监督检查预算执行和经济责任履行情况，促进依法行政、依法理财，规范行政权力运行

25年来，审计机关不断加大对政府部门单位的审计力度，稳步推进对党政领导干部和国有企业领导人员的经济责任审计，促进了政府部门和工作人员依法行使权力，使政府行为特别是对财政资金的分配、管理和使用更加有效。

一是始终坚持把预算执行审计作为第一位的任务，促进依法行政，推动财政体制改革。审计机关成立初期，先是与税收、财务、物价大检查结合，对下级政府的财政决算进行审计。从1989年起，审计署开始对442个中央部门、金融机构、中央直属企事业单位和地方财政进行经常审计，每年审计一次，连续审几年。1994年的《审计法》确立了"同级审"和"上审下"相结合的预算执行审计监督制度，实行了"两个报告"制度，即审计机关要向本级政府提出对本级预算执行和其他财政收支的审计结果报告，国务院和县级以上地方人民政府每年要向本级人大常委会提出审计机关对预算执行和其他财政收支的审计工作报告，使预算执行审计嵌入了国家财政管理机制，成为其中一个不可缺少的环节。近年来，审计机关以推动财政预算管理制度改革为目标，不断深化了对财政部门具体组织预算执行情况的审计；以促进规范部门预算管理为目标，重点加强了对有资金分配权部门的经常性审计；以推进建立规范化的财政转移支付制度为目标，不断加大了对补助地方支出的审计力度。通过审计，各部门严格执行预算的意识不断增强，规章制度不断完善，预算和财务管理水平不断提升，自我约束能力不断提高。审计机关提出的关于推进财政体制和部门预算改革、严格土地管理、确保社保资金安全等建议，被政府采纳后取得很好效果。

二是始终坚持积极稳妥地推进经济责任审计，切实加强对行政权力的监督制约。经济责任审计是随着我国经济体制和政治体制改革的深化产生和发展起来的一项新型的审计工作，开始主要进行国有企业厂长经理离任审计、承包经营审计，后来发展到党政领导干部的经济责任审计。1999年，中共中央办公厅、国务院办公厅颁发了《县级以下党政领导干部任期经济责任审计暂行规定》和《国有企业及国有控股企业领导人员任期经济责任审计暂行规定》，以行政法规的形式确立了经济责任审计制度，使这项工作在全国范围内普遍推开。2006年，经济责任审计写入了修订后的《审计法》，《经济责任审计条例》也正在制定中。目前县级以下党政领导干部和国有企业领导人员经济责任审计逐步规范，地厅级党政领导干部经济责任审计全面推开，省部级党政领导干部经济责任审计正在继续试点。据统计，近五年来，各级审计机关共审计党政领导干部17多万人，国有及国有控股企业领导人员8900多人。

三是始终注重揭示违规问题所反映出的制度缺陷和管理漏洞，积极发挥审计的建设性作用。审计机关始终坚持把促进加强管理、完善制度作为审计监督的重要目标。2003年以来，各级审计机关向各级党委、政府提交专题或综合报告、信息近60万篇，提出审计建议近40万条，有20多万条已被采纳，为党委政府及有关部门改进管理、完善制度提供了真实有效的信息和决策依据。

（三）着力监督检查会计信息的真实性和国有资产运营情况，推动深化改革，促进科学发展

审计机关成立之初，就把检查会计信息的真实性作为首要任务，在会计领域打假治乱。在对政府部门的审计中，重点关注预算收支的真实性，揭露和查处虚报冒领预算资金、套取挪用财政资金、虚列财政支出等问题，坚决纠正政府部门在预算、决算中的弄虚作假行为；在对国有金融机构的审计中，重点关注资产、负债、损益的真实性，尤其是不良资产状况，揭露和查处弄虚作假、违规经营和内外勾结实施金融诈骗的违法行为，维护金融信息的真实性和可信度，推动防范和化解金融风险；在对国有企业的审计中，重点关注国有资产经营和收益的真实性，揭露和查处弄虚作假、盈亏不实、资产管理混乱等行为，还原经济活动的本来面目，防止国有资产流失。如 2000 年，组织了对 1000 多户国有企业的审计，发现有相当多的企业会计报表不能真实或完全真实地反映其财务状况和经营成果。对这些问题，审计机关予以充分揭露和查处，对企业和社会起到了很好的警示作用，有效地维护了会计秩序，也为政府决策提供了准确的信息和依据。

审计机关还坚持审计的批判性，立足审计的建设性，把促进发展作为职责，更好地推动科学发展。如近 10 年来，审计署组织审计工、农、中、建四大银行 9 次、股份制商业银行 3 次、保险企业 5 次，以及 4 家资产管理公司各 2 次，揭示了金融机构在管理、控制上的薄弱环节和影响国家宏观调控政策措施落实等方面的突出问题，推动了金融企业不断完善风险防范机制，促进了监管机构改进和完善监管工作。在对企业的审计中，进一步强化了服务企业发展的意识，帮助企业避免和挽回、追回了大量经济损失，还关注与反映企业发展面临的一些深层次问题和困难，提出了许多建设性意见。如审计反映大庆油田可持续发展面临的矛盾和困难，得到了国务院领导同志和有关部门的高度重视。

（四）着力监督检查重点专项资金和重大投资项目的绩效状况，促进提高财政资金使用效益，推动社会和谐发展

我国审计机关从成立初期就开始了对绩效审计的探索。如在 1984 年，全国 22 个省（自治区、直辖市）的 270 个审计局对 1263 个部门、单位和企业进行了试审，在试审中就充分关注了经济效益问题，对改善企业经营管理、提高经济效益、增收节支起到了积极作用。2003 年以来，根据审计工作五年发展规划，审计机关坚持把绩效审计与财政财务收支的真实合法性审计和经济责任审计结合起来，与落实宏观调控措施、推动深化改革和完善法规结合起来，绩效审计得到大力推进。仅 2007 年，各级审计机关就开展了 3.7 万多个绩效审计项目，约占审计项目总数的 1/4，涉及绩效审计的工作量占全部审计工作量的 1/3。

在推进绩效审计中，审计机关始终坚持探索符合中国国情、尊重客观规律和借鉴各国有益经验的思路，主要着眼于三个方面：一是关注政府部

门和国有企业的决策行为，揭示决策程序不规范和决策失误造成的重大损失等问题；二是关注重大投资项目和重点财政资金的经济效益，揭示工程建设、资金使用、公务消费等活动中的损失浪费问题；三是关注社会效益和生态效益，揭示工程质量、环境保护、信息安全等方面存在的问题。据统计，2003 年以来，通过重大投资项目审计共核减工程概算和结算额 1000 多亿元。

（五）着力揭露和查处各种违法违规问题，维护财经秩序，促进经济和社会健康发展

审计机关成立之初，就积极参与了打击经济犯罪、整顿经济秩序的工作。25 年来，各级审计机关和广大审计人员坚持原则，敢于碰硬，不断加大审计深度和力度；改进审计方法，强化质量控制，对发现的各种违法违规问题和案件线索一查到底，如实揭露；同时密切与司法、纪检监察机关的联系与配合，建立相应的协作配合机制，为配合有关部门严厉打击经济领域的违法犯罪活动和商业贿赂提供了重要线索。近年来，向司法机关和纪检监察部门移交经济犯罪案件线索 1 万多件，其中包括一些大案要案。这些案件的查处和公开曝光，在社会上引起了强烈反响，为国家挽回了大量经济损失，推动了反腐败斗争的深入发展。

三、以科学发展观为指导，努力构建中国特色的审计监督制度

经过 25 年的发展，我国审计事业进入了总结经验、深化提高的新阶段。但从总体发展水平上看，我国社会主义审计事业还处在发展初级阶段，建设中国特色社会主义审计监督制度的任务还远没有完成。从我国改革和发展的大局来看，党的十七大在深入分析我国国情和现代化建设实际进程的基础上，提出了夺取全面建设小康社会新胜利的新要求，也对审计工作提出了新的更高的要求。审计机关要把握和适应这些要求，牢牢抓住经济社会发展的重点和难点问题深入开展审计，为促进科学发展，更有针对性地提出审计建议，更有效地发挥好审计的"免疫系统"功能，推动审计工作在继承中发展、在巩固中提高。

（一）深入贯彻科学发展观，从更高层次上理解和把握审计的本质

审计工作深入贯彻科学发展观，就是要以这一关于发展的世界观和方法论为灵魂和指南，去认识和探寻审计工作规律，不断发展和完善具有中国特色的审计监督制度。现代国家审计是经济社会运行的"免疫系统"，是民主法治的产物和推进民主法治的工具。审计机关通过依法独立行使审计监督权，能够揭示经济社会运行中的突出障碍和矛盾，抵御和预防其风险，推动宏观调控措施和国家各项政策有效实施，促进经济社会安全高效地运行。从根本上讲，审计监督的权力是体现人民意志的法律所赋予的。党的十七大提出完善制约和监督机制，保证人民赋予的权力始终用来为人民谋利益，是审计本质属性的必然要求，也是审计发挥"免疫系统"功能的重要途径。因此，在社会主义中国，现代国家审计的发展，要求我们必须从保障经济社会安全高效运行和维护人民群众根本利益的高度，来认识审计是经济社会运行的"免疫系统"这一本质，树立科学的审计理念，把"推进法治、维护民生、推动改革、促进发展"作为出发点和落脚点，把维护国家安全、保障国家利益、推进民主法治、促进全面协调可持续发展作为首要任务，推动科学发展观贯彻落实到经济社会发展的各个方面。

（二）认真履行审计监督职责，不断探索和拓展审计服务于经济社会发展的新领域

我国社会主义审计监督制度是在改革开放的过程中产生并发展起来的，这决定了审计工作必须不断适应形势发展的需要，服从和服务于党和国家在新时期的各项任务目标，努力探索为改革和经济建设服务的新途径。在当前和今后的工作中，我们要继续坚持"依法审计、服务大局、围绕中心、突出重点、求真务实"的审计工作方针，立足建设性、坚持批判性，立足服务、坚持监督，立足全局、坚持微观查处和揭露，立足主动性、坚持适应性，立足开放性、坚持独立性，不断增强审计工作的主动性、宏观性、建设性、开放性和科学性，全面监督财政财务收支的真实、合法和效益，在推进社会主义经济、政治、文化和社会建设中发挥更大作

用。要切实做好以下几点：

一是强化"五种意识"，将其贯穿于审计工作全过程。要不断增强政治意识，坚持用政治眼光思考和处理问题，高度关注宏观调控措施、重大方针政策的执行结果和关系人民群众切身利益的热点问题，促进党和国家重大决策的贯彻落实，确保政令畅通；不断增强大局意识，注重揭示违法违规问题所反映出的体制性障碍、政策和制度缺陷、管理漏洞，促进深化改革、健全法治、维护民生和推进政府职能转变；不断增强发展意识，把促进、服务、保障和推动科学发展作为首要职责，高度关注国家安全，保障国家利益，促进经济社会又好又快发展；不断增强忧患意识，着力关注重大违法违规问题和经济犯罪案件，敢于坚持原则，敢于讲真话、报实情、出实招，促进反腐倡廉建设；不断增强责任意识，坚持审计结果公告制度，探索建立特定审计事项阶段性审计情况公告、重大案件查处结果公告制度，逐步实现审计事务公开，推动整改、制度完善和政务公开，促进民主法治建设。

二是做到"六个高度自觉"，使其融入经济社会发展的全局。作为中国特色社会主义事业的组成部分，审计工作必须紧紧围绕大局，高度自觉地融入到国家经济社会发展全局中去；高度自觉地通过审计推进依法治国、民主法治建设；在高度自觉地查处重大违法违规问题的同时，切实推进提高政府效能和财政绩效水平；高度自觉地通过审计推进改革深化，促进政府职能转变；高度自觉地通过审计推进反腐倡廉建设；高度自觉地推进整改，规范管理，有效地推动问责机制的建立和责任追究制度的健全落实。只有这样，才能准确把握审计定位，自觉地、更加有效地服务于大局，才能切实发挥好审计的"免疫系统"功能。

三是突出重点，进一步加大审计监督力度。预算执行审计工作，要以规范预算管理、推动财政体制改革、促进建立公共财政体系、保障财政安全、提高财政绩效水平为目标，坚持"揭露问题、规范管理、促进改革、提高绩效"的审计思路，全面提升层次和水平；金融审计工作，要以维护安全、防范风险、促进发展为目标，服务金融改革，维护金融稳定，完善金融监管，推动建立高效安全的现代金融体系；国有企业审计工作，要以维护国有资产安全、促进可持续发展为目标，紧紧围绕"质量、责任、绩效"，按照"把握总体、揭露隐患、服务发展"的审计思路，监督国有资产安全，揭露重大违法违规问题，确保国有资产保值增值和企业的可持续发展；经济责任审计工作，要以促进领导干部贯彻落实科学发展观、树立正确的政绩观、切实履行经济责任、推动建立健全问责机制和绩效管理为目标，坚持"积极稳妥、量力而行、提高质量、防范风险"的原则，不断提高审计质量，为相关部门评价和选拔、任用领导干部提供重要依据；环境审计工作，要以落实节约资源和保护环境基本国策为目标，维护资源环境安全，促进节能减排措施落实，推动加强资源管理与环境保护；涉外审计工作，要以促进积极合理有效利用资金、防范涉外投资风险、维护涉外经济安全、履行国际责任为目标，着力整合涉外审计资源，拓宽涉外审计领域，提高涉外审计质量。

四是加强经验总结，不断探索符合我国发展实际的审计方法和管理方式。坚持和完善多种审计类型相结合的审计模式，满足经济社会发展对审计的各种需求，提高审计的效果和影响力；积极探索跟踪审计，对关系国计民生的特大型投资项目、特殊资源开发与环境保护事项、重大突发性公共事件、国家重大政策措施试行全过程跟踪审计；全面推进绩效审计，着力构建符合我国发展实际的绩效审计方法体系，探索符合我国国情的资源环境审计模式；努力创新审计管理，积极探索审计项目招投标和合同制管理方式，着力构建审计计划、审计实施、审计项目审理既相分离又相制约的审计业务管理体系，建立审计工作绩效考核评价制度，加强系统内的协调配合，提高审计监督的整体效能。

（三）着力加强"五项基础建设"，夯实审计事业可持续发展的根基

要使审计工作可持续发展，审计这个"免疫系统"有效发挥作用，就必须筑牢自身的基础。从当前情况看，最根本的是着力加强"五项基础建设"：一是大力推进审计队伍建设，坚持以人为本，以提高审计人员

依法审计能力和审计工作水平为核心，强化审计骨干培养，打造高素质的审计领军人才和国际型审计人才，着力打造一支政治过硬、业务精通、作风优良、廉洁自律、文明和谐的审计干部队伍；二是大力推进法治化建设，建立健全审计法律法规，做好审计准则和审计指南的制定、修订工作，强化审计质量控制，探索建立审计项目审理制度和审计质量责任追究制度，提高审计工作的法治化、规范化水平；三是大力推进审计信息化建设，以数字化为基础，进一步探索和完善信息化环境下的审计方式；四是大力推进理论建设，进一步强化审计基础理论和应用理论研究，构建中国特色社会主义审计理论体系，为审计实践服务；五是大力推进审计文化建设，加强审计文化研究，弘扬审计精神，树立文明形象，增强审计事业发展的精神动力。

今年适逢我国改革开放 30 周年，也是审计机关成立 25 周年。25 年来，伴随着改革开放和现代化建设进程，我国社会主义审计事业走过了一段由小到大、由弱到强、由少为人知到社会影响不断扩大的很不平凡的历程，为新阶段的进一步发展打下了坚实基础。当前，我国审计工作正处在一个新的战略发展机遇期。竞舸中流，不进则退。我们一定要全面贯彻党的十七大精神，高举中国特色社会主义伟大旗帜，认真履行审计监督职责，提高主动性，发挥建设性，坚持开放性，增强科学性，努力推进审计工作的现代化，为实现经济社会又好又快发展、构建和谐社会做出更大贡献。

目 录

"人、法、技"建设协调发展

审计行政管理制度的建立和完善

展望篇　中国审计未来发展思考

综 合 篇

不断探索中国特色审计之路

——全国政协副主席、审计署原审计长李金华访谈录

总　论

一、结合您的工作体会，谈谈现代国家审计的本质是什么？

新中国的国家审计机关已经成立 25 年了，这些年来专家学者们对国家审计的本质一直有着不同的认识，有的说是监督，有的说是鉴证，还有的说是服务，这些都有道理，都是从一个侧面回答了审计的一些作用和职能。我一直在思考的就是如何超越审计工作的业务层面，从更高的层次来考虑国家审计的本质，从而准确地把握住国家审计的历史责任。

研究国家审计的本质，一定要从服务国家政权建设、推进社会进步的角度来思考问题，也就是说一定要把国家审计在上层建筑中发挥的作用理解透。为此，我看了很多资料，研究了国家审计的起源和不同的发展路径，也对国家审计的国际发展现状进行了思考，在这个基础上，我提出，现代国家审计的本质是民主与法治的产物，同时也是推动民主与法治的工具。

强调现代国家审计的本质是民主的产物，有必要回顾一下国家审计甚至是审计的起源和发展。现代国家审计也好，历史上的封建皇室审计也好，甚至社会审计和内部审计，其产生和发展都是基于"受托责任"，也就是基于所有权和经营、管理或行政权的分离（内部审计主要关注的是再授权）。当所有者不具体行使经营、管理或行政权的时候，也就是所有者进行授权之后，基于"不放心"这个心理，就有必要实施监督。那么谁来监督呢？独立的、有专业能

3

力的第三方就成了最好的选择，久而久之，审计师的概念就出来了。只是被企业主、农场主聘请的是社会审计师或者内部审计师，而皇室授权的则是宫廷审计师，也就是传统的国家审计官员。在这个阶段，国家审计和民主还没有多大关系。

但资产阶级革命之后，情况发生了变化。随着议会的产生和新型政府的出现，公民对权利有了强烈的主张，民主和法治开始得到弘扬。特别像我们这样的国家，新中国成立以后，国家的所有权就从大地主、大资产阶级手里转移到了人民手中，国家的权利就成了人民的权利，所有权人是全体人民。人民通过民主制度的安排来选举产生国家权力机构，而归属于人民的财产和资源，则由民主选举出的权力机构授权政府来管理，人民群众需要在国家政治体制架构中设计一个独立的第三者来监督代理者受托责任的履行，这个机构，就是现代的国家审计机关。所以说，现代国家审计是民主的产物。

强调现代国家审计是法治的产物，是因为只有健全的法治，才能建立起独立的国家审计制度，也只有健全的法治，才能保证现代国家审计的顺利开展。要维护人民的民主权利、要监督代理者的执政行为，必然要面对大量的利益冲突，如果没有法治做保障，没有法律做后盾，国家审计是寸步难行的。所以我们可以看到，世界各国的现代国家审计事业的发展，无不是立法先行，依法审计。而法治对现代国家审计最大的支撑，一是维护国家审计的独立性，使审计工作不受干扰；二是提供审计的依据和标准；三是维护审计成果的有效性和审计尊严。

强调现代国家审计本质上是推动民主与法治的工具，我看主要是三个方面：

首先，国家审计生于法，又用于法。很多国家的审计地位都是由宪法规定的，给予这么高的法律地位干什么，就是要维护国家法律的尊严、维护国家的法治。现代国家审计在推动法治、维护国家法律尊严方面的贡献也是多方面的。最基本的是监督法律法规的执行，违法必究，维护法律的严肃性；另一方面是督促依法行政，最重要的就是通过审计揭露问题，促进法律、法规的健全和完善。

其次，我国的国家审计来之于人民民主、又要服务于人民民主，是民主的工具。封建时期的宫廷审计，是强化封建统治的工具，人民民主无从谈起。而在现代文明社会，既然是人民选择了政府、人民授予政府行政权力，那么政府就必须为人民服务，受人民监督。国家审计机关受权力机关的委托，代表广大人民群众、代表纳税人监督政府责任的履行，并向人民报告，这个过程就是落实民主、维护民主的过程，所以说国家审计是民主的工具。

最后，国家审计作为民主与法治的工具，充分体现在其建设性上。大家知道，民主与法治是相辅相成、密不可分的，要平衡个人、团体和全体人民的利益，构建和谐社会，如果静止地看问题、僵化地执行法规，是无法达成真正的民主的。所以国家审计非常强调，不仅要开展常规的财政财务收支审计，看好传统意义上的政府部门和国有企业，而且要开阔视野，更多地反映民众的诉求，更多地关心人民的根本利益。我仔细研究过，当今世界上哪个国家的审计机关关注民生多、公开透明度高、提出的审计建议切实可行，这个国家的审计工作就做得好，就能赢得人民群众的支持。所以从这个角度看，国家审计作为推动民主法治的工具，绝不是被动的，更不是僵化的，而一定是主动的、创造性的、建设性的。

二、这25年我们是如何探索走出了一条有中国特色的审计之路？

一个国家的审计能不能发挥作用，关键是能不能与本国的国情结合起来，树立审计权威和发挥审计作用。一切从我国的国情出发，走具有中国特色的审计之路，这是 25 年中国审计取得的最大成效，也是最重要的一条经验。中国审计署成立之初，瑞典、加拿大的最高审计机关也曾经派人驻在我署，希望我们全盘采纳他们的工作模式。我们的态度是，别国的经验是可以吸收和借鉴的，但只能参考，不能照搬。中国有自己的实际情况，必须走中国自己的路。25 年来，我们始终坚持走自己的路，同时又注意学习别人的经验，现在看来，我们的路子是走对了。

这些年来，我们是立足中国的国情来开展工作的。我认为，中国国情主要有三个特点：

首先，我国处于从传统的计划经济体制向社会主义市场经济体制过渡的时期。中国的社会主义市场经济体制要真正建立起来，可能还要有一个相当长的阶段。在这个过程中，有很多不定性和不定型的东西，法律法规还不是很健全，市场经济很多规律性的东西还没有被人们所认识和掌握，计划经济的一些影响仍然存在。在这种情况下，就容易出现违法违规问题比较多、比较普遍的现象。这些年，每年审计都会查出一些干部以权谋私的情况，就是因为原来的计划经济是一元化的。现在市场经济变成了多元化的，再加上法律法规和规章制度还没有健全起来，在这种情况下，各个阶层、各个团体甚至个人，都会去追求自身利益的最大化，违法违规问题于是应运而生，腐败问题也会显得突出。腐败是什么？腐败就是运用权力去谋取非法的利益，腐败是和运用权力结合在一起的，没有权力就不能说是腐败。腐败问题为什么突出？就是由于我国的社会主义市场经济脱胎于计划经济，很多权力还没有得到规范和制约，腐败就必然会存在。腐败就是一种权力寻租。随着改革开放的不断深化，许多体制、制度性的问题逐渐暴露出来。产生问题的主要原因，我觉得是因为存在"双轨制"。现在，计划经济和市场经济的影响在一定程度上还是"双轨"并行的。改革开放到现在，之所以存在倒卖紧缺物资、倒卖批件、倒卖土地、倒银行贷款等问题，就是因为有"双轨制"。只要有"双轨制"存在，这些问题就难以避免。

其次，我国的国有和国有控股企业、金融机构的数量及其资产规模，特别是在市场上所占的份额，是其他国家所无法比拟的。在我们这个以公有制为基础的社会主义国家，所谓腐败或重大经济犯罪，都是以侵害公有财产为特征的。可以说，现在绝大部分经济犯罪，包括骗取银行贷款、贪污公共财产、侵占公共资金、造成国有资产流失等，都是以损害国家利益和公共利益为特征的。

最后，中国的审计体制有其特殊性，在世界上也是独有的。我们必须思考，中国的政府审计处于这样一个客观环境之下，应该做什么？怎么做？这些年我们一直在寻找一条符合中国国情的审计建设之路。在这条新的道路上，通过 25 年的实践，我们集中解决了一个"结合"的问题。就是在现有条件下积极寻找结合点，把各项工作、各个方面有机地结合起来。因为审计本身处于发展过程当中，而且发展的时间并不长，这个过程本身具有明显的探索性和不稳定性，有些事情是"摸着石头过河"的，是在逐步积累经验。在这个过程中，要寻求最佳的方案，取得最佳的效果，就需要考虑方方面面的因素，在结合上下工夫。譬如，按照法律规定，审计机关在总理领导下开展工作，并对总理负责。但实践证明，审计机关还必须对人大、政府、社会和被审计单位负责，要把四个方面结合起来才行。所以，在实践中，就要探索以对总理负责为主，同时又兼顾各方面需求的工作模式，使各方面都能够重视、接受和理解审计工作，而且能够运用审计成果。这是一个非常重要的问题。又如，在财政审计工作中，如何处理预算执行审计和决算审计的关系问题，人大希望开展财政决算审计，但条件还不具备，因此，我们采取了对二十多个部门进行决算审签的办法，通过这样一个办法来实现结合。再如，财务收支审计和效益审计的关系问题。有一段时间，我们曾强调不搞效益审计。后来，经过一段时间的实践，摸索出了一些经验，我们才提出，要把财务收支审计和效益审计结合起来，效益审计包括财务收支审计，财务收支审计包含着效益审计，实际上效益审计离不开财务收支审计，二者是相互渗透的。再如，大概在十年前，我们曾提出，审计要以揭露问题为主，这主要是针对审计处理来说的，审计工作在那个阶段把很大精力都放在了审计处理上，如没收、收缴、罚款、补税。后来发现，光揭露问题不行，要把揭露问题和整改结合起来，现在看来效果是比较好的。

此外，我们还创造并实践了不少"结合"，如审计与打击经济犯罪、惩治腐败相结合，中国的审计机关与司法机关、纪检监察机关之间的配合，是世界公认配合得比较好的，配合就是一种结合；还有审计与审计调查相结合，经济责任审计与财政、金融、企业审计相结合。有人提出要把经济责任审计独立出去，这是不行的，因为经济责任审计本身就包含财政审计、企业审计、金融审计的内容，如果硬要分开，就等于又形成了一套同样的审计机构，造成了审计资源的浪费。所以，经济责任审计必须和财政、金融、企业审计结合起来，为此，我们提出"3＋1"的格局。这样，经济责任审计还可以做一些协调、立法、制定制度及调查研究工作。实践证明效果很好。还有中央审计与地方审计相结合，国家审计与内部审计相结合，国家审计与社会审计相结合，等等。我们在很多方面走的都是结合之路。通过结合，协调各方面的资源和要素，把有限的资源发挥到最大限度，从而强化审计力度，同时也尽可能满足社会各方面的需要，提高审计的效果和影响力。

三、请您从深化体制改革的角度谈谈审计工作的重要性？

改革的本质是社会主义制度的自我完善和发展，中国的改革开放和发展过程中，最重要的一点就是坚持中国特色社会主义制度，同时不断发展和完善这一制度。

坚持中国特色社会主义制度，在初级阶段有两条重要标准：一是以公有制为主体，多种所有制经济共同发展；二是以按劳分配为主体，多种分配形式并存，维护社会公平正义，防止两极分化。

深化体制改革，涉及社会的方方面面，情况十分复杂，审计工作在深化体制改革过程中发挥的作用，主要体现在两个方面：一个是保护，一个是推动。

审计的保护作用，就是保护改革的成果，保障法律法规的贯彻执行。大家知道，改革涉及利益调整，保障各方利益的最重要手段就是要依法，要是有法不依，或者法规得不到执行，势必导致一些方面的正当利益受损。所以，审计机关在这方面的工作就是保证各方在改革过程中都遵守法律法规，如果因为违规使得改革的成果没有得到保护，审计机关就会将问题揭露出来，促进有关部门或者完善法规，或者加强执法，确保改革成果不被侵蚀。这些年，审计机关高度关注财税体制改革、国企改制、金融机构的股份制改造和海外上市、土地管理方式改革等等方面的进程，还是有成效的。例如，我们的企业审计就十分重视保护改革的成果，保护国有资产，我们强调不仅要保护存量的国有资产不流失，还要保护国家从发展中获得的增量国有资产的权益不受侵害。金融审计也是一样，这些年金融创新比较多，但这个过程中问题也不少，有一些犯罪分子就利用改革、剥离的机会侵害国家和人民的利益，这是我们坚决不答应的，通过我们的努力，在金融领域揭露了一批大案要案，有力地维护了国家和人民的利益。

　　审计的推动作用，就是针对审计过程中发现的问题，提出建议、深化改革、完善制度。这是审计对体制改革的建设性作用，这些年这方面的努力是很大的。我们经常讲转移支付的例子，转移支付，本身就是国家财税体制改革的一项重大举措，目标是好的，但执行过程中还存在这样那样的问题，这也很正常，对审计而言，我们的任务就是不断地发现问题，不断地提出对策建议，不断地帮助政府改进和完善这方面的制度，直到转移支付的改革圆满成功。对土地问题、对开发区建设、对农业农村问题、对环境保护问题等等，审计也是一样地关注改革、服务改革、推动改革，为社会主义制度的不断完善添砖加瓦。

四、您担任审计长以来，工作中最重要的指导思想是什么？

　　第一，就是依法办事，严格依法履行自己的职责。这些年审计工作有一定的力度，经常有人问我有没有压力，我说没有压力，为什么？关键就是依法办事。审计工作是有法律地位的，《宪法》、《审计法》都有明确的规定，我们的工作都是依法办事，背靠着法律，力量是无穷的。法律授予了我们权力，特别是《宪法》专门规定了审计工作的地位，我们还有什么理由不去履行自己的职责？还有什么力量能够凌驾在《宪法》和法律之上来阻止我们履行职责？所以，只要一切依法办事，就能够沿着正确的轨道向前走。我觉得，法律面前人人平等，依法办事是根本。

　　第二，要一切从实际出发，实事求是。审计工作如何从实际出发，我总结有四条：

　　首先，审计工作的发展思路要从中国实际出发，不能照搬照抄国外经验，要走自己的路。中国的国情和西方不同，注定了我们要走中国特色的审计之路，因为中国经济社会发展所处的历史阶段、中国的法律环境和文化特点，都和国外不一样，机械地套用别国的成功经验，在中国就会出问题。我们要借鉴、要学习，关键还是要领会精神，走自己中国特色的审计之路。什么是中国特色？就是把握住中国改革开放的需要，把握住科学发展与社会和谐的需要，把握住依法行政与反腐倡廉的需要。依法确定自己的工作重点，实事求是、客观公正、与时俱进。这些年我们的"3＋1"模式、我们把预算执行审计定为永恒主题、我们探索以揭露重大决策失误和严重损失浪费为重点的效益审计路子等等，都是学习、借鉴和自己探索创造相结合的产物。

其次，审计工作一定要围绕中心。走中国特色的审计之路，就一定要注意到中国处于快速发展过程中，在不同的历史时期，会有不同的改革重点和工作中心。就算是在同一个时期，在不同的地区，政府工作的重点也都不一样，都会根据当时、当地的具体情况确定中心任务。所以审计工作一定要有灵活性和适应性，要开展那些对改革、开放、稳定和发展最有利、最有效的工作，也就是各个审计机关的工作一定要围绕各地各级政府的中心任务来开展，还要从审计机关自身的能力出发，干那些能干好的工作，在国内也不能"一刀切"。这些年审计署有很多举措和要求，没有要求地方各级审计机关都完全执行，因为那样不现实，不符合客观实际。

再次，处理问题一定要实事求是。我们要求审计人员，对审计的每一个项目或单位，得出结论前一定要想清楚"是什么、为什么、怎么样、怎么办"，这就要求大家形成一个好的思维方法，不仅要搞清事实，而且要搞清原因和后果，进而要有好的对策。发现和揭露问题不是我们的目标，找到改进和完善的方法，实现整改才是我们的目的。我们要求审计工作和审计的处理要有利于改革，要有利于建设社会主义和谐社会，要有利于科学发展，这几条要求体现的都是审计工作所追求的实事求是。

最后，审计要敢于讲真话。审计人员要讲真话，要全面、真实地报告审计发现的情况或问题；审计机关也要讲真话，有的时候要敢于得罪人。这没有办法，它是审计的职责所在，你不讲真话，不得罪人，就得罪法，就得罪了广大人民群众，孰轻孰重，大家都很清楚。

第三，要坚持以人为本。要始终把人员素质的提高和队伍的建设放在首位，这是审计机关工作的重中之重。因为，人是事业的根本，审计工作又是一项高度依赖审计人员专业判断的工作，没有队伍素质的改善和提高，不要说效益审计了，传统的财政财务收支审计都难以做好。这方面我们有一些经验，也有教训。但不管工作的内容发生什么改变，都要抓住"人"这个主线，这个原则是不能变的。

第四，"严"字当头。对干部严格要求，对工作严谨细致，对事业严肃认真，这是审计机关这些年取得一些成绩的作风保证。审计就像打仗一样，队伍是要有自己的精神的，我们的精神就是依法、严谨，要做到这一条，管理就要跟上，对领导班子要严，对工作质量要严，对工作作风要严，只有"严"才能保证审计成果，也只有"严"，才能锻炼出一支能打硬仗的队伍。

五、您认为应该如何理解审计监督和服务的关系？审计机关如何搞好服务？

监督和服务是一对矛盾，两者既矛盾又统一。监督是手段，服务是目的。审计工作对政府、对人大、对人民群众、对被审计单位，最终都是服务。服务的内容很多，包括促进政府的依法行政，促进政府部门和被审计单位改进管理、提高效益，也包括通过审计，维护人民群众的切身利益。

审计工作的服务，从方式上看，可以分为三类：

第一类是直接审计、直接监督、直接促进。审计机关在审计过程中，揭示问题、做出评价、提出建议、促进整改，这既是一个监督的过程，同时又实现了服务的目标。部门预算执行审计就是很好的例证，每年我们都要审计，这是保持监督的连续性，但监督是过程，不是目的。我们通过监督发现问题，帮助部门健全内控、改进管理、整改问题、提高效益。在审计结果公告后面，我们都要附上被审计单位的整改情况。这种模式，充分表明了审计的服务是有针对性的服务、建设性的服务。当然，这种服务必须建立在对被审计单位风险和问题的深刻认识与把握之上。

第二类是对某个部门或单位，既实施直接监督，又在更大范围和更高层次上提供服务。例如，审计署审计财政部，我们有直接、具体监督的一面，但更多的是服务。我们的部门预算执行审计和决算草案审签，就是直接为财政部加强预算管理服务。我们开展转移支付审计调查，也是帮助财政部全面掌握了解情况，保障中央财政转移支付资金的安全和效益。我们打击经济犯罪、揭露违法违规问题，更是维护财经法纪的严肃性，保证财政政策法规的顺利执行。审计发展改革委、农业部、教育部、科技部等有二次分配权的部门，都是一个道理。从部门预算执行情况角度看，审计监督多一点，但从规范国家基本建设管理、促进社会主义新农村建设、保障教育事业发展和推进创新型国家建设角度来讲，审计机关更多的是为他们服务，包括提供信息、揭示问题和提供建议。

第三类是审计工作从总体上提供服务。为人大监督服务，是审计工作很重要的一个方面，审计机关依照法定程序每年向人大提交审计工作报告，为人大审查预算执行提供了真实、详细而有参考价值的信息。此外，很多单项和专题的审计报告，都为人大了解情况、做专项决议提供了参考；为政府依法行政服务，是审计工作的直接成效，涉及面很广，就像政府行为公开这件事，审计就开了头，起到了一定的促进作用；为维护人民群众的利益服务，这是我们坚定不移的目标，无论是查处教育卫生乱收费，还是揭示扶贫救灾移民安置过程中的问题，审计工作的每项成果，说到底，都和人民群众的切身利益密切相关。所以说，审计工作的服务是方方面面的。

六、为什么在《审计署 2003 年至 2007 年工作发展规划》中提出审计工作要实现"法制化、规范化、科学化"？

对审计工作的要求，在不同的时期有不同的重点。以前我们提出过审计工作要"制度化"，主要是针对当时有的地方觉得审计工作可有可无，所以要用制度规定下来。以前也提出过审计工作要"经常化"，主要是避免审计工作的随意性，不能高兴就审计，不高兴就不审计。应当看到，这些不同的要求，在当时的历史条件下都是适当的和必需的。党的十六大以来，审计工作处于新的发展阶段，有新的环境，也有了新的条件，这种情况下，对审计工作就应当有新的要求，所以我们在以前要求的基础上，提出了"法制化、规范化、科学化"的标准。

法制化是基础。首先，依法审计是审计工作的最高原则，审计的地位、职能和作用都建立在《宪法》和法律的基础之上，审计工作要发展，要有成效，必须有坚实的法制基础。其次，法制也是审计的工具，审计的判断、结论和建议都离不开法律法规的准绳。最后，审计要做法制建设的工具，要在审计工作中时刻关注法、运用法，为法制的完善服务。对法制化的要求，大家的认识是比较一致的。这些年通过我们的努力，审计法制化建设还是卓有成效的，《审计法》修订完成是一个里程碑，下一步还有《审计法实施条例》的修订等一系列工作要做。

规范化是保障。我一直认为，现在中国审计和发达国家审计的差距之一，就在于我们的规范化不够。规范化和标准化，在很大程度上决定了审计工作的水平和实力。2200多年前秦能灭六国，秦国在规范和标准方面的优势发挥了重大作用，秦国的弩机和弓箭的标准化程度很高，大家都能用，部队的战斗力就很强。现代的故事也一样，麦当劳能够长盛不衰，靠的就是规范化。审计也是一样的道理。现在我们的审计工作在规范化方面差距还很大，虽然有了一些准则，也有了少量的指南，还制定了审计质量控制100条，但执行起来还是五花八门。同一个审计项目，不同的特派办查起来结果可能就不完全一样，甚至同一个处室的审计人员编制的审计工作底稿和审计日记格式都不一样。不规范，就一定有差异，有合格的，就一定有相当数量不合格的。我们都知道，一个工厂的产品要是不规范，谁敢买呀！当然，规范化也是一个过程，它与我们工作思路的成熟程度、与我们工作经验的积累程度有关，但我们不能等，不能等到什么都成熟了再去规范，必须从现在开始，始终把"规范"的意识放在脑子里，成熟一点、规范一点，再发展、再规范，我想只要我们坚持，规范化的好处一定会更多地显现出来。

科学化是提高。审计工作提倡科学化，是新的历史条件下的新要求。首先，审计工作的观念要科学化，要超越传统"就事论事"式的检查监督，立足整体性、宏观性、效益性和建设性来看问题，把监督与服务融于一体，让审计工作的建设性发挥更大的作用。其次，审计工作的方法要科学化。以前我们习惯于孤军奋战，现在要更多地开门搞审计，更多地利用社会各界的知识和智慧，多搞横向跨地区、跨部门的审计调查，在审计中多分析、多研究，提出一些有价值的建议。再次，审计工作的手段要科学化。现在审计资源和任务的矛盾很大，必须大力改进审计手段，提高审计效率。审计信息化是一个方面，要让机器为人服务，同时还要大力提倡运用先进的审计技术，包括抽样技术和数据分析技术。只有手段科学了，结论的正确性才能得到保证。最后，审计工作的管理也要科学化。在制定滚动计划、安排年度计划、确定审计重点、调配审计资源、控制审计质量、利用审计成果等方面，我们还有很多工作要做。

所以说，"法制化、规范化、科学化"是新时期对审计工作的新要求，它既是目标，也是任务，需要各级审计机关和所有的审计人员为之付出努力。

七、为什么要强调审计工作必须为宏观调控服务？如何做好这一服务工作？

我国实行的是社会主义市场经济体制，不同于完全的市场经济国家。有人曾经提出来，在实行市场经济体制后，政府要成为完全的守夜人，完全否定了政府必要的调控职能和必要的计划管理职能。我们认为，社会主义市场经济体制要求政府必须尊重市场经济的规律，在实行市场配置资源的基础上，实行必要的宏观调控。这种调控也主要是用经济的、法律的和必要的行政手段。

事实证明，像中国这样一个大国，在转轨过程中，进行一定的宏观调控是十分必要的。

对于审计机关而言，要围绕中心、服务大局，就必须服务于国家宏观调控政策和措施的落实。所以在审计工作的实践中，我们强调工作安排、审计视角和分析建议，都要服从于宏观调控的大局，为宏观调控服务。

至于审计工作如何为宏观调控服务，我想就是执行和建议两个方面。

从执行角度看，审计机关要结合审计工作，来检查宏观调控措施是否得到落实。这些年，我们围绕国家宏观调控政策，开展了土地、产业结构调整、信贷投放和"三农"等方面的审计，有力地保障了国家宏观调控措施的落实。

从建议角度看，审计机关要通过审计和审计调查，揭示一些宏观调控中要引起注意的重要问题，如税收、转移支付、财政支出结构等问题，向政府提出积极的建议，促进宏观调控的完善。例如，这些年我们在审计中发现，开发区建设过程中存在过多、过大、过快的问题，不符合国家宏观调控的总体策略，提出建议后，国家有关部门采取积极对策，取得很好效果。再如，这些年，我们在金融审计中，很早就发现了信贷资金炒股、炒楼等问题，及时向有关部门提出了风险警示，事实证明，这些建议和提醒是完全正确和必要的。

八、"二十字"方针是怎样提出来的？怎样全面理解这一方针？您认为今后是不是还要坚持"二十字"方针？为什么？

1998 年我担任审计长后，就考虑如何提出一个切实可行和行之有效的工作方针，党组同志和办公厅等相关部门在进行广泛调查研究的基础上，分析了审计工作的基本职能，研究总结了审计工作 15 年的基本经验，并结合学习党的十五大精神，重点思考了如何在审计工作中实现和落实党的十五大提出的任务和要求，经过反复讨论、修改，形成了"依法审计、服务大局、围绕中心、突出重点、求真务实"这"二十字"方针。应该说，这个方针是大家共同讨论研究的结果，是集体智慧的结晶。

"二十字"方针有一个前提，那就是"依法审计"。这一条明确提出来，就告诉社会各界，这是审计工作的基本方针，是审计工作的第一原则，也是审计工作的最高准则。

审计工作要为经济发展、改革开放和全面建设小康社会服务。在不同的历史时期，党中央、国务院提出了一些不同的奋斗目标和工作任务，这是全党、全国的大局，也是全党、全国的中心任务，每个单位、每个部门都不能例外，这是共性的东西，是共同的要求。作为国家审计机关，毫无疑问要围绕党中央、国务院的统一部署和中心任务来开展工作，确保党中央、国务院提出的奋斗目标的实现和具体任务的完成，所以我们提出审计工作必须"服务大局、围绕中心"。

为什么要提"突出重点"？审计机关成立后，一直都在提抓重点，这是我们一贯坚持的方针，这也是从审计工作实际出发总结的经验。一方面是审计任务重，相对而言审计力量不足，必须抓重点；另一方面，审计如果抓不住重点，那么工作就没有要点，就会事倍功半，就很难有突出的审计成果，审计就很难发挥应有的作用。毛主席说过，没有重点就没有政策。审计抓不住重点，也就谈不上如何"服务大局、围绕中心"了。

把"求真务实"作为我们工作的方针，也有两个方面的考虑。从党的基本要求这个共性层面看，我们党一贯强调实事求是、求真务实，审计也不能例外。从审计工作的特性来看，审计工作要求客观公正，那就必须做到求真务实，它既是我们工作的指导思想，又是工作作风的要求。

10 年来，"二十字"方针的执行还是很有成效的，今后还应坚持下去。应该说，这二十个字，既是方针，也是对审计工作规律的总结。在不同的时期，其具体内涵可能会有所变化，但基本规律在一段时间内是不会改变的。

九、应该如何处理好依法审计与实事求是的关系？

依法审计和实事求是是对审计机关和审计人员总的要求的两个方面，两者不可偏废。

依法审计，一方面是要求审计机关和审计人员的审计行为要依照法律进行，这是对审计主体而言的；另一方面，对审计对象和审计客体而言，如何判断其行为是否有过错、是否违法违规，也要依据法律法规来判断。所以，依法审计涉及审计工作的方方面面。

实事求是，讲的是具体问题具体分析。作为被审计单位，许多违法违规行为，有不同的历史背景，有不同的主客观原因，也会产生不同的后果。所以在审计工作中，审计人员不仅要弄清楚违法违规行为的事实，而且还要弄清楚为什么会产生这种问题，产生这种问题的原因何在，其结果如何，这样才能准确地做出令人信服的结论，提出准确的定性，进行科学合理的处理，这就是实事求是。

对审计机关和审计人员而言，依法审计是前提，是第一位的，首先要依法开展审计工作，弄清事实，然后在具体分析事实的基础上，做出准确、合理的分析和判断，最后进行实事求是的审计处理。因此，我们要求审计机关和审计人员在审计工作中要注意回答四个问题，那就是"是什么、为什么、怎么样、怎么办"，这四个问题都搞清楚了，离实事求是的要求就不远了。

十、温家宝总理对审计工作提出"依法、程序、质量、文明"八个字的要求，您认为如何才能做到文明审计？

温家宝总理在听取2006年度审计工作汇报时，对审计机关提出了文明审计的要求，我们随后在2007年全国审计工作会议上对什么是文明审计、如何开展文明审计进行了部署，这里不做具体展开，仅谈谈如何从大的方面来落实温家宝总理的要求。

第一，审计系统全体干部和职工要加强学习，统一思想，深刻领会文明审计的内涵。我理解，总理提出文明审计的要求是有针对性的。总体来说，这些年的审计工作是依法办事和实事求是的，但在审计工作中可能还存在着这样或那样不符合文明审计的地方，还有不少需要改进和完善的地方。面对这种情况，最重要的就是加强学习，提高认识。我觉得文明审计是依法审计的高级境界，不仅要依法，而且要讲程序、讲道理、讲纪律，要尊重被审计单位和有关当事人。我说过，要换位思考，不要横眉冷对，审计是正常的监督，不是审犯人，不能搞有罪假设。在依法审计基础上做到文明、尊重，也是审计工作为和谐社会建设做出的一份贡献。

第二，要做到文明审计，光靠自觉不行，还要制定文明审计守则，提出明确要求。这些内容，审计署目前正在研究制定，一旦发布，审计人员都要遵守，这些是我们为文明审计定的规矩。

第三，要不断完善审计准则体系，确保审计工作依法规范进行。文明审计涉及的面很广，但从外部来讲，最关键的还是看审计机关是否依法办事，是否合法、合情、合理，会不会侵害被审计单位的权益。对这方面的规范，主要还是靠审计准则体系，要进一步细化、进一步规范化，努力做到每一个取证都要规范，每一个事实都要清晰，每一个结论都要准确，对每一个步骤都要记录，对听证、复议、诉讼等程序的规范都要明确。这样一来，审计工作自然会逐步达到文明的境界。

第四，要加强对审计人员的教育培训，提高审计人员的思想业务水平和心理素质。要实行文明审计，首先要做文明审计人员。一个人要做到文明，关键还是要靠学习和教育，靠自身素质的提高。思想素质提高了，才能尊重别人，才能听得进别人的解释；业务素质提高了，才能听得懂别人的解释，才能透过现象看本质，找到真正的问题之所在，不去纠缠一些细节；心理素质提高了，才能有足够的耐心去伪存真，才能在纷繁复杂的情况下应对自如，才能不被轻易地激怒。这些素质和能力的提高，要靠审计人员自觉的学习和体会，同时也要靠审计机关的教育和培训，两者缺一不可。

第五，要全面加强审计机关的精神文明建设。最近，我们召开了全国审计机关精神文明建设工作会议，对下一步各级审计机关如何加强精神文明建设、倡导文明审计提出了明确的要求，建立了检查考核机制。我相信，审计机关精神文明建设的成果，一定会为文明审计的开展奠定良好的基础。

十一、25 年来审计工作的主要成效体现在哪些方面？审计工作有哪些基本的经验？

中国审计 25 年来的主要成效，我看主要在这些方面：

一是狠抓了预算执行审计这一永恒的主题，取得了一系列成效。首先是促进了国家各级政府预算管理逐步走向规范，包括已制定的和正在逐步完善的预算管理的法律法规，增强了预算意识，也基本建立了预算执行受监督的意识；其次是促进了各部门、各单位认真执行预算，从审计情况看，各部门、各单位，特别是各级政府的一级预算单位，预算执行情况在明显好转，我们现在发现的不少问题，出在二、三级单位或更基层的单位，也就是说，对预算执行的严格管理和监督，还需要不断深入。还有，就是预算执行审计为我国深化预算管理改革提供了情况、提供了分析、提供了建议，特别是在预算细化、部门预算、预算标准定额和规范转移支付等方面，审计的成果正在逐步得到落实。

二是加大金融审计力度，促进金融领域防范和化解风险。这些年，审计机关的金融审计在社会上影响很大，大家都知道我们发现和揭露了一批大案要案，惩治了一批腐败分子。这些都是很重要的成绩，但并不是金融审计的全部，其实我们金融审计的重心一直放在两个字上，那就是"风险"。现代金融是经济的血脉，金融出风险、出乱子，那么整个国家的经济和政治就会受到巨大的威胁，这方面惨痛的教训太多了，南美洲的金融危机、东南亚的金融风暴，其核心都是政府对金融风险敏感不够、控制不足、应对不力。所以这些年我们强调金融审计要发挥"眼睛"的作用，不仅关注了金融企业的资产、负债和损益，而且还关注资产质量、运营风险和监管漏洞，为促进政府完善金融监管的政策和制度，帮助金融机构改善内部治理、加强内部控制、防范金融风险发挥了积极的作用。

三是不断深化企业审计，为企业更好更快发展服务。国有及国有控股企业审计，是中国国家审计的一个特色。外国，特别是一些发达国家，国有企业很少，但中国不一样，虽然国有及国有控股企业的数量在下降，但他们在国民经济中所占有的比重和发挥的作用却是完全不可替代的。我总是说，企业审计和财政审计不同，企业是社会财富的创造者，审计机关在企业审计中始终要从为企业服务这个高度来认识，促进企业加强管理、堵塞漏洞、提高效益，特别是通过审计，帮助企业建立一套科学的决策机制，提高企业科学决策的能力。企业的效益好了，整个国家的经济效益就会提高。同时，这些年，我们的企业审计还高度关注国有资本的保值增值，不仅保护存量的国有资产不流失，更重要的是保护增量的国有资产不流失，让国家的财富不断增长。

四是积极开展了经济责任审计，特别是党政领导干部的经济责任审计日益深入人心，已经成为制约权力运行的一项重要手段。应当讲，经济责任审计这些年来取得的成效，对中国国家审计的整体发展是非常有帮助的，一方面是各级领导都重视，很多不直接管审计工作的领导同志，通过经济责任审计，都会加深对审计的理解和认识，在行使权力的过程中，多少都会考虑一下今后的审计能否过关，而人民群众也很关心领导干部的经济责任审计结果，从这个角度说，经济责任审计起到了扩大影响的作用；另一方面，经济责任审计也在无形中推动审计工作向纵深发展，我们一直认为，经济责任审计就是中国特色的绩效审计，就是问责制度建设的基础，能够促进审计工作将财政财务收支、经济活动与政府责任有机结合起来，从更广的范围和更深的层次来看问题。

五是促进依法行政，促进提高政府的管理水平。审计的目的不仅仅是发现问题，更重要的在于整改和提高，这就是要发挥审计工作的建设性作用。一个国家的问题，光靠审计机关的检查和查处是查不完的，关键是要促进形成一种氛围，就是依法行政，如果政府和政府部门都能做到依法行政，那么国家的秩序就会很好。审计机关这些年在促进依法行政方面毫不懈怠，坚持依法审计，把不依法行政的问题尽量暴露出来，再探索从体制、机制和制度上如何保证和约束政府做到依法行政。只有政府依法行政，企业才会守法经营，个人才会遵纪守法，所以，我们每一次公告审计结果之后，都要公布各单位的整改情况，这就是促进政府和政府部门不断规范自己、不断提高自身的管理水平，做遵纪守法的榜样。

六是打击经济犯罪，促进反腐倡廉。25年来，特别是近十年中，审计机关在打击经济犯罪、促进反腐倡廉方面发挥的作用是比较显著的。我们一贯强调，对那些违法犯罪，为了个人或小集团利益而损害国家、人民利益的人和事一定要彻底揭露，毫不留情。这关系到一个国家法治的根本，违法者不受到惩罚，或者违法成本太低，就不可能有一个规范的秩序。反腐倡廉是一项长期的、艰巨的任务，审计机关无论到什么时候，无论发展到什么阶段，我看反腐倡廉都是一项不可或缺的重要使命。

七是促进政府行为的公开透明。审计机关这些年社会影响比较大，一个重要的原因就是我们开展了审计公告工作，实行了审计结果公开。大家可能注意到，审计结果的公开，并不光是涉及审计机关，更多的是涉及政府和政府部门行为的公开。我们总说阳光是最好的防腐剂，很多东西藏着掖着，少数人决策，不让别人知道，早晚要出问题。政府是人民的政府，立党为公、执政为民，人民政府有必要将自己的工作和业绩向人民报告，审计在其中就扮演一个催化剂、一个推动者的作用。政府行为的公开透明，比什么样的监督都管用，所以审计机关克服了很多困难，始终不渝地推动公开透明，这既符合国家审计的本质要求，也符合国务院《全面推进依法行政实施纲要》的总体部署，今后还要坚持下去。

八是培养了一支良好的队伍，同时初步走出了中国特色的审计之路。判断一项事业的成功与否，很重要的有两条，一条就是人，看有没有锻炼出队伍，培养出人才；另一条就是看有没有趟出一条路子来，有没有找到适合自己的可持续发展的模式，有没有自己的核心竞争力。企业是这样、国家是这样，审计工作也是这样。这些年，审计队伍得到了很好的锻炼，成长很快，应该说无论职业道德、政治觉悟，还是业务能力和技术水平，都有了长足的进步，这是一支有战斗力的队伍，也是一支忠于党、忠于国家、忠于事业的队伍，有了这支队伍，我们的事业就能不断地发展。

要说审计工作的经验，大家可能都有一些不同的体会。在我看来，经验很多，但重点是七条：

第一，审计工作一定要坚持依法审计这一最高原则，不断加强和完善自身的法制建设。法律是审计职权的源泉，法律也是审计工作的依据，依法是审计工作的最高原则。离开了法律的支持和约束，审计就会成为无源之水、无本之木。

第二，审计工作一定要坚持服务于党和国家的工作大局，围绕党和国家的中心工作，为改革开放和经济社会发展的大局服务。围绕中心、服务大局，既体现了审计作为国家上层建筑的组成部分在国家治理中发挥的作用，也是党和政府对审计工作的基本要求。

第三，审计工作一定要坚持实事求是的思想路线，一切从中国的实际出发，既要学习国外的好经验，又要和中国的实践结合起来。一段时间里，很多同志对审计机关狠抓大案要案不理解，认为这不是审计机关的任务，和别国的审计工作不一样。对这个问题我们的态度很坚定，因为这是不同国家在不同发展阶段的不同需求，中国目前打击经济犯罪、打击腐败现象是一项重要任务，而且这项任务还有长期性和艰巨性，做出这样的部署就是符合中国国情的。再说效益审计，很多同志说美国、英国都开始搞政策评估了，我们能不能跟上？对这类问题，还是要实事求是，不光要看应不应该，还要看能不能够，现在我们的观念、水平和能力还不足以支撑政策评估，但效益审计是方向，必须推进，那怎么办？就从最基础的做起，从和传统财政财务收支审计最接近的问题查起，重点揭露严重决策失误和损失浪费的情况。

第四，审计工作要始终关心人民群众的切身利益，大力开展民本审计。国家审计既是民主与法治的产物，又是民主与法治的工具，维护广大人民群众的切身利益，是国家审计工作的出发点和最终归宿。实践证明，审计工作只有关注人民群众的诉求、关注对弱势群体的保护、关注环境可持续发展、关注和谐社会建设，才能得到广大人民群众的理解和支持，审计的价值才能得到真正的体现。

第五，审计工作要始终把队伍建设放在各项工作的首位。干部是事业的主人，队伍是发展的资本，审计工作的好坏、审计事业的前途，都寄托在一支过硬的队伍身上。审计机关这些年狠抓"人、法、技"建设，坚持以人为本，坚持"高标准、严要求"地锻炼队伍，为审计事业的发展奠定了人才基础。

第六，审计工作一定要坚持全面审计，突出重点。全面审计是履行职责，突出重点是讲求策略。审计机关人员少、任务重，样样都顾及是不可能的，就是在一个具体的项目审计中，也存在突出重点的问题。我们常说，没有重点，就没有政策，审计工作突出重点，是在围绕中心、服务大局观念下的突出重点，是在兼顾需要与可能基础上的突出重点，是在贯彻审计工作发展规划过程中的突出重点。全面审计、突出重点，既是战略，也是战术，是多年审计工作实践总结的宝贵经验。

第七，审计工作必须始终把审计质量和廉政建设作为生命线，常抓不懈。审计质量关系到审计成果的可靠性和公允性，关系到审计机关的公信力，关系到审计事业的生死存亡，抓审计质量一刻都不能放松。审计机关的廉政建设，既是一个纪律问题、作风问题，又是一个影响审计质量的风险问题，没有廉政做保障，审计工作的独立性就无法保持，审计质量就无从谈起。

十二、您如何评价中国审计现状？你怎样展望中国审计的发展？

我对中国国家审计的现状是这样认识的：

1. 中国的审计工作具有中国特色，是在改革开放中成长起来的，同时也为我国的改革开放做出了积极贡献。应该说，中国审计目前所做的工作、所取得的成效，是与其法定地位基本适应的。

2. 中国审计虽然取得了良好的成绩，但我们还处于初级阶段，和世界上一些发达国家相比，我们在不少方面，特别是在绩效审计、审计资源管理利用、审计工作规范化和科学化等方面，还有很大差距，还有很多工作要做。

3. 中国审计目前面临的要求越来越高，任务越来越重，这说明发展和提高的空间还是很大的。

对今后的发展，我觉得可以概括成"七个要"：

要加强审计理论的研究和创新，真正理解和把握国家审计发展的规律，在此基础上开拓思想，充分利用好现有的审计资源，争取在更广的范围、更高的层面，发挥好审计的作用。

要提高审计人员的素质，提高整个审计干部队伍的战斗力，提升审计机关的专业水准。

要坚持不懈地提高审计工作的规范化水平。规范化是科学化的前提，审计工作不规范，质量就难以保证，审计结论和审计建议的科学性就会打折扣。

要不断改进审计工作的方式、方法和手段，提高审计工作的效率。

要逐步加大绩效审计力度。我们在最近的几个五年规划中都提出了加大绩效审计力度的要求，从实际情况看，大家的认识还有一个过程，对绩效审计也有一个摸索和学习的过程，但朝这个方向努力的决心不能动摇。

要在适当时机，推动国家审计体制的改革，从制度、体制上进一步增强国家审计的独立性。

要提高审计工作的开放度，审计机关要加强与社会有关方面的合作与互动，包括充分利用社会资源进行科研、教育和培训合作，提升审计人员能力；不断推动审计系统内外的干部交流，开阔审计人员视野；不断加强与内部审计、社会审计的合作，促进被审计单位内部管理水平的提高；继续保持与媒体的沟通，更好发挥审计成果的效用。

十三、为什么要强调审计工作的独立性？如何正确理解审计工作的独立性？

对审计独立性的要求，是审计工作产生和发展的必然结果。传统的审计理论认为，审计的产生是基于受托责任，也就是所有权人和受托责任人（指具体干活的人，这里可以是政府，可以是经理）分离之后，所有权人和受托责任人都希望有独立的、专业的第三方，能够对受托责任人的责任履行和工作绩效进行评价，这个检查评价过程就是审计。所以审计天生就需要具备独立性，否则，说的话、发表的意见就可能不公允，就会失去公信力。

审计的独立性是对审计主体而言的，从理论上讲，审计机关和审计人员是独立于被审计单位的。审计独立性是审计机关和审计人员履行职责的前提，是搞好审计工作的灵魂。

我理解审计独立性的内容包括两个方面：

一是有形的独立性，包括体制、制度、机构等方面的相关规定，要保证审计工作不受外部的干涉和影响。这方面，我国的《宪法》有明确规定，《宪法》第 91 条明确指出，审计机关在国务院总理领导下，依照法律规定独立行使审计监督权，不受其他行政机关、社会团体和个人的干涉。我们的审计"八不准"作为一项制度，根本目的也是从制度层面确保审计的独立性。

二是无形的独立性，是指审计人员在工作中独立思考、独立做出判断，敢于坚持原则，敢于讲真话。这里强调审计人员的独立性。据我的了解，国际审计同行都非常强调审计人员的独立性，这是关键，没有审计人员的独立性，体制、机构的独立性都无法确保审计结果的客观公正。

审计独立性是相对的，不是绝对的。

第一，审计机关、审计人员的独立性，受到法律环境的影响，而法律环境也不是一成不变的，就是同样的条文，不同的历史时期、不同的人也可以有不同的理解。

第二，审计机关、审计人员的独立性，受到审计环境的影响。没有一个审计机关和审计人员是与世隔绝的，只要与外界有联系，就一定会受到方方面面的影响。有一些同志认为只要审计归议会领导，独立性就没问题，事实上议会处于各种利益平衡的漩涡中心，在议会领导下的审计，一样会受到环境的影响。

第三，审计机关、审计人员的独立性，也受审计机关领导人员和审计人员思想水平、业务水平和道德水平的影响。

审计的独立性，虽然受到很多因素的影响和制约，但无论怎样，我们任何时候都必须高度重视审计独立性的问题，并坚持为之而努力。

在我们国家当前的条件下，如何才能保持审计的独立性？我认为要做到以下几点：

一是必须依法审计，坚持"依法审计、服务大局、围绕中心、突出重点、求真务实"的"二十字"方针，按照自身的能力和水平，确定审计项目，确保审计计划环节的独立性。

二是坚持严格审计程序，确保审计结果的真实、完整，在程序上要严格保持独立性。

三是建立起严格的审计报告和信息披露制度，通过制度来促进审计的独立性。

四是审计机关内部要建立起严格的决策制度，在计划确定、方案审查、质量控制、报告审核等环节确保规范，维护审计的独立性。

五是严格审计纪律，我一直讲，审计机关实行"六不准"或"八不准"等审计纪律，不仅仅是加强廉政建设的需要，关键是要维护审计的独立性。审计人员吃别人的、住别人的，还要保持独立性，那是不可能的，所以我们非常坚定的一条，就是要尽量切断审计人员和被审计单位之间的经济联系。

六是努力提高审计人员独立思考、认真负责、敢讲真话、敢于坚持原则的独立品格，提高他们的业务水平。

十四、您怎样评价我国现行的审计体制？

要讨论我国的审计体制，一定要了解这个体制建立的过程。

1982 年前后，我国刚刚拨乱反正，在老一辈革命家的倡导下，我国恢复了审计制度，具体体现在 1982 年《宪法》明确了国务院设立审计机关。据一些老同志回忆，在设计审计制度时，也有不同看法。有的同志提出，审计机关应设在人大，便于监督政府；也有不少同志认为，根据当时中国的实际情况，审计机关还是放在国务院比较好。经过充分的讨论，最后决定审计机关还是在总理的领导下开展工作，所以《宪法》明确审计机关在国务院总理领导下，依照法律规定独立行使审计监督权。同时规定县级以上的地方各级人民政府设立审计机关，地方各级审计机关依照法律规定独立行使审计监督权，对本级人民政府和上一级审计机关负责。这样，就形成了中国国家审计机关隶属于政府的格局。

在这个历史格局下，后来在制定和修改《审计法》时，又明确了两条：一条是国务院和县级以上地方人民政府应当每年向本级人民代表大会常务委员会提出审计机关对预算执行和其他财政收支的审计工作报告；另一条是审计机关对本级各部门和下级政府预算的执行情况和决算以及其他财政收支情况进行审计监督。这两条规定，进一步完善和强化了政府领导下的审计工作模式。

应该说，当时《宪法》修订做出这样的规定，是完全适合中国当时国情的。审计机关隶属于政府，可以更好地发挥审计监督的作用。为什么呢？

一是审计署在总理直接领导下开展工作，可以通过政府的行政规章和行政措施来加强审计监督，促进所发现问题的纠正和整改。有很多问题，政府出面协调，是十分有力和有效的。这些年的实践充分证明了这一点。

二是审计机关隶属于政府，可以增强审计工作的时效性。审计发现的一些重要或重大问题，可以直接向总理、省长、市长或县长报告，得到行政首长的支持，处理和整改起来就比较快。特别是一些重大案件的处理就非常及时。此外，一些涉及政府职能调整或改革的问题，涉及政府规章制度完善的问题，审计机关的意见能够直接、及时反映给总理或政府领导，能够起到重要的参考作用。

三是便于审计机关和其他政府部门配合、协同、形成合力，如与发展改革委、财政部门、农业部门、教育部门、劳动社会保障部门、监察部门、公安部门等共同协调配合，围绕政府中心来开展工作。这些政府部门既是审计监督的对象，同时又是审计工作的服务对象，客观上存在一个相互之间密切配合的问题。

四是审计机关既是政府的一个部门，同时又对政府的财政和其他部门实行严格的监督，这本身就有利于提高政府的形象和权威，有利于提高政府的公信力，能够更好地为政府服务。

当然，任何一个事物都是一分为二的，这种体制有其积极、有利的一面，也有其消极的一面，在权衡利弊的过程中，关键要看行政首长的态度。

第一个问题，如果行政首长不能完全依法办事或者因为其他原因不适当地干预审计，那么审计机关就很难独立行使职权。

第二个问题，审计机关和政府的一些部门之间既有配合、协调的一面，也有矛盾、制约的一面，审计机关在投资、经费上还有求于别人，所以往往也难以完全保持独立性。

第三个问题，是人大难以得到审计的全部信息，也缺乏对财政预算执行进行直接监督的手段。

审计机关设在政府系列，越到基层，审计机关的独立性保持难度就越大。我相信，随着形势的发展，审计体制问题会得到逐步的改革和完善。

十五、为什么要实行审计公告？如何进一步完善这一制度？

实行审计公告的想法一直都有，但真正的推进，还是在 2002 年以后。我记得 2001 年年底，正好美国审计长大卫·沃克访华，朱镕基总理会见他的时候，谈起了美国的审计情况，了解到美国的审计报告都是公开的，实行了非常透明的公告制度，朱总理很感兴趣。当时朱总理就问我，我们有没有搞审计公告。我说还没有，虽然法律上规定可以搞审计公告，但思想上还是有顾虑，还没有付诸实施。朱镕基总理了解到世界上很多国家都实行了审计公告之后，认为中国也应该这样做，很明确地表态支持我们推进审计公告。随后，我们开展了一系列准备工作，包括制定《审计机关公布审计结果准则》和《审计署审计结果公告试行办法》。当时，正赶上"非典"，全社会对信息公开很关心，对防治"非典"资金的使用情况很关注，于是我们根据审计结果，于 2003 年发布了第一份审计公告——《审计署关于防治非典型肺炎专项资金和社会捐赠款物审计结果的公告》，迈出了中国审计公告的第一步。

至于为什么要实行审计公告制度，我看主要是出于以下三方面：

第一，这是增强政府行为公开透明度的一项重要措施。中国要建设成为民主法治国家，政府的依法行政和政府信息的公开透明是基础，否则民主和法治都是无法实现的。国务院在《全面推进依法行政实施纲要》中明确要求推进政府信息公开，强调除涉及国家秘密和依法受到保护的商业秘密、个人隐私的事项外，行政机关应当公开政府信息，同时还强调，对公开的政府信息，公众有权查阅，行政机关应当为公众查阅政府信息提供便利条件。2007 年 4 月，国务院还进一步发布了《中华人民共和国政府信息公开条例》，对政府信息公开提出了更为具体的要求。审计信息是政府信息的重要组成部分，审计公告是人民群众获取审计信息，了解政府部门执行法律法规、执行预算、管理公共资产情况的重要途径。所以，发布审计公告本身既是政府依法行政、推进政务信息公开的重要举措，也是促进、推动其他政府部门实行信息公开的有力手段。

第二，实行审计公告，有利于提高审计工作质量。我一直强调，审计公告是一把双刃剑，不要光看见审计公告揭露被审计单位问题的这一面，一定要看到审计结果公告之后，也会引起全社会和被审计单位对审计工作本身的关注和挑剔。我觉得这是好事。以前，审计结果不公告，审计信息别人不知道，光是在审计机关内部流转，甚至在审计机关内部也只有少量的部门和少量的人才能接触到。在这种封闭运行的审计工作模式下，说实话，就算你的审计质量差一点，因为知道的人少，所以被发现的概率也很低，而被审计单位，只要你少罚款，少收缴，并不太在乎你怎么说，所以也不会跟你计较。这样一来，审计机关和审计人员提高审计质量的动力和压力都不足。审计公告制度出台后，情况就完全不一样了，以前是封闭的审计模式，现在是开放的审计模式，全社会的眼睛都盯着呢。一方面是被审计单位认真对待了，每一字、每一句、每一个问题的事实、定性和处理，都会跟你反复商榷，只要有一点不准确、不恰当的地方，别人都不会接受，甚至可以起诉你。另一方面是社会公众在盯着呢，包括很多学者、专家和记者，要是你的审计公告漏洞百出，审计机关的公信力就会丧失殆尽。所以说审计结果公告制度，为审计工作创造了一种全新的开放式工作环境，在这种环境下，你的一举一动，你的工作成果都是要亮出来的，都是要经受别人检验和挑剔的。这种氛围、这种压力，自然就成了我们提高审计质量的动力，别无他法，你总不能央求别人不给你挑错吧。唯一的出路就是提高自己的质量，把事实搞清、把定性弄准、使审计处理更符合实际、使审计结果客观公正，只有这样，审计质量提高了，审计公告出错的概率也就降低了。

第三，公告审计结果，有利于审计发现问题的整改，有利于政府部门接受社会和舆论的监督。中国人比较讲面子，这么多年的审计经验表明，很多被审计单位其实并不太怕审计处理和审计处罚。所以在很长一段时期里，审计结论的落实是一个难题。被审计单位对你的审计结论和审计决定不理睬、不执行、不整改，你能拿他怎么样？但他们很在乎审计公告，谁都不愿意把问题公之于众，谁都想在公众面前保持一个好的形象。所以一开始公告的时候，很多单位的领导很有压力，来找我，希望不要公告他们单位的问题，说怎么处理都行，最好就是不公告。我就跟他们说，公告是一种制度，这个制度的制定就是要促进你依法办事，知道出了问题要公告，今后能不能少出点问题？再说了，有问题被公告了也不是天大的事，犯了错误改正就好，你赶紧整改呀，你整改好了我们把你的整改情况一起公告啊！这类工作我做了几年，现在看是起效果了。只要是公告了的问题，整改速度都很快，说明大家还是很重视，公告是有效的。同时，我们也要看到，这几年审计结果公告之后，全社会的关注和舆论监督发挥了巨大作用，这种态势对政府部门依法行政是一种很大的推动力，谁都要很小心，因为全社会盯着你。以前政府部门花多少钱、怎么花钱、钱花得效果怎么样，大家都不知道，也就更谈不上监督了，现在有了审计结果公告，社会监督和舆论监督的威力就发挥出来了。

审计公告制度实行了 5 年，有收获，但仍存在一些问题：

一是还没有一套层次比较高的法律法规对审计公告进行保障和规范。我们强调法治和依法行政，审计公告也一样，本身就比较敏感，如果没有系统的法律、法规来支持，完善起来难度就会很大。

二是要进一步加强规范审计公告本身。毕竟到现在，审计公告才实行了5年，而且在不同层级的审计机关之间、不同地区的审计机关之间发展还很不均衡。对审计公告的发展，我的态度很明确，那就是实事求是、稳步推进。我们坚决反对形式主义，哪里环境成熟了，哪里的认识到位了，审计公告就能做起来，做了之后就能发挥作用。至于稳步推进，审计署在先后两个五年规划（2003年至2007年以及2006年至2010年）中都提出审计公告的目标，但具体公告什么、如何公告、如何把关等等问题，到目前为止，经验也还不够成熟，就更谈不上规范了。但我们还是要采取积极的态度，不断总结经验，稳步推进各级审计机关逐步实行公告制度。

三是如何防止公告过程中的随意性，这也是公告工作规范化中的一个问题。这很重要，我就单独强调一下。我们曾经说过，对于今后审计的结果，凡是涉及国家秘密和被审计单位商业秘密，以及公告后可能导致不良影响的，都不能公告。这里就存在一个标准问题，就有一个自由裁量的空间，到底哪些不能公告，怎么样界定才更科学，谁来把这个关？我们既要防止审计机关和审计人员滥用这个权力，也要避免拿这个当借口来影响审计公告制度的顺利实施。

四是对审计公告制度本身还有许多不同的认识，也有相当的阻力。这不奇怪，主要是受到几千年传统文化的影响，大家习惯于相互称颂，不习惯于相互批评，更不习惯于公开的批评，总是担心审计公告会损害政府部门的形象，会导致社会的不稳定。我的看法不同。实践证明，人民群众是有鉴别力的，对这些年的审计结果公告，绝大多数社会公众首先是认可和赞赏政府的公开透明，进而也肯定政府依法行政和反腐倡廉的决心，同时，大家对违法违规和腐败犯罪的痛恨本身也可以转化为一和社会舆论氛围。我相信，只要我们坚持，经过10年左右的努力，人们对审计公告的认识会更理性，也会更积极。

下一步审计公告怎么改进和提高，我想就是两句话：一句是总结经验，加快立法，用法律来规范审计工作；另一句就是逐步改进，严格规范，使这一制度更科学、更完善。

十六、您曾经说过，并不赞成"审计风暴"的提法，为什么？

一般情况下，审计署在每年的 6 月份都会向全国人大常委会报告上一年度中央预算执行情况的审计结果，社会上对此有"审计风暴"的说法。关于这一点，我曾经多次在公开场合讲过，我不太喜欢"风暴"这样的词，也不太赞成"审计风暴"这种提法。审计工作的目的绝不仅仅是为了刮起一场风暴，我们更希望能够实实在在地推动国家各项制度的逐步完善。增强审计的公开性和透明度，进而促进法制建设，是我们多年以来追求的目标。审计工作者不仅要善于"揭问题"，更要善于"提问题"，并且静下心来思考问题。

一是"审计风暴"不是我刮起来的，我从来不认为我自己是在刮"审计风暴"。

审计机关向人大报告上年度的预算执行审计结果，是在党中央和国务院正确领导和大力支持下，正常履行审计职责。我常说，审计署每年受国务院委托，向全国人大做的审计工作报告，仅仅是按照《宪法》和《审计法》的规定，正常履行职责，做了一些分内的事情。其中最根本的原因就在于我们国家民主法治建设进入新时期，党中央、国务院多次在不同场合对依法行政、加强权力制约等问题加以强调，同时对审计工作也给予高度评价和大力支持。这是带有决定性因素的大环境，如果没有中央的正确领导，没有国务院的有力支持，审计工作报告不可能公开，力度也不可能像现在这么大。

二是我也不提倡讲"审计风暴"这一提法。

　　"风暴"这个词，容易给人造成一种"搞运动"的感觉，像是摧枯拉朽一样，有时会带来一定的负面影响。实际上审计是一种制度，有问题没问题年年都在审，应形成一种制度，而不提倡"刮风"。因此，审计机关在今后会逐渐加大审计公告力度，所有审计发现的问题，只要不涉及国家秘密和被审计单位商业秘密的，都要依法公开。我们要逐渐习惯政府行政工作的公开化，把审计和审计结果的公开化形成制度，形成习惯，每年都做，而不要再"刮风暴"。

　　另外，坦率地讲，我也觉得少数的媒体有的时候往往把主要精力放在一些案子的追踪上，当然这也是必要的，但是我觉得它的全部内容不仅仅是去揭露案子，更多的是要通过这些事情进行整改，加强管理，提高经济的质量、效益，这是最主要的。不要对某个部门或单位的违法违规问题进行过度炒作，这样对审计发现问题的整改工作不一定有好处。

　　三是审计机关有一套完善的监督体系，审计监督实际上是一个系统工程。

　　审计监督是一个系统工程，采取渐进式的改革才是上策。我曾经强调过，对一些屡审屡犯的问题和单位，审计机关就要坚持做到屡犯屡审。要想充分发挥审计监督职能，促使一些违法违规问题得到根本解决，采用"风暴式运动"或许可以解决一些眼前迫切、突出的困难和矛盾，但这种局部的、暂时的、不稳定的解决方式，不会冲击到一些制度性、体制性的深层次原因，反而会给审计工作未来的发展带来更大的危险，增加更多的障碍。人们所说的"审计风暴"，实际是对加大审计工作力度的愿望的一种表达。审计是一种依法对经济活动和财政资金使用情况进行监督的行为，必须纳入法治的轨道，实现法制化、规范化、科学化，应当在一种正常、持续开展的状态下，有序地加大执法力度，增强效果。希望通过一种短暂的突击性的"风暴"的方式来解决我国经济社会生活中根深蒂固的积弊，是难以达到预期效果的。同时，充分发挥整个审计监督体系的作用，才能同各级干部的领导能力和社会公众的接受能力相适应。

有人也说"审计风暴"刮过之后，看着声势很大，但是实际上并没有改变什么。这种说法我也不赞成。看上去的声势大不大，那是旁人去看，但是不能说事情过了以后，什么效果都没有。更重要的是，审计工作的成果不能简单地从处分了几个人、判了多少年徒刑来判断，而应该从完善制度、规范管理的宏观角度上来进行衡量。从这些年的情况看，现在中央各部委对审计发现的问题还是高度重视的，制定了很多的整改措施。像 2006 年我们对收费公路的运营情况进行审计以后，交通部就开了将近十次的党组会议，逐个研究问题，出台了很多的政策措施，而且着手解决存在的这些问题。因此，不能说没有效果，应该说在很多部门效果还是很不错的。

十七、"人、法、技"建设是如何提出来的？它为加强审计工作发挥了怎样的作用？

1998 年，我担任审计长后，一直在思考一个问题，就是当前审计机关的薄弱环节在哪里，如何进一步加强审计机关的自身建设。回顾审计机关成立 15 年来的发展，审计署党组在不同的发展阶段，针对当时的实际情况，提出过不同的方针和要求，包括"边组建、边工作"、"抓重点、打基础"和"加强改进、发展提高"等等，这些方针，在当时的条件下，对明确工作思路、指引发展方向，发挥了很好的作用。

抓重点，是审计机关成立以来一直坚持的一个方针。打基础方面，审计机关成立 15 年来，做了很多工作，取得了很多成效。而我认为，今后审计机关仍然有一个如何进一步打好基础的问题。现在工作中表现出来的问题，正是反映了基础工作上还有欠缺，还有差距，所以审计机关还要进一步夯实基础。经过认真的研究，广泛听取各方面的意见，特别是学习江泽民同志有关"基础不牢，地动山摇"的重要讲话后，审计署党组更加明确了今后审计机关要把打基础作为一项重要工作来抓。

那么基础到底是什么？我认为主要是三个：一是队伍建设；二是法制建设；三是技术手段的建设。当时考虑用最简单的语言来概括这三个方面，就提出了"人、法、器"三个字。后来在 1999 年年初，审计署向朱镕基总理汇报工作时，我们提出了坚持不懈打好基础的思路，朱镕基总理给予了肯定，但他认为"器"这个字，主要体现了物和工具层面的内容，缺少人主观能动性的体现，建议改为"技"，不仅有物的内涵，也可以体现人的因素。大家都认为这样的改动很好，后来就确定为"人、法、技"建设这个提法。

开展"人、法、技"建设对审计工作的作用，我想根本作用还是在于打基础，因为队伍建设、法制建设和技术手段，都是我们推进和发展审计事业的基础所在，这些方面工作没有做扎实，事业发展想快也快不起来。

抓队伍建设，就是培养人，就是提高领导水平、提高队伍素质。这些年通过狠抓领导班子建设、狠抓教育培训、狠抓作风和廉政建设，审计队伍的精神面貌是好的，领导是得力的，队伍是有战斗力的，整体素质得到了提升。我考虑，抓人的问题，抓队伍建设，不仅是这 10 年的基础工作，而且是一项长期的基础工作，不能有丝毫的松懈，更不能自我满足。要获得事业的发展，关键还是在于人的发展。

抓法制建设，是国家审计生存和发展的必然要求。这些年坚持不懈的法制建设，为国家审计创造了很好的法制氛围，这是我们开展审计的前提，是我们依法审计、依法履行职责的保障，也是我们取得一切成绩的基础。没有法律的授权，审计工作是无法开展的。这些年来，《审计法》的颁布和修订，具有里程碑的意义，今后围绕《宪法》和《审计法》的规定，还要不断地丰富审计法律法规体系。

抓审计法制建设的另一个侧面，就是我们依法严格要求和规范了自己的行为，有效地确保了审计的客观公正，为我们深化审计工作赢得了全社会的信任和支持。这个方面的代表性成果就是审计准则体系的建设和《审计机关审计项目质量控制办法（试行）》（也就是常说的 100 条），这些规章和规范，既可以引导审计人员的工作，又可以约束审计人员的行为，是保证审计质量的一道防线。当然，我们也要清醒地看到，审计法制建设是一个漫长的过程，现在才刚开头，很多方面的审计工作都还没有完全走上法制化的轨道，审计法制化既要受到中国全社会法制化进程的制约，也要为推动中国的法制化进程做贡献。

审计技术基础建设取得的成绩，我看主要集中体现在两个方面：一是审计人员的职业敏锐性提高了，我们能够在不同的领域、不同的专业，揭露一些隐藏得比较深的问题，发现一些大案要案线索，不是靠运气，而是总结了一些方法，有的地方还建立了一些模型，从这个角度看，我们的审计工作开始超越经验，开始注重技术方法的运用了；另一个方面的进步，主要是计算机在审计中得到了广泛运用，大家的认识提高了，计算机能力培训和考核跟上了，不仅开展了全员的基础知识和操作技能培训，而且还培养了一批计算机审计骨干。联网审计、数据转换、AO 应用、计算机审计经验征集等工作的开展，都有力地推动了审计工作的发展。这就是为什么有的大案要案别的监管部门发现不了，而我们屡有所获的原因，古话说"工欲善其事，必先利其器"，我们重视审计技术基础建设，投入一定是会有回报的。

十八、如何理解"廉政建设和审计质量是审计工作的生命线"？

在很长一段时间里，广大审计干部都很关心审计机关和审计工作中的风险问题，这个问题确实十分重要。很多同志都在思考风险到底在哪里，有什么表现形式，有什么控制方法。经过调查研究，我认为审计工作的风险主要集中在两个方面：一是审计工作的业务风险；二是审计人员的职业道德风险。

审计工作的业务风险，又包括两个方面：一是审计掌握的情况是否真实，定性是否准确公允，结论是否客观公正；二是审计中有没有遗漏重大问题，有没有遗漏经济犯罪线索。

审计业务风险体现出的审计工作不确定性，其本质就是一个审计质量问题。所以我一直强调，审计质量是审计工作的生命线，只要审计质量不出大的问题，真实公允、客观公正，那么审计业务就没有大的风险，审计事业就会健康发展。一旦在审计质量上出了问题，那就会是大问题。

控制审计人员的职业道德风险，也是审计机关需要面对的一个重要课题，这个问题，世界各国都存在。我们讲审计人员的职业道德，既要关注审计人员个体层面的廉政和纪律，也要关注审计人员作为一个群体的廉政和纪律，包括前面说到的文明审计等问题。把审计人员的职业道德风险放到这个高度来认识，是因为审计工作有赖于审计人员的职业判断，审计人员或多或少是有一定自由裁量权的，审计人员的职业道德水准直接决定了审计工作的质量和水平。虽然我们采取了很多措施，制定了100条（《审计机关审计项目质量控制办法（试行）》）、要求记审计日记、开展审计业务复核、实行审计项目质量检查等等，但任何控制手段毕竟都不能百分之一百地消灭问题。所以，关键还是在教育、在引导、在约束，我们希望通过坚持不懈的努力，让这支审计干部队伍在廉政和纪律方面成为一支铁军，让审计人员成为遵守职业道德的楷模。

明确了审计质量和审计人员的职业道德对于审计机关和审计工作的重要性，我们就提出了"生命线"的概念。目的就是要时刻提醒审计机关的领导和广大干部，这两条既是"生命线"，又是"高压线"，谁都不能碰，要是谁在这两个方面越雷池，那就对不起，审计机关一定会严肃处理，绝不留情。

十九、您曾经说过，要想把审计工作搞好，加强派出机构的建设是很重要的一环。您认为这些年在派出机构建设方面有些什么基本经验？

经国务院批准，审计署从 1986 年起分四批在全国 18 个城市设立了 18 个驻地方特派员办事处，目的是加强对地方的中央企事业单位的监督。1998 年，为进一步加强对中央部门预算执行情况的监督，国务院批准审计署在中央各部门设立了 25 个派出局。特派办和派出局对审计工作而言是一个崭新的课题，没有先例可循，没有样板照搬，没有操作规程，同时也没有这方面的人才，更谈不上现成的审计队伍。在这种情况下，我们艰苦创业，积极探索，经过一段从无到有、从小到大、从弱到强的发展历程，初步摸索出一条与我国审计事业发展相适应的派出机构发展之路。特派办和派出局的广大审计人员奋力开拓，勤奋工作，审计领域逐步扩大，审计质量逐步提高，成长为审计署的一支主力军。在财政、企业、金融、经济责任等重要的审计领域，特派办和派出局都承担了重要任务，取得了很大的成绩。

如何才能把派出机构建设好、发展好，使之充分发挥作用，是我们一直在思考和研究的一个重要问题。经过这些年的不断实践和总结，我们形成了派出机构建设的经验。这些经验归纳起来，主要有五条：

一是必须坚持审计署的统一领导和统一部署。根据派出机构在不同时期的发展要求，审计署党组研究制定了有针对性的工作方针。从组建之初的"边组建、边工作"，到之后的"抓重点、打基础"、"积极发展、逐步提高"；近几年，要求派出机构坚持"依法审计、服务大局、围绕中心、突出重点、求真务实"的工作方针，全面审计，突出重点，注意发现大案要案线索，积极探索效益审计，加强"人、法、技"建设，提高审计成果的质量和水平。审计署党组的正确领导，保证了派出机构工作能适应形势要求，稳步推进。

为了统一思想认识，审计署党组多次召开专题会议，研究解决派出机构发展的关键问题。包括强化思想政治工作、加强班子建设和队伍建设、整顿工作作风、提高依法审计能力、加强年度考核工作等，尤其是对加强领导班子建设的问题进行了反复研究，提出了明确、具体的要求。同时，我们还注重加强对派出机构审计业务的统一指挥和部署，组织各派出局开展对中央部门预算执行情况的审计，并明确将其作为派出局的主要任务。我们组织各特派办打破地域限制，实施了较大范围的行业审计和专项资金审计，既保证了审计工作的覆盖面，又充分发挥了派出机构的整体合力。这些年，派出机构承担的主要审计项目、审计方案、处理原则都是审计署统一制定的。审计中发现重要问题及时报告审计署，重大问题由审计署上报国务院，国务院领导批示有关部门进一步落实，这样就形成了一个高效的、有力的指挥和运行体系。实践证明，派出机构的各项工作在审计署党组的统一领导之下，认识一致、步调一致、行动一致，是派出机构沿着正确方向健康发展的首要前提和根本保证。

二是必须坚持提高审计能力和水平。直接从事审计业务是派出机构的主要职责和第一要务，所以审计署党组不授予派出机构对外的管理权。审计署始终重视提高派出机构的审计业务能力和审计质量，在加强对派出机构业务工作的组织、指导、规范和检查的同时，逐步建立了以审计业务为核心的派出机构工作考核体系，引导派出机构加强业务建设，不断提高审计业务水平。从 2000 年开始，审计署每年都组织优秀审计项目评选和奖励；2006 年，审计署首次对中央企业审计质量进行了评选，在受表彰的前 6 个单位中，有 4 个是特派办。在 2006 年试行的特派办年度考核量化指标中，审计业务建设占比达 50%。现在，我们准备把这一做法推广到派出局。这就从制度上保证了派出机构把审计业务工作放在首要的位置。

各派出机构坚持以业务带能力、以质量促水平。通过突出重点，加大对严重的违法违规和经济犯罪问题的揭露和查处力度，培养锻炼审计人员敏锐的洞察力和熟练的业务水平；通过审计与审计调查、财务收支审计与效益审计相结合，注意从宏观上研究和反映一些深层次问题，发挥审计监督的建设性作用，引领审计人员提高宏观思维和综合分析能力；通过设计以审计业务为中心的量化考核办法，引导干部职工加强学习，提高能力，为构建学习型审计机关创造了良好的氛围。

三是必须坚持"人、法、技"建设协调发展。这些年来，审计署和派出机构为适应审计工作的发展，着重加强了这三个方面的基础建设，为派出机构的发展提供了根本保障。

在"人"的建设方面，审计署党组突出抓了两项工作：一是推动派出机构领导班子建设，采取了五个方面的措施：科学调配领导班子，优化结构；加强理论学习，提高管理水平和业务能力；开展民主集中制教育，增强凝聚力和创造力；实行干部交流，增长阅历经验；督促转变作风，深入实际调查研究。二是推进人事制度改革，逐步建立起科学的干部选拔任用和监督管理机制。其中主要包括六个方面："凡进必考"的公务员考试录用机制；以副司级干部公开选拔和处级干部竞争上岗为主要内容的干部选拔任用机制；以干部任前公示制、任免职谈话、实行试用期、诫勉、廉政回访、廉政承诺和目标责任制度为主要内容的干部监督机制；以业绩和能力为导向的考核评价机制；不同地区和部门间的干部交流制度；考培结合、重点突出的终身职业教育机制。通过这些机制和措施的共同作用，增强了派出机构干部职工的危机感、紧迫感和使命感，激发了大家的工作热情和创造力。

在"法"的建设方面，审计署循序渐进地构建起了以《宪法》为依据、以《审计法》及其实施条例为主体、以审计准则为基础的比较完善的审计法律体系，逐步完善审计程序和作业标准，建立了审计项目全过程质量控制制度。各派出机构在这方面也采取了许多措施：一是结合国家不同时期普法的要求和审计工作实际，深入开展法制宣传教育，提高依法审计的自觉性；二是认真贯彻落实《审计法》，坚持依法审计，加大审计执法力度，努力提高审计执法水平，落实审计业务规范和审计准则，约束和规范审计行为；三是建立了三级复核制度和重大审计事项审计业务会议审定制度，各特派办普遍设立了专职的法制机构，促进提高审计执法水平。

在"技"的建设方面，主要做了四项工作：一是以培养骨干为基础，以开发应用为重点，全力推进审计信息化建设；二是在深化传统审计方法的同时，大力推广运用审计抽样、内控测评、风险评估等现代审计方法；三是积极改进审计组织方式，形成了审计与审计调查、行业审计与专项资金审计、经济责任审计与其他专业审计相结合以及"五统一"的审计组织方式等一套科学有效的审计组织方法；四是加强理论研究，不断总结经验。各派出机构积极参加审计署组织的课题研究，并主动开展多种形式的理论研讨，在审计理论和实践的结合上做了大量尝试。

四是必须坚持"两手抓"、"两结合"，不断加强廉政建设。"两手抓"、"两结合"，就是外抓审计纪律，内抓机关管理；思想政治工作和廉政纪律教育相结合。派出机构远离审计署机关，有很强的独立性，廉政建设更具紧迫性和特殊性。审计署党组始终把派出机构的廉政建设作为审计工作的"生命线"来抓。早在特派办成立初期，就制定了审计工作"六项纪律"和"八条规定"，后来实行了"八不准"审计纪律，在特派办党组设立了纪检组，同时建立了特派员离任审计制度，到目前为止，已经先后对 26 位特派员进行了离任审计。从 2006 年起，还在各特派办派驻了纪检组长，专职负责特派办的纪检监察工作。各派出机构根据不同时期廉政工作的重点，强化教育，完善制度，加强监督，发现问题及时纠正，取得了良好效果。

在财务、资产管理上，各派出机构也都探索和实行了许多好的做法。如建立派出机构负责人、办公室主任和财务会计三级责任制；在基本建设和大宗采购上，实行公开招标等。1997 年以来，各特派办还开展了对所属公司、事务所的脱钩改制工作和审计过渡专户的撤销工作。近年来，各派出机构积极开展财务检查，管理水平进一步提高。内部管理的加强，对于保持审计机关清正廉洁的形象，促进审计工作发展，发挥了重要的保证作用。

五是必须坚持发挥派出机构的主动性、创造性。关于派出机构与审计署的关系，可以这么说，审计署是领导机构，出思想、出政策、出主意；派出机构是执行机构，出成果、出经验、出人才。也就是说，审计署决策的执行力主要在派出机构，而派出机构的工作成效主要取决于其能否坚决贯彻审计署的意图，能否发挥主动性和创造性，把审计署的统一规定与本单位实际相结合，创造性地开展工作。

这些年，为保证派出机构独立处理问题的权力和能力，审计署在体制上做了很多努力。规定派出机构的人事、财务、审计业务等主要事项直接归审计署管理，审计发现的问题直接对审计署报告和负责。审计署机关没有设立专门管理派出机构的机构，派出机构根据工作性质与有关司局直接联系。这样既有利于发挥审计署机关各司局的作用，又减少了层次，提高了效率，为派出机构因地制宜、大胆工作提供了广阔的空间。各派出机构在工作中努力解放思想，充分发挥主观能动性，从实际出发，在审计工作、队伍建设、精神文明建设、机关管理等方面创造性地开展工作，打造自身特色和"品牌"。各派出机构较好地坚持了"矛盾不上交"的原则，重大事项报告审计署，日常工作独立处理，表现出了很强的工作责任心和自觉性，使审计署决策的执行力得到了有力体现，使审计署的各项要求真正落到了实处，也使派出机构的工作始终充满生机。

派出机构的实践经验，使我们进一步认识到，党中央、国务院设立审计派出机构的决策是完全正确的，是符合我国国情和审计监督体制需要的一项重要举措。设立派出机构，不仅有利于加强审计监督，维护中央的政令统一和国家的经济秩序，而且对扩大审计工作的社会影响，提高审计工作的双赢性，具有十分重要的作用。从国际上看，现在德国、瑞典和越南等国借鉴我们的做法，正在着手建立派出机构。

但另一方面，我们也要看到，各派出机构发展是很不平衡的，派出机构工作还存在不少困难和问题，主要是：审计任务重，社会期望值高，审计力量不足的矛盾比较突出；如何进一步加强派出机构的班子建设，提高领导班子的领导能力和凝聚力，充分发挥领导核心作用，还有不少工作要做；如何进一步稳定审计队伍，提高审计队伍的专业水平，还缺乏有效的机制；在审计质量、内部管理和作风建设等方面，还有不少需要进一步研究解决的问题。这些问题在一定程度上制约着派出机构工作的进一步发展和审计监督作用的发挥，应高度重视，采取切实措施加以解决。

二十、您认为我国审计工作与国际先进水平的差距在哪里？我们应该如何追赶？

我国审计工作经过 25 年的发展，取得了很大成绩，但应该清楚地看到，我们与国际先进水平还有明显的差距：

第一，国家审计的体制、机制还没有完全理顺，如何建立适合中国国情和文化，适应中国审计工作发展实际需要的审计管理体制和机制，还在探索之中。国外，特别是一些发达国家，现代国家审计工作经过 100 多年甚至几百年的磨合，在管理体制和机制方面已经比较成熟。相比他们，我国在这方面时间还很短，经验还不够，还需要不断探索和总结。

第二，审计工作的法制化程度还不够高，还没有就如何规范国家审计工作形成一整套比较完整的法律、法规和规范。这方面大家都知道，在我国《宪法》确定审计工作地位的基础上，《审计法》经过修订，不断完善，但修订后的《审计法实施条例》和《经济责任审计条例》等一系列配套的法律和法规还没有出台，很多重要的审计工作，例如效益审计等等，还缺乏系统、完善的法律规范来进行指引。

第三，在审计人员职业化方面差距巨大。审计工作是一项对人的素质和能力高度依赖的专业工作，人要是不行，再好的法规、再好的技术都没有用。提高审计人员的能力和素质，教育培训固然很重要，但如何把好入门关、搞好职业化，却是关键之关键。在这方面，一些发达国家的审计机关有着非常成熟、非常有效的经验，那就是实行职业化，入门有测试、工作有标准、晋级须考核。审计官员就像法官一样，不是谁想当就能当的，他需要具备有明确标准的知识和能力，干的是专业的审计工作，发表的是专业的审计意见，不掌握专业知识，不具备专业技能的人是不能随意来干审计的。换句话说，审计职业化，也就是将审计人员作为一群独特的专业人才来管理，而不是将他们等同于一般意义的行政管理干部。只有职业化到位了，审计队伍的专业水准才能达到一个较高的水平，而且这种水平才有可能保持下去。

第四，审计内容的全面性还有不少差距。目前我国开展的审计工作，主要还是以传统的财政财务收支审计为主，类型还不够丰富。例如，在财政审计领域，我国做得比较多的是预算执行，而国外比较通行的财政决算审计，我国则还处于决算草案审签的探索阶段。就绩效审计而言，我们更是刚开头，而且重点还放在揭露重大决策失误和严重损失浪费等方面，是初级阶段，而国外有的审计机关已经开展了政策效果评估和政策评价，走得非常远。在计算机审计层面，一些发达国家已经开展了基于风险评价的信息系统审计，而我们还处于数据审计阶段。上面这些例子，都说明我们还有很多工作可做，我们拓展审计业务领域的空间还很大。

第五，审计方法和审计手段还比较落后。这个问题涉及两个方面：一是我们的理论研究和技术创新滞后；二是我们对新理论、新技术、新方法的应用也不够，一些先进审计方法和手段的应用效果还不够理想。现在我们的审计资源和审计任务之间矛盾十分突出，要想依靠增加编制、增加人员、增加经费来干好工作是不太可能的，出路只有一条，靠技术、靠手段，提高审计效率。就一个审计抽样，里面的学问就很大，如果把审计人员的经验和科学的抽样技术有机结合起来，我们就不需要大海捞针，就能节省很多的资源。再说送达审计和联网审计，现在各地、各部门的信息化水平都在提高，我们到底有多大必要一定要搞彻底的现场审计呢，联网审计能解决问题，有时甚至还能更快地解决问题。信息化手段在审计中的应用也是一样，这些年，金融审计运用计算机尝到了甜头，取得了好的效果，那是给逼出来的，不用不行了，但我看很多地方、很多审计领域的计算机应用还没有怎么迈开步，紧迫性不够，差距就会越拉越大。

第六，审计管理的水平还有很大差距。管理的差距，是一个根本性的问题，我们和国际先进水平之间的管理差距是多方面的。举一个简单的例子，现在我们各级审计机关，包括审计署在内，多数不能够说清楚到底各自有多少审计对象，他们都在哪，都在干些什么，财务状况怎么样。家底不清，被审计单位数据不全，审计的全面覆盖和科学性是难以保证的。另外，审计成果的利用也是一个问题，我们往往满足于往上一交报告、档案锁进柜子就完了，其实审计人员辛辛苦苦几个月完成的项目，有很多信息都没有提炼，有很多资料都没有利用，就开始忙下一个项目了，这就说明我们的管理意识不强、管理水平不高，还不能将资源和成果的效用最大化。至于滚动计划、资源调度、成本控制、质量监督等方面，我们也有很大的差距，还需要不断改进。

对于如何追赶国际先进水平，我看也不外乎那么几条：

一是加强学习和交流，闭门造车是不行的，一定要开门学习，要多交流，只有了解别人，才能发现别人的优势和长项。有条件的话，我们要走出国门，参加经常性项目的审计，以在实践中锻炼我们的队伍。

二是要强调有选择地吸收，一定要吸收和借鉴那些适合中国国情的做法和经验，不能盲目照搬照抄，要创造性地借鉴。我们很多问题，也不是把西方的做法拿来一引就灵，国情不同、文化不同、习惯不同，审计人员的基础也不司，只有适合的才是好的，所以在学习过程中要思考、要研究、要试点，找准差距、找对方法，才能提高。

三是要以提高审计人员的素质和水平、加强教育和培训为前提。追赶和超越，还是靠人，没有人的改造和提高，就没有事业的发展和进步。要赶上国际先进水平，提升审计人员的战斗力是第一位的。

四是要稳扎稳打，逐步提高。我们要针对差距，制定滚动的发展规划，逐步解决问题，一步一步往前赶。在这个过程中，要处理好共性和个性的关系，我们既要学习借鉴国际先进的理论和做法，也要保持自身的特色，还要注意一切从实际出发，不搞"大跃进"、不搞"一刀切"。

审计业务工作

二十一、您早就提出审计中要注意检查"真实性",为什么?经过这些年的实践,您现在对这个问题如何认识?

对这个问题要从两个方面考虑:一是对真实性的认识;二是审计工作的目标。真实性是指被审计单位提供的会计资料和其他信息,与其财政财务收支活动和其他经济活动的相符合程度。被审计单位作为财政资金或国有资产的使用或占有者,有责任向政府如实报告财政资金或国有资产的具体使用情况,及其履行职责的情况。真实性是对被审计单位履行职责的一个基本要求。审计机关作为专门从事经济监督的政府部门,其法定职责就是对有关政府部门和企事业单位财政财务收支的真实、合法和效益进行监督。审计对象是一些部门单位的财政财务收支,审计目标就是财政财务收支是否真实、合法、效益。可以看出,审计机关开展监督的第一项就是真实性。试想一下,一个部门、一个单位财政财务收支如果不真实的话,那还能谈得上合法和效益吗?20 世纪 90 年代,假账比较普遍,特别是 90 年代中后期发展比较严重,这有其客观的背景。1992 年,党的十四大提出建立社会主义市场经济体制,我国的经济制度开始由计划经济向市场经济体制过渡。但是市场经济的规则不可能一下子建立起来，特别是 1993 年开始实行会计制度改革，一些单位还不能适应新的会计制度的要求，于是会计信息失真现象大量出现。20 世纪 90 年代，我们审计时发现不少单位、部门、企业为了自身利益，弄虚作假做假账，而且带有一定的普遍性。有的虚盈实亏，有的虚亏实盈，有的明明是请客送礼，却记成购买办公用品，如此等等，降低了社会诚信。记得 1997 年，我在中央党校学习，学习结束时，最后写的论文内容就是如何在会计领域内打假治乱。后来，这个问题引起了社会各方面的关注，朱镕基总理给某个学校提写的校训也是"不做假账"。我感到，如果不解决财务会计信息的真实性，审计就失去了基础，所以当时审计署提出了在财务会计领域打假治乱的任务。应该说，经过几年的努力，情况有了好转。但是说真正做到不做假，永远不做假账，仍然任重道远。因此，审计工作还是应该把真实性放在首位。

二十二、请您谈谈：当前及今后为什么要继续严肃查处重大违法违规的问题和经济犯罪？

严肃查处重大违法违规的问题和经济犯罪，这只是审计工作的重点之一。审计机关的法定职责是对有关财政财务收支的真实、合法和效益进行审计，如果一个单位在财政财务收支或者经济活动中存在违法违规问题，这当然应该是审计揭露的问题。一方面，这些年我们国家处于转轨时期，市场经济的规则还没有完全建立起来，法律法规不是十分健全，一些单位和个人的遵纪守法意识不强；另一方面，经济活动的领域越来越广泛，形式也呈现出多样化并日趋复杂，不遵守财经法规的现象在一个时期内相当普遍。记得有一次朱镕基总理在听取审计工作汇报时指出：一般的违规违纪问题也要揭露和纠正，但是审计当前还是要抓大事，抓大问题，抓重大的违法和经济犯罪线索，只有这样，才能杀一儆百，才能遏制当前违法违规问题比较普遍的状况。朱镕基总理的指示，完全符合我国的实际情况，我们就把揭示重大违法违规问题的经济犯罪线索作为审计工作的重中之重。因为这样的问题，性质严重、手段恶劣、危害极大，有些问题本身就是腐败。几年来，审计机关每年查处的重大违法问题和案件线索都在两千件以上。目前，这种状况并没有从根本上改变，所以我们还是要继续关注这个问题。

我对审计干部反复强调，重大经济案件如果从我们的眼皮底下放过，就是对人民的犯罪。当然，这不是说其他的问题就不管不问了，只是说在审计工作中要关注重大经济案件线索，遇到这样的问题绝不放过，要一查到底。

二十三、现阶段为什么要大力推行效益审计？您说我国的效益审计仅仅是初级阶段，为什么？今后应该如何发展？

效益审计是指审计机关通过收集有效证据，对经济活动是否有效利用各种资源发表独立意见的活动，包括对经济活动的经济、效率和效果的审查。经济是指经济活动的投入是否做到了节约；效率是指投入与产出的比例关系，即以最少的投入取得最大的产出；效果是指经济活动所取得的结果。

经济活动的有效性是受托责任的一项重要内容。一个部门、单位或项目，使用了纳税人的资金，就有责任有效地使用这些资金，而不仅仅是做到如实报告、遵纪守法。因此，审计机关在对被审计单位责任履行情况进行考核时，就应包括对其有效性责任的审查。

为什么现阶段推行效益审计？主要是由于它已经变成了一个迫切的客观需要。审计中遇到的许多问题，既不是做假账，也不是违法违规，实际上是合法不合理，在经济上造成损失浪费。比如，领导不执行科学决策机制，决策失误造成重大损失；再比如说，有些预算资金的使用虽然符合有关规定，但是没有达到预期的目标，造成浪费；有些投资项目高估冒算，如此等等。各级党委、政府、立法机关和广大的社会公众也十分关注国家财政资金的使用效益，要求审计机关予以高度关注。

经过几年各地的实践，我们已经积累了一些经验，但是仍然处于初级阶段。为什么叫初级阶段？这主要是由于我国的效益审计才刚刚起步，无论从审计的内容、工作范围、技术方法看，还是从其实际所发挥的作用看，都还非常有限，都是在探索阶段。当前，公共部门的铺张浪费是社会反映强烈的问题，党中央、国务院十分关注。因此审计机关效益审计主要是针对损失浪费问题开展的，还没有全面开展绩效审计。虽然审计不仅关注着经济效益，还关注社会效益、生态效益等等，但是与发达国家相比还有很大差距，在全国也是不平衡的。

对于今后应该如何发展，我想主要应做好以下几项工作：第一，要先从最急需、最突出的项目或资金做起；第二，制定和健全效益审计的标准、审计准则；第三，要大力培训审计队伍，提高干部的自身能力和水平。

二十四、经济责任审计在领导干部监督和管理中发挥了重要作用，您如何评价这些年的经济责任审计工作？

经济责任审计的发展经历了一个较长的发展过程。这是从地方审计机关做起来的。当时有人叫离任审计，后来叫经济责任审计。20世纪90年代，中央纪委和审计署总结了山东省菏泽市开展这项工作的经验，并在全国进行推广。当时这项工作得到了胡锦涛同志的赞同和支持。经济责任审计开始主要在县、乡两级党政主要领导和有关金融机构、国有企业领导人员中开展，以后逐步扩大到地、市，现在省、部级也在试行。这项审计和其他审计的不同之处，在于它是由被审计干部的主管部门委托审计机关进行审计的。它是受委托的，委托审计谁就审计谁，审计后向委托部门和相关机构报告审计结果。2006 年，经济责任审计正式写入了新修订的《审计法》，成为审计机关的一项法定职责。最近几年，各级审计机关完成了大量的经济责任审计项目，从 2003 年到 2006 年，在全国认真开展了县级及以下党政领导干部任期经济责任审计，并将审计范围扩大到地厅级党政领导干部。四年间，共审计党政领导干部 13.3 万人，国有及国有控股企业领导 7500 多人。根据审计结果，有 2500 多人被免职或降职、1300 多人受到纪律处分、400 多人被移送司法机关。在此期间，全国还查处违反组织人事纪律人员 9300 多人，并给予了相应的党纪、政纪处分。从这些数字可以看出，尽管经济责任审计覆盖面还不是很广，但是发挥了一定的作用。一是有利于组织部门全面考核和了解干部；二是审计过程中发现一些干部存在较严重的问题，避免"带病"上岗、"带病"提拔；三是对干部起到一定的警示作用；四是在干部离任时可以对其履行经济责任方面给一个适当的评价，干部也还比较满意。但是，我认为这项工作还存在一些需要研究和改进的地方：一是法规不够健全；二是标准、准则还没有完全建立起来；三是一些地方力量不足，审计覆盖面相对狭窄；四是审计成果的利用还需要进一步加强。

二十五、既然经济责任审计有着重要作用，为什么要提出"积极稳妥、量力而行、提高质量、防范风险"的原则？

经济责任审计的原则是在广东召开的审计工作座谈会上提出的，这四句话中，主要是"积极稳妥"和"提高质量"八个字。当时全国的情况有两种倾向：一种是态度不太积极，客观上有很多困难，加之基层审计机关的审计力量不足，所以在经济责任的开展上不够积极；另一种是态度很积极，工作进展也很快，但是不太规范，有的审计质量存在一定风险。因此，针对这种情况，我们提出态度要积极，同时要稳妥。一个重要的办法就是量力而行，不能只求数量，不求质量，核心问题还是一个确保质量的问题。当时很多人关心经济责任审计的风险问题，审计署党组认为，防范风险原则最主要的是确保质量，所以提出"提高质量"。这个原则提出后，大家还是十分赞成的。随后的经济责任审计按照这一原则展开，发展得比较顺利。一方面，各地按照党委和政府的要求，积极开展经济责任审计工作；另一方面，也开始加强对这项工作的计划管理和质量控制，严格按照规定的程序和要求开展审计，重视防范审计风险。

二十六、您为什么说预算执行审计是审计机关永恒的主题？对这些年的预算执行审计如何评价？

中国审计署成立之后，相当一段时间它的职能履行是不到位的，甚至是错位的。审计机关成立后的相当一段时间内，审计依然属于一种财政监督，是为了维护国家的财政收入，主要是审计纳税人。比如，对国有企业、国有银行的审计，主要看其是否依法纳税了，有没有非法减免税金、偷税和漏缴税金、漏缴"两金"（能源交通重点建设基金和教育基金）的问题，有没有虚列成本的问题，银行的费用是不是有超计划、超定额的问题。审计地方财政，也是检查地方是否挤占了中央的财政收入。总之，当时完全是维护统一财政的利益，是财政监督的转移，即将财政部的财政监督转移到审计机关。1994年8月，《审计法》出台以后，明确了同级审计机关要审计同级财政。审计同级财政审什么？一个是不能审预算，因为预算是对未来财政资金使用的一个预先安排，体现政府政策，是由政府提出预算案后，经人民代表大会审查批准的；二是不能审决算，同级的财政决算由同级政府审查后，已经由同级人大常委会批准。以上两项都具有法律效力，已经由最高权力机关审查批准，审计机关不可能再对其进行审计。因此，只能审计预算执行情况。所以"同级审"，实际上是审计同一级政府的预算执行情况。《审计法》出台后，审计机关财政审计的职责应该说是基本到位了。

纵观世界各国，审计机关任务千差万别，但是审计同级财政收支这一点是共同的。所以，1995 年《审计法》实施后，财政审计成为审计机关第一位的任务，其他审计包括行政事业、投资、农林水、外资甚至金融、企业审计都与预算执行审计有着直接或间接的关系。开展预算执行审计符合国家审计本质的要求，能体现国家审计的主要职能，体现审计对纳税人负责。所以我们当时提出预算执行审计是审计机关永恒的主题。

什么叫永恒主题？讲"永恒"有三方面的含义：一是讲它是世界各国审计机关的基本的、共性的职能；二是讲它是长期的、永久性的任务；三是讲它是审计工作的重中之重。

十多年来，预算执行审计经过了一个发展过程，可以概括为一个由以收入为主，到收支并举，再向以支出为主发展过渡的过程。财政审计的开始阶段，主要关注财政收入的完整性，主要是对税收和其他应上缴财政的收入进行审计监督，以减少财政收入的流失。后来对收入和支出同时进行审计，在审计财政收入完整性的同时，关注政府部门财政支出的真实性、合法性。最近几年，以关注支出为主，重点监督政府财政支出的真实、合规和效益。收入当然是重要的，但它一般是法定的，绝大部分是通过税收取得的，也是比较稳定的。支出就不一样了，支出涉及支出结构的问题。我们说的建立公共财政体制，主要也是针对支出而言的。支出还有一个是否真实、合法和有效的问题，支出的预算一经权力机构批准，就是法律，就要坚决执行，但支出安排主要是政府行为，人为的因素、政策的因素很多。所以，审计机关的第一位任务就是监督财政预算，尤其是支出预算的管理和执行情况。

这些年来，我们在预算执行审计中主要关注两个大的问题：一个是预算管理是不是规范，特别是关注中央预算、部门预算的细化问题，以及转移支付的规范和改革问题；第二个是支出预算执行过程中是不是真正做到了真实、合法、有效，所以每年审计大量的一、二级预算单位和大量的专项资金，不仅关注它的收支是否真实、合法，而且通过审计调查，对其使用效益进行评估。对效益方面出现的问题，从体制、制度等源头上分析原因，提出改进和改革的建议。因此，我们强调预算执行审计要坚持整体性、效益性、宏观性和建设性。

预算执行审计发挥了积极作用，一方面查处了一系列的违反国家财经法规的行为，另一方面推动了国家预算制度的不断完善。具体来说有以下一些方面：

一是通过揭露预算管理和执行过程中存在的问题，发现预算管理中存在的不足和预算制度的缺陷。在此基础上，做出处理处罚决定，纠正预算管理和执行中的违法违规行为，维护预算制度的严肃性，并促进预算管理制度的完善。

二是向被审计单位提出整改建议，改进和完善预算单位和政府相关部门的管理制度，促进预算管理水平的提高。制度的建立健全主要有两个层面：一是预算单位内部控制和管理制度；二是相关政府管理部门的预算管理制度。这些制度的健全就是通过审计机关的建议实现的，是对提高预算管理水平的直接促进。

三是向立法机关提出预算改革的建议，推动宏观层面的预算改革。审计机关每年都就预算执行情况向立法机关做审计工作报告。在报告中，针对审计发现的问题和制度缺陷，向立法机关提出宏观层面的改革建议，直接推动预算改革。以审计署为例，在最近五年的审计工作报告中，都就预算制度的改革提出了建议。全国人大常委会就审计署提出的建议做出决议，要求政府及有关部门加以落实，这样直接推动了我国的预算改革。

四是审计结果公告制度的实行，推动了预算的透明。近年来，审计机关实行审计结果公告制度，将审计的结果向社会公开发布。从其公布的内容来看，主要包括：被审计单位的预算收支情况，预算执行的合规合法情况，有关收支数字的真实性，审计中发现的违反国家规定的财政财务收支行为，审计的处理结果以及被审计单位的整改情况。通过审计结果公告，社会公众不仅可以了解审计的情况，而且还可以了解相关预算单位使用预算资金的情况。在目前政府部门预算不对社会详细公开的条件下，社会公众可以通过审计机关的公告来了解财政预算的有关情况，客观上推动了预算的公开透明。

二十七、您提出财政审计要注重"整体性、效益性、宏观性、建设性"，是出于什么样的考虑？

"四性"的问题是最近两年提出的。年年都搞预算执行审计，搞了二十几年了，根据现在的进展情况，预算执行审计应该提高到一个什么样的水平，人大、国务院、社会公众对这个问题十分关注，并提出了一些重要意见和建议。因此，提出预算执行审计要注意整体性、效益性、宏观性、建设性。

整体性，就是从整体上把握整个财政收支和预算执行情况，要对其进行整体的评估、评价，就一级政府在一个特定年度财政收支的总体情况是否真实、使用是否合规和实际效益状况，向立法机关、政府、社会公众等发表一个独立的意见，防止只讲局部问题，不讲全局。所以，这些年我们向人大、向政府的报告，对整个国家预算执行，特别中央预算执行，既揭露存在的问题，又充分肯定它取得的成绩和对问题的整改情况，这一点还是非常必要的。对我们审计机关内部来说，要重视预算执行审计的整体性，要形成合力，防止力量分散，各自为政，要讲究协调和合作。

第二个是效益性。前些年的审计主要关注真实、合法的问题，这也是非常必要的。这些年揭露大量的问题，属于预算执行中的违法违规问题，但是，财政资金使用效益也是一个值得引起高度注意的问题。如果我们的财政资金在分配和使用过程中不重视它的有效性，不关注其是否发挥了应有的作用，不关注使用财政资金是否取得了预期的效果，那也是对纳税人的不负责任。现在有一个问题，人们对违法违规都认可需要纠正，但对浪费问题，很多人并没有把它看做是问题，财政资金的使用效益没有受到关注。由于损失浪费造成的损失也十分惊人，这一现象必须引起重视，审计机关在对财政资金进行审计时，一定要关注其有效性。

关于宏观性，就是讲财政审计要在宏观层面上认识、分析和处理问题。财政是宏观调控的重要手段和平台。所以，我们在审计过程中，不仅要关注预算执行当中的微观问题、具体问题，还应进行综合分析，找出体制、制度上的缺陷或者原因，发现一些规律性的东西。因此，审计不能就事论事，要在分析大量具体问题的基础上，由表及里，由此及彼，促进认识上的升华。要站在国家经济和社会发展的整体格局上认识财政资金的分配、使用，对发现的问题也要从大局上进行分析处理，判断所发现问题对整体的影响，分析产生问题的原因是否因为宏观政策和体制制度的不足形成的。只有这样才能在宏观层面上提出有价值的建议，审计也才能在宏观上发挥作用。

所谓建设性，是指审计不仅要揭露问题，而且要促进整改。这个问题，温家宝总理是非常重视的，强调问题揭露后，重在整改，要向人大和社会有个负责任的交待。整改的同时，审计机关还要对这些问题进行深入调查分析，力争向政府提出一些加强预算管理、提高预算执行水平的建议。近年来，审计机关提出了一系列完善预算制度的建议，如细化部门预算、严格"收支两条线"管理和改革、改进转移支付制度等，有些已经被采纳，并取得了良好的效果。

二十八、您提出金融审计要围绕"风险、效益、管理"六个字，它的主要含义是什么？这些年金融审计发挥了什么样的作用？下一步如何深化金融审计工作？

金融审计这六个字，提了有六七年了。20 世纪 80 年代末 90 年代初，金融审计只是检查金融机构自身的财务收支，主要就是金融机构自身的费用有没有超过财政部核定的限额，利润分配是否存在不合规的问题等。亚洲金融危机以后，我们开始关注如何通过审计防范金融风险。但是，作为审计从哪里入手去防范金融风险？经过一个阶段的探索我们总结出了一些行之有效的做法。

首先要通过审计，把握金融企业的资产总量和不良资产的状况。这是直接反映风险程度的指标，但仅仅如此还不够，还要分析形成这种风险的原因，特别关注因内部控制方面存在薄弱环节和风险管理体系不健全而造成的风险。

风险和效益是此起彼落、此升彼降的关系。效益好，风险相对会减小，效益对抵御风险是很重要的，效益好了，抗风险能力就强。相反，效益不好，就会加大风险。因此，找出两者之间的平衡点是十分重要的。现在好多问题，都是由经营中的风险形成的，风险很大，当一些风险事项转变成现实的损失时，就会直接影响效益。因此，分析风险、了解风险、把握风险，更重要的还是要研究它，关注它对效益的影响。审计机关在对金融机构进行审计时，要对影响其效益的各个要素和方面进行审查，通过审计发现业务经营和管理中的不足，帮助其不断完善风险控制机制，提高效益水平。

金融机构自身的管理问题会直接影响其风险水平和效益。应该看到，金融机构的有些风险是外部原因造成的，有些甚至是不可预见的。但是，从这些年的审计情况看，金融机构不良资产的形成，相当一部分是内部管理缺位和失控造成的。所以，防范风险、提高效益最为重要的途径是提高自身的管理水平，从而提高自身防范风险的能力。因此，审计机关发现金融机构的问题之后，一定要从其制度和管理层面分析产生这些问题的原因，促进其管理水平的提高。

二十九、企业审计经过了一个复杂的发展过程，请您谈谈当前的企业审计有什么主要特点？

企业审计经过了一个复杂的发展过程。在审计机关组建初期就特别重视对国有企业的审计。当时的企业审计主要是检查企业是否执行财经法规，是否如实上缴国家的税金和其他基金。由于当时处于计划经济时期，国有企业是国家经济的主体，绝大多数企业都是国有企业。所以这一阶段企业审计在整个审计业务中所占的比重很大，是审计机关最主要的工作内容。1992 年之后，我国开始实行社会主义市场经济体制，并着手对国有企业进行了多种形式的改革，国有企业的数量在不断下降。为了保证改制中所使用的企业会计信息真实可靠，国企改革中国家利益不受损失，审计机关对企业开展了真实性审计。1998 年，国务院实行政府机构改革，设立了一批稽察特派员，专门从事对国有企业的监督检查工作。为了减少重复监督，按政府的有关要求，审计机关减少了对国有企业的审计量。开展经济责任审计以来，审计署开始对部分中央企业的领导人开展任期经济责任审计。经济责任审计成为了企业审计的主要方式。最近几年，根据我国国有企业发展的需要，审计机关开始不断增加企业审计的数量，以推动国企改革的深入进行，监督国有资产的保值增值情况。

当前企业审计的特点主要有三个：

第一，企业审计和经济责任审计紧密结合。对国有企业主要开展经济责任审计，在全面考核企业领导人经济责任履行情况的基础上，关注其会计信息的真实性、经济活动的合规性，以及企业的效益水平。

第二，企业审计关注的重点是国有资金的安全和有效。我特别关注企业会计信息的真实度。通过审计，一是摸清家底，把企业的基本情况弄清；二是保证资产安全、有效。现在国有企业到底有多少资产、资产的质量如何，这是我们关心的问题。在企业审计中，尤其要注意企业会计信息的真实度和领导干部所做的重大决策产生的后果。为什么我们一方面要了解会计信息的真实度，另一方面还对企业的重大决策进行审计呢？关键还是关注企业防范风险，防止国有资产流失。

第三，要帮助企业解决经营中面临的困难和问题，促进其可持续发展。当前企业在经营过程中都会有一些不同的困难，特别是那些由于政策、体制不顺给企业经营所带来的困难和由于管理水平不太高所产生的问题。审计机关可以通过深入的调查研究，及时向政府有关部门反映企业的实际困难，并向企业提出加强管理的建议，以便进行政策调整，提高管理水平，解决影响企业效益的问题。

三十、这些年为什么特别强调专项审计调查？专项审计调查发挥了怎样的作用？

专项审计调查是审计机关的一项重要的业务类型，审计署在制定 2003 至 2007 年工作发展规划时提出了审计与专项审计调查并重的战略部署。最近几年，专项审计调查在整个审计工作量中所占的比重已经很大。之所以强调专项审计调查，主要是客观上有这样的需要。

第一，是做好预算执行审计的需要。因为，在预算执行审计中，特别是中央转移支付这一块有很多是通过专项转移支付实现的，而大量的专项转移支付资金使用情况，只有通过专项资金审计调查才能搞清情况。没有对这些资金的专项审计调查，就不能掌握其实际使用情况，预算执行审计的深度就不够，难以对预算执行情况做出整体的判断。而对这些专项资金的使用也没有力量都做全面的审计，只能通过调查的方式来实现。

第二，是服务宏观调控的需要。开展专项审计调查，可以在较大的范围内收集来自不同地区、不同部门的有关调查事项的数据资料，可以发现一些规律性、倾向性的共性问题。这可以了解和掌握国家宏观政策的落实情况，并对普遍性的问题进行总结，为党和政府在宏观层面做出决策提供资料，从而服务国家宏观调控。

第三，是效益审计的需要。效益审计的审计目标不完全是对合规性和真实性的判断，所需的审计证据也不完全是会计凭证等传统的审计证据。由于其特有的审计目标和对证据的不同要求，需要采取不同于传统审计的取证方式。以专项审计调查的方式开展效益审计，是在目前条件下一种行之有效的做法。通过调查来获取所审项目或单位经济活动的经济、效率和效果方面的资料，并对它们进行分析、判断，提出评价意见和审计建议。需要强调的是，审计调查的主要目的是进行效益审计，但不回避调查中发现的重大违法违规问题，遇到重大违法违规问题，也必须按法定程序做出处理。

第四，是促进深化改革的需要。通过调查可以发现一些由于体制、机制方面的原因所产生的问题，这些问题不等同于一般的违纪违规，而往往是由于制度不合理、不配套而产生的。开展专项审计调查可以发现问题、分析原因，向政府和有关部门提出改革和完善制度的建议，从而推动改革的深入。

总之，专项审计调查充分体现了我们"依法审计、服务大局、围绕中心、突出重点、求真务实"的审计工作方针。它是在当前历史条件下，开展效益审计的有效方式之一，是具有中国特色的绩效审计。

三十一、您早就提出作为一个审计人员在审计工作中要学会回答"是什么？为什么？怎么样？怎么办？"这四个问题，您是如何考虑的？

审计工作是一个认识问题、发现问题并解决问题的过程，这四个问题就是对这一过程的描述和要求。

"是什么"讲的是在审计中首先要对所审计的事项有一个全面完整的认识。这个认识包括两个层面：一是在微观层面上，要对所审计的具体事项有一个准确的判断，要做到事实清楚，准确把握所发现问题的具体情节，并以充分、适当的审计证据来支持；二是在宏观层面上，要对所审计的单位或项目有一个全面的把握，理解其业务活动和职责履行的总体状况，对其有一个总体的判断。知道"是什么"也是一个发现被审计单位经济活动中存在违纪违规问题的过程。审计人员通过实施有关的测试，收集审计证据，揭露其存在的问题，搞清问题的事实与情节及其所产生的影响。

"为什么"讲的是对问题的分析，主要是分析问题所产生的原因。在审计中通常会发现一些违纪违规的问题，对于所发现的问题，不能简单化地直接处理、处罚了事，而要认真分析这些问题产生的原因。有些问题是由于有些员工的道德风险形成的，有些是由于内部控制不健全造成的，有些是由于体制的原因形成的，等等。只有认真分析了原因，才能为下一步的处理、处罚提供一个基础。

因此，审计人员在发现问题后，一定要认真思考，深入分析这些问题产生的历史的、现实的、主观的、客观的原因。

"怎么样"指的是违纪违规问题所产生的后果或影响。审计发现问题后，审计人员还应研究这些问题所产生的影响。要收集资料，看其有哪些方面的不良影响，造成了多大的损失，产生了什么样的负面效应，破坏了哪些规则，潜在的损失是什么等，只有对这些后果有相对完整的了解，才能采取有效措施来消除影响，才能提出有针对性的审计建议。同时，掌握问题的后果与影响也是下一步进行处理、处罚考虑的一个重要因素。

"怎么办"指的是审计的后续行为。当审计发现问题后，对不同问题要区别情况，分别做出不同的处理、处罚，并确保其得以落实。处理处罚的原则，就是要依法和实事求是。我们审计工作的"二十字"方针，就包括"依法审计"和"求真务实"。依法，就是要按照所适应的法律、法规做出审计结论和审计决定，这一点必须坚持，以维护法律的尊严。所谓求真务实，就是讲从实际出发，实事求是地判断和处理各种问题。对于那些法律、法规不明确的事项，以及在改革过程中出现的新情况、新问题，一时没有相应法规可依，这时就要按照"三个有利于"的原则去对事件做出判断。即使是一些违法违规问题，也要根据产生问题的主客观原因以及问题所带来的影响和后果，做出恰如其分的处理，既不能没有原则，也不能不考虑实际情况。做出审计决定以后，还要采取措施加以落实，督促被审计单位和有关部门进行整改，切实发挥审计的作用。

三十二、您反复强调审计工作要把握总体，为什么？如何才能把握总体？

把握总体讲的是我们在做审计工作时，不能只见树木不见森林，而要通过审计，对被审计单位或事项在总体上能够把握，对其经济活动和财务收支的真实、合法和效益有一个总的判断与结论，而不能只是就事论事，只对查出的个案问题做出决定了事。

过去我们审计力量有限，工作水平也有限，关注的是一些局部领域，关注微观事项，关注违纪违规问题。我曾经把我们过去的有些审计称做"瞎子摸象"。今天我们讲要把握总体，事实上是审计理念的一个变化。这种变化包括：审计在社会政治、经济生活中的作用不仅仅是查处问题，还要有其建设性作用；对一个项目审计之后只就自己发现的问题做出结论是不够的，还要对这个单位在整体上是否做到了真实、合法和有效发表意见；审计不仅仅是查处违纪违规问题，而且要就所审计过的单位或项目为审计报告使用者提供一个整体的概念和结论。

把握总体是一个系统工程。从计划开始，审计人员的思维方式、审计手段的应用、审计内容的确定、审计结论的形成等各个环节都要采取措施，体现整体要求。另外，还要注意宏观绩效方面的问题。在审计目标的确定上，就要明确审计不只是查处个别的问题，而是要对被审计单位有一个总体的把握；在编制审计计划或方案时，就要充分了解被审计单位，合理确定审计内容和安排审计力量，确保覆盖面；在审计方法的使用上，要通过使用那些能推断总体的审计技术，如分析性复核、内部控制测评、风险评估、审计抽样等，通过对审计测试措施的安排，来对总体可靠性做出推断和结论；在审计结论上，不能只写一些问题，而是首先要对总体做出评价，并对总体结论负责。

审计队伍建设

三十三、您强调审计要发展，关键在于队伍素质。这些年来，审计署在打造一支优良的审计队伍方面采取了哪些主要措施？

这些年，审计署党组一直非常重视加强审计队伍建设，为了提高干部队伍整体素质，打造一支优良的审计队伍，采取了很多措施，值得总结的内容很多，主要包括以下六个方面：

第一个方面就是深化人事制度改革，这是很重要的一个方面。这几年在人事制度改革方面，我们做了很多工作，也取得了比较好的成效。

一是实行了司局级和处级领导二部竞争上岗制度。可以说，符合晋升条件的干部很多，但是通过什么方式使更优秀的干部脱颖而出呢？我们主要采取了竞争上岗的方式。在竞争上岗中，我们坚持民主推荐、民主测评、笔试和面试、任职前公示等制度。但更重要的是，对于司局级干部的提拔，我们设计了一个潜质期。对副司局级干部的提拔，最初是实行任职试用期制度，试用期结束考核合格才正式任命；后来实行助理制度，在提副司局级之前，先要担任一段时间的派出局局长助理或特派员助理，一年、两年、甚至更长时间。在这段时间里，既锻炼培养他的组织领导能力，同时也考察他的组织领导能力。对于副职提为正职，也是这样。要先主持工作一年，甚至更长时间，这样可以锻炼干部逐步适应"一把手"岗位的要求，逐步得到下属、同事和领导的认可，有利于提拔后开展工作。这些年来，我们司局级干部的提拔都没有一步到位的。潜质期这一制度的实施，对于干部的稳步成长，发挥了重要作用，是可取的。上述制度这些年坚持下来，得到了广大干部的认可。

二是加大了干部交流的力度。审计实践是审计干部锻炼成长的第一"跑道"，交流非常重要。一是通过交流能够增长人的知识面，增长人的才干，通过不同岗位的锻炼能够培养全面的人才；二是通过交流，能激发人们的工作积极性。人在一个岗位或单位呆时间长了，思想上容易产生惰性，对事情和问题容易司空见惯，换到一个新的岗位或环境，能够促进他更多地去思考，激发工作热情。鉴于此，审计署党组这些年在干部交流工作上力度很大，除了对司局级领导干部实行定期交流制度外，还加大了对一般干部、处级干部轮岗交流的力度，交流面也比较广。2000 年开始实行从特派办选派业务骨干到审计署机关、派出局的干部交流制度，对提高派出局工作水平、锻炼队伍发挥了重要作用。除不同部门间交流外，同时也开展机关内部、特派办内部的干部交流。除了系统内的交流和轮岗外，还加大和系统外的交流力度，选派审计干部到地方政府挂职，有效地锻炼了审计干部。

三是严格按程序选拔干部，增强人事工作的公开透明度。这些年我作为党组书记，作为一把手，在使用提拔干部的问题上，基本上没有花太多的时间和精力。为什么呢，就是严格按程序选拔、提拔干部，同时，把这套程序对外公开。该考试的考试，该推荐的推荐，该考察的考察，该下去锻炼的锻炼，该走程序的走程序，非常公开透明。这些年除了极个别的人有些困难，或者需要调动找过我，基本上没有人因为提职问题来找我。这一点我觉得非常轻松，这就说明干部工作只要公开透明了，自然就不存在"跑官、要官"问题了。按程序走，你条件不具备，跑也白跑，官也要不到。最近这几年，我对干部提拔工作的保密问题不是看得那么重，过去提拔干部保密得很，生怕让人家知道，搞得挺神秘。现在我们提拔干部，有的时候议论很长时间，干部提起来大家不感到突然，都在预料之中。这实际上不是个坏事，在议论过程中可以从侧面听听群众的意见，有利于保证所提干部的素质。为什么呢，因为程序规范了，公开透明了，大家都在提高自己上下工夫，而不是在"跑官、要官"这个方面下工夫。干部人事制度改革，关键就是要发扬民主，按程序办事。

第二个方面就是逐步调整人员结构。原来审计系统干部队伍素质存在一个很大的问题，就是结构不合理，包括年龄结构、专业结构等等。这些年，一是通过不断招收一些新的人员来调整结构，比方说从地方选调，从社会招聘，从大学招录等等，比如2005年我们审计署机关和派出局新录用的公务员中，1/3是计算机专业人才；二是适当创造一定的机遇、一定的条件，让年轻人脱颖而出。很长一段时间，我们这个队伍里，有这么一批有一定的经验，但是知识面相对来说不是很宽、学历不是很高的人在处级领导岗位上，这些人为审计事业的发展发挥了很重要的作用。但是，很有才干的一些年轻人一时提拔不起来。我曾经说过一句话，现在年轻人起不来，就像一层浮萍把水面全盖住了一样，怎么让下面的这些年轻的同志突破这层浮萍脱颖而出，这是一个很大的问题。所以2002年我们搞特派办处级干部竞争上岗时，要求工作满六年以上的处级干部不再参加竞争上岗，另行安排。尽管这部分同志的利益受到一定影响，但是它却为很大一批年轻人的脱颖而出提供了空间。我们就是要不断地通过各种方式调整人员结构，使它的年龄结构、专业结构、知识结构，逐步地更加趋于合理。

第三个方面就是加强培训。随着审计事业的发展，对人员素质提出了更高的要求。加强培训是提高干部队伍素质的一个有效途径。党中央、国务院也要求我们要大规模培训干部、大幅度提高干部素质。这些年，审计署通过采取各项措施，逐步建立起以培训、教材、师资、考试和网络为支撑的职业教育培训体系框架，积极倡导建立学习型机关，在全体审计干部中树立了终身学习的教育培训理念。

第四个方面就是建立一个审计质量控制体系。人员素质的提高，与工作的要求有很大的关系，如果对工作要求很严格，人员素质就会得到提高；如果对工作要求不严格、不规范，尽管有的人员个体素质很好，但是他不一定能够符合工作的要求或发挥很好的作用。所以审计署循序渐进地构建起了以《宪法》为依据、以《审计法》及其实施条例为主体、以审计准则为基础的比较完善的审计法律体系，逐步完善了审计程序和作业标准，建立了审计项目全过程质量控制制度。

第五个方面就是推广了一些新的审计技术方法。一是在积极推行行之有效的传统审计方法的同时，逐步推广运用审计抽样、内控测评、风险评估等现代审计方法；二是在审计组织方式上广泛探索，形成了一套科学有效的审计组织方法，如审计与审计调查、行业审计与专项资金审计、经济责任审计与其他专业审计相结合以及"五统一"的审计组织方式等；三是大力推广计算机审计技术的开发应用，极大地推动了审计信息化建设。信息化建设是审计领域的一场革命，审计人员不掌握计算机技术就将失去审计的资格，审计机关的领导干部不了解信息技术也将失去指挥的资格。这些年，通过计算机审计中级培训的大力开展，为审计系统培养了一大批骨干，推动了计算机技术在审计中的应用，加速了信息化建设的进程。而且我们的计算机技术人员有一个很重要的特点，即他是和业务结合在一起的，既精通计算机技术，又了解审计业务，否则你只懂计算机，不懂业务，肯定是没有用武之地的。所以说在这个方面成效还是很显著的。

第六个方面就是培养良好的机关作风，特别是按照国务院领导的要求，这些年严谨行事，培养良好的机关作风。作风是内在素质的外在表现，是体现公信力的重要标志。作风建设，关系到审计机关的社会形象，关系到审计工作质量和效率。这几年，我们加强作风建设，一是培养开拓进取的思想作风，增强审计干部的创新意识，提高审计人员的创新能力，创新审计理论、审计内容和审计方法，推动审计工作不断进步发展；二是针对审计工作和审计人员的职业特点，大力培养艰苦奋斗、百折不挠、坚持原则、实事求是、认真负责、一丝不苟、谦虚谨慎、不骄不躁、严守纪律、廉洁奉献的作风，带出了一支纪律严明、作风优良、能打硬仗、能打胜仗的队伍；三是严格审计纪律，认真执行审计工作"八不准"等制度。

三十四、您多次指出，一个单位的工作好坏关键在于"一把手"，您是如何要求"一把手"的？

"火车跑得快，全靠车头带"。"一把手"在班子中处于核心地位，承担着重要责任。从一定意义上说，"一把手"的素质、作风和能力如何，直接决定和影响着整个班子整体作用的发挥，并决定着一个单位的工作水平。若一个单位的"一把手"思想解放、思路清晰、公道正派、廉洁自律、作风扎实，这个单位就会蒸蒸日上、充满生机；反之，这个单位就会矛盾重重、人心涣散。过去我们常说"没有落后的群众，只有落后的领导"，讲的就是这个道理。所以说关键在"一把手"，这一点是多年的实践证明了的。而且这些年我们党组也是非常重视选拔"一把手"。那么对于"一把手"我们对他要求什么呢？

第一，要求"一把手"要讲政治、顾大局，这一点很重要。你不管是审计机关的"一把手"，还是派出机构的"一把手"，你要把本部门的工作融合到审计署工作的全局，融合到整个国家工作的全局来考虑，这个非常重要。看一个"一把手"水平的高低，很重要一条，就是看他能不能站在整个国家的、全局的角度去思考问题，去确定自己的工作重点。有的时候，有些事情在这个单位看来是可行的，但是从大局看来是不可行的，那就不能干。有的时候，一件事情在大局看来可行，但是在这个单位看来是有一定困难的，那还是要努力把它干好。所以讲政治、顾大局非常重要。这也是我们审计署党组反复强调的一个问题。现在我们有一些"一把手"处理一些问题，甚至有些单位集体决定一些问题，违背了顾全大局这个原则，影响也是不好的。

第二，要求"一把手"要勤政。勤政的第一个要求就是要不断地思考一些问题，这是勤政的关键。思考什么问题呢？一是你要了解全局，了解上级机关对你的要求，这是做好工作的前提；二是你要了解本单位，我这个单位情况怎么样，存在哪些差距。一个人找不到自己的差距，是不能进步的，一个单位也是如此。所以要经常思考问题。勤政的第二个要求就是要加强研究，研究我这个单位怎么把一些工作干得更好，怎么把人家的经验和我这个单位的情况结合起来。"一把手"关键在于用脑，毛主席不是讲过吗，作为领导，主要是出主意，用干部嘛。关键你要出主意，拿出一些指导性的主意来，当然这些主意是建立在调查研究的基础上的。也就是说要勤政就要动脑。

第三，要求"一把手"要把主要精力放在带好队伍上。"一把手"主要抓什么？主要是抓好队伍。你把队伍抓好了，队伍素质提高了，各项工作都可以按照审计署党组的要求，按照上级机关的要求去做好。

第四，要求"一把手"要有民主作风，这个非常关键。决定"一把手"工作水平的因素很多，关键在于能否有效地贯彻执行民主集中制。你自己要有见解，但你要把自己的想法和见解变成大家共同的认识和行为。这就要求去调动方方面面的积极因素，要充分听取方方面面的意见。你个人意见有的时候不是那么全面，听取方方面面的意见，形成集体的共识，这个很重要。我们有些"一把手"出毛病，很多就出在民主作风不好，独断专行，个人说了算。

三十五、您曾说过，人的政治素质与业务素质是相辅相成的，请您谈谈审计署这些年在提高人员政治素质方面采取了哪些主要措施？

这些年，审计署党组一直非常重视提高审计干部的政治素质，主要采取了以下几个方面措施：

首先，就是领导班子要以身作则。"其身正，不令而行；其身不正，虽令不从"，这种以身作则的作用是潜在的，是潜移默化的。如果领导班子不以身作则，要求队伍就没有号召力。因此，这些年审计署党组在这一点，不管是工作上还是作风上，自身要求非常严格。我们不少司、局级单位的领导班子也能严格要求自己，在很多方面为职工、为群众做出榜样。这一条很重要。

第二就是强化教育和培训。培训在前面已经说过了，是提高人员素质的有效途径，在这里要强调的是，我们要高度重视思想政治工作，经常的、卓有成效的思想政治教育是队伍建设的动力。强有力的思想政治工作也是我们党的优良传统和政治优势，是教育人、引导人、凝聚人、调动人的积极因素的有效方法和手段。我们要注重思想政治工作的经常性，所谓经常性，就是要求我们把工作做在平时，把工夫下在平时，如"春风化雨，润物无声"。要通过建立思想形势分析会制度，建立党员领导干部与群众的谈心制度，随时了解干部群众的思想情况，把握审计人员的思想脉搏，提高思想政治工作的预见性、针对性和实效性。绝不能"说起来重要，忙起来不要"，更不能等到问题发生了，暴露了，才去解决，"头痛医头，脚痛医脚"，永远处于被动地位。要注意研究和把握审计人员思想政治工作的特点和规律，把思想政治工作融入到审计业务中去，把思想教育贯穿于审计工作之中。要坚持正面教育。坚持正面教育的一个重要方法就是每年对党支部书记和共产党员分期分批进行集中培训，既讲党的基本知识，又相互交流经验和体会，从而进一步统一党员的思想，激发大家的热情，为做好审计工作提供思想保障。对于一些问题，要促进其转化，做到举一反三，加强对审计人员的教育，加强机关内部整顿，普遍开展自查自纠。

第三就是要抓好党的建设。队伍建设的核心问题是党的建设，这个我也讲过多次。因为现在我们队伍绝大部分都是共产党员，党员是审计机关履行职责的骨干力量，是中坚。抓好党的队伍建设，发挥好党员的先锋模范作用，对于提高整个队伍的素质和水平，提高审计工作水平，具有十分重要的意义。把党的队伍建设好了，这支队伍自然就建设好了，这个队伍的素质也就提高了。这些年来，审计机关高度重视党的建设，认真落实党建工作责任制，着重抓好党的基层组织建设；普遍实行了党支部书记由行政负责人兼任的制度，加强了对党支部书记的培训和交流，每年都召开党建工作座谈会，重点研究和解决机关党建工作存在的问题，不断提高"一把手"的党建意识，丰富党建工作经验；积极开展先进党支部、优秀党员和优秀党务工作者的评选表彰活动，把抓党建工作情况纳入到对各单位领导班子和领导干部的考核内容中，建立健全了奖惩激励机制。

第四就是抓好精神文明建设。精神文明建设根本是抓"人"的工作，目的是提高队伍的思想道德素质，从本质上讲，人的业务能力、工作水平与思想道德素质是密切相联系的。这些年审计工作能取得成绩，归根结底是把队伍建设放在了重要位置，建设了一支对审计事业忠心耿耿、任劳任怨、有高度责任感和敬业精神的干部队伍。从这个意义上说，精神文明建设是审计事业健康发展的重要保障和重要体现，对于提高审计干部队伍素质和依法审计能力、营造良好的审计环境都具有重要作用。我们还应认识到，审计机关精神文明建设不仅是审计事业发展的要求，而且是审计干部自身发展的需要，是审计干部获取精神食粮、丰富文化生活、体现自身价值、实现全面发展的重要途径。而且，从事一项事业如果没有崇高的精神力量作为支撑，是注定无法取得成功的。精神文明建设为我们审计工作的发展提供了精神动力。

第五就是营造一个良好的外部环境。为什么这些年我们的队伍比较稳定？大家有一种责任感、荣誉感，队伍比较安心于审计工作，这与外部环境有很大的关系。外部环境在哪呢？就是说大家认可审计，审计在大家心目中有一定的权威性。这就是我曾经对审计人员说过的那句话，我说："我没有能力给你们提工资，按照你们的期望给你提拔职务，但是我可以和你们共同努力，去通过我们的工作创造一个良好的外部环境。"这些年应该说还是实现了这个目标的。

三十六、这些年来，审计队伍在人们心目中树立了良好形象，这与审计机关自身廉政建设是分不开的，审计署采取了哪些措施？

廉政建设是审计工作的生命线，对审计机关的意义特别重大。过去我曾经讲过，它不仅是个廉政问题，也关系到审计的独立性问题。审计要保持高度的独立性，所谓独立性，就是跟被审单位必须有一道"防火墙"，保持对被审单位的一种独立，割断审计人员跟被审单位经济和福利的联系。打个不十分恰当的比喻，如果说一个被告被告上法庭了，然后一个法官、审判员和这个被告在一个饭店里共同用餐、举杯祝酒，旁人看了怎么感觉？你能相信他的判决是公正的吗？不可能啊！

在廉政问题上，审计署党组历来是严格要求的，那么采取了些什么措施呢？

第一个就是经常性的教育。加强思想道德和纪律教育，提高审计人员的认识，使审计人员认识到廉政建设是审计的生命线，从这个角度去加深对这个问题的理解。我们要充分认识教育在惩治和预防腐败体系中的基础性地位，在拒腐防变的体系中，思想道德防线是第一道防线，它是通过教育、宣传、培养等手段在个人内心形成自我反省和价值评判机制，反映了人们对善与恶的区分以及基本价值取向，具有相对的稳定性，可起到使人不为权力和利益所惑、不肯为恶的作用。我们一些党员干部堕落成腐败分子，往往是从这道防线失守开始的。

第二个就是制定了有关的制度和规定。比方说审计署从 2000 年开始实行"八不准"审计纪律。"八不准"也是在总结了我们的一些历史经验教训基础上制定出来的，而且得到朱镕基总理的认可。当然还有其他的一些制度，我们自己内部的一些制度，如审前承诺制、审后回访制、审计组廉政监督员制度、审计执法责任追究制度和年终评比一票否决制等，使审计权力行使全过程受到了更加全面有效的监督制约。再如，我们在特派办党组设立了纪检组，同时建立了特派员离任审计制度，到目前为止，已经对26位特派员进行了离任审计。向大部分特派办派驻了纪检组长，专职负责特派办的纪检监察工作，纪检组长向审计署党组负责并报告工作。制度建设很重要，邓小平同志讲，"制度好，可以使坏人无法任意横行；制度不好，可以使好人无法充分地做好事，甚至会走向反面"。

第三个就是发现问题及时处理，不回避问题。我们内部对违反廉政建设问题的人员，不论是谁，不论有什么理由，碰到"高压线"，一律严肃认真处理；对外部的像河北盐山事件，发现问题及时处理，汲取教训，通过典型事例举一反三，在系统内开展警示性教育和全面的纪律检查，而不是简单地就事论事，这样就能把坏事变成好事。盐山事件提醒我们，尽管我们做了很多规定，讲了很多要求，但是真正要落到实处并不容易。如果对出现的问题不去严肃处理、认真纠正、吸取教训，可能会造成一种效仿效应，势必会带来消极影响。不怕出现问题，就怕出现问题后不看成为问题。只有出现问题就认真对待，举一反三，才能使类似的问题越来越少。

第四个就是加强内部管理、内部监督、内部控制。内部管理是全方位的，包括党员和公务人员管理、离退休人员管理、财务管理、后勤和基建管理等等。加强机关内部管理，一要依法办事；二要增强透明度；三要加强检查和监督。内部管理搞不好很难保证履行好法定职责。这些年，我们一直特别强化两个方面的管理：一个方面是审计质量管理。在这方面我们制定审计质量控制办法，加强对审计质量的检查、监督、管理。另一个方面是加强对内部财务制度执行情况的检查，加强内部的财务管理。审计工作本身是监督财政财务收支的，理应把自身的财务收支管好。现在许多腐败现象的发生，很大程度上是由于内部管理松懈，内控制度不严造成的。如果我们内部管理很科学、很严谨，就可以从根本上消除产生腐败的条件和土壤。现在审计机关正在开展财务自查，迎接外部审计。我们为什么这么做呢？首先，法律面前人人平等。审计监督是国家的一项制度，你只要使用国家财政资金都应该接受审计监督，审计机关自然也不例外。再者，这是对审计队伍的一种爱护、一种保护。我想今后审计机关接受外部审计应当成为一项法律制度。当然，现在审计部门并不是没有外部监督，比如要接受纪检、监察、财政部门的监督等。但在法律上没有规定应接受外部哪个部门的审计。我们希望将来逐步填补这个空白，用法律的形式规定下来，这样才能更加显示出审计机关的客观公正性。

第五个就是从经费上予以保证。严格执行纪律当然需要一定的审计经费做保障。在这一点上，中央财政给予我们很大的支持。而且，这些年我们反复强调、请求地方政府加强对审计经费的保障，前不久，审计署还和财政部联合下文对此提出了要求。但是，经费不足不是违反纪律的理由，这一条必须明确，经费不足不等于要违反纪律。有很多问题不是经费不足造成的，而是我们思想上不重视、执行纪律的自觉性不强造成的。

三十七、在谈到对审计队伍严格管理、严格要求时，您常常谈到自己有一种矛盾的心理，为什么？

我曾经谈到加强队伍建设要严格要求时有个矛盾心理，为什么？这个矛盾心理主要缘于两个方面：

一个方面就是，审计工作的性质决定了对审计干部的要求要非常严格。因为你是监督别人的，如果自己不严格要求自己，审计就不可能有这种权威性和客观公正性。这个道理，大家都明白。因此要求审计机关比别的部门、要求审计人员比别的人员要更严格一些，有些事情可能别的部门能做，或者做了不成其为问题的，在审计机关就不行。所以我们的要求有时候几乎达到很苛刻的程度。比方说"八不准"，对审计人员要求非常严格。现在别的部门到人家单位去工作，人家请你吃顿饭，这是人之常情，但在审计机关就不允许。从要求上来说确实是近似于苛刻的程度。但不苛刻不行！审计工作的性质就是这样的。既然从事这项工作就要遵守这个部门的规定、遵守这个部门的纪律，这是没有办法的。

另一个方面就是，审计人员确实工作非常辛苦，工作条件也不是很好，有的还很差。审计人员的收入呢，也不算高，有的还是偏低的，但同时工作的负荷很重。所以在这样一种情况之下，要求这么严，有的时候确实有些矛盾心理。有的时候心里觉得有负于广大审计干部，觉得对他们要求过严了，甚至到了很苛刻的程度。另外遇到这些问题的时候，处理这些人的时候，心里也是很矛盾。很多同志都是很好的一些同志，就是因为这些问题违反了纪律，还要去承担责任，接受处理。但是一想，不这样做不行。因为不这样做的话，你很难去保持审计对外的这种良好的形象，保持审计结果的客观公正性。现在在某些方面，社会的风气也不是很好，如果不这样严格要求的话，审计人员可能会受到各方面影响，很难保持审计队伍比较高的素质。矛盾主要是矛盾在这个方面，心里总是有一种歉疚感。

三十八、国家审计力量严重不足，您认为如何才能更好地解决这个问题？

关于审计力量不足的问题，应该承认从审计人员的数量上来看，我国国家审计力量是严重不足的。据我了解，现在很多国家政府的审计人员一般都在国家总人口的万分之一以上。而我们的审计人员只占全国总人口的万分之零点六左右，现在是七万八千人，不到 8 万人，但我们有 13 亿人口。与国外相比，我们的审计人员数量确实是严重不足的。但是，完全靠增加人的数量也不是解决问题的唯一办法。所以我想解决审计力量不足的问题，还是要正确处理好几个关系。

第一，要处理好数量和质量的关系，就是怎么样提高现有人员的素质。比方说提高审计专业人员占总人员的比例。现在有些地方审计机关非专业人员占的比例相对来说还是比较大的。再一个就是提高专业人员本身的业务素质，也就是要提高整个队伍的素质，这是一个很重要的问题。素质决定审计队伍的质量，应该说质量在某种意义上比数量更重要。

第二，要解决好内部和外部的关系。就是在现有人员不足的情况下，如何借用外部力量的问题。这些年我们是这样做的：一个是利用社会力量，如聘请一些专家、社会审计组织来参与我们的审计项目；再一个就是充分利用各级单位内部审计的力量，使内外审计力量有效结合起来。

第三，要解决好人的因素和物的因素之间的关系。就是说在努力提高人员素质的同时，充分利用现有的先进技术，推广先进的审计技术，如计算机审计技术，审计署这些年花了很大力气来发展计算机审计技术，提高审计效率，取得了不小的成效。

第四，就是要解决好全面审计和突出重点的关系。审计任务很重，面很广，在现有的力量下如何选择好重点，是非常重要的。

当然有条件的也可以增加一些编制，增加一些力量，这也是必要的。在目前没这个条件的情况下，根据可能把这四个关系处理好，就是解决目前国家审计力量严重不足的有效办法。

三十九、我们知道，多年来您十分重视审计培训工作，在这方面有什么好的做法？

审计署党组历来高度重视干部教育培训工作，而且通过培训，收获确实是很大的，成效是很显著的。在全国审计系统树立了终身学习的观念，逐步建立了层次分明、重点突出、考培结合的审计干部职业教育体系，审计机关初步建设成为学习型组织。

首先，我们一直把培训作为一项战略性的工作来抓，作为审计事业发展的一项基础性工作来抓。1998 年，审计署明确提出"人、法、技"建设协调发展的思想，指出"人"的问题，也就是干部队伍建设问题处于核心地位，是决定审计工作水平的根本因素。2001 年，审计署成立了教育培训工作领导小组，来统管教育培训的全局工作，并制定了《2001 至 2005 年全国审计干部教育培训五年规划》。2004 年，教育培训工作小组改组为人才工作领导小组，制定了《审计署党组关于进一步加强审计机关人才工作的指导意见》，把教育培训工作纳入审计人才建设的整体框架，充分发挥教育培训工作在审计人才建设中的基础性和战略性作用。在《审计署 2006 至 2010 年审计工作发展规划》中，对干部教育培训工作又明确提出了要求。党组对教育培训工作一直是作为一项战略性的基础工作来抓的。

二是按照"以骨干带全员、以重点带一般、以考试促培训"的原则，按照厅局级、处级、一般干部、新录用人员四个层次，实行了多层次、多类别、多渠道、多形式的全员培训，举办了空前规模的各科目、各层次的培训班，成效十分突出。从分类别角度看，目前已初步形成以政治理论培训、初任培训、领导干部培训、审计业务和专项技能培训、更新知识培训为主的覆盖审计干部职业生涯的培训体系。根据不同类别培训受训对象不同，培训目的和重点也不同。在这里，一个是注重领导干部培训。注重对领导干部宏观意识、大局意识和工作思路、工作方法的培训。为了加大对地方审计机关人才培养的支持力度，2003 年，审计署党组提出用五年时间对市、县审计机关"一把手"轮训一遍，目前培训人次已占市、县两级审计机关"一把手"的 1/3。另一个是非常重视青年审计人才的培养，除了业务培训班外，审计署还实行了审计实务导师制，来加快青年审计人才的成长。

三是针对近年来审计领域拓展、审计内容深化、审计技术方法创新的实际情况，创新教育培训机制，创新培训内容和培训形式，拓宽培训渠道、培训类别。第一个是坚持政治理论培训与业务培训并重，2005 年开展先进性教育之后，我们进一步加大了政治理论培训力度，每年定期组织党员集中学习培训班。第二个是坚持国内、国外培训相结合，计算机和外语培训一起抓。第三个是加强国际合作与境外培训，加强与国外政府间的合作项目，借鉴国外先进经验，培养了一批国际型的复合审计人才。

四是发挥高校资源优势，委托培养审计人才，改善审计干部学历、知识和专业结构。从 2002 年开始，与北京大学合作，委托其为审计系统培养在职公共管理硕士（MPA），提高审计干部公共事务和行政管理的专业化素质。

五是在抓业务知识培训的同时，加强计算机技能与计算机审计培训。这对于拓宽信息化条件下的审计思路、开展计算机审计工作、促进审计方式变革、提高审计效率发挥了很大的作用。

六是保证培训经费。审计署在培训上一直舍得花大力气，舍得经费的投入。不论是国内培训、国外培训，只要是确实需要的，宁肯在其他方面紧一点，也要挤出经费来集中用于培训。

四十、从很多媒体的采访中，我们感到您是一位很有人情味的领导，请问您带领的这支队伍给您带来的最大感动是什么？

最大感动我想还是一条，就是我们的队伍确实有一种精神。

这种精神，一个就是崇高的职业精神，具有依法办事、不怕得罪人、讲实话、报实情的这么一种实事求是的职业精神。这点从上到下我觉得还是比较好的。当然地方上有一些审计工作出了一些岔子，这有很多的原因，有一些是由于体制的原因造成的，这个我们不去说它，但是总的来说，审计干部这种风气还是比较好的。如实反映情况，这个非常重要。

第二个就是审计人员有一种不屈不挠的敬业精神。敬业精神就是今天说的审计人员不仅待遇不高，而且审计工作会遇到很多阻力、很多困难，完成审计工作需要克服很多困难。一是现在立法上，我们审计没有什么强制性的手段。遇到被审计单位不配合，如有的不及时提供账册和资料，有的不配合提供应检查的现金和实物，有的在审计取证时不签字，不提供审计证据等等，我们怎么办？只能靠审计人员宣传《审计法》，做说服教育工作，或者通过高层领导进行协调。二是审计工作最后出具报告必须充分听取被审计单位的意见，这些意见当中，有些对审计人员来说去满足是非常困难的。而且有些线索在没有一种强制性手段的情况下，审计人员去把这些情况查清楚也是非常不容易的。像我们审计人员好多受到监听、跟踪、威胁，但是我们审计二部在这些困难面前，还是不屈不挠，揭露了很多重大经济犯罪案件线索，这是很不容易的。靠的是什么？就是这么一种敬业精神，在客观上比较困难的情况下，他们始终克服各种困难，通过审计发现了不少问题，并且认真地促使这些问题得到整改，我们的审计人员付出了很多的心血。

再一个就是审计人员吃苦耐劳、任劳任怨的无私奉献精神。我们很多审计人员长年在外，很多人一年有 1/3 时间不在家，在审计第一线。特别是实行"八不准"以后，生活条件也比较差，工作环境也不是很好。因为我们有严格的纪律，审计人员外出审计有的时候只能在一些地摊上吃饭，有些同志身体也因此受到一些影响，很多时候环境很恶劣，审计人员非常艰苦。在这种情况下能坚持下来非常不容易，有的还克服家庭的困难，有的家里面有些重大的事情自己都不能回去，等等。但是我们审计人员任劳任怨，大家本着对法律负责、对人民负责的精神，毫无怨言。所以它确实是一种非常高尚的奉献精神。

四十一、大家都知道，您对部下要求非常严格，常常当面批评别人，有时甚至让人一时难以接受，但为什么大家一直对您非常尊重，即使是那些挨过批评、受过处分的同志？

这个问题倒是可以说一说。有一次有个同志也问过我这个事，后来我就跟他讲了这么几条。

第一，作为一个领导者，办什么事情，批评人也好，表扬人也好，干其他什么事情也好，要出于公心。为了事业，为了工作，也为了他个人的进步，而不是出于自己片面的感情，或者好恶。这一点我觉得非常重要。我曾经说过，我能批评你，说明对你还是寄予希望的，也是对你负责的。总之，就是出于公心，出于为了事业的发展。

第二，就是处事要公道，一视同仁。这也很重要。你严格要求可以，但是你必须对任何人、对任何事都是一样，不能有所亲疏，你有所亲疏人家就不服你。反过来越是关系比较近的人，越要严格要求。这一条我觉得也是非常重要的。

第三，就是要一以贯之。人嘛，开始有些东西他不一定接受，觉得是不是要求太严格了。但是一贯如此，大家也就理解了，也就明白了他这人就是这样。一以贯之就是你不能今天是这样，明天是那样。严格要求是应该的，关键是对谁都一样，什么时候都一样，什么事都一样。要一个标准，一以贯之。

第四，就是要讲道理。严格要求是对的，但你要讲道理，不能苛求，批评人的时候要讲道理，不要去挖苦人，伤害他人的人格。这一条很重要。有的人批评人，伤害人家的人格，讽刺挖苦人家。人是有自尊心的，人不怕批评，关键是你要尊重他。这一条我是一向注意把握的，我批评人从来不去伤害人、污辱人或者挖苦人，这样做不行。

再一点就是批评归批评，但是还要关心、爱护他。就是有毛病、有缺点的干部，你还要去关心、爱护他，肯定他的进步，要功归功、过归过。该提拔的还应该按程序提拔。这一条也非常重要。

总的一点，就是要出于公心。你如果是出于公心，那么公道、一以贯之等这些你都能做得到。如果不是出于公心，那就很麻烦。作为领导者不能带感情色彩去办事。

我这个人一贯都是这样，要求比较严格，常常当面批评人。刚开始到一个地方时人家都不太接受，说这个人这么傲气，这么厉害。但时间长了以后，大家慢慢也就理解了。实际上群众希望有一个要求严格的领导。但是你必须公道。就怕你"见人下菜"，那样大伙就不服呀。你不能对这个人这样，对那个人又另一个样；今天这样，明天又另一个样。关键就在于真正把心摆正了。

四十二、您一直要求审计干部要大度一些，这主要是指什么而言的？这样做有什么特别的意义吗？

要求审计干部要大度一些，我说过这个话。所谓大度一些，主要包括三点：第一点就是要求审计干部在处理问题的时候，站的角度要高一些，要站在全局、宏观的角度考虑问题，不要纠缠于一些细枝末节的小问题，要抓大放小。

第二点就是处理问题要善于实事求是，要善于分析问题产生的原因。要去分析这些问题产生的客观原因、历史原因、主观因素等等。对于一些由于工作上的失误造成的问题，改革过程当中出现的一些问题，我们还是要有一种宽容和理解，不要什么问题都抓住不放。

第三点就是我在审计工作中经常讲的要换位思考。我曾经提出"要以要求别人的标准来要求自己，要用要求别人理解我们的心态去理解别人"，这个非常重要。现在就怕搞双重标准，那就不是在法律面前人人平等，总希望别人理解自己，但是你是监督别人的，就应该更多地理解别人。既要坚持原则、严格要求，又要去体谅被审计单位可能在实际工作当中遇到的一些实际困难。因为在审计工作中发现的很多问题，有些问题的产生是有客观原因的，有的还有特殊的情况，这时你就要替对方设想一下，他为什么会这样，你要更多地理解人家，这样人家也更能接受你的工作。要求审计干部要大度一些主要是从这个角度讲的。

审计法制建设

四十三、您如何评价审计法制建设？还有哪些不足之处？

审计署党组成立以后，主要抓了两件大事：第一件是认真推进"依法审计、服务大局、围绕中心、突出重点、求真务实"的审计工作"二十字"方针。从这几年审计实践来看，"二十字"方针与党中央的工作方针是一致的。审计工作有了一个较大的发展，总的形势是好的。各级党委、人大、政府对审计工作越来越重视，审计在社会上的影响有所加强，审计工作水平和质量也有所提高，这与贯彻"二十字"方针是密不可分的。第二件事是狠抓"人、法、技"建设。为了保证审计工作"二十字"方针的贯彻落实，我们提出要抓好审计基础建设，这就是"人、法、技"。这一点各级审计机关已经基本取得共识，并做了很多卓有成效的工作，取得了明显成效。认真贯彻"二十字"方针、狠抓"人、法、技"建设，只有这两方面的工作搞好了，我们的各项审计工作才可能取得好的成绩。在"人、法、技"建设中，审计法制建设是"三分天下有其一"，是一项非常重要的工作，对于保证审计工作"二十字"方针的全面贯彻落实至关重要。

首先，加强审计法制建设是坚持依法审计的重要前提。依法审计必须有法可依。通过开展审计立法工作，不断建立健全审计法律法规和审计准则，使审计监督更加有法可依，这是依法审计的基础，同时也为有效规范审计行为、提高审计质量提供了制度保证。

其次，加强审计法制建设是推动依法行政的重要途径。对于政府部门来讲，依法行政的第一要求是依法履行好自己的职责。审计机关作为政府的组成部门，贯彻落实依法行政、建设法治政府的要求，首要一条就是要按照《宪法》和《审计法》的规定，认真履行审计监督职责。加强普法宣传和执法检查，可以有效地促进审计机关履行职责，并不断提高审计执法的力度和水平，做到既不"缺位"不作为，也不"越位"乱作为，而是越来越到位。

最后，加强审计法制建设是提高审计质量的必然要求。我们一再强调，审计质量是审计工作的生命线。按照法律规定的权限和程序，不断规范审计行为，提高审计质量，是审计机关履行职责、依法审计的内在要求，也是关系审计事业长远发展的客观需要。推动各项审计准则和审计质量控制办法的贯彻落实，加强审计复核，严把审计质量关，是审计法制建设的一项重要任务。

新中国审计制度建立以来，经过25年的不懈努力，我国的审计法制建设已经取得了显著成绩。以《宪法》为根本、以《审计法》为核心、以相关审计法规和准则为补充的审计法律规范体系已初步建立。特别是审计署在认真总结经验的基础上，研究制定了《审计机关审计项目质量控制办法（试行）》（审计署6号令），把审计项目全过程纳入质量控制与监督的视野，不仅规定了审计工作各主要环节的目标、程序和要求，而且明确了各个环节的相应责任。审计立法工作为进一步健全审计监督机制、完善审计监督职责、强化审计监督手段、规范审计监督行为，奠定了制度基础。与此同时，近年来各级审计机关高度重视各项审计法规、准则和规范的学习、宣传和贯彻落实，通过开展"四五"、"五五"普法，不断增强审计人员的质量意识和责任意识，增强依法审计的自觉性；通过充实审计复核力量，加大复核的广度和深度，全面开展质量检查、优秀项目评比，搞好审计听证、复议等多项措施，不断加强审计质量控制。

概括起来，审计法制建设的成果主要表现在两个方面：其一，审计执法逐步到位，执法力度和执法水平显著提高。这些年审计机关坚持依法审计，审计力度、揭露力度、处罚力度逐年加大，在社会上引起的震动和影响也增大了，执法水平也得到提高。这得益于审计法律制度的不断健全、审计执法环境的不断改善。其二，审计执法不断规范，审计法制化、规范化程度显著提高。随着推进依法行政，建设法治政府目标的逐步实现，随着《审计法》和6号令的贯彻落实，在审计人员思想上，职权法定、程序合法的意识不断增强，审计程序和审计文书越来越统一、规范。审计法制建设在促进审计规范化方面发挥了重要作用。审计执法是否到位，审计执法是否规范、高效，反映了审计执法水平的高低，成为衡量审计工作质量的重要标准，这是一个问题的两个方面，只有规范，才能保证执法到位，只有执法到位，规范才有意义。审计法制建设在保证执法到位和落实规范化方面功不可没，有效地推动了审计质量的全面提升，促进了审计机关全面履行审计监督职责。

在肯定成绩的同时，我们也必须清醒地认识到，当前审计法制建设还面临着许多困难和问题，还存在着许多不足，有待进一步完善和提高。主要表现在：审计人员的法制意识还有待增强；一些制约审计工作开展的法律障碍还有待突破；审计准则体系尚未完全建立，亟须进一步完善；审计质量控制和规范化水平还有待提高。此外，加强审计规范化建设与注重审计成果，抓大案要案之间还需要进一步有机地统一。可以说，审计法制建设任重而道远。

四十四、2006 年《审计法》主要在哪些方面做了修订，这次修订有什么重要意义？

2006 年 2 月 28 日，十届全国人大常委会第二十次会议审议通过了关于修改《审计法》的决定，自 2006 年 6 月 1 日起施行。这是我国审计法制建设史上的一件大事。

修订前的《审计法》是八届全国人大常委会第九次会议于 1994 年 8 月 31 日通过，自 1995 年 1 月 1 日起施行的。《审计法》施行以来，对于健全国家审计制度，维护财政经济秩序，促进廉政建设，保障国民经济健康发展发挥了重要作用。应该说，这部《审计法》的制定是成功的，它不仅为这些年来审计工作的顺利开展提供了法律保障，同时也为未来审计工作与国际接轨，建立审计结果公告制度、探索效益审计等奠定了法律基础，体现了一定的前瞻性。但我们也应当看到，随着社会主义市场经济体制的逐步建立和完善，我国社会经济形势发生了深刻变化，审计工作遇到了许多新情况、新问题，面临着许多新任务、新要求。一方面，审计工作面临的客观环境与《审计法》制定之初相比，发生了很大变化，需要《审计法》做出相应调整。另一方面，新形势对审计监督提出了许多新要求，党中央、全国人大、国务院以及地方各级党委、人大和政府不断要求加强和改进审计工作，社会各界对审计监督的期望也越来越高，这些要求也需要在《审计法》中加以体现。此外，《审计法》颁布十多年来，我国审计工作取得的许多有益经验和创新成果，同样需要以法律形式总结、确定下来。

此次《审计法》修订，在保持原框架结构和基本内容不变的基础上，主要做了四个方面的修改：

一是为健全审计监督机制所做的修订。主要包括：明确了审计机关做出审计评价和审计决定的法律依据，提出了审计工作报告重点报告预算执行审计情况的要求，并要求政府将审计工作报告所指出问题的纠正情况和处理结果向本级人大常委会报告。

二是为完善审计监督职责所做的修订。主要包括：明确了对国有资本占控股地位或者主导地位的企业、金融机构的审计监督，调整了事业组织、建设项目审计监督的范围，增加了经济责任审计的职责，明确了审计机关有权对社会审计机构相关审计报告进行核查。

三是为加强审计监督手段所做的修订。主要包括：增加了审计机关对电子财会数据及其系统的检查权、对公款私存的查询权、对有关财会资料及违反规定取得资产的封存权和提请有关机关协助权。

四是为规范审计行为所做的修订。主要包括：将"审计报告"确立为审计机关对外出具的法律文书，增加了上级审计机关对下级审计机关所做审计决定的监督程序，确定了被审计单位不服审计决定的救济途径。

依法行政的本质是依法规范和制约行政权力，建设法治政府的关键是摆正政府与行政相对人的关系、权力与权利的关系。这次《审计法》的修订，以规范审计行为、促进依法审计为出发点，突出体现了推进依法行政、建设法治政府的指导思想，既赋予了审计机关履行职责所必要的审计权限，也设定了相应的程序要求，防止审计权力的滥用。《审计法》的修订和颁布施行，既是我国审计事业发展进程中的一件大事，也是我国财政经济活动和民主法治建设中的一件大事，具有十分重要的意义。一方面，有利于审计机关全面依法履行职责，进一步加强审计监督力度，更好地维护财政经济秩序，促进政府及有关部门正确履行法定职责，推动法治政府建设；另一方面，有利于审计机关进一步规范审计行为，坚持依法审计，强化审计质量控制，确保审计结果客观公正、实事求是，不断提高审计工作的质量和水平，推动我国审计事业的长远发展。因此，这就要求各级审计机关和广大审计人员要从依法行政的高度，深刻领会《审计法》修订的立法精神，树立"职权法定、依法行政、权责统一"的观念，遵循"有权必有责、用权受监督、侵权要赔偿"的原则，坚持在《宪法》和《审计法》赋予的职权范围内开展工作，正确行使审计权力，严格遵守法定的审计程序，切实规范自身的审计行为，全力保证审计结果的客观公正，为推进依法行政、建设法治政府，发挥更加积极有效的作用。

四十五、我们国家是否建立了严格的国家审计准则和指南？今后应该如何加强这方面的工作？

目前,我国国家审计准则体系由国家审计基本准则、通用审计准则和专业审计准则、审计指南三个层次组成。国家审计基本准则、通用审计准则和专业审计准则,是审计署制定发布的部门规章,全国审计机关和审计人员依法开展审计工作时应当遵照执行。审计指南,是指导审计机关和审计人员办理审计事项的操作规程和方法,供全国审计机关和审计人员参照执行。

审计署自成立以来，一直十分重视审计规范化建设，努力探索构建国家审计准则体系。1996 年，审计署先后发布了 38 个审计规范。1999 年以来，审计署又陆续颁布了《中华人民共和国国家审计基本准则》等 20 多个审计准则。同时，审计署还制定了商业银行审计指南、企业财务审计指南、世界银行贷款项目审计操作指南等 3 个审计指南。目前，我国有国家审计基本准则 1 个、通用审计准则 17 个、专业审计准则 3 个、审计项目质量控制办法（6 号令）1 个、专业审计指南 3 个。这一系列审计准则和专业审计指南的发布，标志着我国国家审计准则体系的初步建立，审计工作逐步走上了法制化、规范化的轨道。实践中，全国各级审计机关和广大审计人员认真贯彻落实审计准则，严格依法办事，我国国家审计准则体系在规范审计行为、提高审计质量等方面发挥了重要的作用。

但应该看到，随着社会经济的发展和审计工作环境的不断变化，特别是随着《审计法》及其实施条例的修订，现行国家审计准则体系也存在许多不适应的地方。同时，现行国家审计准则体系本身也存在一些问题，比如，准则体系还有些混乱，审计规范和审计准则同时并存，内容交叉重复，指导性和可操作性还不够。因此，今后应当重新研究构建我国国家审计准则体系框架，并在此基础上对国家审计准则适时进行修订和完善，以更好地发挥审计准则对审计事业的推动和促进作用。

首先，研究构建我国国家审计准则体系框架，应认真研究借鉴国际审计先进经验以及国内社会审计和内部审计准则体系的建设经验。作为一个由联合国成员国的最高审计机关组成的独立自主的非政治性国际组织，最高审计机关国际组织针对国家审计的特点制定了自己的审计准则，即国际审计准则。国际审计准则具体包括基本要求、一般准则、作业准则和报告准则四部分内容。美国国家审计准则体系的审计与鉴证准则以美国注册会计师协会的审计与鉴证准则为基础，国家审计准则只是增加注册会计师协会的准则中不包括的内容。英国国家审计准则体系以国际审计准则为基础，并根据本国实际做了适当修改。英国国家审计准则同时适用于其社会审计和国家审计。法国国家审计准则体系具有一个完全以国际审计准则为蓝本的基本审计准则，只在很少的地方做了增删。中国注册会计师协会近年来也顺应国际审计准则趋同的新特征，加快完善执业准则体系。2006 年 2 月，财政部废止了独立审计准则，正式发布了中国注册会计师协会拟订的 48 个中国注册会计师执业准则，包括鉴证业务准则、相关服务业务准则以及会计师事务所质量控制准则。2006 年 11 月，中国注册会计师协会又发布了 48 个执业准则指南，覆盖所有准则项目，自 2007 年 1 月 1 日起与中国注册会计师执业准则同步施行。中国内部审计协会借鉴国际内部审计师协会的专业实务框架，同时结合中国实际，构建了中国内部审计准则体系。该体系分为基本准则、具体准则和实务指南三个层次，目前已发布基本准则 1 个、具体准则 27 个、实务指南 2 个。研究借鉴这些国家和国际组织的审计准则，有利于使我国的国家审计准则适应国际潮流。

其次，研究构建我国国家审计准则体系框架，应从我国国家审计的实际出发，充分考虑我国国情。我国审计机关是国家专门监督机关，是国家行政机关，我国国家审计在许多方面不同于社会审计和内部审计，也不同于世界其他国家的国家审计。我国审计机关在维护国家财政经济秩序、提高财政资金使用效益、促进廉政建设、保障国民经济和社会健康发展方面负有重大责任，发挥着重要作用。因此，现阶段我国国家审计准则体系应当独立于社会审计和内部审计准则体系，充分体现我国国家审计的特点。

最后，在重新构建我国国家审计准则体系的过程中，应当注重提高审计准则的质量，增强审计准则的可行性和可操作性。在新一轮审计准则制定过程中，要牢固树立审计准则为现场审计工作服务、为一线审计人员服务的观念，深入基层开展调查研究，仔细倾听一线审计人员的呼声，确保制定出的审计准则既有利于规范审计行为，加强审计质量控制，又有利于审计人员学习掌握和运用。

四十六、为什么要制定 6 号令？它在保证审计质量方面发挥了什么样的作用？

审计质量是审计工作的生命线。审计署对加强审计质量控制非常重视，在 2003 年成立了审计项目质量控制体系项目小组，研究建立审计项目质量控制体系问题。2004 年 2 月 10 日，审计署 6 号令发布了《审计机关审计项目质量控制办法（试行）》，自 2004 年 4 月 1 日起施行。6 号令要求审计机关在实施审计项目时，对编制审计方案、收集审计证据、编写审计日记和审计工作底稿、出具审计报告、归集审计档案等全过程实行质量控制。

我们过去也有关于审计质量控制的规定和要求。早在 1996 年审计署制定 38 个审计规范时，就十分重视加强审计质量控制，发布了《审计机关审计方案编制准则》、《审计机关审计证据准则》、《审计机关审计工作底稿准则》、《审计机关审计事项评价准则》、《审计机关审计处理处罚的规定》、《审计机关审计报告编审准则》等准则，对审计业务执行过程中需要审计人员共同遵循的审计业务规则做出了明确的规范。2000 年以来，审计署在构建国家审计准则体系时，又在 1996 年 38 个审计规范的基础上，对相关规范进行了完善，进一步加强了对审计质量控制的要求。但上述准则和规范对审计质量控制的规定和要求比较原则和笼统，缺乏足够的可操作性，难以执行。同时，上述关于审计质量控制的规定和要求散见于不同的准则和规范中，不利于审计人员学习和掌握。

与以往的审计准则和规范相比，6 号令是一个集大成的东西，从制定审计方案开始，到审计取证，编制审计工作底稿和审计日记，审定和出具审计报告，为审计项目实施的各个环节规定了相应的工作目标、工作步骤和质量要求，明确了各个环节、各层次人员的相应责任。实践证明，6 号令基本满足了当前审计质量控制的要求，为全面加强审计质量控制提供了必要的保证。第一，6 号令实行审计项目全过程质量控制，对审计项目实施的各个环节进行了规范，有效地减少了审计的随意性，有利于规范审计行为，防范审计风险；第二，6 号令的规定明确具体，针对性和可操作性较强，既便于审计人员理解和掌握，又便于审计机关督促和检查；第三，6 号令强调质量控制与责任追究相结合，在明确审计项目全过程质量控制的同时，还明确了审计人员、审计组组长或主审、业务部门负责人、复核人员、分管领导各自应承担责任的条件及责任形式，有效地增强了审计人员的质量意识和责任意识，提高了审计人员依法办事的自觉性。

四十七、您为什么要积极推行审计日记制度？

推行审计日记制度，是 6 号令的一大亮点。审计日记是审计人员以人为单位按时间顺序反映其每日实施审计全过程的书面记录。它强调以人员为单位，以时间为顺序，以审计过程为内容，对于实行审计人员现场审计工作质量控制十分必要。

长期以来，对审计人员现场审计工作的质量控制，主要是以审计人员编制的审计工作底稿为载体进行，但审计工作底稿更注重审计查出问题的记录而忽视审计工作过程的记录。这不利于检查审计人员的工作情况，审计组组长和审计人员的基本职责是否履行无法衡量，审计质量出了问题如何追究责任也没有载体。这是长期以来困扰我们审计工作的一个难题。在这种情况下，现场审计随意性太大。尽管有好的审计方案，但审计方案能否得到落实难以进行具体考察，全凭审计人员的自觉性、主动性和积极性。为了加强对审计人员现场审计工作的质量控制，我们在借鉴其他部门做法的基础上（如有的部门实行现场办公全程监控录像），引入了审计日记制度，要求现场审计人员每日编写审计日记，真实、全面地记录其现场审计工作情况。必要时，审计组组长要对审计人员的审计日记进行检查。

推行审计日记制度，对于保障审计质量具有积极作用。一方面，审计日记是衡量审计人员是否按照审计方案履行职责的重要依据。审计日记全面反映了审计人员实施审计的情况。因此，审计日记实际上是一种过程控制、程序控制，能够督促审计人员增强责任意识，严格执行审计方案，认真负责地实施审计，减少审计的随意性。审计组组长通过检查审计日记，能够及时了解审计人员是否按时完成审计实施方案分派的审计任务，采用的审计步骤和方法是否恰当，得出的审计结论是否正确，从而及时发现并纠正存在的审计质量问题，强化审计现场的质量控制。另一方面，审计日记是追究或解脱相关人员责任的重要依据，相当于飞机的"黑匣子"。审计日记是反映审计人员工作业绩的重要载体，有利于审计机关加强对审计人员的业绩考核。审计质量一旦出了问题，审计人员对某一个事项查没查，查出问题没有，一看审计日记就清楚了。

四十八、您为什么要坚持加强审前调查？

为了加强对审计方案的质量控制，充分发挥审计方案的作用，6号令进一步强化了审前调查。

过去我们许多审计项目仓促立项，缺乏调查了解，编制的审计方案内容不具体，不具备可操作性，无法起到指导、规范和控制审计过程的作用。有的审计方案虽然内容很具体，但不切合实际，针对性不强，无法操作，甚至出现过编好审计方案、下达审计通知书后，审计组去审计却找不到被审计单位的情况。这样审计打无准备之仗，审到哪里算哪里，审多长时间算多长时间，随意性太大，缺乏约束，审计工作的效率和效果也不太好。另外，现在有的被审计单位规模越来越大，资金量巨大，涉及面很广，层次很多。对这样的单位，如果不进行深入的审前调查则无法进行审计。有的项目的审前调查甚至需要二三个月的时间，这样才能大致了解被审计单位的情况。

在审计实践中，我们逐渐认识到，一个好的审计方案，是搞好项目审计的基础，而搞好审前调查，又是制定好审计方案的基础。通过审前调查，可以分解审计目标，细化审计内容，突出审计重点，明确具体的审计步骤和方法，落实审计责任。可见，审前调查工作做好了，就能够提高效率，节约现场审计时间，提高审计质量。应当注意的是，审前调查是审计工作的一个重要环节，任何审计项目都必须实行审前调查。当然，审计机关可根据项目的工作量和难易程度，确定审前调查的繁简、审前调查工作量和审前调查时间。根据具体情况，审前调查方式也可以灵活多样，可以是直接到被审计单位调查了解情况，可以对被审计单位进行试审，也可以通过查阅相关资料或者走访上级主管部门、有关监管部门、组织人事部门及其他相关部门调查了解有关情况。

四十九、为什么要重新定位审计报告？

6号令发布以前，审计报告一直是审计机关的内部业务文书。在此期间，我国审计结果文书种类不断增多，功能不断细化，同一审计项目的审计结果散见于若干个不同类型的审计结果文书中。审计机关虽然可以根据不同情况分别选择审计意见书、审计决定书、审计建议书和移送处理书共四种审计结果文书，但每一种审计结果文书都只能反映该项目某一方面的审计结果，没有任何一种审计结果文书可以全面、完整地反映该项目的全部审计结果。而且，作为审计机关的内部业务文书，原来的审计报告具有明显的缺陷：一是由于定位为审计机关的内部业务文书，无论从形式上还是内容上，均无法向社会公众公布审计结果，既无法与国际惯例接轨，也不利于审计信息的公开和透明；二是内容与审计方案脱节，不能回答审计方案确定的目标是否实现，存在一定随意性；三是未明确划分被审计单位的会计责任和审计责任，容易形成审计风险。

为了解决这些问题，6号令对审计报告进行了重新定位。根据6号令，审计报告是审计机关实施审计后，对被审计单位的财政收支、财务收支的真实、合法、效益发表审计意见的书面文书。这就将审计报告从审计机关的内部业务文书变成了审计机关对外发布的审计结果文书。同时，取消了审计意见书，将其内容纳入审计报告。重新定位后的审计报告，全面、完整地反映审计工作开展情况和审计结果，包括了过去的审计报告、审计决定书、审计意见书、审计建议书和移送处理书的全部内容，是审计结果的最终载体。

重视审计报告对于审计机关履行职责的作用，是国际审计发展的一个趋势。目前，世界主要国家的审计机关都以审计报告作为审计结果的最终载体，并向社会公布。如欧盟各国最高审计机关的审计报告都可以公开获取，其中大多数国家的审计报告作为立法机关的年度文集审计卷汇编出版。美国审计总署全部审计报告的97%可以向社会各界披露，仅有3%因涉及国家机密而只能向国会报告。南非全国审计机关一年可提出1500份左右具体项目的审计报告，均公开发表，接受公众监督。匈牙利在法律设计时考虑到建立广泛而有效的公民监督，所有的审计报告一律对外公开，同时译成英文上网发表，使公民有机会阅读报告并提出问题。随着我国审计工作向财政财务收支的真实合法审计与效益审计并重、审计与专项审计调查并重"两个并重"转变，审计报告在体现审计成果、履行审计职责方面的作用也将越来越大。重新定位审计报告，将其作为审计结果的最终载体，是实行审计结果公告制度的需要，也是中国审计与国际审计接轨的需要。

五十、您认为审计法制建设与审计工作质量有着怎样的关系？

审计法制建设的核心是保证和提高审计工作质量。审计工作质量的衡量标准，主要看是不是坚持依法审计、认真履行了法定审计职责，是不是严格遵守了审计准则等审计规范。当然，提高审计工作质量第一位的还是要靠提高审计人员的素质，人的因素是决定一切的因素，一切工作应以人为本。应通过加强教育和培训，不断提高审计人员的素质。但有了很高业务素质的审计人员，却不一定能保证审计质量。只有良好的审计队伍，没有严格的、科学的法规来明确和规范审计的责、权、利，明确审计工作的目标、程序、要求，这支审计队伍再好也发挥不了作用。同时，审计队伍素质的提高，也要靠法规来约束和规范。因此，加强审计法制建设，一方面能够提供一个良好的制度保障，保证审计人员有明确的职责和相应的权限，责、权、利相统一；另一方面能够提供明确的审计工作目标、统一的审计工作标准和严格的审计工作程序。审计工作是需要审计人员组成团队、需要许多部门相互协调配合来完成的，事前要科学规划和设计，事中要按审计方案对内分工协作，对外解释、协调，事后还要有审核、检查，这些都要靠审计法制，包括审计法律与法规、准则的制定，以及它们的宣传、贯彻和落实。这就像工厂里生产产品，没有严格的标准和程序，就不可能生产出合格的产品来。所以除了人的因素外，审计质量主要靠法制来保证。

因此可以说，加强审计法制建设是提高审计工作质量的基础，加强审计法制建设的出发点和落脚点正是为了保证和提高审计工作质量。

五十一、为什么要加强审计管理，它包括哪些主要内容？

审计工作业务性很强，提高审计工作水平和质量关键要靠两条：一要靠人员；二要靠法制建设。但从大的方面看，还要有良好的工作基础和环境，要加强各项审计管理，切实为审计业务工作提供良好的服务。这里讲的审计管理，主要是指与审计工作关系比较密切的管理，包括计划管理、质量管理、信息管理、成果利用管理、人才管理、资源配置管理等等。如果没有一个系统的科学管理，审计工作是难以搞好的。审计管理与其他管理不完全一样，有其自身的规律。前些年大家都在忙着审计，忽视了审计管理，审计管理相对比较落后，这在一定程度上制约了我国审计工作的发展。这些年我们在审计管理上做了很多开拓性的工作，如审计质量的全过程控制、整合审计资源、加强审计计划管理和成本控制、推进审计人事制度改革等，取得了一定成效，对审计实践发挥了很好的作用。当然，从管理的规范化和科学化角度看，这些工作还处于起步阶段，要加快审计事业发展，推动审计工作现代化，还需要进一步研究和摸索，继续加强和改进审计管理。当前，在审计管理方面应着力解决三个问题：一是如何科学整合审计资源，加强审计成本控制。也就是说，如何从建立资源节约型社会的要求出发，从审计任务实际需求出发，合理配置审计机关的人、财、物，提高编制审计业务经费零基预算的科学性和准确性，从而提高审计资金的使用效益。其实，审计成本还直接关系到审计工作效率，尤其是审计任务重，更需要加强资源整合，明确目标，突出重点，尽可能缩短现场审计时间。二是如何加强审计项目管理，包括计划和方案的制定、项目后评估、项目招标和合同制管理等问题，这些都是项目管理的难点问题，也是需要着力研究和解决的问题。三是如何建立科学的审计责任追究制度。要探索通过合理界定审计责任，做到既能保证审计质量，又能保护审计人员，审计不能负无限责任。

五十二、为什么要加强审计计划管理？目前我们已有一些什么样的措施？还存在哪些差距？

审计计划管理是整个审计管理的第一道工序，计划管理非常重要，是开展审计工作的前提和基础。要落实"十一五"规划确定的各项审计工作目标和任务，推动审计工作向更高层次发展，必须加强和改进审计计划管理。这是因为：第一，计划管理涉及审计资源配置问题，目前各级审计机关普遍存在审计任务重与审计力量不足的矛盾，如果不进行科学合理安排，将无法完成法定的审计任务。第二，计划管理关系到审计机关能不能围绕中心、服务大局。审计机关依法履行职责时是否能围绕中心、服务大局，主要就体现在审计计划的安排上。制定审计计划一定要善于围绕党和政府的中心工作，从国际、国内政治、经济形势和改革、发展、稳定的大局出发，找准切入点。第三，计划管理涉及审计能否取得成果。审计计划定不好，就出不了审计成果。审计工作面对着纷繁复杂的经济现象，每个审计对象的情况也很复杂，选择审计项目时必须把握总体，突出重点，选择那些问题突出、群众反映强烈、领导也十分关注的事项、资金或单位，有重点地开展审计工作。

审计计划管理的核心是量力而行、突出重点，进行综合平衡，形成"一盘棋"。这些年，我们采取了一系列改革措施，收到了明显的成效。

一是改革计划编制程序，实行审计项目计划管理职能与实施职能相分离，由办公厅对审计项目计划实行统一安排，集中管理。在审计计划的制定过程中，办公厅广泛听取各方面的意见，听取计划执行单位的建议，综合考虑必要性、可能性等各方面因素，以保证审计计划切实可行。

二是加强立项前的调查研究，切实增强审计计划的科学性。实行审计项目建议书或立项研究报告制度，做好审计项目的可行性论证，在摸清情况、充分占有和分析资料的基础上，结合经济发展状况、国家有关宏观政策措施和目标要求，找准审计工作最有效地发挥作用的关键点，确定审计项目，并逐步尝试编制滚动式计划，使长期计划、中期计划和年度计划有效地协调和配套，以保持审计监督对重点问题的持续关注，促进一定时期审计工作总目标的实现。

三是加强管理指导，严格执行计划。维护审计计划的严肃性，审计项目计划一经确定，要确保执行和按期完成，一般不得随意调整和擅自变更。确有必要进行调整的，有关业务司要向办公厅提交建议书，报请审计长批准，并下达正式文件。业务司在审计计划实施过程中注重加强指导，及时了解情况，掌握进度，加强信息交流和沟通。办公厅加强对审计项目计划执行情况的督促检查，建立计划执行情况按月通报制度。

四是研究审计工作的人力、财力、时间和审计目标等方面的平衡与协调，加强审计成本控制。在 2005 年开展的审计成本基础数据分析和测算工作的基础上，2006 年起试行审计成本管理，根据核定的审计成本拨付审计项目经费。

五是积极研究、探索计划执行情况考核和审计项目后评估制度。2006 年选择了部分审计项目进行计划执行情况考核和后评估试点，对审计项目立项的合理性、审计质量控制措施落实情况、项目实施质量、审计目标实现程度、审计成本控制情况等进行考核评估。目前正总结这些实践经验，逐步制定完善有关的办法。

总的看，近几年通过采取一些措施，审计计划管理取得了比较好的成效，已经有比较好的基础。但今后审计计划管理方面仍有很多工作要做。比如，确定审计项目计划的审计目标时，立意还可以更高一些，既要善于从大局出发，紧紧围绕促进国家宏观政策措施的贯彻落实来确定具体的审计目标，也要考虑有利于促进各单位加强管理，完善制度，提高效益。再比如，审计项目实施过程到最后完成要有一个时间限制，规定每一个环节多长时间，不能无限制地拖延。现在有些审计项目在现场一蹲就是四五个月、五六个月，审计人员受不了，被审计单位也受不了，审计效率的问题是个很大的问题。还有审计成本控制、审计计划执行情况考核和审计项目后评估制度的探索还可以更深入一些，进展可以再快一些。

五十三、如何加强审计成本管理？如何处理好节省成本与保证审计质量的关系？

审计工作要讲究成本，做到低成本、高质量。这是国际通行惯例。虽然审计质量高，但审计成本也很高，这也是不成功的。过去我们的审计计划工作存在缺陷，下达后跟踪检查不够，有些项目时间很长，效率很低，最后成本非常高。同时，财务管理与审计计划管理基本处于脱节状态，外勤经费的预算审批和调整不是依据计划部门下达的审计计划来确定，外勤经费没有细化到审计项目，由此产生了审计任务越重，可用于自身运转的经费越少，审计任务越轻，经费水平越高等问题，没有充分发挥审计外勤经费的使用效益。因此，必须通过加强计划管理、明确目标、核定工作量，来确定审计成本；必须加强审计成本控制，对基本支出和外勤审计经费分别实行定额定员管理和项目预算管理，逐步提高审计机关资金使用效益；必须大力推行审计项目台账制度，做到审前调查时有概算，正式审计前有预算，项目结束后有决算，项目实施结果有评估。这样才能既保证质量，也节约经费。加强审计成本管理既是节约行政成本的一个重要方面，也是爱护审计人员的体现，否则审计人员长期在外，身体各方面都得不到休整。

在审计工作中，加强审计成本管理，要处理好节省成本与保证审计质量的辩证关系。审计成本要服从审计质量，不能光强调审计成本而忽视审计质量，该投入的经费就得投入，不能不加区别地节省成本而影响到审计质量。但是审计质量也是相对的，具体要按照我们的审计项目质量控制标准来衡量，不能过分强调质量。总之，要在审计质量控制的框架下加强审计成本管理，使审计经费实现最优配置，提高资金的使用效益，做到既节省审计成本，又把有限的资源用在刀刃上，集中力量、查深查透，充分发挥审计监督的作用。

五十四、您强调要整合审计机关的资源，它的重要含义是什么？

审计资源是审计机关可以掌握和调动，并在审计工作中发挥作用的一切要素的总称，包括审计力量资源（包括人力、物力、财力等）、审计信息资源、审计技术方法资源、审计环境资源等。所谓整合审计资源，就是围绕一定的审计工作发展目标，对审计资源各要素进行整理、组合，以便更加充分、有效地发挥审计机关的职能作用。过去我们的审计完全按照专业分工，比较细。各个专业司局之间是封闭的。从制定计划开始，到审计实施和审计报告，各成体系，缺乏相互沟通和联系。这些年情况发生了很大变化。审计业务形成了"3＋1"的工作格局。财政审计涉及四五个司，金融审计与其他司局也存在一定关系，比如开发银行审计就需要一些投资审计和财政审计人才，企业审计项目比较大，光靠一个部门的力量是不够的，效益审计更是如此。所以必须对一些重大项目进行整合，调配人员、配置资源，以便集中力量打大的歼灭战。前些年的电力审计、粮食审计和财政审计都是这样做的。不仅各业务司要整合，25个派出局、18个特派办也要整合，都必须进行综合整合和协调，不能分散、各自为政，这样才能形成合力。目前，这项工作才刚刚开始，将来还要进一步加大力度，可能要涉及内部机构调整，把计划与实施分开，检查和处理审核分开，但该合的也要合，改革的任务很重。审计机关要系统规划，合理配置，采取多种方式，积极推进审计资源的整合。具体来说，应做好四个方面的工作。

一是要加强审计机关内部的组织协调。要充分发挥财政审计、经济责任审计和环境审计等协调领导小组的作用，加强统筹协调，统一研究审计计划，安排工作任务，调配审计力量。要将经济责任审计与预算执行审计、专项资金审计、企业财务收支审计等常规审计结合起来，做到资源共享，一次审计出多项成果。对一些涉及面广的重大审计项目，要注意搞好力量整合，优化审计组的人才组合，充分发挥各专业审计的优势，并避免出现多个审计组同时进驻一个单位的情况。有条件的地方还应积极探索项目竞标制，围绕审计项目的目标需要，通过竞标和双向选择产生审计组长和组员，组成技能齐全、优势互补的审计组，优质、高效地完成审计任务。此外，还要加大统筹协调和综合分析力度，实现信息资源共享，提高审计信息利用层次和水平，要坚持先进的审计方法与技术手段相结合，大力推进审计工作科学化。

二是要密切上下级审计机关之间的配合，形成整体合力。审计署首先要做好自己的工作，为全国审计工作创造一个好的氛围，其次要调查研究，推广经验，加强对地方审计工作的指导、服务和组织。省级审计机关也要加强对省以下审计机关的指导和资源整合，特别是要加强分类指导，从实际出发，不能搞"一刀切"。既要加强指导，又要充分发挥各方面积极性，二者不可偏废。同时，地方审计机关也要加强与上级审计机关的沟通与联系，全国"一盘棋"，促进我国审计事业的进一步发展。

三是要充分利用社会资源，为审计工作提供高效服务。今后应把聘请外部人员和利用内部审计、社会审计成果工作纳入审计资源整合的视野。要借助外部人员的力量，利用内部审计和社会审计的审计成果，以缓解审计任务重与审计力量不足的矛盾，提高审计质量，减少审计风险。对于涉及效益审计、重大课题研究、计算机开发等一些专业性很强的工作，还要聘请外部人员或者利用专家成果，以节约审计成本，提高工作质量。

四是要加强与相关主管部门、监督部门和司法机关的沟通与联系，建立必要的沟通协作和工作配合机制。审计事项涉及面的广泛性、复杂性，还要求我们在审计工作中必须加强与各相关主管部门、司法机关、被审计单位的联系、沟通，及时通报情况，听取意见，争取支持和配合。要看到，由于审计监督的职责、权限和手段等有其自身的局限性，审计机关绝不可能"包打天下"，解决所有问题。因此，一定要注意把握好审计工作的定位，既要充分履行职责，又不能越权越位。对于审计中遇到的超越审计监督职责和权限范围的问题，应及时提请有关部门或者司法机关研究解决。对于一些敏感、复杂，特别是直接涉及群众利益，仅靠审计机关难以妥善处理好的问题，可以考虑转请有关地方政府或主管部门研究解决。其他问题的定性和处理，也要注意听取有关主管部门的意见。这样做，有利于保证审计质量，使我们提出的审计意见、做出的审计决定经得起各方面的检验，规避审计风险。此外，有些项目，特别是一些效益审计项目，还可以与有关部门联合进行。

五十五、您提出审计机关要"外抓纪律、内抓管理"是出于什么考虑？

我们应当看到，审计这支队伍总体是好的，是经得起考验的，否则审计工作也不可能取得现在这样的成绩，审计系统应该有这样一个共识。但更重要的是要看到存在的问题，做到警钟长鸣。审计系统在审计纪律、内部管理、廉政建设等方面依然存在着一些薄弱环节。我们的"八不准"规定是不是执行得都很好，我看不见得。作为审计机关，内部管理是不是都很严格，我看也不全是。有些问题已经有所暴露。

我们提出"外抓纪律、内抓管理"，这既是审计机关增强独立性，保持客观公正的需要，又是审计机关加强廉政建设、队伍建设的需要，因此也是促进审计事业长远发展的需要。

俗话说，"吃了人家的嘴软，拿了人家的手短"。审计机关不割断与被审计单位的经济联系，就谈不上独立审计，就难以保证客观、公正，从而影响审计机关的执行力和公信力。独立性是审计的灵魂，这一点是审计的职能属性所决定的，是从审计起源和发展的历史上早已得到证明了的，也是《宪法》和《审计法》对审计机关和审计人员所明确要求的。在现行审计体制下，加强审计纪律，是保证审计独立、客观、公正的重要举措。古训有"公生明，廉生威"。加强审计纪律，廉洁从审，有利于维护审计形象，树立审计权威。它能够有效地防止以权谋私、滋生腐败，是审计机关加强廉政建设，纯洁审计队伍的重要举措。

"正人先正己"。审计机关不能只看到别人的问题，看不到自己的问题，只严格要求别人，不严格要求自己，搞双重标准。现在有的审计机关财务管理依然混乱，执行财务制度也不是那么严格，这怎么有资格去审计人家，同样会影响审计机关的执行力和公信力。所以我们提出要加强内部管理。审计机关加强内部管理，可以从另一个方面防止腐败，保护审计人员少犯廉政错误。

一个单位、一个部门，它的工作可以分为两个大部分。一部分是它的职能，它对外的公务。比如，审计部门的主要职责是依照法律履行审计监督职能。但你要做好这项工作，履行好这项职能还必须做好另一部分工作——基础工作。对于审计部门来说，这个基础工作就是内部要有严格的制度和管理。比如说审计质量的管理，内部的人事、财务管理等。审计工作本身是监督财政财务收支情况的，理应把自身的财政财务收支管好。内部管理搞不好很难保证履行好法定职责。加强内部管理主要在两个方面下工夫。

一是要加强制度建设，建立长效机制。各级审计机关要对现有制度进行清理、修改、补充和完善，取消那些不符合实际的、过时的制度，建立起以审计决策、财务管理和业务规范为核心的比较完善、简洁易行的管理制度体系，切实做到有法可依、有章可循、有据可查。古人云"天下之事，不难于立法，而难于法之必行"。我们不仅要注重建立制度，更要狠抓制度的执行和落实，加强监督检查，严格照章办事。

二是要积极推进科学决策和民主决策。各级审计机关要以审计业务决策、人事任免决策、重大财务事项决策为重点，坚持集体领导、民主集中、个别酝酿、会议决定的原则，严格执行议事规则和决策程序，加大办事的透明度。重大审计项目从计划、方案到审计报告，要坚持审计业务会议制度，增强决策的科学性，防止独断专行；重大开支项目，必须经过领导班子集体讨论决定，防止"暗箱"操作；基本建设工程按规定应实行招标的，必须实行招标；物资设备按规定应实行政府采购的，必须实行政府采购，属于自行采购的要增加公开透明度。要广泛征求和听取干部职工的意见，自觉接受监督，注意把广大干部群众的积极性引导好、保护好、发挥好。

当前，审计机关要特别强化两个管理：一个是审计质量管理。在这方面我们制定了质量控制的办法，加强对审计质量的检查、监督、管理。另一个是内部财务管理。现在可以这么说，很多单位出现问题大多是因为内部的财务管理不严格造成的。缺乏内控制度、缺乏内部的责任追究制度，国家的有关政策法规在内部得不到严格执行和落实，因此就出现了很多漏洞，出现很多违反财经法规的问题。财务管理是机关行政管理的重要组成部分，在机关正常运转中有着极为重要的作用，尤其是审计机关更要重视财务工作。因此要加强对内部财务制度执行情况的监督、检查。首先，要严格预算管理，增强预算的约束力，努力做到科学编报预算，严格按照预算开支，加强项目规划和管理，避免预算资金闲置。其次，要加强会计基础工作，努力做到严格收支审批手续，规范会计核算和资产管理。

五十六、您倡议在内部管理方面，要在实行审计机关自查的基础上，请外部有关部门来审计机关检查。据了解，在审计机关内部也有些同志不尽同意，您为什么要这样做？

我觉得，有一个理念大家必须要明确，那就是"在法律面前人人平等"。审计监督是国家的一项制度，你只要使用国家财政资金，都应该接受审计监督。审计机关也是使用国家财政资金的。国家财政资金是老百姓的钱，是纳税人的钱。你只要用了纳税人的钱，用了财政资金、公共资金就要接受审计，这是天经地义的。在这方面，审计机关不应该具有特殊性，审计机关就可以不接受审计监督，这是没有任何道理的。

审计机关一直非常重视对自身的严格要求，实行内部审计，开展系统内的"上审下"。但自己审计自己总是缺乏说服力的，只有接受外部的监督，才能更加显示审计机关的客观公正性。这与"审计别人也得接受别人的审计，监督别人也得接受别人的监督"是一个道理。审计机关接受外部监督，一方面有利于促进审计机关加强财务管理，加强廉政建设；另一方面也有利于增强审计机关的执行力和公信力，有利于审计工作的顺利开展。

审计机关接受外部的审计监督应当形成一个制度。在 2005 年讨论《审计法》修改方案时，审计署曾主动提出写上这么一条：审计机关应该接受有关部门的审计。但是由于有些部门持不同意见，这一条没写上，很遗憾的。将来，这恐怕还是要形成法律条文。审计机关就是要接受有关部门的定期审计，具体由谁来审，可由国务院来决定。国外也是这样的，这要成为一种惯例。当然，现在审计部门并不是没有外部监督，比如要接受纪检、监察、财政部门的监督等。但没有解决谁来审计审计机关的问题，在法律上没有规定审计机关应接受外部哪个部门的审计。我们希望将来逐步填补这个空白。

现在，在审计系统内对于我们主动请外部来对审计机关进行审计可能有些不同看法。这主要是对审计机关加强自身建设的重要性认识不够，有的审计人员特别是一些领导干部还存在不少模糊认识。有的只看到审计机关严格自律和加强廉政形势好的一面，忽视了存在的薄弱环节和问题，认为请外部审计是小题大做，存在"盲目乐观"思想。有的认为审计部门不管钱、不管物，没有行政审批权，收入渠道少，经费本来就紧张，审计人员工作辛苦、生活清苦、条件艰苦，再请外部来审计，是"自己卡自己"、"自找麻烦"，存在"吃亏"思想。我们必须进一步提高认识，统一思想，增强责任感和使命感，为维护国家的法制统一，为促进审计事业的长远发展，自觉接受社会公众和有关部门的监督。

审计信息化建设

五十七、"审计人员不掌握计算机技术将失去审计资格，领导干部不了解信息技术将失去指挥审计的资格"现在已为广大审计干部所熟知，当初您提出这一观点是出于什么样的考虑？

信息技术的飞速发展和推广运用，对审计工作提出了严峻的挑战。信息系统、数据库、电子数据逐步取代了传统的纸质报表、账簿和凭证。我们的审计手段必须适应并跟上这种变化。如果审计人员不掌握计算机技术，比方说不会数据采集技术，那他到了信息化程度比较高的被审计单位，他就拿不到账，这个账不是指我们以往熟悉的纸质账，而是指记载业务和会计信息的电子数据；如果审计人员不会数据转换和清理技术，那他即便拿到了账，他也打不开账；如果审计人员不会创建审计中间表的技术，那他即便打开了账，他也看不懂账；如果审计人员不会数据分析技术，那他即便看懂了账，他也很难找出其中的问题……在这样的情况下，只有传统审计手段而不掌握计算机技术的审计人员毫无疑问将失去审计的资格，因为你都拿不到账、打不开账、看不懂账，你怎么去审计人家呢？

对于审计机关的领导干部来说，虽然他不用像一线审计人员那样亲自去查阅资料、分析数据，但他也必须融入信息化发展的潮流，通过学习不断提高自身的信息化素养。就像军队的指挥官，指挥官不一定都要求会使用各式的现代化武器，但是，要求对这些武器的性能、基本的功能参数要熟悉和掌握，否则，怎么指挥下属？怎么排兵布阵？具体到我们审计工作中也是一样，审计机关的领导干部不一定都要求是信息化方面的专家，但你至少要了解、熟悉这些信息技术。身为审计队伍的指挥者，你单单会"摇旗呐喊"是不够的，你也得"排兵布阵"。如果你不了解信息技术，不知道有些什么功能，不知道在审计中能起什么作用，怎么能用信息化的思维方式和手段去组织、管理、指挥审计人员？怎么在工作中去安排、实施、推动审计信息化建设？只能是一句空话！

进入21世纪，我国的审计工作正处于重要的发展战略机遇期，审计工作面临的主客观环境发生了很大变化，传统的思维方式、工作模式已经不能适应形势发展的需要。在具备基本的物质条件之后，能否尽快培养一批既精通审计业务，又掌握计算机技术，并具有信息化思维的审计人才，就成为审计事业进一步发展的关键。我在这种情况下提出"审计人员不掌握计算机技术将失去审计资格"。后来我发现有一些领导同志，由于年龄偏大等原因，不积极学习和掌握计算机技术，因而也不全力以赴地支持计算机技术的推广应用。因此，我又提出"领导干部不了解信息技术将失去指挥审计的资格"。实践证明，这些年审计机关信息化建设取得快速发展，与广大审计干部努力学习计算机技术、积极运用和开发计算机技术是分不开的，与各级领导高度重视、以身作则、靠前指挥也是分不开的。

五十八、您还说过，信息化建设是审计领域的一场革命，为什么？

信息技术的发展和普及，深刻地改变着人们的生活方式、学习方式和工作方式。这些变化绝不仅仅是技术方法上的变化，而是全面牵涉到我们的思维方式、审计方式和管理模式，其影响比任何时候都要广泛、深刻得多，远远超出了技术和方法的层面。

首先，信息化建设触及的是我们的思维方式，它要求我们转变传统的审计思维方式，用系统论来指导审计工作的开展。过去由于我们处在手工环境下，信息化程度低，信息不对称表现突出，工作上的相互联系性不强，所以就造成审计人员缺乏对被审计单位全面、系统的掌握，出现"瞎子摸象"的情况。逮住什么算什么，瞎碰，不能全面地去分析、认识被审计单位。信息化建设就要求改变这种状况，使广大审计人员能够从宏观的、全面的角度，用系统论的观点去认识审计对象，去分析审计当中遇到的各种问题。信息化建设对于我们审计人员思维方式的转变将是一个极大的推进。

其次，信息化建设革的是我们的审计方式的"命"，它要求我们改变传统的审计方式，在工作中大力推进计算机审计。过去的审计主要是凭手工查账和经验判断。这也是必要的，尤其是一定的职业判断是计算机取代不了的。但是随着被审计单位信息化程度的提高及其经济业务的日趋复杂化，仍然用手工对被审计单位的账目进行审计，既不现实，也难以保证审计的效率和质量，尤其是在目前财务会计资料失真比较严重的情况下，风险就更大。传统的审计方式行不通了，这就迫使我们要积极探索，创造出与信息化环境相适应的、崭新的审计方式。大力推进计算机审计，用先进的技术和方法采集、转换数据，构建审计中间表，建立分析模型，对数据进行多维挖掘、查询分析，把握总体、突出重点、精确延伸，这是审计机关搞信息化建设的工作重点，也是提高审计工作质量和水平的必由之路。审计信息化将使审计工作发生"三个转变":从单一的事后审计转变为事后审计与事中审计相结合;从单一的静态审计转变为静态审计与动态审计相结合;从单一的现场审计转变为现场审计与远程审计相结合。这"三个转变"是逐步实现的,动态审计、远程审计还需要大的环境的配合才能全面铺开,如何实现还需要我们大胆地去思考、去判断。但这个发展方向是不容置疑的。

最后,信息化建设革的是我们的审计管理的"命",它要求我们改变传统的审计组织和管理模式,增强审计机关之间的信息共享和协同作战。现在我们的审计实际上还是一个一个的审计机关在孤立作战。把全国的审计工作形成"一盘棋",强化力量的聚合,要靠信息化。审计信息化必将使审计系统的信息传递加快,促进审计成果共享,加快审计机关之间的交流、合作和协同作战,使分散的力量进一步聚合,以发挥更大的作用和效力。这对于我们来说也是很大的变革。

可见,对于审计工作来说,信息化建设首先是从技术方法这个层面入手的,但它又不仅仅是个技术方法的问题,它对整个审计工作的方式、程序、质量和管理,乃至审计人员的思维方式和自身素质都会带来重大的影响,它是从根本上改变审计工作的深刻革命。为什么说这是一场革命?说到底就是"人"的问题,就是说有一些原来的审计骨干,如果不学习,不适应新的历史条件,可能这些人就要逐步地被淘汰。一项新的技术要推广,阻力是很大的。这些阻力来自我们一部分人的思想保守,来自一部分人自己水平不高,还不让比他高的人走到他前头去。通过信息化建设,通过计算机的推广应用,使我们一大批有才华的年轻人尽快地成长起来,使年轻的、学历比较高的、知识面比较广的、具备信息化思维的审计人员能够走上审计的骨干岗位,这在一定时期内将使我们审计队伍的人员结构、知识结构更加合理。当然，这种改变在一开始的时候可能会让人不适应，因为人是有思想惰性的，有时候落后的生产方式可能更让人留恋，旧的一套驾轻就熟，对新东西不熟悉，也不感兴趣。但是，审计信息化是一场革命，能不能在这场革命中掌握主动权，直接关系到今后审计事业的发展。我们要把加强审计信息化建设，提高到贯彻落实"三个代表"重要思想的高度，提高到适应国际经济和科技发展的大趋势、适应审计工作发展大趋势的高度来认识，切实抓紧这项工作，为审计事业的发展开辟更加广阔的空间。

五十九、您要求审计机关"用系统论的思想指导、研究计算机审计"，能否谈谈您的具体想法？

计算机审计的核心就在于系统论。目前从全国审计机关计算机审计的发展现状来看，是不平衡的，可以划分为三个层次。第一个层次是仅仅用计算机建立资料库、法规库，搞一些办公自动化。这是必要的，但这只是初始阶段，不能把水平停留在这个层次上。第二个层次就是用计算机进行辅助审计，对数据进行转换，用一些小模块进行分析。一部分单位做到了这一步，但还不是太多，做到这一步已经不错了。第三个层次，就是要求用系统论指导信息化环境下的计算机审计，这才是真正的计算机审计。

关于系统论，我想应该从下面几个方面来理解：

首先，我们一定要用系统论的思维去认识计算机审计。系统论讲的是事物之间的联系，是规律。系统论要求思维是立体的，不是平面的。美国打伊拉克就是立体的，空中的、地面的，政治的、经济的，外交的、军事的，常规的、高科技的，应有尽有，是多维的。美国掌握了先进的技术，想打谁，即使是消息透露出去了，被打击的也来不及反应，也许一两个小时之内就解决了。我们的计算机审计也是这样，不怕被审计单位不配合，不怕被审计单位做假、提供假数据，关键看你的技术掌握得怎么样。

其次，要从系统论的高度来研究计算机审计。要把审计对象作为一个系统，让被审计单位的信息都在审计监督范围之内。审计人员到一个单位去，一进去就要把整个资料都掌握住，通过系统分析、对照、比较，选择其中最薄弱的部分作为重点，找出核心问题在哪里，从总体上把握。不是像过去那样瞎碰，逮着什么算什么。过去我们审计一个小的单位可以不用计算机，就几本账，一目了然。可是现在的单位数据量是很大的，也是很多的，不是人多人少的问题，如果不搞系统论，不搞审计方式创新，就是派500个审计人员也不行。如果心里没底就先到现场，到底人家的情况怎么样，心里没数，总体上把握不住，叫做"瞎子摸象"。现在，我们审计中很重要的方法就是利用计算机从宏观上、从总体上、从系统上去把握审计对象，我们的审计就更全面。风险就更小，这样才能抓住要害、抓住重点。如果500个审计人员都用手工操作的话，每个人只能看自己那一部分，就做不到总体把握。唯一的办法，就是要有一两个人或两三个人运用崭新的思维方式和审计方式，把所有的资料都掌握在自己手中，这就叫"总揽全局"。由指挥者总揽才叫总揽全局，如果让几百个人去总揽全局就不叫总揽全局，那是分揽全局。总揽全局就靠指挥者对所有资料的掌握、分析，对被审计单位的薄弱环节一目了然，然后去延伸、取证就容易了，对被审计单位的总体评价也就出来了。所以说，从整个系统论、信息论的高度开发利用计算机，这是我们的最终目的。

最后，系统论最终体现在数字化建设上。事物之间的本质联系一定可以抽象为一个数学公式。公式就是规律，掌握了公式就掌握了规律。审计的数字化建设是一个系统工程。未来发展的方向，一切都是数字化，整个地球都会是数字化的。审计的最终出路在于数字化。做到了这一点，审计质量和水平就会有很大的提高。

六十、在推进计算机审计方面，审计机关主要采取了哪些措施？取得哪些主要成效？

关于计算机审计的推广、运用，主要做了以下几个方面的工作：

第一是促使广大审计干部尤其是各级领导干部转变观念、提高认识。从一开始我们就认识到了计算机审计并不仅仅是个技术问题，它涉及思想观念转变、管理体制改革、业务流程再造、队伍结构调整等诸多方面。计算机审计能否顺利推进，领导的高度重视和强力支持是关键。如果单位"一把手"对计算机审计没有深刻的理解，在问题和阻力面前下不了决心，没有不达目的绝不罢休的气势，计算机审计这项工作就很难奏效。我们必须首先从认识上破除神秘感，克服"恐高症"，下大力气把这项工作搞上去。所以，我要求领导干部摇旗呐喊、带头鼓掌、逢会必讲、强力推行。比方说我们举办了各类培训班，无论是司局长培训班还是市（地）县审计局长培训班，每一期我们都要求有计算机审计的专题。经过这几年的努力，大家已经在思想观念上有了比较深刻的认识。"审计人员不掌握计算机技术就将失去审计的资格"，审计机关的领导不了解信息技术也将失去指挥的资格，这已经成为大家的共识。

第二是以人为本，注重计算机审计骨干的培养。能不能尽快培养一批既精通审计业务，又掌握计算机技术、具有信息化思维的审计人才，是推进计算机审计的重中之重。近几年，我们花大力气加强计算机审计的教育培训，调整知识结构，培养复合型的审计专业技术人才，把普及性学习、骨干培训与高级人才的培养相互结合，目标就是要造就一支素质较高、梯次健全、适应工作发展要求的审计干部队伍。我们所采取的措施：一是抓好计算机知识的普及，基础知识、基本技能的学习，采取以自学为主的方式，通过统一考试予以确认；二是有针对性地抓好部分高级人才的培养，造就一定数量的、掌握并能熟练运用各种现代审计技术方法的高层次、高技能审计专业人才，造就一批计算机审计的"排头兵"和"领军人物"。审计署从 2001 年起开展了计算机审计中级培训，参加培训的同志在审计一线发挥了骨干作用，取得了很好的成绩。近期我们还开展了信息系统审计的培训。现在看，我们抓人才培养的路子是对的，我们的设备可能不是最好的，关键是有人。实践证明，计算机审计人才要靠审计机关自己培养，我们通过给年轻人营造环境、创造条件，在培训上下足工夫。现在可以讲，特派办计算机审计的骨干队伍已初步建立起来了。

第三是树立战略思维，注重规划和实施。计算机审计的推广运用是一项实施难度很大、复杂的系统工程，全国各个地方的条件不一样，你要搞全国一个模式、一个标准、一个要求是不现实的，绝对不能搞"一刀切"。所以我们坚持从实际出发，在总体规划的前提下，因地制宜，分类指导，有计划、分层次、分步骤地来推进这项工作。条件不具备的，你先学会转换数据，学会用一些小模块进行分析；具备条件的，我就要求你尝试用系统论来指导计算机审计。等、靠、要，寻找客观理由，求全责备，这些都是推进计算机审计的障碍。这几年，虽然各地水平参差不齐，但是大家都行动起来了，慢慢积累了一些经验，并逐步走向规范，形成了"审计署统一指导，派出局、特派办、各地审计厅局积极行动"的双向结合的形势，只有这样才能把计算机审计向前推进。在这个逐步推进的过程中，我们十分重视经验的提炼和积累，在全国范围内征集了审计专家经验和计算机审计应用实例，以及信息系统审计案例，有的单位还编写了计算机审计情景案例。把这些知识和经验沉淀下来，是一笔宝贵财富。现在总结起来，实事求是，从实际出发，从点滴做起，是我们的成功之处。

第四是以开发应用为重点，着眼现实需求，立足解决实际问题。计算机只有与审计实务相结合，在审计实践中开花结果，它才具有强大的生命力，也才能说这项工作落到了实处、取得了实效。在这项工作上，我们一方面结合各自的工作对象和特点，大力推广运用比较成熟的审计软件，最大限度地发挥现已基本成熟的审计软件的作用；另一方面，通过积极探索，不断开发出新的和实用性强的审计软件。通过计算机审计软件的不断运用、完善和开发，促进审计工作质量和效率的提高，加速实现审计工作科学化。2002 年审计署启动了"金审工程"，一期工程的重要成果就是开发了《审计管理系统》和《现场审计实施系统》，基本满足了审计业务和管理的需求。另外，我们在金融、海关等审计方面，计算机的开发应用是很有成效的。一些辅助审计和机关办公自动化的软件在推广运用。有的特派办、派出局还开展了网上审计，有的已着手研究并开展了对被审计单位计算机软件的审计。此外，在强调软件的同时，我们又不仅仅局限于软件，只要你能解决实际问题，实现审计目的，可以不拘一格地使用各种技术。总之，这方面的发展势头是很好的，计算机技术已经渗透到日常工作中，这对于培育计算机审计这一思维方式起到了很大的促进作用。

第五是加大科研力度，通过理论研究带动和促进实务应用。这几年在审计署的统一指挥、协调下，各级审计机关开展了一系列的科研课题。其中既包括像"国家 863 计划"这样的国家级课题，也有审计署或特派办等自己立项的课题，我们还出版了一系列专著和培训教材。这些成果对于计算机审计的推广运用和互相交流起到了很好的作用。

六十一、您反复强调，审计信息化建设是"一把手"工程，这是为什么？

审计信息化建设是"一把手"工程，这已经是老生常谈了，但却常谈常新，因为这是经验，符合我们审计队伍的实际。审计信息化建设没有各级审计机关"一把手"的高度重视和亲自参与，是难以成功的。

审计信息化对人的要求是很高的。我一直强调各级审计机关一定要培养出一支复合型的人才队伍，不仅要熟悉审计业务，还要掌握计算机技术。审计人员不掌握计算机技术将失去审计资格，审计机关没有一支复合型人才队伍，也是要失去审计资格的。这支人才队伍的培养，除了要加大培训力度外，还要实行优胜劣汰。有的人思维方式转变不过来，思维惯性、思维惰性很强，不肯学、不愿学，掌握不了计算机技术，慢慢地就会跟不上前进的步伐，就要被淘汰掉，失去了审计资格。我们审计机关的领导干部也是一样，不了解信息技术就将失去指挥审计的资格，就要从领导的岗位上被淘汰下去。要通过审计信息化建设的推进，让具备指挥审计资格的人走上领导岗位，让具备审计资格的人走上审计的骨干岗位，促进我们的人员结构更加合理、优化。所以，审计信息化建设实际上还是一次人员结构的调整。干部的任免、提拔，没有"一把手"的决策是不行的。"一把手"只有亲自抓这项工作，才能知道哪些人是真正具备指挥审计的资格的，哪些人是真正具备审计资格的，这样人员结构才能调整到位，审计信息化建设才能搞上去，审计才会有出路。

审计信息化还涉及我们的审计组织和管理。有的特派办这几年研究计算机审计，提出了"资源整合、信息共享、集中分析、辐射延伸"，我觉得这种审计组织和管理方式非常好，符合审计发展的要求，值得推广。现在的审计项目已经和过去有很大的不同了，比如说一个大型企业集团，它内部有生产公司、销售公司、财务公司等等，而且它信息化程度也很高，基本上都在搞 ERP，我们要审计这样一个单位，就要有方方面面的人才，要集中方方面面的力量，不搞资源整合是不行的。搞资源整合，就要打破各个小利益集团的壁垒，在各个审计机关就是要打破内部各个部门的界限，用系统论的思维方式，把整个审计机关看做是一个系统，从中选拔人才，集中力量，组成审计组来开展审计项目。现在审计署开展的很多项目，已经开始尝试这样去做了。管理问题，在一定程度上涉及部门、单位的权利问题。审计信息化带来的新的审计组织和管理方式，肯定会影响一些单位的权利，只有"一把手"才能解决这些实际问题。

为什么说审计信息化建设是"一把手"工程？就是因为审计信息化这场革命，它牵涉到的是生产关系。如果我们把审计技术方法看做是审计生产力的话，那么审计信息化这场革命所涉及的就不仅仅是生产力的发展，还会牵涉到生产关系的调整。搞信息化建设我们的生产力提高了，它就必然要求有一个和它相适应的生产关系；反过来讲，我们审计的生产关系不变革，就肯定会阻碍生产力的发展。我们的生产关系是什么？说简单点，就是人的工作，是审计的组织和管理，这种革命性的变化不是"二把手"、"三把手"能够推动得了的。审计信息化建设的成功与否直接关系到今后审计事业的发展，这是发展战略层面上的东西。审计信息化建设的"战略"属性，注定了这件全局性的事情必须有"一把手"全身心的投入，其他人是无权掌控、也掌控不了的。因为你"一把手"才是决定发展战略的，只有"一把手"的观念转变了，思想重视了，决心下定了，特别是亲自参与、身体力行了，其他人的积极性才能最大限度地调动起来，信息化建设也才能真正搞起来。

六十二、据了解，其他部门在着手信息化建设的时候都准备或已投入十几亿、几十亿的资金，审计署在没有任何专项资金的情况下，您为何敢于提出加强审计信息化建设呢？

审计搞信息化建设应该走什么道路？这个问题一开始我就考虑了很多。先举一个例子，1999年我到南京特派办，他们的一些做法给了我很大的启发。原来我们搞计算机审计，一个很大的瓶颈就是数据采集和转换。很多人跟我讲，被审计单位的数据库五花八门，我们审计没办法把这些数据都采集过来，即使采集来了也没法都转换成审计人员看得懂的格式。拿不到账、打不开账、看不懂账，审计还怎么审！南京办的同志在困难面前没有退缩，他们下工夫搞了几个培训班，培养了一批计算机审计人才，集中这些骨干力量进行攻关，结果没向审计署要一分钱就解决了这个难题，突破了数据采集和转换的瓶颈，计算机审计取得了很大突破。这个成就是了不得的，他们实现了我梦寐以求的愿望！他们取得这个成就不是靠投入了多少资金，关键是找对了路子。信息化建设能不能搞成功，关键不在于你投入多少资金，而是能不能找到一条适合自己的路子，找对了路子，就能少花钱、多办事，花小钱、办大事。我们审计署就是找到了这样一条路子！这条路子就是"培养人才队伍、加强开发应用"。

这些年我们搞效益审计，发现有些单位搞信息化建设，走的是先购买先进设备，然后再去培养人才的路子。即先投入了大量的资金去买设备，有的还从国外进口非常先进的设备，可是设备买回来之后却没有用起来，因为没有合格的人才，等到人才培养出来，原来的设备该更新了。信息化建设的目的没有达到，还造成了很大的损失浪费。每次我看到这些情况，真是痛心疾首！我们国家现在还处于社会主义初级阶段，是一个发展中国家，还不是很富裕，我们做任何事情都应该提倡勤俭节约，反对损失浪费。我们审计监督别人，自己就更应该做到节约。建设节约型社会，实现可持续发展，这是党中央总结现代化建设经验、从我国的国情出发提出的一项重大决策。加强信息化建设应该是建设节约型社会的一个关键，信息化搞好了，对于合理配置和利用各种社会资源，形成科学、合理、高效的运作体系，会有很好的促进作用。但是，信息化建设自身也必须走一条节约型的道路。也就是说，我们在加强信息化建设的过程中一定要避免损失浪费，绝不能忽视信息化建设自身的效益问题和节约问题。

一个地方信息化建设搞得好不好，应该用什么标准来衡量？我想这个标准不会是你设备先进不先进，更不会是你花了多少钱。这个标准应该是也只能是，你通过信息化建设，有没有取得什么成效，成效大不大！要想取得成效，就要找对路子，找不对路子，光靠投入资金买设备、建网络是搞不好的。有些人以为搞信息化建设一定要花很多钱，我看，这是一个思想问题，光靠钱，是买不来信息化的。在这方面，我们总结、推广了许多地方审计机关白手起家、少花钱、办好事的经验，起到了很好的示范作用。审计信息化建设就是要走"培养人才队伍、加强开发应用"的路子。首先要培养一支能够适应信息化需要的人才队伍，把人才队伍培养起来，再配备必需的硬件，让大家都动起来，然后慢慢积累经验，逐步规范，就可以实现我们的目标。审计系统搞信息化建设，还要把重点放在计算机在审计实施中的运用上。审计机关是从事审计业务的，审计信息化只有与审计实务相结合，在审计实践中开花、结果，它才具有强大的生命力，也才能说这项工作落到了实处、取得了实效。计算机审计这道"坎"跨不过去，路子就越走越窄，乃至感觉无所适从。这条路子如果走不出来，先进的审计方式、技术、方法、手段不运用起来，审计是没有出路的。

回顾这些年审计信息化建设，用的钱不多，但成果是实用的，我感到欣慰。把工作的重点放在了骨干的培训和人才的培养上，找对了路子，在审计业务工作中的应用实用、有效。"金审"二期已经开始启动了，要继续发扬这种节约的精神。如果搞不好，会造成很大的浪费，要避免出现这样的情况，让有限的资金发挥更大、更好的作用。

六十三、您能展望一下审计信息化建设的前景吗？

信息化给审计事业带来的变化是全方位的，是深刻的，有时候常常会超出人们的想像。我国的审计信息化也还处在刚刚起步发展的初级阶段，对前景的描绘还需要实践的支撑，还需要广大审计工作者长期的、艰苦不懈的努力。作为发展方向，作为展望，我想有三点是比较明确的，也是非常重要的。

一是审计信息化建设必将催生出一种崭新的审计方式，这就是我们常常讲的计算机审计。计算机审计是审计信息化的核心内容。审计是社会经济、政治发展到一定阶段的产物，审计的发展和社会的发展是紧密相连的。不同的生产方式，不同的社会发展阶段，必然有与之适应的审计方式。当社会进入到了信息化以后，也必然要产生与之相适应的信息化的审计方式，这就是计算机审计。计算机审计就是以被审计单位计算机信息系统和底层数据库原始数据为切入点，在对信息系统进行检查、测评的基础上，通过对底层数据的采集、转换、清理、验证，形成审计中间表，并且运用查询分析、多维分析、数据挖掘等多种技术和方法构建模型，进行数据分析，发现趋势、异常和错误，把握总体、突出重点、精确延伸，从而收集审计证据，实现审计目标的审计方式。这种审计方式与以往的审计方式相比是崭新的，既要审计计算机处理的数据，又要审计计算机（也就是大家讲的信息系统审计）；既要开展现场审计，又要开展网上审计，是系统论指导下的审计。当然就全国审计机关的发展来讲，只是少数单位开始进入到这个层次，要整体推进到这个层次还需要我们付出很多努力，但发展前景是非常光明的。

二是审计工作者的发展和综合素质的提高。人是生产力中最活跃的因素。审计信息化建设求不来、等不来、买不来，要靠审计工作者去创新、去努力。同时在这个过程中审计人员也全面提升了自身素质和能力。中国的审计信息化建设，一开始就非常重视人才队伍的建设，提出要全面开展"人、法、技"建设。现在全国已经培养出了一千多名计算机审计的中级骨干，还有一批能开发软件的高级人才，有几万名审计人员通过了计算机基础知识和操作技能考试。随着信息化的发展，我们的审计人员会越来越多地成为既懂计算机技术，又掌握审计业务知识的复合型人才，这是我们中国审计信息化建设的特点，也是最宝贵的成果。有了人才，就有了审计信息化发展的最强大的动力。

三是审计信息化在前几年发展的基础上，正在孕育着一个新的突破，这就是数字化！数字化和信息化是相辅相成的，数字化是信息化的技术基础。什么是数字化？讲通俗一点，就是要把数据转换成能用计算机处理的格式。可不要小看这个变化，这是了不起的，只有把数据都转换成了计算机能处理的格式，才能真正实现审计的信息化。现在就全国的情况来讲，我们审计系统的数字化水平还比较低，管理也比较乱，应用开发才刚刚起步。下一步面临的任务可以概括为"化"、"管"、"用"三个字。

"化"就是通过多种方式将审计资源转换为数字信息，"管"是对各类数字信息采用统一的规范进行管理和组织，最终形成审计信息的数据仓库，目前我们正积极推进的各级数据中心的规划建设就是为了实现这个目标。"化'和"管"都是基础，都是为了"用"。"用"，就是要使审计人员能够方便快捷地从决策层、战略层和战术层三个层面上来开发利用这些审计信息。所谓在决策层面上的应用是指审计机关的领导可以通过分析历史审计资料，结合国家政策变化等因素，了解审计的发展趋势，掌握审计本身的发展规律，从而为审计今后更好地发展指明方向。在战略层面上的应用是指审计机关可以通过对审计管辖范围内各被审计单位的财政财务收支、业务及管理数据进行科学地分析，考虑历史审计项目的审计范围、内容以及所取得的成果，结合国家大政方针，科学地制订审计计划，并确定审计目标，更好地为国家经济发展服务。在战术层面上的应用是指审计人员可以从人大资源调配、审计的组织和管理、审计数据的分析等多个方面灵活利用审计数字信息资源，从而使审计管理和业务更加科学、规范和高效。

数字化的前景是十分诱人的，当然数字化建设是一个系统工程、长期工程，我们目前才刚刚迈出了一步，未来的路上还有很多的困难，但我想在全体审计人员的共同努力下，这个目标一定会实现。

六十四、您认为审计系统在推广、运用新技术方面已取得什么样的成效？还存在哪些差距？

科学地使用审计技术方法，对于实现审计目标、保证审计质量、节约审计资源、提高工作效率具有重要意义。近年来，在审计署的统一组织和领导下，大家共同努力，锐意创新，推广了许多新技术，比如重要性水平确定与审计风险评估、内部控制测评、审计抽样、分析性复核、信息系统审计、计算机数据审计、效益审计、专项审计调查等。新技术尤其是计算机技术在审计系统推广运用的速度是相当快的，成效也十分显著。

第一，新技术的推广、运用改变了原来的审计方式，催生了以系统论为指导的新的审计方式的诞生。审计人员的思维、审计的技术方法、审计的作业模式、工作流程等多个方面都发生了变化。新技术的推广对审计来讲不仅仅是一种或者几种新技术、新方法的使用，而是要求审计人员以系统论的思维去认识问题。以前审计工作更多的是依靠审计经验，说得直白一点就是"凭感觉"去确定审计重点，开展审计工作。现在我们拥有了多种数据分析技术，多种审计数据分析软件，我们通过构建审计分析模型的方法去确定审计重点，规范性在提高，也更加科学、高效，风险也更低。审计的作业模式变化了。以前审计查看纸质账册，每个人捧着厚厚一本账册在审计现场看，有时还会出现审计组内多名成员"抢"看一本账的局面。现在我们可以组建一个现场的审计网络，所有的数据都是电子的，都放在服务器上，审计人员根据需要随时查看资料，而且我们还在探索远程网上审计，通过与被审计单位的信息系统实现联网，审计人员坐在办公室里就可以对一个单位实施审计。

第二，审计工作的效率和质量进一步提高。审计方式的创新让审计人员在审计工作越来越繁重、社会对审计要求越来越高、被审计单位的业务范围越来越庞大、越来越复杂的背景下，能够快速、准确地把握总体，确定重点。这几年优秀的审计成果、典型的审计案例越来越多。

第三，复合型的审计人员队伍正在茁壮成长。审计人员是开展审计工作的主体，是推广运用新技术的主体，我们通过不断加大培训力度，培养了一批既懂得计算机，又熟悉审计业务，同时还具有良好思维方式的复合型人才，他们成为新技术的探索者、实践者、宣传者，成为推广运用新技术的中坚力量。

第四，理论科研取得了显著成就。新技术在审计中的推广应用不是某一种技术方法的生搬硬套，而是一个将新技术不断与审计融合、不断创新的过程，我们始终注重对这个过程中出现的一些新问题的研究，很多具有实践性、前瞻性的理论著作出版，对解决目前审计中的问题和指导未来审计发展都具有积极作用。

第五，我国审计的技术方法既适合中国审计的需要，具有鲜明的中国特色，同时对国外审计也有重要影响。在国际审计交流中，国外审计同行对我国审计的技术方法表现出浓厚兴趣，做出高度评价，我国审计人员在实践中探索、总结出来的很多技术方法在国外审计实践中是没有过的，有些在国外的审计理论中也没有，比如审计中间表的构建技术、审计分析模型的构建技术等，可以形象地说是具有中国自主知识产权的技术和方法。

总的来说，以计算机技术为代表的新技术在审计工作中的广泛深入应用，取得的成效是显著的、令人鼓舞的。但在某些方面仍然存在一些差距。一些新的技术尤其是数据的分析技术、信息系统测评的技术与审计实践需求的结合仍有待于进一步研究。另外，新技术推广应用的水平，区域差距还比较大，一些地区因为种种原因，新技术应用的范围相对还比较小，层次比较低，复合型人才在审计人员中占的比例还相对较小等。

审计事业是不断向前发展的，各种适应审计需要的新技术也会以更快的速度在审计系统中推广运用，促进审计工作水平不断提高。

专　题　篇

建立和完善社会主义审计监督制度

审计业务格局的构建

把握永恒主题
推动财政改革

　　财政审计是国家审计的永恒主题，是审计机关的基本职责。25 年来，各级财政审计部门认真贯彻《宪法》和《审计法》的规定，充分借鉴国际政府审计经验，坚持"在探索中发展、在发展中规范、在规范中提高"的思路，不断完善工作内容、规范审计行为、创新技术方法，初步形成了以政府预算为主线、"上审下"与"同级审"相结合、审计与专项审计调查相补充、真实合法性审计与绩效审计协同发展的财政审计体系，走出了一条中国特色的财政审计道路，在促进健全财政体制、完善财政制度、加强预算管理、建设公共财政体系等方面发挥了积极作用。

一、财政审计发展历程

　　总的看，我国的财政审计从试点到全面铺开，大致经历了四个发展阶段：

（一） 1983—1987 年为财政审计的起步阶段

这一阶段，审计工作的基本方针是"边组建、边工作"和"抓重点、打基础"。由于缺乏可供参照、符合实际的审计模式，且被审计单位主要是下级政府的财政部门普遍缺乏自觉接受审计监督的意识，财政审计工作遇到了很大阻力，审计难、处理难一度成为困扰财政审计的突出问题。审计署主要对辽宁省财政决算进行了试点审计，积极探索审计目标、审计方式和方法的选择，对以后很长一段时间内的财政审计起到了示范作用。

（二） 1988—1989 年为财政审计取得突破的阶段

在这个阶段，与税收、财务、物价大检查结合，审计机关有计划、有重点地开展了财政审计，逐步打开了工作局面，取得了突破性进展，主要体现在对问题的处理方式上。1988 年，审计署和财政部联合下发了《关于在检查地方财政收支中对经济违纪问题的处理规定》，对应收缴上一级财政的资金，由上一级财政机关根据审计处理决定，在审批决算时予以扣缴，解决了当时财政审计处理难的问题。1989 年，审计署发布了《关于对中央部门及其直属企事业单位和地方政府财政收支经常性审计监督的通知》，决定从 1989 年起，对 442 个中央部门、金融机构、中央直属企事业单位和地方财政进行经常审计，每年审计一次，连续审几年。

（三） 1990—1994 年为财政审计全面推进的阶段

这个阶段，审计机关按照《中华人民共和国审计条例》的规定，大规模地开展了对下级政府财政收支的审计。1990 年，审计署组织了对 30 个省（自治区、直辖市）1989 年本级财政收支的审计，共查出违纪资金 120.36 亿元，并向国务院报送了《关于审计省级财政情况和处理意见的报告》。由此开始，财政审计实现了从试点到全面铺开，从依托其他检查到独立行使监督职能的跨越，从而彻底打开了对地方财政收支进行审计的局面。地方各级审计机关也普遍积累了一定的财政审计工作经验，初步摸索出了财政审计的基本工作思路。同时，地方各级政府及其财政、税务等部门也逐步树立起接受审计监督的意识，为此后财政审计工作的纵深发展奠定了基础。

（四）1995 年以后为法定的预算执行审计阶段

1994 年 8 月《中华人民共和国审计法》的颁布，标志着我国财政审计工作进入了一个新的发展阶段。与《审计条例》相比，《审计法》实现了两个突破：一是明确规定了审计署和地方各级审计机关在本级政府首长领导下，对本级预算执行情况进行审计监督；二是实行了"两个报告"制度，即审计机关要向本级政府提出对本级预算执行和其他财政收支的审计结果报告，国务院和县级以上地方人民政府每年要向本级人大常委会提出审计机关对预算执行和其他财政收支的审计工作报告。"两个报告"制度的确立，"同级审"和"上审下"相结合的财政审计监督制度的建立，使财政审计嵌入了国家财政管理机制，成为其中一个不可缺少的环节。

从总体思路和重点来看，这一期间的财政审计发展可进一步细分为财政收支审计并重和以支出审计为主两个阶段。这两个阶段的具体情况是：

1. 收支审计并重阶段（1996—2002 年）。预算执行审计起步于分税制体制运行初期，各级财政关系尚未完全理顺，各级财政收入都处于偏紧状态。一些地方在核定基数时，人为抬高基数、挖挤上级收入的现象成为比较突出的问题，致使短时期内出现了中央财政增收压力加大的情况。因此，把收支审计并重列为当时中央预算执行审计的总体思路，完全符合当时形势的要求。在此期间，审计署连续 5 年加强了对税收征管部门的审计，累计审计了 71 个省级国税部门、58 个海关和 44 个国家金库省级分库（基本上实现了对这三类单位的全面覆盖），共查出影响中央财政收入问题金额 136 亿元。在部门预算执行审计方面，共审计了 266 个中央部门，查出违纪违规问题金额 455 亿元。在专项资金审计方面，有重点地选择国债资金、扶贫资金、救灾资金、国家重点建设项目等 19 个专项资金和项目开展审计监督，查出各种违纪违规问题金额 764.58 亿元。

2. 以支出审计为主的阶段（2003 年至今）。2002 年所得税分享改革后，我国初步建立了财政收入稳定增长机制，财政体制改革的重点转向财政支出，在优化支出结构、建立和完善社会主义公共财政制度方面进行了一系列重大探索。适应形势的要求，预算执行审计实现了"两个转变"：即实现由收支审计并重向以支出审计为主转变；在支出审计方面，由主要审计中央本级支出向中央本级与补助地方支出审计并重转变。2003—2007 年，共组织开展了 30 多项专项审计调查项目，内容涉及教育、卫生、公路建设和收费、财税优惠政策、支农、环境保护、扶贫、水利、社会保障、土地出让金等方面。同时，加强了对中央二、三级预算单位的审计监督，共审计了 257 个部门，延伸了 924 个二级预算单位，查出隐瞒收入、转移资金、虚报项目、虚报人数等各类违规问题金额 1072 亿元。财政审计在推动财政体制改革的深化和规范、促进部门加强预算和财务管理、提高财政资金的使用效益等方面，都有所创新和突破。

经过这些年的探索和发展，目前已基本形成了以财政综合预算为主线、财政部门具体组织预算执行情况审计为主导、部门预算执行情况审计为基础、其他财政收支审计为补充的预算执行审计工作体系。

二、财政审计的主要成效

从财政审计的发展历程可以看出，在 1994 年以前，由于财税、投资等领域的改革尚未到位，审计法律规范不甚完善，财政审计处于发展规范的过程中。在《审计法》实施后的 10 多年间，财政审计的作用和影响越来越大，取得了比较突出的成效。主要是：

（一）揭示了预算执行和管理中存在的问题，促进了预算管理的规范化

在 10 多年的预算执行审计中，审计机关揭示了预算执行和管理中存在的问题，并督促有关部门认真整改，促进了审计管理的规范化。如，审计署通过中央预算执行审计，揭示了财政部在具体组织中央预算执行中存在的预算不完整、预算不细化、对部门以前年度结余资金未纳入当年部门预算予以安排、采取退库和退税方式解决应由预算安排的支出等问题共75 个，涉及金额 4717 亿元；揭示了税务、海关等部门在组织预算收入中存在的有税不征、管理不严、违规减免缓税等问题 49 个，涉及金额 877亿元；揭示了中央部门预算执行中存在的挤占挪用、滞留、乱收费、擅自调整支出预算、隐瞒收入转移资金等问题 61 个，涉及金额 1891 亿元；揭示了中央重大投资管理方面存在的中央预算内投资年初预留比例过大、执行中大量调整、投资计划安排程序不规范、部分资金年内没有安排下达或投入使用等问题 40 个，涉及金额 588 亿元；揭示了中央专项资金管理方面存在的预算编报不完整、专项转移支付项目设置交叉重复、分配制度不够完善、资金投向较为分散、资金使用效益不高等问题 125 个，涉及金额1267 亿元。各部门认真对待审计揭露的问题，及时采取措施加以整改。

（二）提出加强预算管理、完善制度的建议，促进了预算管理水平的提高，推动了改革的深化

据统计，10 多年的中央预算执行和其他财政收支审计工作报告共提出审计建议 45 条；审计署上报的有关财政审计方面的审计要情、重要信息要目总计 561 篇。财政部和有关部门按照审计建议，制定和完善了多项措施。如针对财政资金分配不规范、随意性大的问题，审计署自 1996 年起连续提出规范和细化预算的建议，1999 年全国人大常委会和国务院决定，从 2000 年开始实行中央部门预算编制改革；针对审计反映的地方财政对中央转移支付预算编报不完整的问题，全国人大财经委要求财政部研

究改进，财政部先后制定了《地方政府向本级人大报告财政预、决算草案和预算执行情况的指导性意见》和《关于地方政府向人大报告财政预、决算草案和预算执行情况的补充通知》，明确了地方各级政府报本级人大预算草案的内容和格式，要求各地将上级政府对本地区（包括本级和下级）的税收返还和补助，全额列入本级预算，同时《国务院关于编制2007 年中央预算和地方预算的通知》（国发〔2006〕37 号）明确要求，"各省、自治区、直辖市人民政府要将中央对地方税收返还和补助收入全额列入省级总预算，同时在省级总预算中反映对下级的税收返还及补助，自觉接受同级人民代表大会及其常委会对本级预决算的监督"；针对审计揭示的中央部门以前年度结余资金未纳入当年部门预算予以安排的问题，财政部于 2005 年制定了《中央部门财政拨款结余资金管理暂行规定》。

（三）查处了一批大案要案，对遏制财政领域的违法犯罪和腐败问题发挥了积极作用

1998 年以来，财政审计把查处大案要案作为重点工作，共移送司法机关和纪检监察部门大案要案线索 70 多起，有 190 多名涉案人员受到了惩处，如财政部某司局挪用财政资金近亿元办公司的问题；贵州省交通厅原厅长卢万里侵占国家重点项目建设资金近亿元的问题；天津市蓟县国税局虚开增值税专用发票的问题等。这些案件的查处，在社会上产生了很大的影响。

（四）增强了预算的透明度，推进了民主政治建设

国家预算是人民群众根本利益的重要体现，预算的公开透明是民主政治建设的重要内容。这些年来，预算执行审计结果公告制度的稳步推进，促进增强了预算的透明度，使审计监督和社会监督、舆论监督有效结合起来，推动我国民主政治建设向前迈进了一大步。审计提出的问题和建议，许多被人大常委会采纳后，成为立法的内容之一，促进增强了部门依法行政和责任意识，如审计署提出的"逐步公开部门预算，建立预算执行的

日常监督机制"建议，被全国人大财经委采纳，目前财政部正在研究部门预算公开的操作方法。

（五）初步形成了预算执行审计的总体框架

经过 12 年的探索和积累，现在已初步形成了预算执行审计的总体框架，这就是以对财政部门的审计为源头、以部门预算执行审计为横向基础、以转移支付和专项资金以及重大投资项目审计为纵向延伸的总体框架。这个框架覆盖了财政预算资金的全部内容，有利于对财政审计形成整体概念、有利于对重点内容的深化审计，有利于审计信息的链接和交流、有利于审计资源的充分整合。同时，财政审计相关制度与规范体系也在逐步建立和完善。

三、财政审计的基本经验

（一）坚持把财政审计作为国家审计机关的基本职责和永恒主题是搞好财政审计的前提

《宪法》规定：国务院设立审计机关，对国务院各部门和地方各级政府的财政收支，对国家的财政金融机构和企业事业组织的财务收支，进行审计监督。在这段文字的表述中就把对政府财政收支的审计监督列为审计机关的首要职责。我国的审计机关从成立之日起，就把财政审计作为了其基本职责和永恒主题。而且，把财政审计作为审计机关的基本职责也符合历史发展和国际惯例。从审计史看，不论在东方还是西方，在审计制度漫长演进过程中，财政收支审计始终处于核心地位，审计的最终目的都表现为保障国家的财政利益。从国际惯例看，纵观世界各国的国家审计，无一例外，都是将国家财政审计作为国家审计的主要职责，有的国家还把国家审计明确定义为国家财政监督。总结我国这些年的审计工作发展实践，也可以得出这样的结论：只有把财政审计工作搞好了，审计机关的职责才能全面到位，审计监督的法律地位才能从根本上得到提高。

（二）坚持"全面审计、突出重点"的工作方针是搞好财政审计的基础

"全面审计、突出重点"既是做好审计工作的重要指导方针，也是行之有效的工作方法。25 年来，各级审计机关在本级政府的领导下，紧紧围绕党委和政府工作中心，在对本级预算执行情况进行全面审计的同时，普遍加大了对重点领域、重点部门、重点资金的审计，突出对重大违法违规问题的查处，财政审计的力度不断加强，审计监督的效果更加明显，促进了审计工作上层次、上水平。

（三）坚持"揭露问题、规范管理、促进改革"的总体工作思路是财政审计的根本

"揭露问题、规范管理、促进改革"是相互联系、有机统一的整体。揭露问题是手段，是财政审计的首要任务。规范管理是目的，审计监督就是要通过对问题的查处来规范管理。促进改革是根本，现在财政运行中暴露出来的许多问题，根源都和财政管理体制有着直接关系，公共财政制度的建立和完善也需要经过长期不懈的努力。实践表明，财政审计要在揭露问题、规范管理的基础上，将促进改革、完善财政管理体制、促进建立社会主义公共财政制度作为一项长期目标，坚持标本兼治，着力推进改革，从源头上解决财政管理和运行中出现的各种问题。

（四）坚持财政审计一体化是搞好财政审计的组织保证

财政审计一体化是通过建立财政审计的协调配合机制，坚持"以审计计划为载体统一审计目标、以审计方案为载体整合审计内容、以审计结果报告和审计工作报告为载体整合审计成果"，把财政、行政事业、社会保障、投资、农业环保等专业审计有机地结合起来的审计组织方式。在实

践中，对财政部门具体组织预算执行情况的审计，注意从源头上把握财政资金分配的总体情况和财政政策的制定情况，侧重于预算资金的政策性分析，对部门预算执行情况的审计侧重于资金的使用和管理情况，形成了目标统一、内容衔接、层次清晰的工作体系。这种组织方式符合预算整体性特点，在整合审计资源、提高审计效率、提升审计成果、保证审计质量、发挥各专业审计合力等方面具有非常积极的作用。

（五）坚持"两个报告"制度是提升财政审计成果的关键环节

"两个报告"制度是《审计法》确立的一项基本制度。随着审计工作的不断深化，"两个报告"也从最初的"报账式"地罗列问题，逐步过渡到了通过揭露问题查找原因，进而提出意见和建议的理性分析阶段。报告内容的这种变化，实际上反映了审计工作的深化过程，说明审计工作正在从单纯的查找问题转移到完善制度、促进改革的轨道上来，审计的层次和高度得到了提升。实践证明，"两个报告"制度的实行，使审计意见和建议得以更好地转变为各级人大常委会的决议和政府的决策，较好地发挥了财政审计的职能，规范和促进了预算管理，也使得审计机关的地位得到了根本性的提高。

四、积极探索，不断创新，进一步深化财政审计

党的十七大明确提出了推进财税改革的主要任务。财政审计作为国家财政管理体系中的监督环节，要围绕构建社会主义和谐社会和实现"五个统筹"开展工作，促进规范预算管理，提高财政资金使用效益，建立社会主义公共财政制度。中央预算执行审计以支出审计为主，实行中央本级支出审计与转移支付审计并重，做到"四个注重"，全面提升中央预算执行审计的层次和水平。即注重整体性，对预算执行的总体情况做出评

价；注重效益性，检查财政资金使用效益；注重宏观性，对一些涉及宏观政策的问题提出审计意见；注重建设性，对关系财政经济发展的重要问题提出建设性意见。

（一）加大审计调查力度，促进建立财力与事权相匹配的财政体制

1994 年开始实行的分税制改革，通过税收返还的形式保留了原包干体制遗留下来的财力分配不合理因素，并未有效解决地区间财力差距较大的状况；同时，当时只对财权的划分做出了规定，未涉及政府间支出责任的承担，致使地区间的财力与事权不相匹配。审计机关要通过专项审计调查的方式，掌握现行财政体制的运行及其演进情况，揭示财力与事权不匹配的状况及其影响，促进明晰划分中央与地方事权。同时，通过开展对省以下财政体制的调查，强化省级财政调节区域内财力差异的责任，增强基层政府提供公共服务能力，促进完善省以下财政体制，推动辖区内基本公共服务均等化。

（二）加强对支出结构和方向的审计和审计调查，促进完善公共财政体系

在社会主义市场经济发展的初级阶段，政府与市场的关系还不能理顺，政府职能仍在转变之中，财政"缺位"与"越位"的现象依然存在。为此，审计机关要从我国经济社会发展实际出发，按照完善公共财政体系和健全社会主义市场经济体制的要求，牢牢把握以人为本的观念，加大对"三农"、教育、科技、就业、社会保障、医疗卫生、住房保障、公益文化、节能减排等方面投入的审计监督，促进财政部门调整和优化财政支出结构，强化政府的社会管理和公共服务职能。

（三）促进稳健财政政策的落实，服务于宏观调控

从 2005 年起，我国实行稳健财政政策，取代了已实施 7 年的积极财

政政策，坚持"控制赤字、调整结构、推进改革、增收节支"的方针，通过有保有压、有抑有扬的结构调整，着重提高经济的运行质量，促进了经济又好又快发展。财政审计要在保障国民经济和社会的健康发展，促进加强和改善宏观调控服务方面有所作为，需要在把握宏观经济的走向及财税政策调整的基础上，针对宏观政策实施中的薄弱环节，确定审计的重点和内容。在工业化、城市化快速推进和经济体制转轨、社会转型的过程中，人们对公共产品的需求增长迅速，但受经济发展水平限制和思路认识不足的影响，公共产品不仅供给量不足，供给结构也不合理，不适应基本公共服务均等化的新要求。这是政府的公共政策和财政投入要更多关注的领域，也是财政审计的着力点。通过审计揭示财政政策的制定、执行中偏离中央宏观调控政策的现象，及时从体制和制度层面提出改进建议。

（四）大力推进财政绩效审计，推进建立健全政府绩效管理制度

绩效审计是现代审计发展的趋势，也是我国审计工作全面落实科学发展观、推动国民经济又好又快发展的途径。公共财政的基本思想是"取之于民，用之于民"，财政支出是否真的用于提供公共产品或公共服务，财政资金的使用效益如何，不仅是社会公众关注的问题，也是财政审计（或调查）的重要内容。随着政府职能的转变和市场在资源配置中基础性作用的增强，我国正处于由建设型财政向公共财政过渡的时期，在财政绩效审计的思路和方法上，要充分考虑我国的实际情况，要在总结已有做法和经验的基础上，关注部门或单位的行政运行成本和行政效能，初步形成财政绩效审计体系，推进建立健全政府绩效管理制度。

（五）注重发挥财政审计的建设性作用，促进规范预算管理、完善制度机制

预算规定着政府的活动范围和方向，是国家财政收支的集中反映。当

前我国政府预算管理仍然存在着预算不完整、编制不科学、执行不规范、标准不健全、绩效较差等问题。审计机关要通过对财政财务收支的真实、合法和效益性审计，促进不断完善部门预算、国库集中收付、政府采购、"收支两条线"等预算制度，推动建立编制科学、执行严格、监督有力、绩效考评各环节有机衔接的预算管理机制。

（六）推动政府预算公开，促进增强预算的透明度

预算管理是受托管理，作为委托方的人民群众有对预算管理情况的知情权，这是世界各国普遍认同的公理，预算公开也是世界各国的通行做法。国际货币基金组织在《财政透明度手册》中指出，财政透明度是优良政府管理的一个关键方面，只有遵循更有力和更可信的财政政策，才能赢得有知情权的公众的支持。《联合国反腐败公约》明确规定，各缔约国均应促进公共财政管理的透明度和问责制。国务院在《政府信息公开条例》中也把预算公开列入了议事日程。审计机关要从促进部门预算公开做起，逐步促进政府预算公开。这个目标实现了，对于建立公共财政和阳光财政，建立预算编制和执行制衡机制都有十分重大的意义，也是财政审计进一步深化的体现。

实现财政审计的长期发展目标，还要结合财税改革和审计工作发展的实际情况，不断探索和完善财政审计一体化措施，全面整合审计资源。自2003 年起探索实施的财政审计一体化，促进了财政、企业、金融、经济责任审计"3 + 1"审计格局的形成，加强了不同行业审计的联合，形成了目标统一、经验共享、任务共担、成果提升的工作目标，提高了审计效率和效果。但在实际中，还存在对财政部门的审计、部门预算执行审计和对下级政府的审计之间的联动机制还没有真正形成，在工作目标、工作内容和时间安排上还不够紧密的问题。因此，需要在继承经验做法的基础上，继续探索和完善财政审计一体化的措施，实现审计力量、审计内容和审计成果的有机整合。在审计署这一层面，充分发挥派出局和特派办两支队伍的协同作用，在财政审计司与相关业务司局之间形成联动；在地方审

计机关这一层面，财政审计部门要与参加预算执行审计的各部门形成联动，减少重复审计现象。同时，上级审计机关要加强对下级审计机关的业务指导，促进信息共享。

同时，还要不断加强财政审计队伍建设。首先，要有良好的精神状态，勇于克服困难，善于总结学习，弘扬求真务实和艰苦奋斗的工作作风。其次，要培养高端人才，加强对青年队伍的培养和锻炼，加大宏观经济知识、公共财政理论、财政改革理论与实践、现代审计知识和计算机技术应用等方面的培训力度，尽快建设一支掌握现代经济理论、审计方法和审计技术的高素质的审计队伍。最后，要增强审计人员的实际工作能力，包括查账的能力、调研的能力、综合分析的能力、写作能力、把握政策的能力等，为做好新形势下的财政审计工作提供智力支持和组织保障。

（审计署财政审计司）

充分发挥派出审计局作用
加强中央部门预算执行审计

在社会主义市场经济条件下，通过预算进行财政收支安排是国家进行宏观调控的重要手段。政府部门依法执行预算，对保证经济和社会健康发展运行具有重要意义。中央部门预算执行审计是国家财政审计工作体系的重要组成部分，是审计署依法对中央各部门预算执行的真实、合法和效益情况进行的审计，有利于促使中央部门带头依法行政，规范部门预算管理，促进财政体制改革和提高预算资金使用效益。审计署设立的 25 个中央部门派出审计局是实施部门预算执行审计工作的主体力量。充分发挥这些派出审计局的作用，加强中央部门预算执行审计具有基础性和关键性作用。

一、中央部门预算执行审计的发展历程

随着我国公共财政体制改革的推进和审计事业的发展，以派出审计局为主体审计力量的中央部门预算执行审计工作从积极开创、努力探索，到夯实基础、实现定位，再到逐步规范、深化发展，取得了积极成效。

（一）1995—1998 年为积极开创、努力探索阶段

以 1994 年《预算法》和 1995 年《审计法》的实施，以及国务院《中央预算执行情况审计监督暂行办法》出台为标志，我国确立了审计机关对本级预算执行情况进行审计的监督制度，对中央各部门的预算执行审计从此拉开了序幕。这一阶段的部门预算执行审计，主要由审计署财政审计司归口协调，各专业司局按分管范围分别组织派驻中央部门审计机构（驻部门审计局和驻部门特派办）实施。由于派驻部门审计机构带有部门内部审计性质，各驻部门审计机构的工作协同性不高，这一时期的中央部门预算执行审计工作处于边摸索边审计状态。通过预算执行审计，主要揭示了部门未及时拨付财政专项资金、挪用预算资金用于补充机关行政经费、违反规定将财政性资金转作有息存款等预算和财务管理方面的问题，提出了加强预算外资金管理、严格规范中央预算单位银行开户等建议，对促进部门规范预算执行发挥了一定作用。

（二）1998—2003 年为夯实基础、实现定位阶段

在 1998 年的机构改革中，审计署对审计资源进行了重新配置和调整，将原来实行审计署和驻在部门双重领导的派驻审计机构整合为审计署直接领导的 25 个派出审计局，同时赋予其在一定管辖范围内全面开展中央部门预算执行审计的职责。1999 年，审计署行政事业审计司开始履行组织、协调派出审计局预算执行审计和其他业务工作的职责，逐步统一了派出审计局的工作步调，形成了审计合力，中央部门预算执行审计工作也进入了一个新的发展阶段。

在组建初期，派出审计局以"摸清家底"为目标，加强了对一级预算单位的监督，着力摸清所管辖部门的总体情况。1998 年开始，每年纳入预算执行审计计划的中央部门均达到 50 个以上，到 2003 年已基本摸清了当时纳入派出局管辖范围的 57 个中央部门的家底，也培养和锻炼了派出审计局干部队伍。在摸清家底的同时，派出审计局加大了对财经领域中

严重违法违规问题和经济犯罪案件线索的查处力度，如查出水利部弄虚作假乱拉资金建楼堂馆所、私设"小金库"以及大量挤占挪用专项资金等严重违法违纪问题，国务院做出了没收其非法建造的水利调度综合楼、收回被挤占挪用的水利资金的决定，并追究了有关领导和直接责任人员的责任。

（三）2003 年至今为逐步规范、深化发展阶段

2003 年以来，随着部门预算制度的全面推行和预算管理体制改革的不断深入，中央部门预算执行审计进入了一个以逐步规范、深化发展为核心特征的新阶段。

一是在继续摸清家底的基础上，进一步提出"把握总体"的审计理念。《审计署 2003 至 2007 年审计工作发展规划》中，明确提出了"经过五年努力，使一级单位预算管理逐步走向规范"的目标。2004 年，派出审计局的审计管辖范围从 57 个中央部门扩大到 110 个中央部门。为此，审计署要求派出审计局在继续"摸清家底"的基础上，努力做到"把握总体"，就是要掌握部门资金运行规律、管理重点、最容易出问题的环节和当前存在的主要问题。据此，各派出审计局对分管的审计对象逐一进行调查和研究，普遍建立起中央部门审计数据库，在审计工作中注重摸清部门资金规模和重点，初步了解了部门所属二级预算单位的数量和资金量，基本把握了部门与二级单位之间的资金分配和流转状况，逐渐明确了资金管理薄弱环节和容易发生的问题，着手研究并尝试开展了对各部门预算执行情况的总体评价，审计内容不断深化。

二是坚持以揭露问题为重点，强化对中央部门所属二级单位的审计监督。在促进中央部门本级预算管理逐步走向规范的基础上，派出审计局坚持以揭露问题为重点，加大了对中央部门所属二级单位的监督力度，并提出了使二、三级单位重大违法违规问题明显下降的目标。2004—2006 年，派出审计局共完成 142 个中央部门预算执行审计项目，其中，仅 2005、2006 两个年度延伸审计的中央部门所属二级单位就达 708 个。结合 2006 年度预

算执行审计，审计署还组织派出审计局开展了对 31 个中央部门所属 5074 个单位的审计调查，为进一步加强对二、三级单位的审计监督积累了经验。

三是不断深化审计内容，逐步提升审计层次。在部门预算执行审计中，紧紧围绕国家重大宏观调控政策和涉及人民群众切身利益的问题，加强了对重点专项资金的审计和审计调查，着力检查资金管理和政策执行情况，关注资金使用效益和政策执行效果；注重从体制、机制和法制等方面深入分析产生问题的深层次原因，从深化改革的高度提出审计建议，促进部门预算分配制度的进一步完善，推动财政管理体制和相关领域改革的进一步深化，发挥了审计监督在宏观政策层面的建设性作用。

四是不断创新和完善制度，稳步提高审计规范化水平。2004 年，中央部门预算执行审计结果开始向社会公告；2005 年，开始试点实施对中央部门的计算机联网审计；2006 年，开始探索对中央部门预算执行情况的效益审计调查；采取部门自查等多种方式推动部门进行整改。同时，进一步建立和完善了有关审计程序、审计文书、审计质量控制办法等规范，逐步摸索出一条中国特色的中央部门预算执行审计之路。

二、中央部门预算执行审计工作的主要成效与经验

派出审计局不断发展壮大的 10 年，是中央部门预算执行审计工作逐步发展规范的 10 年。10 年来，中央部门预算执行审计在维护财经秩序，促进财政体制改革，加强部门预算管理和提高财政资金使用效益等方面发挥了应有的作用，积累了丰富经验。归纳起来，主要有：

（一）坚持"十六字"原则，形成了符合中央部门预算执行审计特点的工作模式

多年来，审计署根据我国预算管理体制改革不断深化的形势，及时明

确和调整中央部门预算执行审计工作的指导思想和工作原则，促进了预算执行审计工作的规范、深化和发展。派出审计局成立之初，审计署党组针对派出审计局的特点，提出了"守土有责、把握总体、突出重点"的工作要求。随着中央部门预算执行审计工作的深入发展，2003 年审计署党组对派出审计局提出了"摸清家底、揭露问题、规范管理、促进改革、制约权力、提高效益"的总体工作思路。2005 年，审计署党组提出了"守土有责、把握总体、突出重点、整改提高""十六字"原则，进一步明确了新时期派出审计局工作的基本要求、工作思路、工作重点和根本目标。几年来，中央部门预算执行审计坚持"十六字"原则，在继续查处重大违法违规问题的同时，注重整体性、效益性、宏观性、建设性，探索了一条符合中央部门审计工作特点的预算执行审计工作模式。

（二）坚持"五统一"审计组织体系，形成了中央部门预算执行审计"一盘棋"的工作格局

2005 年，《审计署关于进一步深化财政审计工作的意见》提出，预算执行审计实行统一计划、统一方案、统一实施、统一处理、统一汇总反映成果的"五统一"原则，实现全署"一盘棋"的工作格局。一是以计划为载体统一审计目标，整合审计力量。每年审计署办公厅统一做出计划安排，审计署行政事业审计司按照计划安排和财政审计总体工作要求研究确定审计目标，注意做好财政部、发展改革委具体组织中央本级预算执行情况的审计和中央部门预算执行情况审计之间的横向结合，做好派出审计局与特派办对部门本级和京外二、三级所属单位审计之间的纵向结合。二是以方案为载体，整合审计内容。财政审计协调领导小组办公室提出年度财政审计总体方案后，审计署行政事业审计司负责提出中央部门预算执行审计工作方案，明确审计重点；各派出审计局和有关业务司根据审计工作方案，制定审计实施方案。三是以培训交流机制为载体，整合审计实施。通过组织方案培训，实行派出审计局交换日制度，编发预算执行审计工作动态、召开局长例会和中期交流会，加强信息交流，集中研究共性问题，分

析、把握工作重点和方向，使对财政部、发展改革委、中央部门及京外所属单位和中央补助地方支出的审计，在审计内容上形成一个横向、纵向相互关联的统一整体。四是以审计文书复核制度为载体，整合审计处理。审计署法制司每年对派出审计局部门预算执行审计报告、审计决定等审计文书进行逐项复核，审计署办公厅对拟公告的审计报告进行复核把关，审计署行政事业审计司对派出审计局查出的问题进行统一归类，发布统一处理原则，保持了问题认定和处理上的相对一致性。五是以汇总报告和审计信息为载体，整合审计成果。审计署行政事业审计司对中央部门预算执行审计结果进行统一汇总，综合反映审计发现的普遍性和突出性问题，加大分析力度，提出汇总审计报告，纳入审计署年度审计结果报告和工作报告；将审计过程中发现的重要情况，专门编发审计信息及时上报中央、国务院或转发有关部门，提升审计成果水平。

（三）坚持不断创新，形成深化中央部门预算执行审计的工作方式

一是实行分类管理和分类审计，提高审计监督效用。从 2005 年开始，审计署根据派出审计局管辖的 110 个中央部门的财政资金量、所属二级单位数量、资金分配使用权力、财政财务管理特点及近几年审计情况，进行分类管理和分类审计。这一做法，保证了各年预算执行审计监督覆盖面的衔接性、计划性和科学性，有利于建立预算执行审计监督的经常性机制，形成合力，从工作组织上体现"把握总体"和"突出重点"，取得了良好效果。

二是加强与中央部门的沟通与协调，促进整改提高。几年来，派出审计局通过签署共建协议、发送领导信函和信息转送函等形式，建立了与中央部门的审计情况沟通交流机制。审计署连续四年召开了中央部门财务负责人审计研讨会，增进相互理解和支持。在审计前，请部门组织自查，自查并纠正的问题不再列入审计报告，为部门提供了主动查改问题的契机，受到各中央部门的欢迎和支持。在审计过程中，对审计发现的违规情节较

轻和某些管理不规范的问题，以《审计建议函》向有关部门提出纠正建议，改变了过去审计项目结束后"算总账"的做法，促进了审计机关与被审计部门之间经常性沟通机制的建立。

三是增加专项审计和审计调查比重，推动审计工作持续走向深入。几年来，派出审计局以促进加强宏观管理、完善法规制度为目标，先后组织开展了 66 个部门本级预算外资金收支情况、40 个部门结存资金和公务用车费用开支情况、10 家医院财务收支和药品购销情况以及科技经费管理使用情况、18 所高校财务收支情况以及 31 个部门所属单位管理情况等专项审计和审计调查，为宏观决策和管理提供了参考依据，推动了财政体制改革和相关领域的改革，也推动中央部门审计工作持续走向深入。

四是积极开展计算机审计，提高审计信息化水平。派出审计局积极开展联网审计试点，初步建立了联网审计工作程序，开发出一批联网审计的技术方法，探索了联网审计质量控制和项目管理方式。同时，强力推行《现场审计实施系统》（AO 系统），有些派出审计局在所有的审计项目中都运用了 AO 系统，审计人员的计算机审计水平也有了明显提高。截至 2007 年 11 月，派出审计局通过计算机审计中级考试的人员达 96 人，占总人数的 1/3 以上，有力地促进了计算机审计手段在派出审计局的广泛应用，提高了审计实战技能。

五是强化审计结果运用，发挥审计监督作用。从 2003 年起，中央部门预算执行审计工作的成果，纳入了审计结果报告和审计工作报告。2004 年，审计署首次将国家林业局等 9 个中央部门 2003 年度预算执行审计结果向社会进行了公告，受到社会的广泛关注。2004、2005、2006 年度预算执行审计结果进行公告的部门数分别达到 32、42 和 49 个，公告比例逐年大幅上升。在公告过程中，审计署注重加强与有关部门的沟通协调，在揭露问题的同时，反映整改情况，促进了信息公开，增强了中央部门的依法行政意识。同时，派出审计局注重在不断提高审计报告质量的基础上，加强审计信息工作，反映审计成果，提出政策建议。2004—2006 年，25 个派出审计局编发的审计信息共有 267 期（次）被审计署采用，其中 183

期（次）被上报中央和国务院，58期（次）被转送有关中央部门。报送中央、国务院的信息多数得到领导批示，转送部门的信息也受到有关部门高度重视，并积极采取措施研究解决审计信息反映的问题，使审计成果在维护国家财经秩序、促进廉政建设、提高资金使用效益、维护群众利益、保障国民经济又好又快发展等方面发挥了应有作用。

（四）坚持探索中央部门预算执行审计与绩效审计结合的路子，形成了强化中央部门预算执行审计的工作机制

从2004年度的预算执行审计开始，历年的审计工作方案都将提高财政资金使用效益作为预算执行审计工作的重要目标，各派出审计局投入绩效审计的力量也逐年加大，在揭露违法违规问题的基础上，关注国家财政资金的节约和使用效果，对财政资金闲置以及因管理不善、决策失误造成的严重损失浪费、国有资产流失等问题进行揭露和反映，2004—2006年度预算执行审计分别查出中央部门各类损失浪费问题金额33亿元、19亿元和27亿元，有力促进了部门加强财政资金管理、提高资金使用效益。另一方面，结合部门预算执行审计工作的情况，审计署还统一组织派出审计局开展了专项绩效审计或审计调查，2006年首次组织派出审计局对中央部门基本建设、对外投资、设备采购等方面的25个项目开展专项绩效审计调查，发现资产闲置、资金滞留和损失浪费等问题金额20亿元，提出改进意见和建议110条。2007年组织对50个中央部门信息化建设有关总体情况进行普遍调查，并对其中13个重点部门的重要信息系统软硬件采购、使用、管理及信息化安全情况开展重点调查，揭示出我国信息化安全等方面存在的问题。这些探索，初步积累了对中央部门开展绩效审计的一些有效程序、规范和技术方法，把中央部门预算执行审计推上了一个新台阶。

（五）坚持加强队伍建设，形成了推动中央部门预算执行审计发展的根本保障

2004年以来，在系统总结中央部门预算执行审计经验的基础上，审

计署加强了对部门预算执行审计实务与理论的研究，连续几年结合审计工作实际，每年围绕几个重点问题开展专项研究。同时组织编写了《部门预算执行审计指南》、《预算执行审计案例》和《预算执行审计文件汇编》等，组织开展了《政府部门预算资金绩效审计》课题研究，规范了审计建议函、审计日记等审计文书。同时，加强了业务培训，每年举办中央部门预算执行审计工作方案培训班，并先后组织开展了部门预算编制、政府预算管理、政府收支分类改革等各类培训。此外，还研究了《派出审计局审计项目目标责任管理办法》、《派出审计局岗位责任制》及其考核办法，并从 2004 年开始，每年对派出审计局的审计业务工作进行考核，将考核结果作为检验派出审计局工作情况的重要参考依据，建立健全了约束激励机制。

三、深化中央部门预算执行审计工作的思考

今后一个时期，中央部门预算执行审计工作，要继续坚持"十六字"原则，树立科学审计理念，注意总结和把握中央部门预算执行审计工作的本质和规律，创新工作方式和方法，做到"四个立足"。

（一）立足于推进预算管理的规范性、严肃性

中央部门预算是整个国家财政预算的重要组成部分，各部门对预算管理的规范性和严肃性程度影响着国家各项政策措施的落实和政府工作任务的完成。在我国社会主义市场经济体制尚未完全建立，各种腐败问题、重大违法违规问题和经济犯罪还没有从根本上得到遏制的情况下，中央部门预算执行审计工作必须重点揭露虚报冒领财政资金、挤占挪用和转移专项资金、私存私放财政资金或其他公款等严重违法违规问题，查处预算执行过程中的经济犯罪案件线索，推进预算管理的规范性，维护预算执行的严

肃性。

（二）立足于推进部门预算改革、推动预算的科学管理和公开透明

党的十七大报告提出，要围绕推进基本公共服务均等化和主体功能区建设，完善公共财政体系。深化预算制度改革，强化预算管理和监督，健全中央和地方财力与事权相匹配的体制。提高一般性转移支付规模和比例，加大公共服务领域投入。中央部门预算执行审计必须围绕党的十七大的重大战略部署，围绕我国财政体制改革的目标和任务，不断深化工作内容，在每年的预算执行审计工作方案中明确工作重点，围绕公共服务等领域预算资金的投入和管理使用情况，分析影响公共财政体系建设的体制、机制性障碍，寻求问题的根本解决途径，推进公共财政改革；关注部门预算编制、管理、执行全过程，跟踪综合预算改革进展情况，从体制、机制上分析研究存在的问题，合理提出审计建议，促进部门预算的完整性，推动部门预算改革；关注预算编制定额标准体系的建立和完善情况，研究部门滞留、闲置财政资金等问题及原因，反映基本支出定额标准的科学性和项目滚动管理的完善性，促进部门预算的公开透明。

（三）立足于促进部门提高预算绩效水平、提高政府效能

衡量政府效能很重要的一条标准，就是政府对财政资金的使用情况。中央部门预算执行审计工作必须立足于提高政府效能，积极探索与绩效审计相结合之路。在每年的部门预算执行审计中，要继续关注财政资金效益和政府行政效能，促使政府部门依法行使职权，提高财政资金使用的经济性、效率性和效果性，提高政府管理的效率与效能。同时要组织开展专项绩效审计，突出对国家重大政策、财政改革措施落实情况的审计监督，突出对关系经济社会发展、关系民生的重点资金预算执行的经济性、效率性、效果性的审计监督，促进提高政府履行公共责任的合理性、有效性和科学性。

（四）立足于不断创新审计方式、提高中央部门预算执行审计水平

在深化对中央一级预算单位审计的基础上，坚持推进上下联动，加强对二、三级预算单位和补助地方支出的审计监控，推进派出审计局对部门本级及所属京内二、三级预算单位审计与特派办对部门所属京外二、三级预算单位审计的上下联动，制定好上下联动三年滚动项目计划，扩大审计覆盖面，逐步实现对预算资金拨付、使用、管理全过程进行有计划的审计监督。以《部门预算执行审计指南》的推广应用为契机，把先进的审计方法与先进的审计技术有机结合起来，推动审计信息化建设，强化审计技术创新，提高审计工作效率和水平。以作风建设和能力建设为核心，继续加强派出审计局人员培训，继续推进审计署机关、特派办和派出审计局的互动交流，继续注重加强审计实务指导，锻炼整体工作能力，提高审计实战水平，培养一大批查核问题的能手、分析研究的高手和计算机应用的强手。

（审计署行政事业审计司）

方兴未艾的农业与
资源环保审计

农业是国民经济的基础，"三农"问题是关系党和人民事业发展的全局性和根本性问题，资源是国民经济可持续发展的重要物质依据，环境保护是我国的一项基本国策。因此，做好农业与资源环保审计，是审计工作服务广大农民群众、维护可持续发展的重要举措。新中国审计机关成立以来，农业与资源环保审计工作稳步发展，积累了丰富的经验，取得了较为显著的成效。

一、农业与资源环保审计发展的简单脉络

农业审计一直是我国政府审计工作的重要组成部分。从最初的农林文教审计、农业审计到现在的农业与资源环保审计，审计机关的农业审计在不断的探索和发展中。审计署先后发布了《审计署关于加强农业资金审计工作意见的通知》、《审计署关于农业资金审计的规定》和《审计机关对农业专项资金审计实施办法》，它们对农业资金审计工作的对象、内容等做了明确规定，促进了农业专项资金审计工作向法制化、规范化方面发展。

1998 年，审计署设立了农业与资源环保审计司，把资源环保审计作为一项重要审计内容。在此之前，虽没有明确提出资源与环境审计概念，但在一些审计项目中涉及了对资源环境保护资金的审计内容。如审计署与财政部、国家环保局于 1985 年联合组织开展了对太原、兰州、长沙、桂林四城市环境保护补助资金的审计；审计署 1993 年开展了对哈尔滨等 13 个城市的排污费审计；1996 年开展了对国有土地使用权出让金的审计。这些审计项目，以资金的征收管理使用情况为重点，同时也涉及了资源管理与环境保护问题，为进一步探索开展资源环境审计打下了基础。

按照 1998 年国务院机构改革方案的规定，审计署在农业与资源环保审计领域的主要职责是：负责审计国务院农业与资源环保主管部门及其在京下属单位的财务收支；负责审计由国务院农业与资源环保主管部门和受国务院委托由社会团体管理的农林水利、资源环保资金的筹集、管理、使用情况；负责审计省级人民政府管理的农林水利、资源环保资金的筹集、管理、使用情况；开展专项审计和审计调查；指导地方农业与资源环保审计业务。

近年来，各级审计机关更加重视农业与资源环保审计工作。2003 年 7 月，审计署成立了环境审计协调领导小组。这意味着：环境审计成为一项全署性工作，定位更加明确；与环境审计相关的各专业审计在"整体统一、分工配合、优势互补、运行高效"的协调机制下，合理调配审计力量，统筹安排审计工作，逐步加大了对环境审计的深度和广度。2006 年 7 月，审计署召开了"审计工作为社会主义新农村建设服务"为主题的全国审计工作座谈会，各地审计机关涉农审计被摆在审计工作全局中更加重要的位置。四川、湖南和福建三省还分别以省政府的名义印发了关于涉农资金审计工作的文件，提出了改进涉农资金管理，加大涉农资金审计力度，建立涉农资金审计协调工作机制的意见与措施。

二、农业与资源环保审计取得了较好的成效

近年来，农业与资源环保审计弘扬"对事业忠实、工作扎实、作风朴实"的"三实"精神，着眼于不断提升农业审计服务"三农"、服务资源与环境保护的工作质量与能力，以促进国家农业与资源环境保护投入政策落实为目标，组织开展了国有土地、新型农村合作医疗、重点流域水污染防治和天然林资源保护工程资金等多项审计和专项审计调查，查处了一批违法违纪案件，严肃了财经法纪，促进了国家涉农、资源环保政策的落实，推动了规范管理。在取得积极成果的同时，近年来的农业与资源环保审计还形成和坚持了一套行之有效的经验与做法。

（一）坚持围绕"三农"与资源环保工作的中心和审计工作的全局，与时俱进开展农业与资源环保审计

农业与资源环保审计既是审计工作全局的有机组成部分，也是审计机关服务"三农"、服务资源与环境保护工作的最直接的手段和着力点。近年来，审计机关紧紧围绕党中央、国务院关于"三农"与资源环保工作的政策取向，抓住重大项目和重点资金，开展专项审计与调查，指导思想更加明确，工作目标更有针对性，取得的工作成效更大。在农业审计发展进程中的不同时期，无论是围绕促进粮食增产目标将农业综合开发资金作为审计重点，还是围绕八七扶贫攻坚计划和新时期扶贫工作目标将扶贫资金审计作为审计重点；无论是在农业农村工作进入新阶段后，围绕财政支农的重点转向加强农村基础设施建设、加快农村社会事业发展的目标，将新型农村合作医疗资金等作为审计重点，还是针对支农资金投向分散、效益不高，促进财政支农资金整合，提高资金使用效益，将财政支农总体投入作为审计重点，农业审计指导思想与工作目标的确定，无一不是从当时

党和国家"三农"工作的工作中心与政策取向出发的。

（二）坚持抓住农业与资源环保投入管理分配的特点，以真实性、合法性审计为基础，积极探索效益审计

针对农业与资源环保资金投入"点多、面广、线长"，使用管理的主要工作在基层，管理使用中的违纪违规问题还比较多，且短期之内难以完全纠正的情况，在组织开展各项农业审计时，努力确保一定的审计面，以避免查出和反映的问题缺乏代表性和说服力；同时又突出检查资金管理的关键环节和最终使用单位，查深查透，以避免过于宽泛和面面俱到。另一方面，针对农业与资源环保投入政策性强，资金使用效益事关党和国家惠农政策、资源环保政策能否真正落实，真正给广大群众带来实实在在利益这一特点，坚持开展对农业与资源环保资金真实性、合法性审计的基础上，以惠农政策、资源环保政策执行情况为切入点，从促进政策执行效果入手，发现和分析问题，提出完善政策的意见与建议，积极开展效益审计。如根据退耕还林资金、天然林资源保护工程资金审计提出的意见和建议，国家有关部门进一步完善了有关政策制度。

（三）坚持深入基层、面向群众，掌握"三农"问题的第一手情况

"三农"政策、资源与环境保护政策的落实最终都要从基层、从具体项目中体现出来，农业与资源环保资金的受益群体是最广大的人民群众。在开展农业与资源环保审计时，审计机关注意深入基层、面向群众，了解掌握"三农"问题、资源与环境保护新的进展与活动情况，直接听取农民群众的声音。制定审计工作方案时，将事关广大"农民群众最关心的实际问题"、"农民最直接、最现实的利益问题"作为审计重点，提出审计或调查乡镇、村和农户的具体的数量（或比例）与调查事项要求；组织和实施审计时，注意在掌握总体情况的基础上，由村到户、到具体项目，深入实际，了解掌握真实情况，揭露、查处和反映影响农民增收、侵

害农民利益的问题；处理审计发现的问题时，既坚持原则按制度办事，又不死抠制度，对那些制度不完善、不符合基层实际情况的问题，实事求是地从有利于更好地解决问题的角度提出意见；汇总分析和报告审计结果时，更注重从基层单位和农民群众的视角反映情况，提出能完善政策法规、具有较强操作性的建议。

（四）坚持与时俱进，在实践中探索

农业与资源环保审计内容十分宽泛，审计对象众多，特别是资源环境审计，开展的时间不长。审计中每年都会遇到大量以前从未涉猎过的新问题、新情况、新对象，审计人员必须坚持与时俱进，不断补充生态环境、污染治理、资源保护等方面的业务知识，通过适当聘请外部专家传授和帮带，增加相关知识和审计能力。如在2005年开展的对青藏铁路环境保护资金使用情况的专项审计调查中，通过聘请外部专家，尝试依据环境影响评价报告确定的标准，对青藏铁路建设中有关野生动物保护、植被和自然景观保护、冻土保护、湿地保护、污染防治等内容，进行了系统的审计评价，探索了开展大型建设项目环境审计的路子。

（五）坚持整合力量，共同搞好农业与资源环保审计

农业与资源环保审计的工作对象主要在地方和基层，搞好农业与资源环保审计要靠审计署和地方审计机关的协调配合、共同努力。近年来，从履行本职工作职责出发，审计署加强了对农业与资源环保审计工作的指导，在做好具体审计项目的审前培训、审计期间工作指导、审计报告阶段成果汇总和经验交流的基础上，加强了对基层审计机关的日常工作指导，突出做好两项工作：一是坚持农业与资源环保审计工作情况定期（一般是每季度）通报制度，强化日常工作交流。一方面，定期将一段时间内的工作思路与要求、工作情况与重点、各地农业与资源环保审计的经验等向各省（自治区、直辖市）审计机关和各特派员办事处的对口处通报；另一方面，注意总结推广各地先进的涉农审计经验，组织学习交

流。每年，不定期举办农业与资源环保审计培训班或研讨会，总结工作，交流经验，促进了相互学习和借鉴。二是加强与有关农业与资源环保主管部门建立审计协作制度，为基层审计机关创造更好的农业审计外部环境。如为做好扶贫资金审计工作，2004 年 10 月，审计署会同国务院扶贫开发领导小组办公室等五部门联合下发了《关于进一步做好扶贫资金审计、监督工作的意见》，提出了"坚持全面审计，加大审计力度；推进审计工作发展，提高审计效果；搞好整改，促进扶贫开发工作深入开展"等具体意见和要求，有力地促进了各地扶贫资金审计工作的开展。

三、农业与资源环保审计任重道远

近年来，党中央、国务院更加重视农业与农村工作、资源利用和环境保护工作；社会各界对农业与资源环保审计的期望和要求越来越高，审计机关内部管理水平的不断改进与提升也对农业与资源环保审计提出了新的更高的要求。尤其是党的十七大，首次将建设生态文明写入了大会的报告，提出建设生态文明，基本形成节约能源资源和保护生态环境的产业结构、增长方式、消费方式，同时对建设社会主义新农村做出了全面系统的部署。这些都对加强农业与资源环保资金审计提出了更高的要求。而且，随着各级政府用于"三农"方面的投入领域越来越宽、规模越来越大，农业与资源环保资金"点多、面广、线长、政策性强"的特点更加明显，审计需求与审计资源不足的矛盾更加突出。

今后的农业与资源环保审计，一是要立足于社会主义新农村建设的实际情况，以促进"加快农村经济发展、推进现代农业建设、促进农民持续增收"为目标，在把握农业和农村投入总体情况的基础上，紧紧抓住投入、生产和流通三个关键环节，以县级政府及其涉农部门为主要审计对象，以专项审计调查为主要审计方式，以对国家重大支农政策执行情况和关系农民切身利益的财政专项资金的效益审计为重点，揭露国家支农、惠农政策不落实，以及侵害农民利益的突出问题，规范资金管理分配行为。二是要以促进资源合理利用和落实环境保护的基本国策为出发点，依据国家重要资源开发利用计划和环境保护工作计划，逐步探索和推进对国家重点资源的宏观调控政策、环境保护政策执行情况，重大资源和环境保护建设项目以及重点资源环保专项资金征集管理使用情况的审计与专项审计调查，切实发挥审计在资源管理和环境保护工作中的有效作用。

（一）要兼顾继承与发展，在落实科学发展观、促进社会主义新农村建设中创新农业与资源环保审计

一方面，要系统总结近年来各级审计机关开展农业与资源环保审计的先进经验与好的做法，在今后的新农村建设审计和资源环保审计中进一步推广和发展。如：以促进落实党和国家相关政策为目标和导向，开展审计与专项审计调查；针对农业与资源环保资金分配、管理和使用的特点，以真实性、合法性审计为基础，以相关政策执行情况为切入点，积极探索效益审计；充分发挥地方审计机关特别是县级审计机关在农业审计中的作用，坚持深入基层、深入群众，掌握"三农"问题的第一手情况；加强服务指导与信息交流，及时介绍和推广好的做法和经验，以点带面，引导农业与资源环保审计深入发展等。另一方面，要认真研究科学发展观落实过程中和社会主义新农村建设工作中出现的新情况、新问题，创新农业与资源环保审计工作的思路和方法。

（二）突出重点、统筹规划，做好审计服务于科学发展观落实和新农村建设的基础工作

目前，各级政府安排的农业与资源环保专项资金种类十分繁多，各项农业与资源环保专项资金的投入规模、覆盖面和周期各不相同。为提

高审计效率，更大发挥审计作用，应该把投入规模大、覆盖面广、周期长的专项资金，作为审计重点，搞好对重点农业与资源环保专项资金审计工作的统筹规划，科学制定专项资金审计目标、审计重点、组织方式和质量要求。对重点农业与资源环保资金的审计要有长远安排，将规划与年度审计项目计划衔接起来，抓好规划的落实，促进审计目标的实现。

此外，在农业与资源环保审计工作中，要更加全面、正确地贯彻"依法审计，实事求是"这一重要原则。一方面，要严肃查处各项农业资金管理使用中存在的情节恶劣、性质严重、违规金额大、给国家造成重大经济损失的问题；对查出被审计单位严重违纪违规问题，要对责任人员追究责任。另一方面，对审计中发现的一般性违规问题，要重在促进加强管理，改进工作；对属于政策法规不符合实际情况的问题，要从实际出发，提出完善政策法规的意见和建议。

（三）改进农业与资源环保专项资金审计的组织方式，科学把握农业与资源环保专项资金审计的判定标准，不断提高审计成果利用率

今后，要结合党和国家农业与农村工作的重点、资源与环境保护工作的重点，选择若干农业与资源环保重点专项资金，合理布局农业与资源环保审计工作力量，采取审计、专项审计调查、专题调研、课题研究等多种方式，探索、试点农业与资源环保审计的实现形式。

在农业与资源环保审计工作的判定标准上，一是要把国家有关农业与资源环保政策的落实情况作为审计评价的根本标准，把是否有效促进国家相关政策落实和加强农业与资源环保资金管理，提高资金使用效益作为衡量审计工作成果的重要标志；二是审计工作要有大局观，即在判定审计事项的重要性上，不能仅仅着眼于能否查出多少违纪违规问题，更重要的是要看提出、反映的问题对农业与资源环保工作大局的影响程度，要立足于从宏观层面发挥审计的监督、服务作用。

（四）加强"人、法、技"建设，不断提升农业与资源环保审计服务于科学发展观落实和社会主义新农村建设的能力与水平

通过强化队伍建设、人员培训等方式，尽快形成一支熟悉"三农"工作和资源环保工作实际情况、适应科学发展观落实和社会主义新农村建设审计工作要求、相对稳定的农业与资源环保审计队伍。加强对基层审计机关的工作调研和指导，统筹考虑"十一五"期间社会主义新农村建设和资源环保工作的重大部署，做好农业与资源环保审计工作规划与项目储备等基础工作。扎实推进先进审计技术方法的应用，做好农业与资源环保审计领域的计算机审计工作，从实际出发，探索创新审计工作服务于科学发展观落实和服务社会主义新农村建设的做法与形式，促进农业与资源环保审计迈上新台阶。

（审计署农业与资源环保审计司）

一心一意尽职责
看好群众"养命钱"

社会保障体系是一个国家经济社会制度中不可缺少的重要组成部分，是保障劳动者基本生活、解除社会成员后顾之忧的"安全网"，是社会不同群体收入分配的"调节器"，也是有效化解各种社会矛盾、维护国家安定的"稳定器"。审计机关建立以来，注重加强对各项社会保障资金的审计监督，为看好人民群众的"养命钱"、确保资金的安全完整、维护人民群众的切身利益发挥了积极的作用。

一、牢记职责，不辱使命，维护人民群众的切身利益

我国社会保障审计是随着我国社会保障制度的逐步建立和完善而发展起来的。审计署成立之初至 1998 年国务院机构改革之前，因为社会保障的各项制度尚在试点和推行之中，审计机关没有设立专门的社会保障审计机构，对社会保障资金的审计主要是与其他专业审计结合进行的，社会保障审计工作发挥的作用非常有限。这期间，审计署组织了几次规模较大的专项审计，如 1992 年和 1996 年，先后两次组织了对全国企业职工养老保险基金和失业保险基金的审计；1996 年，组织了对全国社会福利有奖募

集委员会和 16 个省级募集委员会的福利彩票发行及资金使用情况的审计；1998 年，组织了对长江流域遭受特大洪水灾害的 7 个省、自治区的救灾资金和救灾物资管理使用情况的审计，以及对 16 个省（自治区、直辖市）的部分住房资金的审计。通过对这些项目的审计，揭露和处理了存在的问题，提出了加强管理、完善政策的建议，推动了社会保障制度的改革和完善。

随着我国社会主义市场经济体制的建立和完善，社会保障作为市场经济体系的支柱之一逐渐被社会所认识，社会保障审计的重要性也日益显现。在 1998 年的机构改革中，国务院批准审计署新增加的职能中包括"审计监督社会保障资金"的内容，审计署增设了社会保障审计司，地方审计机关也相继设立了社会保障审计机构。近十年来，全国社会保障审计工作者认真履行职责，围绕党和政府的工作中心，积极开展对各项社会保障资金的审计和审计调查，社会保障审计工作经过摸底调查、探索起步、创新发展三个阶段，有了很大发展。

（一）1998—2002 年为摸底调查阶段

这一阶段，各级审计机关对当地的社会保障状况开展了全面摸底调查，广泛收集社会保障制度建立和发展的历史资料，认真学习社会保障和社会保障审计的理论知识，并对部分社会保障资金进行了审计。其中审计署连续 4 年对基本养老保险基金进行了审计和审计调查：1999 年，组织地方审计机关对 31 个省（自治区、直辖市）的基本养老保险基金进行了审计，同时，还牵头与财政部和劳动保障部一起对铁道、交通等 11 个行业统筹的基本养老保险基金结余情况进行了审计；2000 年，开展了对全国 71 户养老保险欠费大户的欠费情况、基本养老保险扩面和基金支撑能力情况、广东等 7 省挤占挪用养老保险基金情况等审计调查；2001 年，指导 21 个省（自治区、直辖市）审计机关对基本养老保险基金进行了审计；2002 年，对 6 个省的基本养老保险财政专项补助资金进行了审计，同时组织 24 个省（自治区、直辖市）和新疆生产建设兵团审计机关对基本养老保险基金进行了审计。此外，审计署还对 17 个省（自治区、直辖市）和 25 个中央行业主管部门管理的国有企业下岗职工基本生活保障费和再就业资金进行了审计，并延伸审计了失业保险基金；对救灾资金、福利彩票募集资金、城市居民最低生活保障资金等社会保障资金进行了审计或审计调查。

2000 年 6 月，审计署还成功举办了亚洲审计组织社会保障审计研讨会，来自 35 个国家和地区的 43 名代表研讨交流了各自在社会保障审计领域的经验和做法。

（二）2003—2005 年为探索起步阶段

2003 年，审计署对 13 个省、直辖市财政投入和管理的社会保障资金进行了审计，还对四川省江油市和广东省增城市基本养老保险的参保缴费情况进行了审计调查。同时，审计署下发指导性审计工作方案，指导 8 个省的审计机关对基本医疗保险基金进行了审计调查。2004 年，审计署对 2003 年云南大姚地震救灾资金进行了审计。2005 年，组织了对四川省成都市和山西省大同市的住房公积金的审计调查以及全国 50 个城市的失业保险基金的审计。在审计中逐步探索采用计算机辅助审计方法，提高了审计质量和效率。

这一阶段的社会保障审计工作在审计项目的安排、审计内容和重点的确定、审计方式方法的改进等多方面进行了积极探索，既查处了社会保障领域的一些严重违法违纪问题，也为社会保障审计工作的深入发展探索了路子，积累了经验。

（三）2006 年至今为创新提高阶段

以 2006 年对上海社会保障资金审计为标志，社会保障审计工作进入创新提高阶段。审计机关紧紧围绕构建社会主义和谐社会的要求，积极创新，推动社会保障审计工作水平进一步提高。这一阶段的社会保障审计工作具有以下特点：

一是创新工作思路。在深入调研的基础上，提出了"全面贯彻落实科学发展观，按照构建和谐社会的要求，以效益审计为总揽，以社保制度运行过程为主线，以社保资金的真实、安全、规范为切入点，全面把握、突出重点地开展社保审计工作"的社会保障审计新思路。

二是创新审计内容。与前两个阶段将审计重点集中于查错纠弊不同，这一阶段的社会保障审计开始由合规性审计向效益审计转变，由财务领域向其社会保障业务领域拓展，由单纯查处违规违纪问题向检查管理漏洞、制度缺陷发展。审计署先后组织的五项社会保险基金、住房公积金、救灾资金、农村社会养老保险基金、殡葬事业等的审计和审计调查，在真实性、合法性审计的基础上，将项目整体目标定位在检查和评价现行体制机制的运行情况、政策制度的执行效应以及资金管理使用效益等方面，着重揭示了现行救灾管理体制、殡葬政策和住房公积金以及农村社会养老保险基金制度等方面取得的成效及存在的缺陷，使社会保障审计逐步进入新领域、深层次和要害区，审计监督力度明显加大。

三是创新工作方法。为了防止计划方案的盲目性和工作部署的简单化，近两年的社会保障审计项目采取了提前调研、先行试点的措施，在摸准实情、探明路径的基础上制定审计工作方案，同时编写出具体可行的操作指引及流程图随方案一起下发，使审计实施方案的适用性、针对性和可操作性越来越强。为规范社会保障审计工作，审计署还加强了对地方社会保障审计工作的指导，于2007年5月专门制定了《审计署关于加强地方审计机关社会保障基金审计监督工作的意见》，明确了社会保障基金审计的总体目标、主要范围和重点内容，提出了全面审计、连审三年、逐级负责、检查督导、重大问题报告和责任追究等具体措施，使社会保障审计上下联动的工作格局迅速形成，审计监督力度明显加强。与此同时，加强了对先进技术方法和计算机审计技术的推广运用，特别是审计署与黑龙江省审计厅联合研发的社会保障（养老保险）联网审计软件，采用增量数据识别与采集方法，尝试了数据挖掘技术在审计中的应用，在对黑龙江省哈尔滨市和浙江省湖州市基本养老保险基金审计中试用成功后，已在许多地方推广应用，取得了良好效果。

四是创新审计成果。这一阶段的社会保障审计逐步跳出了就事论事地反映审计发现问题的狭窄范围，不仅反映社会保障资金收支管理方面存在的问题，揭露重大违法违纪案件线索，而且分析和反映社会保障制度运行中带有全局性的宏观问题以及社会关注的普遍性问题；不仅针对具体问题提出具体意见和建议，而且针对制度执行不到位和制度设计上的缺陷，从体制、机制上提出意见和建议，使审计的成果能够更加贴近百姓切身利益，更好地服务于大局。如为配合中央纪委对上海社会保障案件的调查，2006 年组织了上海社会保障基金审计，审计结果为中央纪委、检察机关处理相关责任人提供了重要依据，上海市政府采纳审计建议，制定和完善了多项社会保障基金管理制度；在对全国 45 个大中城市 2005 年度住房公积金的专项审计调查中，查出违法犯罪线索 3 起，严重违纪违规线索 5 起，揭示了住房公积金缴存差异大、挤占挪用、违规投资、违规发放贷款等突出问题，而且就公积金缴存基数和积累模式等方面存在的制度缺陷提出了意见和建议，审计调查报告得到了国务院 5 位领导同志的重要批示。建设部、财政部等根据审计建议，深入调研，并向国务院上报了《关于完善住房公积金制度的报告》，推动了住房公积金制度的完善和相关问题的整改。

二、积极探索，勇于实践，不断总结社会保障审计的成功经验

（一）积极探索，适时调整工作思路，是做好社会保障审计工作的基本前提

社会保障审计是随着我国社会保障制度的建立、健全逐步发展起来的，这就决定了必须根据社会保障改革的推进适时调整工作思路，不断适

应新形势、新任务的需要，明确目标，突出重点，更加有效地发挥作用。近年来，随着社会保障制度的日益完善，审计署在深入调研和全面总结经验的基础上，提出要积极探索社会保障领域效益审计的新路子，不仅要检查社会保障资金在安全管理和投资增值方面的有效性，更要监督社会保障制度的有效性，紧紧围绕改革发展大局和关系群众切身利益的问题，从经济效益和社会效益两个方面发现和揭示问题，从加强社会保障体制、机制、制度建设的层面提出意见和建议，从更高的层次上发挥审计的监督作用。

（二）认真谋划，努力增强审计工作方案的指导性和可操作性，是搞好社会保障审计项目的关键

审计工作方案是审计机关和审计组开展审计工作的具体依据，对审计工作起着引导和规范作用。近几年的社会保险、住房公积金、救灾资金等社会保障审计工作的实践证明，在审计项目组织实施前，必须在摸底调查的基础上，认真研究、周密谋划、反复推演、科学制定审计工作方案，方能保证审计项目的顺利实施。

（三）多措并举，主动加强对现场审计的指导与服务，是做好社保审计工作的重要保证

现场审计是落实审计工作方案、实现审计目标的关键环节。近年来，审计署社保司及地方审计机关十分重视和加强对现场审计的指导与服务。一是建立审计联络员和审计情况通报制度，保持与各审计实施单位的密切联系；二是组织力量深入一线检查指导，沟通情况，及时解决审计中遇到的疑难问题；三是及时总结和交流经验，以在实践中摸索的经验引路，帮助基层改进工作思路，提高工作效率。实践证明，以上这些措施对实现各项社会保障审计工作目标、提高审计工作成效起到了很好的推动作用。

（四）与时俱进，大力提升社会保障审计的计算机应用水平，是提高社会保障审计工作质量和效率的必然途径

随着我国社会保障的范围及资金规模的不断扩大和社会保障领域信息化程度的迅速提高，传统的审计方法已经无法满足现有审计的需求，必须与时俱进，积极摸索符合我国国情的社会保障审计方式和手段，在计算机应用方面不断取得新的突破。近年来，我们以审计信息化建设为依托，有计划有步骤地开展了社会保障联网审计项目、社会保障审计软件研发、审计数据规划和计算机审计技术培训等工作，在全国五项社保基金审计项目中推广应用了养老保险审计软件并取得良好效果，社会保障审计领域的计算机技术应用水平不断提升，有力地促进了审计工作质量和效率的提高。

上述经验反映了我们对现阶段社会保障审计工作基本特点和规律的认识，应当十分珍惜和正确运用，并在今后的工作实践中继续加以丰富和发展。

三、认清形势，把握机遇，努力开创
社会保障审计的新局面

随着我国社会经济的快速发展和构建社会主义和谐社会的不断深入，社会保障工作越来越受到党和政府的高度重视。1993 年，党的十四届三中全会通过的《中共中央关于建立社会主义市场经济体制若干问题的决定》，将建立多层次的社会保障制度确立为我国社会主义市场经济体系的基本支柱之一。2002 年 11 月，党的十六大把"社会保障体系比较健全"作为全面建设小康社会的重要内容。2006 年，党的十六届六中全会通过的《中共中央关于构建社会主义和谐社会若干重大问题的决定》，将社会保障制度建设作为构建社会主义和谐社会的重要内容和奋斗目标，明确提

出到 2020 年基本建立起社会保险、社会救助、社会福利和慈善事业相衔接的覆盖城乡居民的社会保障体系。2007 年 10 月，党的十七大进一步提出了"加快建立覆盖城乡居民的社会保障体系，保障人民基本生活"的新要求。当前，社会保障各项改革措施已速推进，保障体系建设步伐逐步加快，社会保障管理体制和运行机制的改革不断深化。伴随着社会保障工作力度的不断加大，社会保障范围和资金规模正以前所未有的速度不断扩大，社会保障的公平、公正和社会保障资金的完整、安全及效益等问题已逐步成为全社会关注的热点。国务院领导多次指出，要强化社会保障等公共基金的监督管理，明确要求审计部门将此项审计作为工作重点予以加强。中央的决策和要求，既为社会保障制度改革指明了发展方向，也为社会保障审计提供了广阔的舞台和发展空间，使审计工作面临新的机遇和挑战。

为适应时代新要求、人民新期待，各级审计机关和社保审计干部必须认清形势，解放思想，振奋精神，开拓创新，从新的历史起点上探讨并确立社会保障审计的发展目标和工作思路，积极探索与社会保障事业发展相适应的具有中国特色的社会保障审计之路。要根据党的十七大提出的全面建设小康社会的奋斗目标，按照科学发展观和构建社会主义和谐社会的具体要求，紧密结合社会保障审计工作和社会保障审计队伍的实际，进一步树立科学的审计理念和民本审计思想，始终把促进经济社会的科学发展、维护人民群众的根本利益作为审计工作的出发点和落脚点，紧紧围绕社会保障领域涉及人民群众利益、影响改革发展的重大事项开展社会保障审计工作，及时揭露和查处社会保障资金筹集、管理、使用中存在的突出问题，及时发现和纠正社会保障制度、管理体制和运行机制等方面存在的主要缺陷，积极推动社会保障体系和制度的建立健全并保持公平、高效、平稳运行，切实做到一心一意尽职责，看好群众"养命钱"，为构建和谐社会、建设小康社会做出更大贡献。

（审计署社会保障审计司）

坚持求实创新
不断提升投资审计成果和工作水平

固定资产投资是国民经济活动的重要组成部分，也是经济增长的三大动力之一，对国民经济和社会发展有着重要影响。固定资产投资审计是国家对固定资产投资活动实施监督的有效手段，是审计监督的重要内容。审计机关成立以来，适应审计工作发展和投资体制改革深化的要求，不断创新审计工作思路和方法，加强对重点建设资金和重大建设项目审计监督，查处了一批严重违法违纪问题，在促进深化投资体制改革，节约政府投资，提高投资管理水平和投资效益，完善政策法规等方面发挥了重要作用。同时，积极开展效益审计，逐步建立对国家重大建设项目等审计监督制度和有效工作机制，在实践中培养了一支作风比较过硬、业务比较熟练、具有较强战斗力的投资审计干部队伍。

一、简要发展历程

审计机关建立之初的固定资产投资审计，主要是基本建设项目审计和重点建设资金审计。从 1985 年开始，在试审的基础上，审计署开始统一组织全国范围内的固定资产投资审计，重点进行了自筹基本建设资金审计。以 1989 年全国普遍开展固定资产投资项目清理工作为契机,固定资产投资审计在财政财务收支审计的基础上,逐步开展了固定资产投资项目开工前审计、停缓建项目跟踪审计、基本建设项目竣工决算审计。从 1994 年开始,审计署以基础设施建设资金和项目为重点,按照"统一组织、分工实施、统一处理"的要求,按行业组织基本建设项目审计,通过审计集中反映行业主管部门管理中存在的共性问题。据统计,1984—1997 年间,全国各级审计机关共审计国家建设项目 36 万多个,审计金额近 2 万亿元,在有效控制固定资产投资规模,促进国家重点建设,维护财经法纪,减少国家投资流失,为国家宏观投资决策和管理提供依据等方面都发挥了重要作用,产生了重要影响。

1998 年后,我国经济步入又一个快速发展期,中央财政每年用于基本建设的预算内投资达数千亿元(含各类基金)。国家投资体制改革也在发展中不断深化。审计机关根据社会、经济发展和投资体制改革深化的要求,不断调整和突出投资审计重点,发挥了重要作用。据统计,1998 年以来,审计署在固定资产投资审计中,审计和审计调查建设资金总额达 1.7 万多亿元,促进节约政府投资 7 亿多元,促进有关部门和被审计单位建立健全规章制度 360 多项,向司法和纪检监察部门移送事项 170 多起,210 多名责任人员被追究刑事责任或受到党纪政纪处分。投资审计制度也逐步建立健全,审计署 2000 年以来制定了《国家建设项目审计准则》和《政府投资项目审计管理办法》,明确了政府投资项目审计的范围、内容和竣工决算审计时限,提出了投资审计质量管理具体要求,加强了对聘请专业人员的管理,有力促进了各地投资审计工作的健康发展。

地方投资审计工作也取得了很大发展。2004—2006 年,地方各级审计机关共审计 4 万多个投资项目,核减工程款 430 多亿元。目前,全国 18 个省(自治区、直辖市)已经初步建立重大投资项目必审制度,24 个省(自治区、直辖市)对一些较大的政府投资项目实施了跟踪审计,21 个省(自治区、直辖市)政府制定了国家建设项目审计办法。还有 2 个省审计厅和 4 个副省级省会城市审计局成立了投资审计局，超过 1/5 地（市）审计局设立了审计分局或审计中心，从事投资审计的力量和工作量均占到了省以下审计机关全部力量和工作量 1/3 左右。

二、主要做法

（一）围绕国家实施的积极财政政策，加强了对国债资金和国债项目的审计，促进了加强国债项目管理，提高国债资金使用效益

1998—2003 年，为促进经济快速发展，我国财政每年筹集 1000 多亿国债资金投入国家基础设施建设。审计机关紧紧围绕国家实施的积极财政政策，及时调整工作重点，加强了对国债资金和国债项目的审计监督。审计署开展了对国债投入较多、关系国计民生的中央直属储备粮库、水利、公路、铁路、农村电网改造、机场和城市基础设施等 7 个行业的建设资金的审计，延伸审计和调查了 2600 多个国债建设项目，审计资金总额约 4585 亿元，其中国债资金 910 亿元，占同期国债资金投入总额的 25%。审计揭示了项目建设中存在的共性问题：一是大量项目前期准备不充分，造成国债资金闲置和部分项目工期拖延；二是一些地方政府及项目建设单位套取、挤占、挪用建设资金，用于平衡地方财政预算、对外经营和弥补行政经费等；三是未严格执行招投标制度和监理制度，部分项目存在质量隐患；四是地方配套资金不落实，影响项目建设进度；五是越权审批土地和违规多征土地问题比较严重等。审计机关深入分析这些问题产生的原因，提出加强和改进的建议，有力地促进了加强国债资金和重点国债项目的管理，促使有关部门及建设单位制定完善了一系列规章制度。

（二）围绕促进深化投资体制改革，加强对中央预算内投资、国债投资及其他政府投资的审计，推动了投资计划管理科学化和规范化

从 2004 年开始，审计署加强了对国家发展与改革委员会分配中央预算内基本建设投资情况的审计，揭示了投资基数安排不够合理、预留比例过高、补助地方项目投向分散、政府投资管理多头、部分项目安排不符合相关政策目标要求等多方面问题，提出了完善政府投资管理和审批体制、加强中央政府投资统筹管理等建议，全国人大常委会、国务院高度重视。

2004—2007 年，审计署加强了对中央财政性资金投入较大、党和政府重视、关系国计民生的重大投资项目的审计，开展对 529 个重点水利建设项目、34 条高等级公路、25 条重点铁路项目、三峡工程、南水北调工程、奥运工程以及国家大剧院等项目的审计。在充分肯定国家重点建设项目建设成就的同时，揭示了投资与建设内控制度不健全、管理不严、严重损失浪费、工程质量缺陷等问题。有关部门和项目建设单位对审计查出的问题高度重视，认真整改，并加强了管理、完善了制度，如水利部针对审计发现的部分病险水库存在的质量缺陷和安全隐患，迅速组织专家会商，责成返工整修，消除质量隐患；交通部制定了加强公路建设管理的规章制度；铁道部认真落实审计意见，采取积极措施，促进提高铁路建设效益。

（三）积极开展投资效益审计，推进投资体制改革，促进提高投资效益

在投资审计的起步阶段，主要开展的是真实、合规性审计。近五年来，为适应国家宏观经济发展和投资体制改革的要求，审计机关在投资审计中，把真实、合规审计与效益审计有机结合起来，大力探索效益审计，着重审计评价政策执行情况和项目建成后的经济、社会和环境效益等有关问题。如审计署 2002 年对福建长乐机场的效益审计试点，揭示该机场因超规模、超标准建设、管理不善等原因，运营 5 年累计亏损 11 亿元，在

深入分析原因的基础上，提出了加强内控制度、理顺管理关系、分离社会职能等建议。大部分审计意见得到落实，使长乐机场在较短时间内摆脱了亏损严重、经营困难的状况。又如，对三峡工程的效益审计，揭示了工程管理内部控制制度存在一些漏洞，因管理不严增加投资和损失浪费 4.88 亿元。三峡总公司在纠正违规问题的同时，制定和修订了 17 项管理制度，进一步加强了招投标、监理、工程质量、物资材料采购等项管理工作，并将审计查出的主要问题作为典型案例汇编成册，作为管理培训教材，组织管理人员和员工学习，以提高企业管理水平。这次审计在建设项目效益审计的组织方式、审计方法、审计评价等方面都做了有效探索，为今后提供了有益借鉴。

三、基本经验

回顾 25 年来的投资审计工作，基本经验有：

（一）必须注重将财务审计与效益审计有机结合，加大效益审计力度，提升投资审计成果

政府投资项目效益审计，要在真实、合规审计基础上，对建设管理和投资效益进行审查评价，不仅注重揭示问题，更加重视对查出因决策失误、管理不善等原因造成的投资效益低下和严重损失浪费等问题深入分析原因；更加重视从强化投资管理、完善政策法规和提高效益角度提出审计建议，促进有关部门和被审计单位完善政策法规，建立健全规章制度。在审计中，因涉及投资控制、建设管理、资金使用有效性、社会公共利益，以及经济、社会和环境效益以及国家政策法规制度等内容，所以审计方式方法要更加多样化，并逐步规范化。审计报告要有综合评价，要关注投资项目管理、社会公共利益、政府有关政策和体制等问题。将效益审计与财

务审计、资金审计与项目审计、审计与审计调查、查处问题与促进整改和建立长效机制有机结合起来，这是近年来投资审计实践中探索出来的重要经验。

（二）必须注重以民为本，揭露和反映损害人民群众切身利益的问题，促进建设和谐社会

一个投资项目，牵涉到千家万户尤其农民的切身利益。近年来，在农村电网改造、县乡农村公路改造和"退牧还草"等项目审计调查中，注重检查和反映党和政府有关惠农政策是否切实得到落实；在城市基础设施项目审计调查中，着重审查了不顾财力建设"形象工程"、"政绩工程"问题；在水利、铁路、南水北调工程和收费公路审计或审计调查中，揭示了一些地方违规征地、征地补偿费发放不到位、长期拖欠工程款、克扣农民工工资等损害人民群众切身利益的问题，以及违规设站收费、提高收费标准、延长收费期限等加重社会负担问题，并及时向国务院及有关部门反映，得到了高度重视，维护了人民群众的切身利益，同时促进了有关部门依法行政。

（三）必须注重不断创新投资审计方法，运用新的审计技术手段，提高审计工作效率

一是积极开展计算机辅助审计。如对三峡工程的审计，在审前调查阶段，制定计算机辅助审计实施方案，并开展试点工作；审计实施中，建设审计现场网络环境，局域网设置了领导指示、业务交流、审计动态等6个栏目，使150多名审计人员能够及时共享有关信息，浏览量总计达1万多次。同时，大力运用现场审计实施系统，形成200多张审计中间表，据此开展数据分析。

二是对重大建设项目开展跟踪审计。从2005年开始，审计署成立了奥运审计办公室，围绕"廉洁办奥运、节约办奥运"的宗旨，对北京奥组委财务收支和48个奥运场馆实行跟踪审计，并注意不断总结和提高。

两年来，通过跟踪审计，促使北京奥组委出台了一系列加强管理的措施，进一步规范了财务管理，使"廉洁办奥运、节约办奥运"的宗旨进一步落到实处。

三是探索大型建设项目审计现场组织方式。为更好地适应三峡工程、南水北调工程、奥运工程等大型建设项目审计要求，积极探索新的现场审计有效组织方式，改变传统审计组织模式。在三峡工程审计中，审计组下设综合协调组、质量督导组、计算机技术指导组和17个审计小组，并建立了一整套行之有效的工作机制，制定了相关制度，包括：审计组例会制度、与中介机构协作机制、中介机构审计质量标准及督导检查办法、特派办审计质量督导工作办法等。这些工作机制和制度，对于把握审计目标和重点、加强各组之间的工作协调、避免工作交叉，起到了很好作用。

（四）注重审计质量控制，不断改进工作方法，整合审计资源

在审计工作方案制定阶段，注意深入细致地搞好对有关内容的论证工作，就审计工作目标、范围、内容与重点以及审计组织与分工等，充分听取有关方面意见，并走访有关部门，收集、整理有关法规、政策性文件及资料，印发给各参审单位。在项目实施阶段，注重加强分类指导，了解各项目审计进展和审计重点，提出相应的审计质量控制要求。还通过不定期召开片会、建立审计工作动态信息制度等方式，达到上下沟通、相互促进、共同提高的目的。同时，为了缓解审计任务重与专业力量不足的矛盾，审计署在奥运工程、三峡工程、南水北调工程和铁路项目审计中，严格按照公开、公平、竞争、择优的原则，采取公开招标或邀请招标方式，聘请了具有甲级工程造价审计资质和良好业绩的中介机构参加审计。为规范社会中介机构的审计行为，制定了《社会中介机构参加审计工作要求》、《中介机构审计质量督导办法》等，主要措施包括：一是与中介签订合同，并要求中介机构在审计质量、遵守审计纪律等方面做出承诺；二是督促中介机构开展自查自纠和互查工作，在此基础上，再开展审计质量抽查；三是指导参审中介机构对工程造价核减等情况进行分类分析；四是

对中介机构的工作底稿、取证材料和单项审计报告认真进行复核。

审计中，还聘请了各方面专家作为顾问，或直接参加项目审计。如在三峡工程审计中，为客观评价三峡工程质量管理和综合效益情况，征询了国务院质量检查专家组的意见，并先后在北京、武汉召开了防洪、航运和环境效益评价座谈会，听取水利部、中科院、国家环保总局等10多个单位专家、学者的意见。

25年的探索和发展，为今后投资审计工作发展奠定了十分重要的基础。随着我国经济社会不断发展和改革不断深化，投资审计工作将面临新的机遇和挑战，这就要求人们进一步完善投资审计监督制度，不断创新审计方式方法，提高队伍整体素质和工作水平，充分发挥投资审计的作用。

（审计署固定资产投资审计司）

做好外资审计工作
促进有效利用外资

外资运用审计是国家审计机关依法对我国政府利用国外资金的经济活动及其财政和财务收支的真实性、合法性和效益性进行的审计监督活动，是我国政府审计的重要内容之一。25 年来，审计机关注重全面提高国外贷援款项目公证审计质量，并在外资运用审计领域积极开展专项审计调查和效益审计，充分发挥了审计在促进加强管理、完善制度和提高资金使用效益方面的作用。外资运用审计工作在探索和创新中不断发展，审计内容不断深化，审计领域逐步拓宽，审计质量逐年提高。

一、主要职责

目前，外资运用审计工作的职责主要包括以下三个方面：

一是按照国际组织和外国政府与我国签订的贷援款协议，对国外贷援款项目依法进行公证审计。"公证审计"是审计机关对国外贷援款项目特定目的的财务报表是否真实、公允地反映了项目财务状况、资金收支情况和项目协定执行等情况发表审计意见，并将审计报告提交给外方。

二是根据《审计法》等法律法规和职责分工，自行安排对国外贷援款项目资金使用的合法合规性审计监督和资金使用效益情况的审计。

三是对全国各级外资审计机关的外资运用审计工作进行管理和指导。主要职责和工作内容包括：负责与国外贷援款项目中央主管部门的沟通协调和与国际组织、外国政府贷援款机构的官方往来，达成项目审计框架协议，接受并安排新增国外贷援款项目审计；办理全国国外贷援款项目审计的授权、委托、计划、统计、信息、工作协调和相关培训；制定外资运用审计的准则、规范和操作指南；指导全国外资审计业务；监督检查授权给地方审计机关、特派办以及委托给审计署国外贷援款项目审计服务中心的外资审计业务质量等。

二、简要发展历程

我国利用外资的渠道和方式大本可分为三种：一是接受国外无偿援助，包括援款、赠款和实物等；二是借用外债，包括国际组织贷款、外国政府贷款、国外商业银行贷款、境外发行债券以及提供借债担保等；三是吸收外商直接投资，包括举办中外合资经营企业、中外合作经营企业、中外合作开发项目，以及来料加工、采件装配、来样生产等。其中，国际金融组织和外国政府贷款已成为我国利用外资的重要形式之一。随着改革开放和利用外资的发展，我国外资运用审计工作主要经历了以下几个发展阶段：

（一）1984—1990 年为"边组建、边工作、抓重点、打基础"阶段

根据规定，世界银行、亚洲开发银行等国际金融组织和联合国开发计划署等国际组织和部分外国政府均要求，所有贷援款项目必须由借款人委托并经国际组织和外国政府认可的独立审计师进行审计。为此，我国政府

向世界银行承诺，自 1985 年起，由审计署对世界银行贷款项目进行审计公证。

审计署最初开展的外资运用审计，扮演的就是受借款人委托并经国际组织认可的独立审计师的角色。1984 年 8 月，在外资运用审计司组建之初，就对世界银行贷款大学发展项目进行了试审，从此开始逐步对世界银行等国际金融组织和国外援助项目进行审计，对外出具的审计报告得到世行、亚行等组织认可，项目审计质量在国际上享有较高的信誉。这一时期，在不断总结外资运用审计工作经验、参考国外有益的审计理论和方法的基础上，审计署制定并颁发了一系列外资审计制度和办法，如 1986 年制定了《国际金融组织及联合国专门机构贷援款项目审计工作规范》（试行）；1990 年印发了《世界银行贷款项目审计工作规范的补充通知》等。这些制度和办法的制定和实施，促进了外资运用审计的规范化、制度化，为今后外资运用审计的发展奠定了坚实的基础。

（二）1991—1996 年为以国外贷援款公证为主要工作内容、不断规范审计行为的阶段

这一时期，随着国外贷援款项目的逐步增加，审计机关逐步加强了对国外贷援款项目公证审计工作的管理。针对世界银行对我国提交审计报告的评审意见，审计署制定了提高公证审计报告质量的规定，要求各级审计机关严格审计执法，提高审计公证的质量，如 1996 年下发的《关于进一步做好国际金融组织贷款和国外援助项目的审计工作的通知》（审办外资发〔1996〕23 号），强调要提高公证审计质量，防范外资审计风险。

（三）1997—2000 年为全面提高国外贷援款公证审计质量阶段

这一时期，审计署确定了"内外合一、如实披露"的原则，提出了"强化审计监督职能，全面加强和改进国际金融组织贷款和国外援助项目审计工作，依法加大审计处理和披露的力度，提高我国审计机关的信誉和权威，为积极、合理、有效地利用外资发挥积极促进作用"的工作目标。

同时，编制了《世界银行贷款项目审计操作指南》，并聘请专家研制开发了外资审计信息管理平台和审计业务操作平台，对提高外资审计工作质量和外资审计业务管理起到了积极作用。

（四）2001—2007年为转变外资运用审计职能、大力开展专项审计调查和效益审计阶段

这一时期，在完成好公证审计任务的同时，加大了对利用外资的重点领域、重点部门和重点资金的审计监督力度。每年重点开展一项专项审计调查，进一步促进积极合理有效地利用外资，提高利用外资的使用效益。同时，为了更好地履行外资审计的法定职责，审计署于2004年成立了"国外贷援款项目审计服务中心"，逐步承担过去由外资运用审计司负责的国外贷援款项目的对外公证审计业务。外资运用审计司的职能转变为充分发挥审计监督职能和对全国外资审计机构的业务管理和指导。

三、主要做法和成效

（一）做好国外贷援款公证审计工作，促进积极合理利用外资，维护国家信誉

长期以来，国外贷援款项目的审计公证业务一直是审计机关的主要工作，在我国对外开放服务、提高利用外资质量和水平的过程中发挥了重要作用。截至2006年，全国各级审计机关共对外出具公证审计报告5080多份。审计工作得到了多个国际组织的认可和一致好评，有力地维护了国家信誉。在公证审计中，审计机关坚持依法审计、如实披露的原则，制定了一系列公证审计规范性文件、案例汇编，编写了《世行贷款项目审计指南》、《政府外债项目审计手册》，进一步明确了公证审计的程序和方法；并根据国外贷援款审计工作的具体情况和国际组织的要求，不断修订和规

范公证审计报告的格式，提高了公证审计报告质量。审计署还加强了对各级审计机关公证审计质量的检查工作，如 2002 年和 2003 年，对部分审计机关外资审计项目的质量情况进行了抽查，2006 年，对 16 个省级审计机关进行了公证审计质量抽查。通过检查，及时有效地发现公证审计中存在的主要问题，极大地改进了工作，提高了审计质量。

（二）加强对政府外债管理情况的审计和审计调查，促进提高政府外债管理水平

25 年来，为促进外债管理体制和制度的完善，外资运用审计工作始终坚持对外公证与对内监督相结合、项目审计与专项审计调查相结合、财务审计与效益审计相结合的工作思路，加强对政府外债管理情况的审计和审计调查，发挥了积极作用。如对财政部负责的政府外债管理情况的审计，为促进财政部清理撤销不合理账户、将全部政府外债纳入预算管理、规范预算资金合理有效使用等发挥了积极的作用；2006 年，对教育部、农业部、国家林业局等 5 个中央转贷部门和 10 个省级财政还贷准备金管理情况的调查，提出了还贷准备金应按照"统一建立、国库存储、专款专用、预算管理"的原则。

（三）积极开展外资项目效益审计，促进提高外资利用效益

自 2001 年以来，除完成好公证审计任务外，审计署还开展了多项专项审计调查和效益审计。2001 年，开展了对外国政府贷款项目的专项审计调查，摸清了外国政府贷款整体情况。2002 年，开展了对部分世界银行贷款项目的专项审计调查，揭示了世行项目管理和体制中存在的问题，促进了政府外债管理职责的合理划分和制度的完善。2003 年，开展了对我国政府外债管理体制的专项审计调查，摸清了我国政府外债管理体制和制度的现状，反映了政府外债项目投融资体制和运用管理体制中存在的普遍性、倾向性问题，深入分析了问题产生的原因，并就政府外债管理体制和制度的完善提出了建议，得到了有关部门的高度重视。2004 年，开展

了对世行贷款科技发展项目的财务收支审计和对全国政府外债铁路项目设备效益的专项审计调查。其中，政府外债铁路项目设备效益审计，是审计署计划中第一个正式以效益审计命名的项目，通过审计调查摸清了政府外债铁路项目的基本情况，揭示了设备采购和使用中存在的利用效率不高、损失浪费等问题。2005年，开展了对商务部、财政部、卫生部、农业部、国家环保总局1998—2004年年底管理和执行的全国国外无偿援助项目的专项审计调查，揭示了部分国外无偿援助项目管理和执行过程中存在挪用项目资金等问题，深入分析了问题产生的原因；商务部根据审计建议，制定了《商务部关于外国政府和国际组织对华无偿援助项目管理办法》。

2006年，开展了对世界银行和亚洲开发银行100个已完工的贷款项目的效益专项审计调查。根据审计调查结果，出具了100多份项目效益审计调查报告和分别汇总农业、卫生等9个行业的效益审计调查报告，通过项目效益情况评价指标体系对项目目标实现情况做出了客观评价，充分肯定并总结了世亚行贷款项目所取得的成绩：一是经济、社会和环境三大效益，即产业发展的经济效益、和谐发展的社会效益和生态改善的环境效益；二是发展、创新和示范三大效应，即经济社会进步的发展效应、科技水平提升的创新效应和项目成果应用的示范效应。同时，审计揭示了世亚行项目管理和运行中存在的突出问题，并分析了问题产生的原因，有针对性地提出改进建议。效益审计调查报告得到了国务院领导的高度重视。

2007年，开展了对50个利用外国政府贷款项目效益专项审计调查。通过项目效益情况评价指标体系对项目目标实现情况做出了客观评价，充分肯定并总结了外国政府贷款项目在弥补政府资金投入的不足，引进先进设备和技术等方面所发挥的作用，突出了所审计项目在改善生态、生活环境，提高农业劳动生产率和增强可持续发展能力三个方面所取得的成绩和经验。同时，反映了外国政府贷款项目中存在的项目目标实现不佳，设备物资闲置等突出问题，并分析了问题产生的原因，提出了有针对性的建议。效益审计调查报告得到了国务院领导的高度重视。

四、基本经验

（一）加强"人、法、技"建设，提高外资审计人员素质，规范外资审计行为是做好外资审计工作的基础

审计机关一贯重视外资审计人员培养，不断提高审计人员素质。自 1984 年开始，将人才建设作为工作重要内容，以培训班为主要方式，以国外贷援款审计业务、外语和计算机为主要内容，做了大量培训工作。以近 5 年为例，审计署共举办全国性的外资审计业务培训班 6 期，外资审计英语培训班 4 期，外资审计软件培训班 2 期，总计培训外资审计干部 600 多人次，极大地提高了全国外资审计人员的业务水平。大力开展外资审计指南和制度等规范性建设，组织编写了《国际金融组织贷款项目手册》、《世界银行贷款项目审计手册》、《世界银行贷款项目审计指南》、《政府外债项目审计手册》、《外资审计法规汇编》、《国外贷援款项目审计规范文件汇编》等指导性书籍和规范性指南，下发了《审计署关于国际金融组织贷款项目审计处理指导原则的通知》（审办外资发〔1999〕49 号）、《审计署关于进一步规范世亚行贷款项目审计报告的通知》（审办外资发〔2001〕28 号）、《审计署办公厅关于进一步规范国外贷援款项目审计通知》（审办外资发〔2003〕64 号）等规范性文件。从 1997 年开始，以"金审工程"建设为契机，利用世行贷款技援项目（TCC3），推进外资审计信息化建设。在 2003 年，初步建成了外资项目审计管理平台与作业平台相结合的软件系统，并于 2006 年完成了《AO 系统外资审计专业版》的研究开发。这是审计署"金审工程"信息系统第一个基于 AO 平台的专业审计软件，对于规范各级外资审计机关的审计程序，提高审计质量，防范审计风险起到了重要的保障作用。

（二）坚持公证审计报告"内外合一、如实披露"的原则是防范审计风险，维护国家信誉的关键

公证审计报告实施"内外合一、如实披露"做法后，改变了过去两套制度，两套审计报告，上下有别，内外有别的做法，得到国际组织的高度评价。从实践来看，降低了审计风险，提高了审计质量，有力地维护了国家和我国审计机关的国际信誉。

（三）加大审计监督力度，查处违法违纪行为是维护国家利益，促进国外贷援款项目顺利执行的保障

外资公证审计也是审计监督的一种形式，监督是公证审计中的重要内容。现阶段，无论是外资公证审计还是专项审计或者效益审计，都应将查处违法违规、发现重大损失浪费和国有资产流失问题以及大要案线索，作为审计的重要内容。

（四）转变外资审计职能，开拓审计领域，大力开展专项审计调查和效益审计是外资审计的发展方向

随着我国外资利用工作的不断发展，审计环境的变化，外资审计范围将逐步由以国外贷援款为主扩大到政府外债等全部外资利用领域，审计重点逐步转向对利用外资及其经济和管理活动的效益审计。外资项目的专项审计调查和以专项审计调查方式开展的效益审计将会成为今后若干一段时间内外资审计工作的主要方式和内容。

（五）加强国外贷援款的预算执行审计，是促进规范国外贷援款的预算管理和完善公共财政制度的重要审计方式

对财政部中央预算执行国外贷援款部分的审计，是外资运用审计的重要内容。外资运用审计应该继续按照"揭露问题，规范管理，促进改革，提高效益"的整体工作思路，以促进国外贷援款加强预算管理和促进完

善公共财政制度为目标，以加强政府外债管理、完善预算制度、规范资金分配行为为重点，结合国外贷援款项目公证审计和专项审计调查，加强对国外贷援款预算执行情况的审计。

（六）推行审计结果公告，充分发挥社会舆论监督作用，是促进审计发现问题整改和扩大外资审计影响的重要手段

长期以来，国外贷援款项目公证审计报告只向国际组织和外国政府等国外出资方以及被审计单位和主管部门提供，公证审计报告只在国外贷援款工作相关各方的有限范围内使用，在国内不向社会公告，形成了"向国外公开，对国内'保密'"的现象，不利于审计发现问题的整改。2007年，审计署制定并发布《国外贷援款项目公证审计结果公告实施细则》，明确提出对国外贷援款项目公证审计结果进行公告，并确定了公证审计结果公告的具体程序、内容和方式。2008年，公告了对117个国外贷援款项目公证审计的结果，取得较好效果。公告制度的实行必将促进和发挥外资审计监督的职能作用，进一步扩大外资审计的影响，提高我国审计机关的国际信誉，充分发挥社会舆论的监督作用，促进审计发现问题的整改。

（审计署外资运用审计司）

发挥金融审计"眼睛"作用
着力防范金融风险

　　金融是现代经济的核心。运行良好的金融体系能够维护和促进一国经济的长期、稳定发展；相反，金融体系的崩溃很可能会导致一国经济的整体性崩溃，20世纪末发生在墨西哥、巴西和东南亚国家的金融危机及危机以后的经济大衰退已经给予人们足够的警示。随着我国改革开放的不断深化，我国金融体制发生了相当大的变化，金融企业的治理结构与金融监管逐步完善。与我国金融体制改革与发展一道，金融审计也处于不断的发展与创新过程之中。经过25年的实践，金融审计从以检查金融企业财务收支为重点内容，逐步发展为揭示金融机构资产、负债、损益的真实情况，揭露和纠正违规从事金融业务活动的行为，促进金融机构加强管理、健全制度、依法合规经营、提高经济效益，促进相关监管部门认真履行监管职责，着力防范金融风险。

一、金融审计的发展脉络

（一）1983—1998年为财务收支审计阶段

　　审计署刚成立时，金融审计业务由财政金融审计局承担。1986年5

月，成立了金融审计局（1988 年改名为金融审计司），将金融审计职能从财政金融审计局分离出来。这一时期的金融审计主要是组织地方审计机关对金融机构的财务收支状况的真实性、合规性进行审计，审计对象包括中国人民银行、中国工商银行、建设银行、中国银行、农业银行、交通银行、中国人民保险公司、中国国际信托投资公司等国有金融机构，揭示和反映了一些金融机构违反规定吸收信托存款和发放贷款、乱列费用、擅自动用信贷资金搞本系统基建、挪用信贷资金或保险准备金搞计划外基本建设以及信贷资金管理和使用中存在的问题。

在这一阶段，金融审计还按照国务院领导的指示，开展了一些专项审计调查。如，1989 年以后，结合国民经济发展和加强宏观管理的需要，金融审计开展了对信贷资金和专项贷款的管理、使用情况的审计调查。审计调查的对象涉及中央银行、商业银行、政策银行等不同类型的金融机构，审计调查的主要内容有信贷计划执行情况、流动资金紧缺的原因、扶贫贴息贷款管理与使用、金融机构自有资金增减变化情况、粮油棉收购资金专户管理与使用情况、公款存储情况以及国有金融机构贯彻执行中央整顿金融秩序有关规定、落实"约法三章"情况等。

（二）1999—2001 年为资产质量真实性审计阶段

1997 年的亚洲金融危机爆发后，人们逐渐地意识到银行的不良贷款比例过高是金融危机爆发的一个重要诱因，而由于历史的、体制的原因，我国商业银行也存在不良贷款比例过高的问题，有学者估计甚至远高于在金融危机爆发之前东南亚国家的不良贷款率。在这种背景下，为推动金融企业积极化解历史遗留问题、解决"三乱"造成的严重后果、推动深化商业化改革，尤其是按照中央的要求，关注 1997 年亚洲金融危机以后我国金融领域暴露出的各种深层次矛盾和问题，1998 年，审计署提出，金融审计必须坚持"全方位、分层次、抓重点"的指导方针，审计重点是"防风险"，即要针对当时金融领域普遍存在的资产质量不高、风险隐患大等问题，把检查和监督金融资产质量作为重点，促进金融机构最大限度地防范和化解金融风险，维护国有资产的安全和有效。由此，金融审计工作实现了几大转变：在审计的目标上，实现了向"摸清家底，核实盈亏，揭露问题"的转变；在审计内容上，实现了向"以信贷资产质量为主线，重点检查资产质量真实性、业务经营合规性、内控制度的健全有效性，揭露重大违法违规案件线索"的转变；在审计组织方式上，采取了由审计署统一组织实施金融审计项目的方式；在审计手段上，适应金融机构信息化发展的要求，实现了手工审计向计算机审计的转变。

（三）2002 年至今为效益审计阶段

面对加入 WTO 的新形势，我国银行业最紧迫的任务是进一步深化改革，加强管理，提高效益，防范风险，增强综合竞争能力。为此，审计署提出，金融审计应紧紧围绕"风险、效益、管理"六个字做文章，以真实性为基础，以检查内部控制制度为切入点，以揭露重大的违法违规问题为突破口，以从宏观上提出加强管理、提高效益、防范风险的意见和建议为最终目标。金融审计逐步转入了以风险审计为中心的效益审计阶段。在这一阶段，金融审计通过改进组织方式，有效地整合了审计资源，加大了先进技术手段的运用，金融审计水平和质量迈上了一个新台阶。

二、金融审计取得的成果

长期以来，我国的公有制经济在社会经济成分中占主导地位，其中国有金融资产占全部国有资产的八成左右，这种特有的国情决定了金融审计在我国金融监管体系中的重要地位。而世界其他国家的政府审计大多不涉及商业性金融领域，这使得我国的金融审计成为我国政府审计的一大特色。经过 25 年的实践，尤其是 1998 年将金融审计作为我国政府审计的三大主要业务之后，金融审计获得了较快发展。

（一）对国有及国有控股金融企业，特别是商业银行的基本情况有了比较全面的了解和掌握

金融审计最初主要是对金融企业的财务收支进行审计,本质上还是财政审计的延伸。自 20 世纪 90 年代中期以后,尤其是 1999 年以后,金融审计全面覆盖了金融企业的资产和负债业务。1999 年在对中国工商银行和中国建设银行的审计中,抽查(抽查的不良贷款约占两行不良贷款总额的一半)并分析了不良贷款形成的原因,其中贷款企业重复建设、管理不善、盲目投资等形成的占 58%,银行对贷款审查不严、监管不力等形成的占 37%,政府行政干预、决策失误形成的占 5%。2001 年对中国银行的审计,重点揭示了违规放贷问题和中间业务管理情况。2002 年对中国建设银行的审计,揭示了个人信贷、抵押担保业务存在的风险。2003 年对中国工商银行的审计,分析了城市建设贷款、汽车消费贷款和票据等业务风险的表现形式。2005 年对中国农业银行的审计,反映了高校贷款、土地储备贷款等业务中的违规问题。2006 年对中国银行、交通银行和招商银行的审计,揭示了房地产信贷业务存在的违规问题,以及银行在结算业务和电子设备采购业务等方面存在的薄弱环节。通过金融审计,使我们对金融企业尤其是商业银行的总体状况有了基本的了解和把握,对商业银行的突出风险、资产质量实际状况、管理环节存在的漏洞有了比较全面的反映和比较客观的评价。

（二）揭露和反映了金融领域存在的突出问题和制度缺陷，在维护社会主义市场经济秩序、保障宏观经济健康运行方面发挥了作用

近 10 年来,金融审计揭露了一些在金融企业发生的违反国家宏观政策措施的重大问题,促进国家宏观经济政策的落实。如,在近年来对商业银行的审计中,通过密切追踪信贷资金流向,揭露了一些商业银行违规向地方政府发放城市建设贷款、违规办理房地产信贷业务、向国家禁止或限制发展的产业发放贷款等影响宏观调控的问题,有效促进了国家宏观调控

政策措施的贯彻落实。同时，金融审计围绕治理整顿市场经济秩序的要求，从规范金融秩序入手，着力发挥金融审计作为国家宏观调控手段的重要作用。如，2001 年查处了辽宁省沈阳市一些证券公司利用无真实贸易背景票据从银行套取资金用于操纵股市的问题，遏制了当时信贷资金违规流入股市的主要渠道，防止了股市泡沫。

（三）揭露金融企业风险管理中存在的突出问题，促进加强管理、完善制度、防范风险和提高效益

近年来，金融审计向银行及监管部门提出了大量的加强内部管理、完善内控机制等方面的审计建议。如针对商业银行对分支机构控制力不够，尤其是对各级"一把手"缺乏有效的监督制约等问题，提出了集中资金管理权、贷款审批权等强化金融企业统一法人制度建设的审计建议；针对金融企业抗风险能力较弱，尤其是近年来在消费信贷、公路贷款、高校贷款、委托贷款、票据业务、关联企业贷款等方面出现的风险问题，提出了加强内部管理，完善授权授信、审贷分离、贷款三查等信贷管理制度，落实问责制，加强对高层经营管理者的决策制衡机制等审计建议；针对赢利能力不强等问题，提出了金融企业应强化以效益为核心的经营理念，实现了由单纯追求业务发展的速度、规模，向重视速度与质量、规模与效益转变的审计建议；针对金融监管机关在履行职责方面存在的薄弱环节提出了加大监管力度，完善协调机制等建议。同时，金融审计还建议有关部门尽快实施适应现代商业银行发展的审慎财务会计制度，改进对金融机构利润、固定资产购建以及工资总额等指标的考核方式，完善以资产质量为基础、以风险和赢利能力为核心的商业银行考核指标体系。所有这些，对于推动深化金融改革、加强管理、完善监管，发挥了积极的作用。

（四）通过揭露重大违规经营问题和发现大案要案线索，遏制了金融犯罪，促进了廉政建设

据统计，近十年来审计署在金融审计中，发现和查处的案件线索数有

472 起，涉案人数 922 名，涉案金额 670 多亿元。在这些移送的案件中，包括中国银行副董事长刘金宝违法向民营企业家钱某发放贷款案件，中国农业发展银行原副行长胡楚寿、于大路等人以权谋私、收受贿赂案，广东省南海区民营企业主冯明昌等人诈骗银行巨额资金案，以及交通银行锦州分行与当地法院联手做假核销银行贷款案等。上述案件的揭露和查处，在社会上引起了较大反响，有效地维护了国家财经法纪，有力打击了金融领域的违法犯罪活动。

（五）注重促进完善制度和规范管理，促进了金融法律法规制度的健全完善

改革开放以来，我国金融体制发生了根本性的变化，尤其是适应社会主义市场经济体制要求的金融法制建设取得了显著成效，在这一过程中，金融审计通过对倾向性、典型性、普遍性问题的分析，提出了一系列健全和完善法规的审计建议，在一些重要的金融法规的立法过程中发挥了作用。如，2004 年对四家资产管理公司审计时，就不良资产剥离、管理和处置中存在的问题，提出了一系列加强管理、完善制度的建议，得到了国务院领导和有关部门的高度重视，有关主管部门制定和完善了相关法规和政策。

三、金融审计的基本经验

（一）紧紧围绕党和政府的中心工作开展金融审计

从实践来看，金融审计关注的重点与热点与我国金融体制改革和经济社会生活中的热点问题是高度相关的。1997 年亚洲金融危机爆发后，解决银行的不良贷款问题成为金融领域的一个热点问题，金融审计适时地把对银行的信贷资产质量审计作为主线开展工作；2000 年前后，票据市场

比较混乱，大量贴现业务使得货币供应量剧增，有些贴现资金流入股票市场导致股市泡沫，金融审计连续几年揭露票据业务中存在的问题得到了各界广泛的关注；2004 年以来，房地产价格增长过快，金融审计也将审计重点关注到这一领域，揭示出银行信贷业务中的大量违规问题，如违规向自有资金不足或"四证"不全的房地产企业发放贷款，违规向土地储备中心发放贷款，以及个人借用大量银行信贷资金炒房现象。

（二）坚持以"总行（公司）为龙头"的"五统一"组织方式

总行（公司）是金融企业的决策中心，电子数据也逐步集中到总行，而基层分支机构因内控机制不完善、监督管理不到位，存在比较严重的操作风险，极易成为各类违规问题多发地带。这就要求金融审计一方面必须将总行（公司）作为"龙头"，加大对基层分支机构的审计力度。另一方面，金融业层出不穷的创新和变化，给金融审计提出了一系列新课题。金融审计面对的金融企业一般为单一法人制，所属分支机构不具备法人资格。如果对某个银行系统内同一违规问题，不同审计主体的定性不同，处理处罚的尺度把握不同，必将会影响审计的客观性与公正性。为此，金融审计在实践中不断总结经验，改进审计组织方式，在 1999 年对中国工商银行、中国建设银行的审计中，首次提出了"五统一"原则，即统一下达审计通知书、统一制定审计方案、统一制定审计处理政策界限、统一下达审计决定、统一制定审计质量考核办法。随后，金融审计在对商业银行、政策银行以及保险公司的审计中，都采用了"五统一"的组织方式。一方面使定性有了统一的尺度，处理处罚有了统一的标准，从而确保了审计质量；另一方面，可以发挥整体优势，避免了仅对金融企业某一分支机构发表审计意见的片面性，也有利于审计成果的深加工。

（三）坚持积极推进计算机审计

随着信息技术的迅猛发展，金融企业电子化管理程度日益提高，

计算机审计的迫切性越来越突出。金融审计在计算机技术的运用方面
实现了较大突破：在审计对象上，从绕开计算机开展审计到运用计算
机对电子数据进行审计，从对电子数据进行审计到尝试对计算机系统
开展审计；在审计的技术手段上，从利用计算机提供的检索、关联、
计算等功能对电子数据进行审计，发展到将审计人员的经验、技巧、
方法利用计算机技术实现智能化，进而积极尝试利用计算机及分析性
测试技术对电子数据进行分析；在审计范围上，不仅对商业银行实行
计算机审计，而且在对资产管理公司、保险公司等非银行金融机构的审
计中也开展了计算机审计；不仅审计署机关及特派办开展了计算机审计，
而且地方审计机关在对地方金融机构的审计中也积极尝试开展计算机审
计。可以说，如果不广泛开展计算机审计，金融审计就不可能取得目前的
成绩。

（四）坚持思想上毫不动摇、行动上毫不手软地查处大案要案

金融行业是高风险领域。近年来金融违法违规问题虽有所减少，但从
审计情况看，金融案件高发势态并未从根本上得到有效遏制，打击金融犯
罪形势依然严峻。这些年，审计通过揭露和查处金融领域的重大案件，有
效地维护了国家财经法纪，打击了金融领域违法犯罪活动，促进了廉政
建设。

（五）坚持增强审计结果的公开性和透明度

近年来，金融审计结果实行了向社会公告制度，这既扩大了审计
影响，促进了整改，而且通过向社会公告审计发现的带有倾向性的突
出风险和问题，对其他金融机构起到较好的警示作用。2003 年以来，
审计署通过公告金融审计结果，相继向社会提示了银行承兑汇票、城
市建设贷款、关联企业贷款、消费信贷、担保公司贷款业务、高校贷
款、公路贷款、委托贷款等银行业务存在的风险，揭示了金融企业基
层分支机构在管理方面存在的薄弱环节，反映了银行和资产管理公司

在不良资产剥离、管理、处置等环节存在的突出问题，起到了一定的警示作用。

四、抓住机遇，开拓创新，进一步发挥金融 审计的预防性和建设性作用

党的十七大报告在综合分析当前经济金融形势的基础上提出了未来金融改革发展的目标：推进金融体制改革，发展各类金融市场，形成多种所有制和多种经营形式、结构合理、功能完善、高效安全的现代金融体系；提高银行业、证券业、保险业竞争力；优化资本市场结构，多渠道提高直接融资比重；加强和改进金融监管，防范和化解金融风险。作为国家金融监督体系中的重要组成部分，今后一个时期的金融审计，要立足于发挥审计监督在经济社会中的免疫系统作用，在审计目标上将维护国家金融安全、防范金融风险、促进金融发展放在重要的位置；在审计对象上继续加大对商业银行的审计力度，积极开展对证券、保险行业的审计，深化对人民银行财务收支和银监会等监管机关的预算执行审计；在审计内容上继续对金融机构资产质量真实性、业务合规性和制度有效性开展审计，紧扣党和政府的各项中心工作，围绕健全公司治理结构、提高公司整体竞争力、揭示风险状况、反映资金流向以及促进监管机关履行职责等领域进一步深化金融审计的内容；在审计方法上紧紧把握信息技术发展的趋势，进一步完善审计手段、改进审计方式。

（一）围绕促进建立科学、规范、透明的预算管理体制的目标， 进一步深化对人民银行及银监会、证监会、保监会的审 计工作

在对人民银行财务收支的审计中，要积极开展与财务收支有关的各项

业务的审计，要积极尝试对其所属企事业单位开展效益审计；对银监会等金融监管机关，要通过开展对预算执行的真实、合规性审计，促进其完善财务管理、提高资金使用效率。同时，还要积极探索对金融监管部门进行绩效审计的路子。

（二）以防范风险、促进发展为目标，进一步深化对银行业金融机构的审计工作

对银行业金融机构的审计要把落实科学发展观和有效执行国家宏观调控政策作为重点内容。当前，我国宏观经济出现了由偏快转向过热的势头，再加上通货膨胀压力的不断加大，宏观调控的任务日益繁重。货币信贷政策是国家实施宏观调控的重要手段，银行业金融机构是货币信贷政策的主要承担者，其执行货币信贷政策的情况直接影响到国家宏观调控政策措施的贯彻落实。未来金融审计中应通过追踪分析其资金来源及去向，及时发现银行业金融机构在执行国家宏观调控政策措施方面存在的突出问题，深入分析问题的成因并提出有针对性的审计建议，推动国家宏观调控政策的贯彻落实，保障我国宏观经济健康稳定运行，为防范金融风险构筑一个良好的宏观经济环境。

（三）积极开展对证券、保险等金融行业的审计，充分发挥出金融审计综合性监督的特点

在"分业经营、分业监管"的格局下，通过揭示金融监管中的盲区和死角，综合反映以商业银行为主体，包括证券、保险、信托等金融行业存在的系统风险，尤其要注意揭示资本市场在快速发展中出现的风险隐患。对资本市场的审计要围绕入市交易资金的性质及来源、投资者的行为尤其是机构投资者行为的规范性两个方面开展审计或专项审计调查，揭示资本市场发展中存在的重大问题和潜在风险，深入分析问题的成因，提出有针对性的审计建议，为国家进一步深化资本市场改革提供重要参考。

（四）积极推动开展对农村信用社等地方金融机构的审计工作，充分发挥金融审计在促进社会主义新农村建设方面的作用

目前，信用社等地方金融机构发展较快，资产规模也不断扩大，但资产质量不高，违法违规现象尚未得以有效遏制，案件数量居高不下等问题在一些地区表现较为突出。为此，要大力推动地方审计机关在地方政府支持下开展对信用社等地方金融机构的审计，切实维护地方金融安全、防范金融风险、促进地方金融稳定。

（五）积极实施"以总行审计为龙头、以银行客户为中心、以资金流为导向"的审计组织方式，尝试"统一组织、集中审计、突出重点、联网运作、科学管理"的审计管理模式

在组织方式上，继续加大"五统一"力度，适应信息化发展的客观要求，组建一支数据分析专业化队伍，通过集中分析电子数据，准确发现风险地区、风险机构、风险业务、风险资金，尤其是不能使重大违法违规问题漏网，及时揭露金融机构经营管理中存在的风险隐患。改变目前"一年审一家，一审管几年"的方式，在年度计划管理上，可以考虑围绕党和政府的中心工作，围绕宏观调控，围绕金融业的热点、难点问题，围绕金融领域存在的倾向性、重要性问题，对国家主要金融机构实行经常性的审计或专项调查。充分发挥计算机在金融审计中的作用，可以通过审计组之间的联网，加强上下协同作战的能力，强化扁平化管理；按照质量控制流程，建立项目管理平台，实施科学的审计项目管理；在主要金融企业建立供审计署专用并适时更新的数据库；建立和完善"以银行客户为中心、以资金流为导向"的商业银行审计基础数据库，进一步规范信息化审计方式；以系统论为指导，以内控制度为导向，积极探索和完善信息化条件下的金融审计方式。

（六）坚持全面审计，突出重点，着力揭示突出问题和重大风险

在我国"分业经营、分业监管"的金融监督体制下，审计机关应该通过突出重点，整合资源，提高效率，发挥"眼睛"的作用。为此，金融审计应在把握总体情况的基础上，着力揭示突出问题和重大风险。实践证明，将发现大要案线索作为审计的突破口，是发挥"眼睛"作用的有效方式。通过对严重违反金融法规案件的查处，发挥审计监督的威慑作用，促进整顿和规范金融秩序，推进廉政建设；通过对重大违法违规案件的分析，促进金融企业加强管理，推动监管机关履行职责，建议有关部门完善制度，以此达到防范和化解风险、维护金融安全的目标。

（七）进一步优化人员结构，着力培养一支政治过硬、业务精良、作风顽强的审计队伍

首先，应培养或补充一些高级研究人员、金融工程人员和计算机人员，进一步优化人力资源结构，以适应金融业正在发生的新的变化。其次，是加强队伍建设，在保证审计人员独立性方面下工夫。强化责任和风险意识应成为独立性制度建设的重要内容。最后，是整合地方金融审计资源，在加强培训和指导方面下工夫。一方面进行技术方法专业培训，积极应对新时期地方金融机构出现的新变化，在维护地方金融稳定和新农村建设中发挥重要作用；另一方面组织地方审计机关参与项目审计，加强业务指导，进一步提高其从事金融审计的能力和水平。

（审计署金融审计司）

企业审计发展历程

1982 年，我国新宪法颁布，明确审计机关依法对国有企业进行审计监督。1983 年审计署成立，从此，广大审计人员以积极的进取精神和丰富的创新实践，谱写了企业审计积极探索、稳步提高和全面发展的历史篇章。25 年来，企业审计取得了很好的成绩，为深化国有企业的改革与发展发挥了重要的作用。

一、企业审计发展历程

企业审计的发展与我国国有企业的改革基本同步，并历经了改革开放和建立社会主义市场经济体制的全过程。25 年来，企业审计从起初以严肃财经法纪为重点的积极探索阶段，转入以资产负债损益审计为重点的稳步提高阶段，后来进入以经济责任审计为重点的全面发展阶段。可以说，企业审计的面貌发生了巨大变化。

（一）1983—1992 年为以严肃财经法纪为重点的积极探索阶段

党的十一届三中全会开启了我国改革开放的新时期，党和政府工作中心转移到社会主义现代化建设上来。随着改革开放的推行，经济发展过程中经常发现一些违反财经法纪的现象。自 1983 年起，国务院和县级以上地方政府设立了审计机关，边组建边开展工作。在相当长的时间内，审计机关紧紧围绕党中央、国务院关于严肃财经法纪、纠正经济领域不正之风的工作部署，将工作重点放在对国有企业的审计监督上，把查处违纪违规问题作为重要内容。可以说，审计署成立初期，审计机关重要的审计任务是企业审计。1983 年审计署成立后的第一个审计项目是对天津铁厂进行审计，审计结果于次年 4 月在《经济日报》公布，引起了强烈反响，有关部门高度重视并最终促成该厂扭亏增盈，取得了良好的社会效应。1986 年，审计署第一次组织了全国规模的物资企业审计。各级审计机关对 3700 多个物资企业进行审计，查出应上缴财政 6.6 亿元。1987—1988 年对 1500 多个县以上农资企业的审计，同时延伸了 1800 多个基层供销社，发现许多以权谋私克扣、倒卖农资产品行为，损害了农民利益，危及农业安全，提出改进农资专营、纠正行业不正之风等建议，得到国务院的重视。1988 年，审计署组织对中国康华发展总公司、中国国际信托投资公司、光大实业公司、中国工商经济开发公司和中国农村信托投资公司的审计，影响很大。审计发现这五大公司存在私自买卖外汇、逃汇套汇、倒卖重要生产资料和紧俏物资、漏缴税款等严重违纪问题，为党中央、国务院做出清理整顿公司的部署提供了重要的决策依据。

1986—1988 年，审计机关对 1.3 万多个厂长进行了审计；1989—1992 年，对 1.2 万多个企业进行承包经营责任审计。在广大审计人员的边干边学、积极探索下，企业审计不断扩大和增加审计范围，逐步充实和深化审计内容，努力积累和推广审计经验。企业审计尝试由对单个企业的审计拓展到整个行业，由发现企业的个性违纪违规问题发展到揭露行业整体存在的共性问题，为维护国家财经法纪，增收节支发挥了很好作用。

这一阶段企业审计的主要特征是：第一，起步最早、力量最强、成果最多。企业审计是我国审计监督工作最早涉足的领域，审计机关成立初期开展的试点多为企业审计项目，一度占据了国家审计项目的很大比重，但没有先例可参照，没有经验可借鉴，没有规范可遵循，一切从零开始。企业审计集中了大量专业人才，培养和造就了一支富有战斗力的审计队伍，一大批高素质的优秀干部在企业审计过程中逐渐成长起来，并始终保持了不怕吃苦的工作作风和积极进取的精神状态，取得了一批企业审计成果。第二，重点是揭露违反财经法规问题。围绕党中央、国务院关于增收节支、平衡财政收支的工作部署和严肃财经法纪、纠正经济领域不正之风的要求，企业审计主要查处重点企业、行业或盈亏大户违反财经纪律的重大问题，注重罚没、补税和收缴，增加政府财政收入，取得了显著的审计成果。

（二）1993—1997 年为以资产负债损益审计为重点的稳步提高阶段

1992 年邓小平同志南方谈话后，我国加快了改革开放的进程。同年10 月，党的十四大做出建立社会主义市场经济体制的重大战略决策，进一步深化财政、金融管理体制以及企业会计制度的改革。随着社会主义市场经济体制的逐步建立以及企业转换经营机制，国有资产所有权和经营权相分离，企业作为依法经营、自负盈亏法人地位逐步建立，国家和企业的关系也发生了深刻的变化。在计划经济条件下，国家既是国有资产的所有者，又是经营者，财经法规主要是调节国家和企业以及企业内部的利益分配关系。国家对国有企业的经营管理规定得很具体，而审计机关主要是监督财经法规是否得到严格执行，如企业是否擅自扩大成本开支范围、是否缴纳税金等等。在市场经济条件下，国家是所有者，企业是经营者，国家主要关注国有资产的保值增值。1992 年，国务院颁布了《全民所有制工业企业转换经营机制条例》，对国有企业和企业审计产生了巨大影响，该条例规定国有企业改革的目标是使企业成为依法经营、自负盈亏、自我发展、自我约束的独立法人，为了保障国有资产保值增值，明确审计机关要对企业资产负债损益情况进行审计监督，企业审计的内容和重点也发生了重大变化。1993 年，审计署、国家体改委、国家经贸委联合下发《全民所有制工业企业转换经营机制审计监督规定》，明确企业审计的重点是资产负债损益，1994 年《审计法》的颁布，也明确审计机关重点对国有企业资产负债损益情况进行审计监督。

这一阶段重要企业审计事项主要有，从 1993 年审计署连续 4 年对粮食企业进行审计，揭示了粮食企业财务挂账有增无减等重大问题，提出保证粮食各项政策落实到位、建立和完善两条线运行机制等政策建议，得到党中央、国务院和有关部门的高度重视和肯定，有效促进了粮食购销体制改革。由单个企业审计发展到全行业企业审计，企业审计逐渐尝试在较大范围内开始资产负债损益全面审计。如对中央外贸总公司、农业生产资料企业、邮电企业、交通企业等在国民经济中发挥重要作用的审计中，发现一些企业资产负债损益不实，借新旧会计制度转轨之机核销专用基金、截留国家专项补贴、采取隐瞒和转移收入等方式侵占国家利益，倒卖紧俏农业物资非法获利，违规收取、漏征和截留挪用专项基金，乱集资兴办多种经营企业，转让主业权益，账外资金数额巨大、财务管理混乱，国有资产流失等严重问题。审计结果和建议引起有关部门和企业的高度重视，对企业转换经营机制起到了积极的促进作用。

这一阶段企业审计的主要特征是：第一，以揭示企业资产负债损益方面的主要问题为审计重点。由于国有企业经营管理制度、财务会计制度、收入分配制度等各方面都发生了重大变革，国有资产的安全完整和保值增值问题开始备受关注。企业审计积极适应这一变革，适时调整工作重点，以资产负债损益的真实性、合法性审计为基础，通过审计监督，既摸清企业家底，掌握了资产质量状况，同时又揭露了企业的违纪违规行为，促进企业提高经济效益，为国有企业健康转换经营机制，维护国有资产安全完整发挥了重要作用。第二，以行业审计方式开展企业审计。为促进国有企业改革政策的贯彻落实，企业审计及时总结经验，逐步打破地域限制，统一指挥部署，充分发挥整体合力，主要采取行业审计方式，揭示整个行业国有资产运营中存在的问题，为国家宏观调控服务。一方面，将有关行业主管部门和企业同时确定为审计对象，充分揭示了粮食、农资、医药、交通、邮电等行业存在的问题；另一方面，从宏观着眼，对审计发现的国有企业改革和发展中的深层次的行业性、普遍性、倾向性问题，深入分析研究，为国家进行粮食购销体制改革、农业生产资料流通体制改革、棉花购销体制改革、药品价格管理改革等宏观经济决策提供可靠的信息和重要的参考依据，提高了国家利用经济手段进行宏观调控的能力，较好地实现了为宏观调控服务的目的。

（三）1998 年至今为以经济责任审计为重点的全面发展阶段

1997 年，党的十五大提出用 3 年左右时间，通过改革、改组和加强管理，使大多数亏损的国有大中型企业摆脱困境，力争到 20 世纪末使大多数国有骨干企业初步建立现代企业制度。1998 年，国务院做出"一个确保，三个到位，五项改革"的工作部署。国有企业改革是其重要内容。与此同时，随着中央政府机构改革的推进，大量行业主管部门被撤并，一大批国有企业集团相继组建成立，国有企业改革发展的步伐明显加快。

围绕国有企业三年脱困目标，审计机关针对企业资产质量低、会计信息严重失真等情况，及时提出以真实性为基础，摸家底、揭隐患、促发展的企业审计总体思路，重点揭露企业资产负债损益不实，国有资产流失和严重违法犯罪线索。如 1998 年，审计署牵头会同国家发改委、财政部等 8 个部门，开展了全国粮食财务挂账清查审计。审计署动员了近五万名审计人员，占当时全国审计人员的 60%，历时半年多，规模空前，组织严密，成果突出，扩大了中国审计的影响，赢得了社会的认可，得到国务院及有关部门的肯定，为进一步深化粮食流通体制改革提供了决策依据。在对大庆联谊石化股份公司股票专案审计中发现该公司弄虚作假、包装上市，以虚拟客户名义，用自有资金购买应配售的内部职工股，并将部分股票送给有关单位和个人的问题，涉案人员均受到相应惩处。2000 年，围绕国有大中型企业三年脱困目标实现情况，审计署组织对 1290 户企业进行审计和审计调查，发现大案要案线索 78 件，提出进一步深化企业改革，加快建立和完善现代企业制度和市场退出机制等建议，引起国务院高度重视。

在国有大中型企业三年脱困目标基本实现后，企业法人治理结构不断完善，现代企业制度建设步入新阶段。这一时期，国家实行国有企业稽查特派员制度、监事会制度，与社会审计的审计鉴证和审计机关的审计监督，形成了对国有企业的多元化监督格局。面对这种现状，按照深化国企改革与脱困的目标要求，以中办、国办颁发的《国有企业及国有控股企业领导人员任期经济责任审计暂行规定》为契机，根据党的十五届四中全会《中共中央关于国有企业改革和发展若干重大问题的决定》"加强企业经营活动审计监督，建立企业经营业绩考核制度和决策失误追究制度，实行企业领导人员任期经济责任审计"的要求，确定当前及今后一定时间内"以企业领导人经济责任审计为中心，以资产负债损益的真实性审计为基础，以检查企业会计信息、资产质量、重大经济决策、主辅经济关系和遵守财经法规为重点，全面客观评价企业领导人员的经济责任"这样一条企业审计的新路子。这一阶段近 10 年，审计署共承担中央企业领导人经济责任审计项目 57 个，查出了大量会计信息、资产质量、重大经济决策、主辅经济关系、企业经济效益、海外资产管理、重大违法违规、企业管理等方面的问题。为改善企业管理，服务企业发展，提高企业经济效益，促进企业发展发挥了重要作用。

这一阶段企业审计的主要特征是：第一，揭露了一批有影响的大案要案。企业审计坚持真实性审计，在会计领域打假治乱的同时，注意发现大案要案线索，严肃查处了一大批企业的重大违法犯罪问题，进一步深化了企业审计。如，2003 年，审计署组织 16 个省级审计机关和 18 个特派办，历时八个多月，对原国家电力公司领导班子任期经济责任审计发现，该公司 1998—2002 年累计少计利润 78 亿元，决策失误造成损失 78.4 亿元，其中个别领导人员擅自决策造成损失和潜在损失 32.8 亿元，国有资产流失 45 亿元，经济犯罪案件线索 12 起，涉案金额 10 亿元。在 2007 年对中国盐业总公司的审计调查中，审计署密切关注消除碘缺乏病、食用盐安全等涉及群众切身利益的问题，以及盐业专营管理与发展问题，提出了深化盐业体制改革的建议，引起国务院及有关部门高度重视。此外，审计署还配合有关部门，承担了广东湛江走私案、天津渤海化工集团公司专案、香港航科集团原总裁违规操作造成重大损失案、中国光大集团原董事长贪污受贿案、中国华诚集团财务公司侵占挪用国有资产案、三九集团公司原法定代表人涉嫌贪污受贿专案等的审计和查证工作。第二，审计重点是企业领导人员任期经济责任。各级审计机关深入开展经济责任审计，为加强企业领导人员监督、促进廉政建设、维护财经法纪发挥了重要作用。企业审计以经济责任审计为重点将经济责任审计与财务审计相结合；真实性审计、合法性审计与效益审计相结合；审计与审计调查相结合；审计与打击经济犯罪、惩治腐败相结合；审计与服务企业相结合。在此基础上，客观、合理评价企业领导人员经济责任履行情况，促进企业领导人员增强管理意识、责任意识和效益意识。第三，促进企业可持续发展。企业审计坚持在法定职权范围内，不断扩大监督视角，拓展监督领域，把握企业总体情况，注重发现和反映影响企业可持续发展的重大违法犯罪、重大经济决策失误造成损失、自主创新不足、企业管理薄弱等问题，努力提高审计成果的质量和水平，更好地为国有企业可持续发展服务。

二、企业审计的主要做法及成果

25 年来，企业审计紧紧围绕党和政府工作中心，认真履行监督职责，在维护财经秩序，促进国有企业深化改革、防范风险、加强管理和提高效益方面发挥了重要作用，为政府宏观经济决策提供了重要参考依据。企业审计的主要成果有：

（一）促进国有企业会计信息真实性的改善

真实的会计信息是国家宏观经济决策的重要依据，国家审计对会计信息的真实性历来十分重视。长期以来，企业审计一直将真实性审计作为一项重要任务。针对一个时期较为严重的会计信息失真问题，企业审计将真实性寓于财务收支审计和经济责任审计之中，查处了大量资产负债损益不实、虚盈实亏、截留和非法转移收入、设账外账、隐瞒收支和利润等会计信息失真问题，有力遏止了会计信息造假，增强了企业领导人员和财会人员会计信息披露的法律意识。如 1989 至 1998 年，审计机关独立或会同其他部门，连续对粮食企业经营管理、财务挂账、贯彻粮食流通体制改革政策情况等方面进行审计，基本核实了粮食政策性财务挂账，促进了粮食企业会计信息质量的改善。经过几年的审计，国有骨干企业资产不实金额已从 2001 年的 82 亿元下降到 2006 年的 24.7 亿元，会计信息真实性明显得到改善。

（二） 揭露企业重大违法违规问题

企业审计坚持揭露侵害国家利益、国有企业利益的重大经济违法犯罪问题，注意发现侵占国有财产、失职渎职造成国有资产重大损失、行贿受贿各方面经济犯罪案件线索，为惩治腐败、维护财经秩序、加强党风廉政做了大量卓有成效的工作。据统计，1986—1992 年，各级审计机关从维护国家利益，规范国家与企业间的分配关系入手，为严肃财经法纪、纠正经济领域的不正之风、整顿经济秩序发挥了积极作用。在我国建立社会主义市场经济体制过程中，企业审计适时调整工作重点，从查处违纪违规问题转向关注国有资产流失和保值增值，先后开展机电、物资、外贸、内贸、铁路、邮电、医药、交通、烟草等企业审计，促进了国有企业转换经营机制，维护了国有资产安全。1998 年以来，企业审计将财务收支审计与经济责任审计相结合，致力会计领域打假治乱，注意发现大量大案要案线索，揭露了大量重大违法犯罪问题。

（三） 促进维护国有资产安全

在 25 年的发展历程中，企业审计一直着力于维护国家利益。最初，企业审计将规范国家与企业间的分配关系、促进企业提高经济效益、增加政府财政收入、改善国家财政经济状况作为极其重要的工作，甚至是首要工作。据统计，1986—1997 年，企业审计通过追缴收入、罚没和补税，共计上缴或决定收缴财政 65.21 亿元，促进增收节支 3.70 亿元。在企业审计工作重心逐渐转移后，企业审计的主要任务是维护国有资产安全完整，促进国有资产保值增值，防范国有企业经营风险，关注重大国有资产流失或损失。

（四）促进完善国有企业管理制度

企业审计始终坚持监督与服务并重的原则，不仅揭露企业违法违规违纪问题，还关注企业会计核算、财务管理、内部控制制度中存在的重大漏洞或薄弱环节，及时提出完善相关制度的审计建议；同时，积极向各级政府及有关部门反映国有企业管理中存在的问题，及时提出有关行政法规和规章修订建议，促进完善国有企业管理制度。据统计，2004—2006 年，审计署共向 40 户中央国有企业提出审计建议 294 条均被采纳，有关企业据此完善管理制度 404 项。

（五）促进国有企业可持续发展

近年来，企业审计认真贯彻温家宝总理提出的"既要重视查清问题，又要重视通过审计帮助企业深化改革"的要求，积极关注企业管理机制和体制方面存在的问题，及时向有关部门反映，完善相关政策和制度，以科学发展观为统领，关注企业改革，努力做到为企业加强管理、提高效益服务，更好地体现了审计署提出的"企业审计要树立服务理念"这一重要思想，为企业发展创造了良好的外部环境，促进了企业的可持续发展。

三、企业审计基本经验

25 年来，广大企业审计人员努力解放思想，充分发挥主观能动性，不懈探索与实践，积累了一些行之有效的经验，这些经验主要是：

（一）必须坚持为国有企业又好又快发展服务的指导思想

国有企业是我国国民经济的重要支柱。企业审计始终从这个认识高度出发开展工作，立足于服务企业深化改革、强化管理、提高效益、防范风险。既服务各个国有企业发展，揭露重大经营管理风险和隐患；也服务国有企业改革发展大局，充分反映影响企业发展的行业性、结构性、普遍性问题。企业审计为国有企业又好又快发展服务主要体现在：一是增进会计信息的真实性，为经济决策提供可靠依据；二是揭露重大经济犯罪问题，净化企业经营环境；三是促进管理制度完善，堵塞经营管理漏洞；四是揭示发展面临的主要风险，增强持续发展能力。在全面服务国有企业健康发展中，企业审计发挥了重要作用。

（二）必须坚持"摸家底、揭隐患、促发展"的工作思路

"摸家底"是基础，指以会计信息真实性为基础，通过全面审计，突出重点，从整体上把握企业资产、负债、损益基本情况。"揭隐患"是核心，指以查处重大违纪问题为突破口，重点揭露企业存在的资产质量不高、重大决策失误造成损失浪费、国有资产流失和重大风险问题。"促发展"是目标，指以提升审计成果质量和水平为目标，对企业审计中发现的问题集中起来，分析问题产生的原因，研究对策，从制度和机制上提出有针对性的审计建议，为政府加强宏观调控、完善制度服务。帮助企业改进管理，提高经济效益。

（三）必须坚持依法审计与实事求是相结合的处理原则

企业审计是手段，企业发展是目的。企业审计要坚持依法审计和实事求是相结合。一方面，企业审计应在法定职权范围内开展工作，依照法定程序、法定权限、法定标准判定问题的性质。在重大问题上坚持原则，敢于碰硬，不徇私枉法，克服困难和阻力，一查到底，揭露重大违法违规问

题。另一方面，要加强与企业交流，充分听取各方面意见，多方调查取证，做艰苦细致的工作，弄清问题或事件真相，实事求是地处理问题。在重大原则问题上要坚持原则，同时要注意听取不同意见，深入分析问题成因，充分吸收合理意见或建议，正确处理合理与合法、局部与整体、眼前与长远之间的关系，实事求是地进行处理。

（四）必须坚持企业审计与"人、法、技"协调发展的保障措施

"人、法、技"建设是推动企业审计发展的保障措施。25 年来，企业审计坚持队伍建设、规范化建设和信息化建设协调发展。在队伍建设方面，通过企业审计实践、案例培训、调查研究和经验交流等方式，提升企业审计人员的专业知识和动手能力，培养出了一支业务精湛的企业审计队伍，为企业审计的持续发展奠定了坚实的人才基础。在规范化建设方面，企业审计认真执行《审计法》和审计准则的有关规定，严格遵守"八不准"等审计纪律，制定了审计署与中央企业联系制度，使审计工作有章可循，提高了企业审计工作水平。在审计信息化建设方面，企业审计大力推进审计手段现代化，培训信息化专门人才，开展企业计算机审计需求课题研究，加快审计软件开发和推广应用的步伐。开展企业数据库的建设，及时掌握企业的总体情况、重大财务变动情况，为审计工作的顺利开展提供了强有力的技术支撑。

回顾过去，企业审计走过了不平凡的历程，展望未来，企业审计蕴藏着无限的生机。党的十七大提出了坚持科学发展、促进国民经济又好又快发展、构建社会主义和谐社会战略目标，国有企业又面临着一次广泛而深刻的变革，企业审计又将迎来一个新的发展时期。今后的企业审计要坚定不移地贯彻科学发展观，通过继续查处企业违法违规问题，检查国有资产保值增值状况，维护国家财政经济秩序，维护国有资产安全，为企业又好又快发展服务。

（审计署经贸审计司）

经济责任审计工作的
发展历程和主要经验

经济责任审计经过二十多年的发展，已经成为中国审计的重要组成部分，在权力制约和党风廉政建设等方面发挥了重要作用。目前，国有企业领导人员经济责任审计已基本规范，党政领导干部经济责任审计范围已扩大到地厅级，对省部级党政领导干部经济责任审计的试点工作也在逐步深入。

一、发展历程

经济责任审计是一个有中国特色的审计类型，其发展过程就是审计基本原理和中国实际相结合不断探索、不断创新的过程。主要经历了以下几个阶段：

（一）20 世纪 80 年代中期至 1995 年为萌芽阶段

20 世纪 80 年代中期，部分审计机关在当地党委、政府的支持下，开始探索对国营企业厂长（经理）开展离任经济责任审计。1985 年，安徽淮南市在全国率先建立了厂长（经理）经济责任审计制度，规定对企业负责人先审计后调动。黑龙江肇源县于 1985 年对县机床厂、玻璃厂等 7 户工业企业经济成果进行了审计公证，制定下发了《肇源县人民政府关于国营企业厂长（经理）实行审计公证，行政事业和国营企业财务人员实行审计评价制度的通知》，明确规定了国营企业厂长（经理）在任职期间的晋升、提拔、奖励等必须经过审计。1986 年年底，审计署根据中共中央、国务院颁发的《全民所有制工业企业厂长工作条例》中关于"厂长离任前，企业主管机关可以提请审计机关对厂长进行经济责任审计评语"的规定，制定了《审计署关于开展厂长离任经济责任审计工作几个问题的通知》，对厂长（经理）离任审计的范围、内容、程序和要求等做出了原则规定。地方各级审计机关根据这一通知精神，结合本地区的实际情况，逐步开展了厂长离任审计。

这一阶段的经济责任审计工作，以企业领导人为主要审计对象，以评价经营承包责任的履行情况为主要审计内容，为完善承包经营机制、促进企业发展、改革企业干部管理制度做出了重要贡献，为经济责任审计的发展积累了宝贵经验。

（二）1995—1999 年为探索阶段

1995 年前后，部分地区开始探索对党政部门领导干部开展离任经济责任审计。浙江省于 1996 年 11 月发布了《浙江省领导干部经济责任审计办法（试行）》，明确了领导干部经济责任审计的范围、内容、程序，推动了浙江省经济责任审计工作的发展。山东省菏泽地区从 1995 年开始在全区党政群机关、企事业单位实行领导干部主要负责人离任审计制度，并在实践中逐步发展成为干部任职全程审计监督制度，把任期经济责任审计作为考核领导干部政绩、选拔任用、兑现奖惩的必经程序。1997 年 9 月，胡锦涛同志在新华社《国内动态清样》刊载的《菏泽三年中 135 名"一把手"未过"离任审计关"》一文上批示："此事对加强监督，推进党风廉政建设很有好处，需研究有关范围及办法，先试行起来，然后总结、推广。"1998 年 1 月，胡锦涛同志在中央纪委《关于落实胡锦涛、尉健行同志批示的工作情况报告》上批示："赞成先扩大试点，然后总结经验，制定办法，逐步试行。"同年，中央纪委在菏泽地区开展了领导干部经济责任审计试点工作，并提出在全国开展对党政领导干部和国有企业、国有控股企业领导人员经济责任审计工作。

这一阶段，部分地区制定经济责任审计的地方性法规和制度，党政领导干部经济责任审计的探索有了一定进展，并在全国产生了一定的影响。同时经济责任审计理论研究开始兴起。

（三）1999—2004 年为全面发展阶段

1999 年 5 月，中办、国办下发了《县级以下党政领导干部任期经济责任审计暂行规定》和《国有企业及国有控股企业领导人员任期经济责任审计暂行规定》，至此，经济责任审计成为审计机关的法定职责。审计署在办公厅设立了经济责任审计与审计技术管理处，负责对全国经济责任审计进行指导。1999 年 10 月，中纪委、中组部、监察部、人事部、审计署五部委召开第一次联席会议，确定了经济责任审计工作联席会议成员单位的职责与任务，决定由联席会议办公室处理日常工作。2000 年 6 月，中办、国办转发《中纪委、中组部、中央编办、监察部、人事部、审计署关于认真贯彻落实中办发（1999）20号文件，切实做好经济责任审计工作的意见》，要求各级党委、政府组织领导干部认真学习两个暂行规定，积极支持和配合审计工作；要求建立经济责任审计工作联席会议制度，并明确联席会议的职责。同年10 月，第一次全国经济责任审计工作会议在北京召开，部署全国经济责任审计工作，总结和推广先进经验，为推动经济责任审计的全面发展发挥了重要作用。2001 年 11 月，审计署办公厅加挂经济责任审计司牌子，并明确了工作职责。2002 年 8 月，审计署在广东召开全国经济责任审计工作座谈会，提出了"积极稳妥，量力而行，提高质量，防范风险"的指导原则。2004 年，国务院国有资产监督委员会成为经济责任审计工作联席会议成员单位。

这一阶段，在中央五部委的领导下，经济责任审计得到全面快速发展，31 个省（自治区、直辖市）全部建立了经济责任审计联席会议制度或成立了领导小组，制定了相关的制度和规范，各市（地）、县（区）开展经济责任审计工作的基础条件也基本具备。县以下党政领导干部和国有及国有控股企业领导人员经济责任审计工作全面展开，县以上党政领导干部经济责任审计试点不断扩大，一些地（市）县的审计局长也接受了经济责任审计，审计署对 4 名省部级党政领导干部进行了经济责任审计试点。经济责任审计也成为理论界讨论的热点。

（四）2004 年至今为稳步发展阶段

2004 年 11 月，第二次全国经济责任审计工作会议召开，会议总结了经济责任审计的成功经验，表彰了先进地区，下发了中央五部委《关于将党政领导干部经济责任审计范围扩大到地厅级的意见》，决定从 2005 年 1 月 1 日起将党政领导干部经济责任审计范围从县级以下党政领导干部扩大到地厅级。2005 年，中央五部委经济责任审计工作联席会议办公室开始着手研究制定《经济责任审计条例》，于 2006 年 11 月形成了《经济责任审计条例（送审稿）》，由审计署报送国务院法制办审议。2006 年，全国人大常委会审议通过的新修订的《审计法》，正式写入了经济责任审计的内容，明确了经济责任审计的法律地位。

这一阶段，经济责任审计的内、外部环境都发生了较大变化。就内部环境而言，经济责任审计的法律地位得以确认，法制化、规范化工作进一步加强，各地的经济责任审计专职机构进一步健全；就外部环境而言，中组部 2006 年下发了《体现科学发展观要求的地方党政领导班子和领导干部综合考核评价试行办法》，把经济责任审计结论和评价意见列入组织部门对领导干部综合考察评价的内容。各个部门对经济责任审计的重视程度也进一步提高，部门间配合更加密切，审计结果得到有效运用。在这期间，全国 2/3 的省（自治区、直辖市）开展了对地市党政主要领导干部的经济责任审计；审计署继续对省部级领导进行试点审计；按照地方组织部门的商请，审计署还对 9 名审计厅（局）长实施了经济责任审计。各地在实践的基础上，不断深化经济责任审计工作，促使经济责任审计在经济建设、干部管理和党风廉政建设中发挥了更大的作用。

二、主要经验

经过这些年的发展，经济责任审计取得了很大成绩，积累了许多宝贵经验，主要是：

（一）建立科学有效的领导体制和工作机制是经济责任审计稳步发展的强有力保障

领导体制和工作机制的科学性和有效性既是经济责任审计持续稳步发展的保障，又是衡量经济责任审计发展水平的一个重要标志。经济责任审计涉及多个方面和多个领域，是一项实践性很强的工作，加强统筹规划、部门间的协调配合及审计结果的综合运用都需要有健全的领导体制和工作机制来保证和落实。近年来，各级党委和政府统一部署、协调各方，为经济责任审计体制机制建设提供了强有力的支持。全国 31 个省（自治区、直辖市）全部建立了经济责任审计联席会议制度，其中 19 个省（自治区、直辖市）成立了经济责任审计领导小组。大部分市（地）、县（区）成立了联席会议或领导小组。各级经济责任审计联席会议、领导小组都制定了比较规范的工作运行制度，对成员构成、责任划分、工作程序等做出了明确规定，在研究确定审计对象、强化审计结果运用、研究解决工作中遇到的重大问题等方面发挥了重要作用。在联席会议或领导小组的领导下，全国 30 个省级审计机关和大部分的市（地）、县（区）级审计机关建立了经济责任审计专职机构，配备了专职人员，一些地方还将经济责任审计专职机构或机构领导高半格配置，有力保障了经济责任审计工作的顺利开展。

（二）加强指导、协调一致，是经济责任审计稳步发展的基础

由于各地经济发展水平的差异和对经济责任审计认识和重视程度的不同，经济责任审计在全国范围内的发展很不平衡。为把经济责任审计工作不断推向深入，中央五部委大力开展调查研究，及时总结和推广一些地方的先进经验，针对不同地区的不同情况，分层次、分类别地加以指导。根据经济责任审计发展中不断呈现出的新特点、新动向，中央五部委采取积极措施，出台政策意见，召开经济责任审计工作会议、理论研讨会、经验交流会、专题座谈会，组织培训班，统一思想，交流经验，研究发展趋势，有力指导了全国经济责任审计工作的开展。各地经济责任审计领导小组和联席会议也不断加大对本地区的指导力度，强化管理，解决矛盾，推动了经济责任审计工作的发展。目前，全国经济责任审计工作"上下联动、协调一致"的格局基本形成。

（三）加强制度建设、强化质量管理，是经济责任审计稳步发展的前提

目前，全国31个省（自治区、直辖市）全部制定了经济责任审计操作规程或实施办法，对经济责任审计的审计程序、审计内容和重点、审计方法和步骤、审计查出问题的责任划分、审计评价、审计文书格式等方面都做了比较详细的规定。有很多省（自治区、直辖市）制定了经济责任审计结果运用办法，审计结果的运用逐步做到了有章可循。审计署对中央企业领导人员经济责任审计报告进行了规范。2006年修订的《审计法》为审计机关进一步开展经济责任审计提供了法律依据。

各地还采取合理安排审计计划、规范审计行为、开展审计质量检查等

措施，加强了对经济责任审计质量的控制，审计质量明显得到提高。

（四）不断创新、在实践中探索前进，是经济责任审计稳步发展的动力

不断探索创新是经济责任审计保持生机与活力的根本所在。面对经济责任审计政策性强、难度大，没有现成经验可以借鉴的情况，各地没有墨守成规、等待观望，而是在实践中勇于创新，积极探索经济责任审计管理模式和审计的方式、方法，取得了明显成效。一是在审计理念上不断突破。浙江省探索了在县市长经济责任审计中以全部政府性资金为主线的工作新思路；吉林、广东等省实行了对县长、书记同时审计的办法；湖北、宁夏等省（自治区）探索了行业审计的新模式。二是在审计内容上不断深化。各地在审计中注意把握被审计单位的业务活动脉络和资金走向，重点审计重大经济决策事项、重大工程建设项目、政府财政负债、预算外资金等，关注土地、环境、资源利用等问题。江苏、浙江、广东等省还把绩效分析作为经济责任审计的重要组成部分。三是在审计时效上进一步考量，加大了任中审计项目的比重。湖南、云南等省对省管领导干部全部实现了任中审计，四川、宁夏、海南等省（自治区）任中审计项目都超过了 40%。此外，河北、辽宁、上海、湖南、四川等省（直辖市）在经济责任审计工作信息化系统建设方面进行了有益尝试。

（五）建立健全审计结果运用的长效机制，是经济责任审计稳步发展的关键

只有建立经济责任审计结果运用的长效机制，把审计结果用于干部的教育、警示、惩戒等各环节中，才能真正发挥经济责任审计的作用。近年来，在各地党委、政府的高度重视下，各级审计机关与纪检、组织等部门共同研究探索了多种经济责任审计结果运用的有效途径，主要包括：建立经济责任审计与干部的考核、选拔任用相结合的机制，把经济责任审计结

果记入干部考核和廉政档案，作为考察评价干部的重要依据；建立经济责任审计结果专题报告机制，分析经济责任审计发现的共性问题，查找制度上的漏洞，向党委、政府专题报告，为党委、政府领导宏观决策和完善各项管理制度服务；建立线索移交机制，把审计发现的案件线索及时移交给纪检监察机关或司法机关，严厉查处重大违纪违规和经济犯罪行为。这些机制的建立，充分发挥了经济责任审计在加强权力制约、提高干部监督管理水平等方面的积极作用。

三、发展趋势

作为一项全新的制度，经济责任审计还面临着很大的挑战，有着广阔的发展空间，需要不断地探索和创新，以不断适应干部监督管理和党风廉政建设的新需求。

（一）经济责任审计与问责制相结合，推动责任政府的建立

民主政府必然是责任政府。建立责任政府是政府管理体制改革与行政改革的根本目标。责任政府的一个主要特征就是问责制的成熟和有效运作。我们国家在"非典"疫情时启动了问责制，问责制在一些矿难事故和环境污染事故中也发挥了作用。可以预见，问责制在政府的大力推动下必然会逐步完善和成熟。经济责任审计以其特有的监督方式，必将成为问责制的重要组成部分：一是将经济责任审计发现的问题线索提供给组织、人事、纪检、监察以及人大等问责部门，为这些部门开展行政问责提供依据；二是随着审计结果公告制度的逐步实施，除涉及国家机密、商业秘密等内容外的审计结果全部向社会公告，为广大人民群众开展民主问责提供依据；三是向被审计人所在单位的相关干部、群众公告热点问题的审计情况，为被审计人澄清问题、解脱经济责任提供依据。

（二）经济责任审计与绩效审计相结合，推动科学发展观和正确政绩观的树立

绩效审计是中国政府审计今后发展的一个主要方向。把绩效审计的理念应用到经济责任审计中，就是在检查财政资金使用的真实性、合法性的同时，对被审计人任期内的重大经济活动和重要决策进行审计，评价资源利用的经济性、效率性和效果性，关注经济活动的结果对社会事业发展和可持续发展的影响。在党政领导干部经济责任审计中引入绩效审计理念，按照全面、协调、可持续发展的原则开展审计工作，客观反映领导干部的成绩与效果，可以促使领导干部树立求真务实、科学发展的理念，加强工作的科学性和计划性，以实绩求发展。当前，一些地方已经在对党政主要领导干部经济责任审计中重点关注农业、土地、社保、环境等问题，并取得了一定成效。

（三）经济责任审计实践将推动其理论不断丰富和完善

经济责任审计在实践中产生、发展并形成了自身的理论体系，这些理论又反过来指导实践，推动这项工作不断发展。然而，经济责任审计在理论上还存在一些空白，经济责任如何界定、经济责任审计评价的标准、追究责任的办法等都还没有明确规定，还有很多地方亟待补充和完善，审计理论的研究将随着时代的发展而不断加强。

当然，经济责任审计的发展不能一蹴而就，需要我们投入更多的精力，勇于探索、勤于思考、善于总结，需要各级党委、政府领导和相关部门的大力支持和全力配合，在实践中推动这项工作不断前进。

（审计署经济责任审计司）

"人、法、技"建设协调发展

贯彻人才发展战略
加强审计队伍建设

审计队伍是审计事业发展的基础和保证，审计队伍建设是审计机关建设的重要内容。回顾审计队伍建设和发展的历史进程，总结经验，研究未来发展趋势，是审计人才发展战略研究的首要工作和基础性工作。

一、历史回顾

1983 年 9 月 15 日，中华人民共和国审计署正式成立，拉开了审计队伍建设的序幕。随着审计事业的发展和审计工作重点的变化，审计队伍建设的指导思想以及审计队伍在数量和质量上都呈现出不同的特点，其发展大致可以划分为三个阶段：

（一）1983—1988 年为起步阶段

这 5 年是我国审计工作的开创阶段。1982 年 8 月，国务院发出了《国务院关于建立审计机关的通知》（国发电〔1982〕56 号）。各级审计机关按照组建工作要求，迅速完善机构，抓紧选调人员，到 1988 年年底，全国共组建地方各级审计机构 3025 个，占应建数的 98.6%，人员实有数达 51797 人，占定编人数的 78.9%。审计机关狠抓教育培训工作，在搞好在职审计干部培训、委托部分高校培训审计干部的同时，促进高等院校增设审计学专业和开设电大、夜大等成人审计专业教育，建立了审计专业技术职称制度，创立了每隔 4 年进行一次的审计机关"双先"表彰制度。

这一时期审计队伍建设的特点是：审计队伍从无到有、迅速充实，人事工作基本框架初步确立，初步形成了审计队伍建设的基本思想和"德才"内涵，构建了以重视进人质量、不断培训提高、实行审计职称制度、进行表彰激励等为主要内容的审计队伍建设的基本框架，建设了一支与当时审计工作要求基本相适应的审计专业队伍，为审计事业的发展打下了较为坚实的基础。

（二）1989—1998 年为稳步发展阶段

在前 5 年的基础上，审计组织机构和审计队伍建设得到了进一步加强，审计人才的录用、考核、任免、教育培训、职称管理和先进表彰等工作日益规范：一是加强了领导人才队伍（特别是领导班子）的建设；二是初步建立了审计人才的考试录用机制，规范了审计人才的考核和任免工作；三是对审计业务骨干实行激励措施，并进行了干部能上能下的有益探索。截至 1993 年年底，全国审计机关工作人员从 1988 年年底的 5.2 万人，增加到了 8.1 万人，增长了 62%。按照统一规划、分级培训的原则，各级审计机关采取举办研讨班、培训班等多种形式，加强了审计干部的岗位培训。审计机关重视作风教育、廉政教育和职业道德水平教育，重视提高审计队伍的综合素质，审计人才的综合素质有所提高。

这一时期审计队伍建设的特点是：基本建立了一套较为完整的干部选拔任用制度，完善了审计人员职业道德和廉政建设的有关要求，初步实现了领导班子的新老交替，审计队伍素质逐步提高，审计干部日益年轻化和专业化，审计队伍建设走上了规范化的稳步发展道路，为今后审计队伍建设的机制创新和人事制度重大改革打下了基础。在此期间，审计署驻地方派出机构在人事制度改革方面做了不少有益的探索，为特派办造就一支基本素质较好、比较年轻的专业化的干部队伍打下了较好的基础。

（三）1999 年至今为改革创新阶段

这一时期是我国审计事业发展最快的时期，审计队伍建设走上了管理科学、程序规范、注重综合素质的内涵式发展道路。1998 年我国进行了新中国成立以来规模最大的一次行政体制和政府机构改革，审计队伍建设提出了以"人"为核心的"人、法、技"协调发展思想，审计队伍在数量上出现稳中有降的趋势，人事制度改革出现重大突破，培训机制的创新与完善以及学习型审计机关的建设，在审计队伍中营造了竞争的积极内在机制，在队伍结构、人员素质方面出现明显进步，为审计队伍素质持续提高提供了不竭的动力，主要表现在以下几个方面：一是深入分析现状，做好干部录用和选调工作，充实审计力量，优化队伍结构。二是加大教育培训力度，努力提高干部的认识水平和业务能力。2002 年以来共投入教育培训经费 5282 万元，举办各类培训班 220 期，累计培训干部 17353 人次，初步搭建起以培训、教材、师资、考试和网络为支撑的职业教育培训框架。三是改进业绩评价和考核方法，建立和完善科学的派出机构考核体系，在常规考核的基础上，引入量化考核指标，把定性考核与量化考核结合起来，实现科学评价年度工作绩效的目标。四是坚持统筹兼顾、协调发展，加强司局级班子建设和处级领导干部的选拔任用。一方面实行公开选拔，注重在实践中考察、识别干部，把那些德才兼备、实绩突出和群众公认的优秀干部及时选拔到领导岗位上来；另一方面通过不断完善以竞争上岗为主体的处级干部选拔任用机制，加强处级干部队伍建设。

这一时期审计队伍建设的特点是：通过一系列干部人事制度改革的探索与发展，逐步形成了一系列审计队伍建设思想，进一步强化了审计机关文化，建立健全了干部选拔任用机制和监督管理机制，保证了审计队伍建设的持续创新能力，逐步造就了一支结构相对比较合理、学历和专业化程度比较高、比较年轻的干部队伍，为审计事业发展提供了坚强的组织保证。如截至 2006 年年底，审计署机关和派出局，共有在职干部 558 名，其中署机关 309 人，派出局 249 人；从文化程度看，具有大专以上学历的 551 人，占 98%；从年龄结构看，平均年龄为 38.60 岁，40 岁以下的 316 人，占 56%；从职称结构看，有中高级职称的 269 人，占 48%；从政治面貌看，中共党员 475 人，占 85%。

二、基本经验

25 年来，审计队伍建设工作取得了显著成绩，积累了基本经验：

（一）各级党委和政府高度重视队伍建设工作，把审计队伍建设作为促进审计事业发展的重要保障，是审计队伍建设工作取得成绩的前提

首先，各级党委和政府乃至全社会对队伍建设工作的关注为机关审计队伍建设工作取得突出成绩营造了良好的大环境。其次，审计署党组对审计队伍建设工作的重视、支持和正确的指导是审计队伍建设工作取得成功的关键。审计署党组明确提出了要全面加强"人、法、技"建设，"人、法、技"共同构成了审计基础建设的有机整体。其中，"人"为审计行为主体，是决定审计工作水平的根本因素，这一要求体现了以人为本的原则，把提高干部队伍素质摆在了首要位置。最后，各级审计机关领导班子对自身干部队伍建设的重视是审计队伍建设工作取得成功的重要保证。

（二）队伍建设始终紧紧围绕审计工作中心，为审计事业服务，使审计机关队伍建设保持了正确的方向

25 年来，根据审计机关发展不同时期的要求，审计署党组研究制定了有针对性的工作方针。在组建初期，提出了"边组建、边工作"的方针；在组建基本完成之后，确定了"抓重点、打基础"、"积极发展、逐步提高"的方针；近几年，要求审计机关坚持"依法审计、服务大局、围绕中心、突出重点、求真务实"的工作方针，全面审计，突出重点，注意发现大案要案线索，积极探索效益审计，加强"人、法、技"建设，提高审计成果的质量和水平。这些方针，都突出强调了审计队伍建设同审计工作的结合，通过队伍建设保障业务工作的开展。审计队伍建设始终能够围绕中心，服务大局，保持思想统一、步调统一、行动统一，这也是审计事业不断取得新成绩的坚强保证。

（三）坚持把领导班子建设放在突出位置，狠抓"一把手"工程，是搞好队伍建设工作的关键

25 年来，审计机关主要从科学调配领导班子，优化结构；加强理论学习，提高管理水平和业务能力；开展民主集中制教育，增强凝聚力和创造力；实行干部交流，增长阅历经验；督促转变作风，深入实际调查研究5 个方面来推动审计机关领导班子建设。在抓好"一把手"工程中，主要采取了教育"一把手"树立大局观念、保持强烈事业心和责任感、增强抓班子、带队伍的意识，建立健全监督约束机制，坚持民主生活会制度，不断完善考评制度，以及对后备干部采取交流任职、选送学习等措施和方式进行培养教育。

（四）坚持深化人事制度改革，引入竞争机制，并注意利用先进的管理思想，建立和完善人事制度，是队伍建设工作取得突出成绩的动力

一是结合审计职业特点实行"凡进必考"的考试录用制度。二是实行干部公开选拔和竞争上岗。特别是在特派办和派出局实行了处级干部全员竞争上岗、机关干部双向选择和任前公示制度。公开选拔、竞争上岗已成为副司（局）级领导干部任用的主要方式。三是改革与创新考核办法和奖惩制度。实行工作业绩写实制度，制定了工作目标责任制考评办法。四是实行干部交流，逐步实现了不同地区、不同部门、不同层次、不同职级间的人员交流。

（五）坚持围绕审计工作的重点和难点，有针对性地开展教育培训，不断提高审计人才队伍素质，是审计队伍建设不断发展的基础

随着审计监督的重点转移和法制建设的加强，教育培训着重于提高审计干部的宏观分析能力和熟练掌握审计法规和审计规范。近年来，随着审计领域的拓展、审计内容的深化、审计技术方法的创新，逐步建立起了层次分明、重点突出、考培结合的教育培训体系，加强了对宏观经济知识、财政金融政策、计算机技术和英语等的培训，强化了审计规范培训，举办了空前规模的各科目各层次的培训，成效比较明显。

（六）坚持"两手抓"、"两结合"，始终把加强审计纪律作为审计工作的生命线，从严治理审计队伍，是搞好机关审计队伍建设工作的重要保障

审计署在干部队伍建设过程中，始终坚持"两手抓"、"两结合"，即外抓审计纪律，内抓机关管理；思想政治工作和廉政纪律教育相结合。2000 年以来，审计署实行了审计经费自理规定，切断与被审计单位的经

济联系。不少单位还通过签订廉政承诺书、廉政回访和年终述廉等形式，加强制度的实效性和约束力，确保各项审计纪律的执行，树立了审计干部在社会上良好的形象。

三、进一步加强审计队伍建设的思考

审计环境的变化影响审计事业的发展方向，审计事业的发展方向决定审计人才队伍建设的方向。因此，首先必须把审计队伍建设工作放在审计事业发展的广阔背景下，认真分析审计环境对审计事业的影响。概括而言，审计环境的变化对审计事业的影响主要包括：我国政治体制改革和未来政府发展方向影响审计组织体制和审计报告模式的变革；知识经济冲击传统经济秩序，带动审计观念和审计目标的变化；信息技术发展引起审计技术和组织方式的更新；世界经济一体化将给审计更加广阔的空间，影响审计范围和重点。同时，也要深入分析审计队伍建设工作中存在的主要差距和不足。

当前，审计队伍建设中的差距和不足主要有：首先，从专业构成上看，现有审计干部中懂一般财务审计的多，掌握一定现代管理知识和相关专业知识、具有综合分析能力的人员相对不足。其次，从思维方式上看，一部分审计干部改革创新意识比较弱，审计理念还停留在传统财务审计上，大局意识和宏观意识不强，不善于辩证地、系统地分析问题。特别是缺乏一专多能的高层次、复合型的审计人才。再次，从地域分布上看，优秀的审计人才大多集聚在大城市、较高层次审计机关，而广大经济欠发达地区和基层单位的优秀审计人才相对缺乏。最后，在人才配置上仍然存在着"学非所用，用非所长"、"人不得其事，事不得其人"的个别现象，造成了人才资源的浪费；市场在人才资源配置中的基础性作用不到位，一些社会资源的活力没有得到充分发挥。例如，审计专家咨询制度还不完善，聘请社会专业人员参与审计项目的情况还比较少，管理还不够规范；在审计人才发展中，由于受传统的身份制度、档案制度等影响，人才流动的成本比较高，特别是一直以来与审计工作相适应的人才准入制度还不完善。

审计队伍建设面临的问题和形势，要求审计机关必须坚持以人为本，以审计实践需要为出发点，以改革创新为动力，以能力建设为主线，以培养一专多能的复合型人才为重点，建设高素质的审计领导人才、审计专业人才和审计管理人才队伍，使审计人才总量和结构与审计事业发展的总体要求基本相适应，一专多能的复合型审计人才数量有较大增长，实现审计人才队伍的全面协调发展，为审计事业发展提供坚强的人才保证和智力支持。

（一）探索审计人才开发规律，进行结构调整，利用先进的管理理论，建立和完善干部队伍建设相关制度

审计队伍既是行政管理队伍，又是高素质专业化队伍，其发展和开发有自己独特的规律。在探索审计人才开发规律过程中，要注意应用科学的管理理论，对审计队伍发展需求进行科学预测，根据预测结果，合理规划，进行结构调整。在队伍建设中，要充分重视制度建设的作用。制度的巨大作用已经成为人们的共识。经济学家在考察世界经济时发现，"制度"已经取代"资本"、"技术"和"人力资源"成为经济增长的核心因素。回顾审计队伍建设 25 年，我们发现审计队伍建设每一次巨大进步，都是制度建设取得巨大进步的结果。科学的制度设计是一个系统工程。在未来的 5 年内，要利用科学的管理理论，逐步对审计队伍建设每一个环节诸如调配、考核、任免、奖惩和激励等进行制度设计和制度安排，创造更为合理的机制。

（二）以探索审计人员职业化道路、强化竞争激励机制和建立科学考评机制为突破口，深化干部人事制度改革

首先，探索审计人员职业化道路。审计人员走职业化道路，是未来的发展趋势，必须有所突破。实行审计职业准入是审计队伍职业化建设的前

提和重要关口。为促进这项工作，要按照公务员分类管理的有关规定，制定审计人员职业准入标准，实行审计职业准入制度。只有取得职业资格才能进入审计机关，职业资格通过考试取得，由有关部门统一组织认定。在此基础上，积极探索实现审计队伍职业化建设的途径和办法。探索审计人员职业化道路应遵守以下原则：一是公务员管理原则，即是《公务员法》框架下的专业类公务员的一部分；二是职业资格设置与审计工作要求相适应原则；三是与审计机关领导体制相适立原则；四是依法确定审计人员的责、权、利原则；五是职责与能力相匹配，确保胜任原则；六是高效有序原则。未来审计机关职业化体系由以下三部分构成：审计专业类职业资格、技术类岗位资格和行政管理类岗位资格。另外，在探索审计人员职业化道路的同时，要积极考虑审计专家队伍建设问题。

其次，继续强化激励竞争机制。近几年，审计署在强化激励竞争机制方面做了大量工作，取得了很大成效。合理的奖励机制能有效地调动干部的积极性、创造性，发挥他们的聪明才智，极大地推动审计事业的发展和干部自身素质的提高。要探索推行切合审计工作实际的奖励制度，注重精神奖励和物质奖励相结合，营造一个竞争、向上的人才发展氛围，更大限度地发挥奖励对审计干部的激励作用。

最后，进一步探索科学的考评机制。科学的考评机制是干部人事制度改革的重点，也是干部人事制度改革的难点。建立科学的考评机制，要做到定性分析和定量分析相结合、平时考核和年终考核相结合。要探索建立以职位为基础、以职责为中心、以素质模型为标准、以人员测评为手段的干部选拔、任用和考核机制，将职务管理与职责管理有机结合起来，将责任和权力有机结合起来，应用现代管理理论，设计考核指标体系，对干部进行全面客观的评价。

（三）以加强派出机构和领导班子建设为重点，建立分层分类的科学管理

加强领导班子建设，才真正抓住了审计队伍建设的"牛鼻子"。目

前，世界范围内的政府行政体制改革的主要趋势是向集权与分权适度化、合理化方向发展，分权是主要的价值取向，简政放权是共同的选择。只有抓好了领导班子建设，上级机关才能放心地适度下放管理权，才能建立科学的分层管理机制。抓领导班子建设要突出以下几个方面：一是关键抓好"一把手"，发挥"一把手"的作用；二是抓好领导班子民主集中制原则教育，注意加强团结，发挥领导班子合力；三是注意领导班子结构优化，要注意年龄结构、知识结构、气质结构和能力结构互补；四是加强对领导班子的日常考核和监督，建立健全监督约束机制；五是扩大领导干部选拔视野，加大干部交流力度，加快领导班子的新陈代谢；六是加大对领导班子和领导干部的激励力度，推行目标责任制。加强特派办建设关键是加强领导班子建设，其核心是搞好"一把手"工程，要在科学考评机制的基础上，建立"一把手"责任制；针对一般干部队伍，在试点基础上，全面推行全员竞争上岗，激发活力。加强派出审计局建设，关键在于整合派出审计局力量，在全面调研基础上，对派出局进行较为彻底的改革，理顺工作关系，采取有力措施清除素质不高、对工作产生阻力的人员，补充新生力量，推进处级干部的经常性交流，加强干部教育培训，提高整体素质。

（四）加强干部培训、廉政建设和人事部门自身建设，为审计队伍建设打下良好基础

首先，培训终身化是未来的发展方向，是审计队伍知识更新、适应审计环境变化的重要保证。为了进一步加强教育培训工作，要从以下方面着手：一是抓紧研究制定《审计干部教育培训五年规划》；二是在制定审计干部能力建设标准的基础上，突出教育培训重点，加大复合型人才、投资审计人才和国际型审计人才的培养力度；三是进行教育培训效果评估，引入市场机制，优化资源配置，创新培训方式；四是完善审计干部职业教育培训体系，包括教材编审制度、师资库建设、审计专业技术资格考试评价工作、教育培训制度建设等，另外还要增强教育培训机构的自身管理能力。其次，加强廉政建设。廉政建设是审计工作的生命线。必须坚持外抓

审计纪律，内抓机关管理，不断加强廉政建设。最后，加强人事部门自身建设。主要包括：一是加强服务意识，人事工作必须围绕审计工作这一中心，为审计业务服务；二是提高规范意识，促进人事工作按制度办事，减少随意性；三是增进创新意识，人事干部必须解放思想，大胆创新，干部队伍建设才能取得突破。

审计事业要发展，干部队伍是根本。全面实施审计人才战略，努力开创干部队伍建设新局面，必将为实现审计事业的新发展提供强有力的人才保障和智力支持。

（审计署人事教育司）

做好教育培训工作
服务审计事业大局

    1983年审计署成立时，审计科研培训中心负责审计科研、教育和培训工作，是当时审计署唯一的事业单位。全国各省、自治区、直辖市及计划单列市审计机关也纷纷建立起相应的干部培训机构。1987年10月，审计科研培训中心分设为审计科研所和审计干部培训中心。25年来，审计干部教育培训工作一直围绕着国家经济建设的中心，始终服务于审计事业的大局，伴随着审计事业的发展而发展，为提高审计干部队伍素质发挥了重要作用。

一、历史发展

（一）审计院校教育方面

    审计机关成立之初，面对学科和专业人员的空白，当务之急是尽快建立审计专业学科、培养和造就高素质的审计专业人才。1984年年底，审计署先后同武汉大学、中山大学、南开大学签订了委托办学协议书，3校每年各招收4年制本科生60人，3年制研究生8人。到1999年教育体制改革时为止，3所院校为审计系统培养了审计专业本科生约2000名，研究生 200 多名。1991 年，我国唯一的一所审计专业高等院校——南京审计学院成为审计署直属高等院校，后经办学体制的一系列改革和专升本等的不断发展，已建设成为一所综合性的高等院校，每年为审计系统输送大批审计专业人才。

为加强审计成人高等教育，1986 年 9 月，审计署与中央广播电视大学联合创办了审计学专业成人高等专科教育；1991 年 11 月，南京审计学院管理干部学院成立，同年秋季开始招收审计干部专修班学员，管理干部学院的夜大、函授大学也列入原国家教委 1993 年秋季招生计划。通过函授、夜大等形式的教育，迅速提高了在职审计人员的水平，为审计系统培养了大批业务骨干。

（二）审计专业技术资格教育方面

一是审计专业证书教育。1987 年 9 月，审计署在中央电大开办了审计专业证书教育，以审计干部岗位必备基本理论和业务知识为内容，按部门审计分设专业，每期学习时间为 1 年至 1 年半，当年招收学员 4000 人。

二是审计专业技术资格考试。审计专业技术初、中、高级资格考试由审计署、人事部全国审计专业技术资格考试办公室（机构设置在审计署人事教育司）负责管理，1998 年在审计干部培训中心设立审计署考试中心，负责考试的组织、实施。初、中级资格考试制度建立于 1992 年。1995 年颁布了考试暂行规定，后来经过了考试政策、考试科目和考试大纲的改革，2003 年审计署、人事部修订印发了《审计专业技术初、中级资格考试规定》及其实施办法。1995 年，人事部和审计署联合印发了《高级审计师资格评审条件（试行）》，实行高级审计师资格评审制度。1998 年，实行高级审计师资格考评制度，建立以国家考试为主、考评结合的高级审计人才评价机制。1998 年在浙江省和审计署驻上海、郑州、兰州 3 个派驻机构试点，1999 年在 10 省和 13 个审计署派驻机构扩大试点，2001 年在全国 20 个省（自治区、直辖市）和审计署有关单位进一步扩大试点，并经过考试科目、考试内容、试题结构、考试题型等的不断调整完善，2002 年开始在全国范围内推行了高级审计师考试与评审相结合的评价方式。1995 年至 2006 年，全国获得初级资格的有近 1 万人，获得审计师资格的有近 4 万人；1998 年至 2006 年，获得全国高级审计师考试合格证书的有 7477 人，为审计系统培养、选拔了一大批专业技术人员，使审计专业和人员结构逐步趋于合理。

（三）在职干部培训方面

审计机关成立初期，主要是依据岗位规范的要求，对审计人员进行本岗位必备的政治理论、职业道德、专业知识和基本技能的培训。1990 年，审计署在全国 7 省（直辖市、自治区）审计局进行了岗位培训试点工作。1991 年，审计署全面开展了岗位培训工作。

1998 年，审计署确立了"人、法、技"发展战略。2000 年确立了全员培训目标，建立了全员培训与全员岗位资格考试制度，开创了教育培训工作的新格局。全员培训按照厅局级、处级、一般干部、新录用人员 4 个层次进行。审计机关厅（局）级干部和审计署的处级干部进行轮训；一般干部以自学为主，参加各业务司局举办的业务培训、特色专题讲座等日常性培训；新录用人员在进入审计机关之前或其后的一年内必须参加初任培训。从 2001 年开始，审计署每年 8 月均举办为期 2 周的署机关集中培训，各特派办和地方审计机关也参照审计署的课程设置，开展了不同形式的学习整训活动。

2000 年 11 月，全国审计系统首次全员岗位资格考试在全国 20 多个考点同时进行，通过第一个轮次 3 年的努力，在全国审计系统形成了层次分明、重点突出、考培结合、成效显著的干部教育培训工作新局面，为职业化建设探索了经验、奠定了基础。

2002 年，审计署制定了《审计干部职业教育体系建设工作要点》，提出构建"审计干部职业教育培训体系"的设想。从 2003 年开始，以终身教育和全员培训为目标，逐步构建由培训体系、师资体系、教材体系、网络培训体系、考试评价体系构成的审计干部职业教育培训体系。2003 年，副处级干部纳入轮训范围。2004 年起，开始对市（地）级审计局长进行轮训。2005 年起，开始对全国县级审计机关"一把手"进行轮训。

在专项业务培训方面，审计干部培训中心每年都与各业务司（局）合作，结合年度审计工作的安排，举办相应的审计业务培训班。

审计机关还加强了计算机和英语培训。在计算机培训方面，1997 年，审计署制定了审计机关计算机应用培训规划并开始初级培训与考试。2001 年起，开始组织计算机审计中级培训和考试。在英语培训方面，与高等院校合作举办外语培训班，培训初、中、高级英语人才。1999 年、2000 年培训中心组织了审计署优秀外语人才选拔考试。2001 年下发了《审计署外语考试工作暂行规定》，开始审计英语考试。同时，还开始在南京审计学院举办 BFT 英语培训。审计系统绝大部分干部均参加了不同级别的外语培训和考试，为国际人才的培养提供了良好的条件。

（四）审计专业教材和师资建设方面

审计机关自成立起，便相继出版了多种审计理论、审计实务、国外审计以及各类审计知识方面的教材、参考书、工具书、音像教材等，并组织编写了大量的审计高等院校、电大或人教育系列教材及各项专业培训教材。2000 年，组织编写了审计干部岗位知识丛书；2003 年，开始了《审计干部职业教育系列教材》的编写工作；2005 年，开始了以审计业务指南为核心的《国家审计手册》的策划和编纂工作；2006 年，开始编撰"国家审计案例丛书"。

为适应院校教育和成人教育的需要，审计署成立以后逐步建立了一支专职兼职并举的师资队伍，并举办了多期师资培训班，为大专院校、中专学校、电大审计专业培训师资数百人。2003 年，制定了《审计署业务培训师资管理办法（试行）》，开始培训业务师资，并制定了一系列的管理措施。另外，还在南京审计学院举办了国际审计师资培训班。还初步建立了审计业务师资库，促进了教育培训工作的系统化和可持续发展。

（五）国际合作培训方面

国际合作培训拓宽了人才培养渠道，建立了有效的智力引进机制。中国审计署和联邦德国审计院自 1991 年起签署了为期 9 年的审计合作项目，德方援助了大量的书籍资料、专业设备、计算机软硬件等，并进行了大量的专业研讨、交流、进修和实习等的合作。1998 年审计署开始举办 ACCA 国际会计师资格培训和考试。1999 年审计干部培训中心作为 ACCA 唯一在全国范围内授权培训的单位，首次面向社会招生。自 2000 年开始，审计署与香港理工大学合作培养研究生项目，每年招收 2 至 5 人。此外，还有中澳发展奖学金项目、英国"志奋领"奖学金项目、日本无偿援助人才培养奖学金项目等引智培训项目。审计署每年还举办 5 期左右的短期出国培训班，赴美国、英国、法国、德国、澳大利亚等国家进行审计业务短期境外培训。自 2000 年起，还组织了赴美国、加拿大、英国、澳大利亚、新加坡等国家的中长期进修学习和实习。

二、审计干部教育培训工作的现状和特点

目前，在总结教育培训工作经验的基础上，以职业化教育培训理念为指导，设计并逐步完善了包括职业培训体系、网络培训体系、培训教材体系、培训师资体系、考试评价体系 5 大体系在内的相互支撑、层次分明、重点突出、考培结合的审计干部职业教育框架体系。

（一）职业培训体系

审计职业培训体系是审计干部职业教育培训体系的核心部分，突出针对性、实用性和实效性的特点，形成了多层次、多类别、多渠道、多形式、全方位的干部教育培训格局。

1. 思想政治学习培训

提高审计干部思想素质是干部教育培训的首要任务。审计署建立了党组中心组每年不少于12天的集中学习研讨制度，局、处级干部党校班学习和国家行政学院学习制度，党员和入党积极分子每年不少于3天的脱产集中学习制度，各种形式的支部学习制度、思想形势分析会制度、谈心制度以及经常性自学制度。

2. 方针政策、法律法规培训和职业道德教育

党的路线方针政策、各项法律法规、党风廉政教育和审计职业道德教育是审计干部教育培训的重要内容。这些内容贯穿于审计机关各项综合性培训之中，以提高各级审计干部的依法行政、依法审计的能力，适应"围绕中心、服务大局"的审计工作要求和审计事业发展的需要，弘扬"依法、求实、严格、奋进、奉献"的审计精神。

3. 职业化全员培训

（1）领导干部培训。领导干部培训是培训体系的重点，突出了对领导干部能力、领导艺术水平和宏观意识、大局意识的培养。主要包括：对审计署机关、派出（驻）机构以及各省、自治区、直辖市、副省级城市审计机关的司（厅、局）级领导干部实行3年一个轮次的培训；对全国市（地）审计局长和县级审计局长实行5年一个轮次的培训；对审计署及其直属机构处级干部实行3年一个轮次的培训，以及对审计署机关和特派办新任处级干部实行任职培训；各级审计机关还举办了领导干部培训和晋升领导职务的任职培训。

（2）专门业务培训。主要包括　与各业务司（局）合作，结合年度审计工作计划安排实施的审前培训和专业培训；每年举办多期以审计准则、审计技术与方法、审计操作规范、专项审计业务、相关领域的专业知识为培训重点，提高审计干部业务能力的专项业务培训、交流和研讨；审计署及其派出（驻）机构的审计业务骨干轮训；对审计机关从事计划、统计、财务、法制、党务、人事、教育培训和科研等综合管理工作的人员举办的管理人员业务培训和交流；专门为西部地区审计干部举办的业务骨

干培训；为地方审计机关举办的及指导地方审计机关举办的专门业务培训。

（3）在职培训和专业技术培训，即对全体人员进行的更新知识、提高工作能力的在职培训和对担任专业技术职务的人员按照专业技术人员继续教育要求进行的专业技术培训。主要包括：每年 8 月为期 2 周的署机关和派出机构年度集中整训，以及各派驻机构举办的年度集中整训；邀请社会上知名的专家、学者举办每年 2 至 4 期的特色专题讲座，培养审计人员各方面的综合素质；每年举办 1 至 2 期的知识结构调整培训班，对近几年进入审计机关的人员进行培训，调整专业结构，提高审计工作能力。

（4）新录用人员初任培训。按照《公务员法》和《干部教育培训工作条例（试行）》的要求，对新录用进审计机关的人员进行初任培训，促使其熟悉审计文化、提高适应能力、尽快完成角色转变。

（5）后备领导人员培训。主要包括：按照党中央、国务院有关规定，对后备领导干部进行的任职前培训、党校培训和国家行政学院培训；对重点培养的领导干部及其后备干部实行调训制度。

4. 专项技能培训

专项技能培训是根据审计事业对人才的需求而开展的以特殊技能为主的专项培训。主要包括：计算机基础知识和操作技能普及性初级培训和考试；计算机审计骨干中级应用培训和考试；计算机现场审计实施系统和审计管理系统应用培训；计算机审计案例培训；信息系统审计人才培训；全国出国培训备选人员外语考试（BFT）初、中、高级培训和考试；通过面授和网络等形式举办的初级英语培训和考试；与有关高等院校举办的外语高级人才培训；投资审计等工程技术中级人才培训等。

5. 学历学位教育

主要包括：自 2002 年开始，与北京大学合作，委托其为审计系统培养在职公共管理硕士（MPA），提高审计干部公共事务和行政管理的专业化素质；自 2000 年起，每年选派 2 至 5 名审计干部赴香港理工大学攻读硕士学位；与南京审计学院合作，为审计干部尤其是西部地区审计干部提供本科或专科学历、学位教育；申请国外留学基金项目，与国外有关院校合作，选拔优秀审计干部攻读学位或留学深造；鼓励审计干部自行参加在职学位教育。

6. 国际合作培训

主要包括：每年 4 至 8 期，为期 3 至 4 周的国（境）外短期业务培训；与国（境）外有关培训机构或院校合作，举办 1 年以内的中长期业务骨干进修或培训班；自 2002 年起，每年举办 1 期国际审计业务培训班，由审计业务骨干为来华参训的外国审计人员授课；选派优秀领导干部参加中央组织部、人事部、国家外专局等部门组织的高层次国（境）外培训班；选派优秀审计干部参加国际研讨、交流或到国（境）外工作；邀请国（境）外专家来华授课；举办国际公认会计师 ACCA 培训和考试；举办国际信息系统审计师 CISA 培训和考试等。

（二）网络培训体系

网络培训是教育培训工作发展的方向。审计署内网已建立起网络培训学习与管理的平台。网络培训课件建设方面，已收集制作了 10 大门类、上百门课程的网络学习课件、讲座或专题片，基本满足了审计干部的多样化需求。摄录技术与互联网技术相结合的实时视频即时传输技术已应用到年度集中整训和全国审计工作座谈会议中。通过网络直播，培训工作实现了从运用单一的摄录技术向利用网络平台制作、传输节目的突破，为会议、培训提供了更为宽广的平台和更为丰富的手段。以网络视频"审计播报"为平台，基本做到对审计署重大事件和重要培训项目的快速反应。此外，还有大量重大审计案例电视专题片、各类纪录片、教育教学片、专题讲座资料、会议资料片等音像资料。

（三）培训教材体系

教材方面已经建立起内容丰富实用、形式多样可选、层次分明、种类齐全的教育培训教材库，形成规范化、科学化、系统化、规模化的审计职业教育教材体系，主要包括：审计干部职业教育系列教材、国家审计案例丛书、《国家审计手册》、《审计干部培训活页文选》（每年 12 期）、审计专业技术初中高级资格考试辅导资料等。教材建设正逐步从以知识型教材为主向知识、素质、技术和能力各方面协调发展的方向转变。

（四）培训师资体系

通过实行业务培训讲师持证上岗制度、审计业务培训讲师聘任制度和组建审计业务培训讲师团等一系列措施，为审计系统培训师资建设奠定了坚实的制度基础。每年均有针对性地举办师资选拔和培训，并逐年深化已有师资的后续教育。师资库的建设包括广泛吸纳具有较深理论功底和丰富实践经验的党政领导干部、高等院校与科研单位的专家学者和在职审计人员担任兼职教师，并按照"规模适当、结构合理、素质优良、兼职为主、相对稳定、动态管理"的原则建设审计署和省级审计机关两级干部教育培训师资库，按照定期考评、动态管理的原则，实现优质师资资源共享。

（五）考试评价体系

考试工作是考试评价体系建设的重要内容。审计专业技术初、中级资格考试和高级审计师考评结合是目前较为成熟与完善的审计人才评价机制和手段，全面实现了信息化，形成了一整套科学严密的组织和管理模式，对评价和选拔审计人才、促进审计干部队伍建设、提高审计干部队伍素质、优化审计干部知识结构起着积极重要的作用。在新录用干部选拔考试、各类职务晋升考试方面也取得了丰富的经验和成果。在职业入门考试制度和审计干部能力考核评价方面也进行了有益的探索。此外，考试评价体系还包括计算机技能考试、各类英语考试等。

以培训评估、撰写论文或收获体会、学员体会交流、公开演讲、培训考试、水平测试、质量跟踪等形式，对各级各类培训班的课程设置、教学效果、培训组织、教材质量、工作人员表现等进行评价，学员评分、专家评审、领导审阅、调查研究、定期分析等手段，已应用于培训考试工作的各个方面，构成了现阶段考试评价体系建设的主要形式和手段。

三、审计干部教育培训工作的主要经验

（一）署党组高度重视，建立了有效的规划、管理和领导机制

　　审计署党组高度重视教育培训工作，一直把教育培训作为一项战略性的工作来抓，作为审计事业发展的一项基础性工作来抓。1998 年，署党组明确提出"人、法、技"建设协调发展的指导思想，并指出"人"的问题是第一位的，人才是根本，是决定审计工作水平和审计事业发展的根本因素。做好人的工作，一个重要的手段就是加强教育培训工作。2001年，成立了审计署教育培训工作领导小组，统一规划和统一管理教育培训的全局工作。2002 年，领导小组研究制定了《关于改进审计培训管理工作的几点意见》，切实加强了教育培训工作的管理，明确了各相关单位的责任，提出了干部培训小时累计制的管理方法。2003 年，领导小组确立了终身教育的观念和全员培训的目标，明确提出构建审计干部职业教育培训体系。2004 年，教育培训工作领导小组改组为人才工作领导小组，制定了《审计署党组关于进一步加强审计机关人才工作的指导意见》，把教育培训工作纳入审计人才建设的整体框架，充分发挥教育培训工作在审计人才建设中的基础性和战略性作用。在《审计署 2006 至 2010 年审计工作发展规划》中，领导小组对干部教育培训工作又明确提出了进一步发展的要求。审计署党组的高度重视、领导小组的成立和有效运作，对教育培训工作产生了深远的影响。

　　一是有效地进行长远规划和总体部署。审计署制定了各阶段的审计工作五年规划、人才队伍建设五年规划、干部教育培训五年规划等，对加强审计干部教育培训工作和建立健全审计干部职业教育培训体系提出了明确的规划和要求，对全系统大规模审计干部培训进行了总体部署。培训部门

和主管部门均及时提出了下一年度的教育培训计划，提交领导小组审议，加强了需求调查研究，增强了培训的计划性和前瞻性。

二是为审计干部教育培训工作提供了组织保障和制度基础。领导小组明确了各有关单位的职责和任务，在领导小组统一负责的前提下，各类培训任务承担部门明确分工、分级负责，形成了协调配合、积极研究和指导工作有效的组织和领导机制，保证了教育培训工作取得显著的成效。

三是形成了有效的管理、监督和检查机制。领导小组对署机关和派出机构的教育培训规划、计划、考核办法等进行统一审定，由有关部门统一管理、监督和检查，并提出了严格的管理要求，把握住了培训工作的全局，减少了交叉重复，提高了培训效率和质量。

四是加强了对派驻机构和地方审计机关的指导。领导小组加强了对地方审计机关教育培训工作的指导力度，形成了整个审计系统统一指导、协调发展的态势。审计署各派驻机构和地方各级审计机关也相应建立了教育培训工作领导小组，有效地抓住了各单位、各地区的全局性、战略性问题，形成了各级领导带头抓教育、抓培训的良好局面。

五是领导带头讲课和带头听课，创造了学习氛围，提高了培训效果。几年来，各位审计署领导均带头给厅局长班、地市局长班、县级局长班、处长班、初任培训班和全署集中整训讲课。相应地，各级、各地、各部门的领导也均带头讲课、带头听课，这已成为审计系统干部培训的一个突出亮点，起到了很好的示范和带头作用。

六是有利于保证培训时间、保障经费投入和加强基础设施建设。在经费紧张的情况下，署领导本着教育培训优先的原则，坚持加大对教育培训经费的投入，教育培训经费逐年增长，各教育培训项目经费足额予以保证。对教育培训项目，审计机关各级领导均在人员、时间和经费上给予坚决支持。署领导直接过问怀柔培训基地的建设，不断加大基础设施投入力度、提高信息化水平，为培训人员创造了良好的学习环境。

（二）重视思想政治工作，切实提高干部队伍政治思想素质

政治素质是人的基本素质，队伍建设的核心是党的建设，卓有成效的思想政治教育是队伍建设的动力。审计系统大规模培训干部的过程中，始终把提高干部队伍的政治觉悟和思想水平放在首位，把思想政治教育贯穿在所有综合性培训的过程之中，把思想政治教育融入到审计机关文化建设、审计机关精神文明建设和审计人员职业道德建设之中，进而融入到教育培训工作中去，贯穿于教育培训的全过程。

（三）结合实际、学以致用，围绕审计工作中心任务开展教育培训工作

审计干部教育培训工作根据不同时期、不同阶段的形势和任务，始终坚持围绕审计工作的中心，以审计工作实际需要为出发点，坚持缺什么、补什么，需要什么样的人才就进行什么样的培训，强调学以致用，不搞形式主义，讲求针对性、实用性和实效性。例如，先后在全系统广泛开展的证书教育、计算机培训、全员培训、外语培训、效益审计和专项审计调查培训、审计法律规范培训等。

（四）教育培训方针明确，始终坚持"以重点带一般、以骨干带全员、以考试促培训"的原则

"以重点带一般"，强调的是干部培训在资源有限的情况下，要重点突出，层次分明，在培训重要业务和培养紧缺人才的同时，加大全员素质培训的力度。"以骨干带全员"，突出强调的是把握住审计系统的业务骨干和领导干部培训，狠抓骨干培训不放松的策略能够有效地提高培训的质量和效果。"以考试促培训"是审计系统干部培训成功的重要保证，既充分调动了学员的自觉性，也是对培训效果的最好检验。

（五）强调制度化管理，实行干部培训小时累计制和轮训制度

厅（局）级干部、处级干部、市（地）和县级主要负责人实行相应的轮训制度。新录用干部要参加初任培训。各业务部门要组织相应的业务培训。审计署和派出机构的全体干部要参加每年 8 月举办的集中整训。除参加集中培训外，全年其他方式的学习和培训时间累计不得少于 50 小时。干部培训小时累计制度量化了考核标准，便于监督和检查。

（六）实行分级分类全员培训，提高培训工作的针对性和实用性

审计干部对培训有着各种各样的需求，党和国家对培训也有不同的要求。根据不同级别、不同类别受训对象的不同要求，培训目的和重点也不同，其课程设置和组织管理模式也不同。坚持以人为本，实施分级别和分类别培训可以增强培训的针对性和实用性，实现多层次、多类别、多渠道、多形式的全员培训，使培训体系覆盖审计干部的职业生涯。

（七）拓宽人才培养渠道，不断创新培训机制、内容和形式

教育培训工作经过不断的创新发展，其内容和形式不断丰富和完善。在继续采取课堂讲授式、专题讲座等传统教学方式的基础上，积极采用案例教学、体验式培训、情景模拟、研讨交流等现代培训方式。坚持集中培训和业务自学相结合、面授培训与网络培训相结合、专家授课与业务师资培养相结合、知识技能培训与能力素质培训相结合、国内培训和国（境）外培训相结合，通过发挥高校优势进行委托培养等途径，不断拓宽人才培养渠道，为审计部门培养出高素质的人才。

（八）特色鲜明、内涵丰富，构筑了完整的审计职业教育培训体系

适应建设学习型社会和学习型审计机关的要求，审计署确立了职业化

终身教育的观念和全员培训的目标，构建了审计干部职业教育培训体系。5 大体系布局完整、设计周全、相互支撑、内涵丰富、各具特色。培训体系覆盖审计干部的整个职业生涯，形成了多层次、多类别、多渠道、多形式的干部教育培训工作格局；教材体系内容丰富实用、形式多样可选、层次分明、种类齐全；师资体系以审计业务师资为主线，以师资库建设为基础；考试评价体系充分发挥了选拔、评价和引导的作用，科学、客观、公正地考核和评价人才；网络培训体系充分应用了信息化技术手段，实现了低成本、广覆盖、实时性、个性化的培训目标。

（审计署审计干部培训中心）

审计法制建设回眸与展望

　　审计法制工作是审计工作的重要组成部分。审计署成立之初，在审计署办公厅调研处设专人负责法规工作。1984 年 5 月，审计署政策研究室设立了法规处。1986 年 6 月，审计署成立了法规局，专门负责审计法制工作。1988 年，设立了法规司。1998 年 9 月，法规司改为法制司。25 年来，审计法制工作机构逐步建立健全，审计法制建设也取得了显著成绩。回顾审计法制工作发展历程，总结成效和经验，展望未来发展，对于承前启后、继往开来，努力开创审计法制建设新局面具有十分重要的意义。

一、审计法制建设发展历程

　　25 年来，审计法制建设大致经过了三个发展阶段。

（一）1982—1988 年为奠基阶段，明确了审计监督的法律地位，为审计法制建设奠定了基础

　　1982 年 12 月，第五届全国人民代表大会第五次会议通过《中华人民共和国宪法》，规定我国实行审计监督制度，确立了审计监督的法律地

位，明确了审计体制、审计监督的基本原则、审计机关的基本职权和审计长的法律地位及任免事宜，为我国审计法制工作奠定了坚实的基础。1983年8月，国务院转发了审计署《关于开展审计工作几个问题的请示》，对审计机关的机构设置、领导关系、任务和职权等做了规定。1985年8月，国务院发布了《国务院关于审计工作的暂行规定》，对审计机关的主要任务、职权、审计程序、内部审计以及社会审计等做了规定。1987年6月，国务院发布了《国务院关于违反财政法规处罚的暂行规定》。这三个审计法规为审计机关成立初期按照"边组建、边工作"、"抓重点、打基础"的原则依法开展审计工作提供了法律依据。1988年11月，国务院发布了《中华人民共和国审计条例》，将《宪法》关于审计监督的原则规定进一步具体化，审计工作初步纳入了法制化轨道；确定我国实行内部审计和社会审计制度，推动了内部审计和社会审计的发展。同时，全国审计机关还以学习贯彻《宪法》为核心，积极开展"一五"普法活动，加强审计法制宣传教育，提高了审计人员的法律意识和依法办事能力。

（二）1989—1994年为初级阶段，《审计法》的颁布实施，标志着我国国家审计逐步进入法制化轨道

1989年1月，审计条例正式实施。为配合和保证审计条例的贯彻执行，审计署陆续制定了《中华人民共和国审计条例实施细则》、《审计署关于内部审计工作的规定》、《审计署关于社会审计工作的规定》、《审计署关于实施审计工作程序的若干规定》等规章。这些规章的实施，为我国审计法制建设的进一步发展积累了宝贵的经验。

为适应社会主义市场经济和法制建设的要求，审计署开始着手研究制定审计法。1991年4月，审计署向国务院法制局提出了"八五"期间制定审计法的建议，并派出调研组分赴有关地方进行审计立法调研，为起草审计法做准备。1991年5月，审计署成立了专门小组，开始了审计法的起草工作。1992年5月，将审计法（初稿）印发全国审计机关征求意见。1993年10月，将审计法（草案）提请国务院审议。1994年1月，国务院

法制局将审计法（草案）印发中央有关部门和部分省、直辖市征求意见；6 月，李鹏总理主持召开国务院第 20 次常务会议，原则通过了审计法（草案），并提请全国人大常委会审议；6 月 28 日至 7 月 1 日，第八届全国人大常委会第八次会议首次审议审计法（草案）；8 月 31 日，第八届全国人大常委会第九次会议审议通过了《中华人民共和国审计法》，自 1995 年 1 月 1 日起施行。《审计法》总结了我国审计机关成立以来的经验，借鉴国外审计立法的有益内容，对我国审计监督的基本原则、审计机关和审计人员、审计机关职责和权限、审计程序、法律责任等国家审计基本制度做了全面规定，确立了审计机关较高层次的法律地位。

在"二五"普法活动中，全国审计机关以学习贯彻审计条例为重点，积极开展审计法制宣传教育，进一步增强审计人员的法律素质，提高审计人员依法审计的能力。

（三）1995 年《审计法》实施至今为发展阶段，不断完善审计法律规范体系，全面推进了审计法制建设

一是加强了审计立法。为加强和规范本级预算执行审计工作，1995 年 7 月，国务院发布了《中央预算执行情况审计监督暂行办法》，大部分省级人民政府也发布了相关的规定。为推动《审计法》的贯彻落实，1997 年 10 月，国务院颁布了《中华人民共和国审计法实施条例》，对《审计法》的原则规定具体化，进一步细化了审计监督的内容。为推动经济责任审计工作，1999 年 5 月，中共中央办公厅、国务院办公厅联合发布了《县级以下党政领导干部任期经济责任审计暂行规定》和《国有企业及国有控股企业领导人员任期经济责任审计暂行规定》。为适应我国国民经济信息化的发展，2001 年 11 月，国务院办公厅印发了《国务院办公厅关于利用计算机信息系统开展审计工作有关问题的通知》。为纠正财政违法行为，维护国家财政经济秩序，2004 年 11 月，国务院颁布了《财政违法行为处罚处分条例》。同时，为加强与相关职能部门的工作协调配合，进一步规范案件移送工作，2000 年以来，审计署还分别与中央纪委

监察部、最高人民检察院、公安部联合下发了关于建立案件移送和加强工作协作配合制度的通知，为查处大案要案提供了有力的制度保障。一些地方性审计法规和规章也陆续出台。这些审计法律法规的制定实施，进一步完善了审计法律规范体系，保障了审计工作做到有法可依。

随着社会主义市场经济体制的逐步建立和完善，我国社会经济形势发生了深刻变化，使审计工作面临许多新情况、新问题，也提出了许多新任务、新要求。审计署从 2003 年年底开始了《审计法》的修订。2006 年 2 月 28 日，第十届全国人大常委会第二十次会议通过了关于修改《审计法》的决定，自 2006 年 6 月 1 日起施行，修订后的《审计法》共 54 条，主要是对健全审计监督机制、完善审计监督职责、加强审计监督手段、规范审计监督行为等四个方面进行了修改。为推动修订后《审计法》的贯彻落实，2006 年 4 月，审计署印发了《审计署关于贯彻落实修订后审计法若干问题的意见》，明确了《审计法》修订内容施行前后的衔接工作。同时，为适应《审计法》的修订，审计署还积极推动国务院修订审计法实施条例和制定经济责任审计条例。目前，这两个条例的修订和制定工作正在进行，并已经取得阶段性成果。

二是探索建立审计准则体系。从 1995 年起，审计署开始着手探索制定审计准则。1996 年年底，审计署先后发布了 38 个审计规范。这些规范的贯彻执行，对于推进审计工作基础建设、规范审计行为、保证审计质量、提高审计工作效率，具有重要意义。从 1999 年起，审计署在 38 个审计规范的基础上，构建了审计准则体系。2000 年以来，审计署陆续颁布了 4 个审计署令，制定发布了《中华人民共和国国家审计基本准则》等 20 个审计准则。为进一步提高审计质量，2004 年 2 月，审计署发布了《审计机关审计项目质量控制办法（试行）》（审计署第 6 号令），对编制审计方案、收集审计证据、编写审计日记和审计工作底稿、出具审计报告、归集审计档案等实行了全过程质量控制。2005 年 11 月，审计署印发了《关于 6 号令贯彻执行中若干问题的意见》。同时，地方各级审计机关和审计署各特派办还结合实际，进一步细化了审计准则和 6 号令的相关要求，制定了许多具体的审计质量控制措施和办法，切实保证了审计质量。

三是深入开展审计法制宣传教育。《审计法》实施以来，全国各级审计机关以"三五"、"四五"、"五五"普法活动为契机，广泛开展了以落实普法规划、推进依法行政为重点的普法依法治理活动，通过组织普法专题讲座、举办法制专题培训班、开展"12·4"法制宣传日等活动，充分利用广播、电视、报纸等传播媒介，努力提高审计人员学法用法的自觉性和积极性，增强审计人员的法律意识和依法审计能力。各级审计机关特别加强了对各级领导干部的法制宣传教育，将领导干部法制教育制度化、规范化，要求领导干部带头学法、用法、护法，着力提高领导干部依法行政、依法管理能力，树立在宪法和法律范围内活动的观念。

二、审计法制建设取得的成效

（一）审计法律规范体系基本建立

据统计，《审计法》颁布实施以来，国务院及有关部门制定的审计行政法规、法规性文件有 6 个，地方人大制定的地方性审计法规有 30 多个，审计署和地方人民政府制定的审计规章、规范性文件有近 200 个。目前，我国已基本形成了以《宪法》为根本依据，以《审计法》及其实施条例为核心内容，以审计准则为基础的审计法律规范体系，审计工作基本走上了法制化、制度化、规范化的轨道。此外，预算法、税收征收管理法、证券法、政府采购法、商业银行法、会计法等其他财经法律也包含有审计监督内容，它们为审计定性和审计处理处罚提供了更加具体的法律依据。

（二）审计执法监督制度不断健全

目前，审计署、特派办和省级审计机关已基本建立了审计法制工作机构，全国已有 2/3 以上的地市级审计机关建立了审计法制工作机构。审计机关坚持以贯彻落实 6 号令和审计准则为核心，注重加强审前调查，确保审计方案内容明确具体，重点突出，针对性、可操作性强；推行审计日记制度，真实、完整地反映审计人员实施审计的全过程；普遍建立健全了三级复核制度，实行总审计师审核制度，实行审计业务会议集体审定制度、审计项目质量责任评估和追究制度等；积极开展审计行政复议和审计质量检查工作，及时发现纠正审计质量中存在的问题，及时通报《审计法》和审计准则的贯彻落实情况。此外，2002 年以来，审计署和地方各级审计机关普遍开展了优秀审计项目评选工作，发现、推广审计质量控制方面一些好的经验和做法，充分发挥了优秀审计项目的引导、示范作用。

（三）审计执法力度不断加大

各级审计机关始终坚持"有法可依、有法必依、执法必严、违法必究"，高度重视审计法制建设，始终把依法审计作为审计工作的最基本原则，全面履行法律赋予的审计监督职责。自觉从维护法律尊严的高度推进审计工作，坚持原则，敢于碰硬，使审计法制建设与建设社会主义法治国家的目标紧密结合，审计执法力度不断提高，审计监督的作用和影响日益扩大，审计工作受到各级党委、人大和政府的高度重视，赢得了社会各界的广泛关注。

（四）审计人员的法律意识和依法审计能力显著提高

审计机关成立 25 年来，始终坚持把提高审计人员法律意识和依法审计能力作为审计法制宣传教育的首要任务来抓，把法制教育融入干部素质教育的重要内容，取得显著成效。审计机关普遍建立了党组中心组集体学法制度、领导干部法制讲座制度、法律知识年度考试考核制度，学法用法能力明显提高，涌现了一批学法用法方面的骨干和带头人。随着审计法制宣传教育的不断深入，审计人员逐步树立起有权必有责、用权受监督、违法要追究的观念，法律素质显著提高，严格依法办事、主动防范审计风险的能力不断增强，依法审计成为大多数审计人员的自觉行动。

三、审计法制建设的基本经验

（一）必须始终坚持把依法审计作为审计工作的最基本原则

依法行政是各级行政机关的基本行为准则。行政机关必须严格按照宪法和法律规定的权限和程序开展工作，既不能失职不作为，又不能越权乱作为。审计机关作为国家行政机关之一，依法审计是审计工作的最基本原则，推进依法行政、促进法治政府建设是审计监督的重要目标。

（二）必须始终坚持把增强法律意识、提高法律素质作为审计法制建设的首要任务

依法审计要求审计人员严格按照法律法规的规定开展审计工作。国家有关法律法规是审计人员开展审计工作、判断审计事项的直接依据和标准。一名合格的审计人员必须能够正确掌握和运用相关法律知识，具有较高的法律素质。如果审计人员的法律意识不够强，法律素质不够高，就难以发现和判断被审计单位财政财务收支中存在的重大违法违规和重大损失浪费问题，有的还可能执法犯法，侵害被审计对象和其他权利人的合法权益。为此，各级审计机关在审计法制建设过程中，特别注意加强对审计人员的普法宣传教育，始终将加强审计人员的法律意识、提高审计人员的法律素质作为审计法制建设的首要任务，努力增强审计人员依法审计的能力。近年来审计工作取得显著成效，审计监督树立良好形象，这与审计人员法律素质的提高和依法审计能力的增强是密不可分的。

（三）必须始终坚持把围绕中心、服务审计业务工作作为审计法制建设的出发点和落脚点

审计法制工作是审计工作的重要组成部分，必须努力为审计工作总体

目标服务，为审计业务工作服务。同时，审计法制工作又与审计业务工作紧密联系。审计法制工作做好了，能够促进审计工作快速健康发展；审计法制工作滞后，则可能影响审计工作的长远发展。这些年来，各级审计机关牢固树立审计法制工作为审计业务工作服务、为一线审计人员服务的观念，紧紧围绕审计工作这个中心，始终把影响依法审计和制约审计质量最突出的问题以及地方审计机关和一线审计人员关心的急需解决的问题，作为审计法制建设的重点工作来抓。在审计立法工作中，各级审计机关注意深入基层开展调查研究，仔细倾听一线审计人员的呼声，充分了解审计人员对审计法制工作的需求，针对一些急需配套或者规范的问题及时采取措施，建章立制，制定相关规范，使审计工作有法可依、有章可循。在现场审计工作中，各级审计机关注意就审计定性、处理处罚等为现场审计人员提供一些法律法规知识和服务，为其提供法律智力支持。在审计法制宣传教育工作中，各级审计机关积极采取措施提高一线审计人员的法律素质，使他们学法、知法、懂法，自觉依法行政、依法审计。

（四）必须始终坚持把规范审计行为、提高审计质量作为审计法制建设的核心内容

审计质量是审计工作的生命线。审计质量与审计行为是密切相关的。审计行为是过程，审计质量是结果，规范、科学的审计行为是审计质量的有力保证。25 年来，审计法制建设的内容不断丰富和扩展，但规范审计行为、提高审计质量始终是审计法制建设的核心。正是由于审计行为不断规范，审计质量不断提高，审计的公信力才得到保障和提高。

（五）必须始终坚持把培养高素质的审计法制干部队伍作为搞好审计法制工作的重要保证

审计法制工作政策性、业务性强，对干部的综合素质要求较高。只有全体审计法制干部的政策业务水平得到普遍提高，审计法制工作机构的参

谋、助手和法律顾问作用才能得到充分发挥，才能更好地为领导把好关，为审计一线服好务。审计机关成立 25 年来，高度重视审计法制人才队伍建设工作。一方面，严把进人关，坚持选拔法律意识、质量意识、宏观意识、协调意识强的同志充实到审计法制队伍，使审计法制工作机构人员配备同本单位的法制工作任务相适应。另一方面，重视审计法制干部队伍的培训工作，将干部的日常工作和业务培训有机结合起来，关心培养并严格要求审计法制工作人员，为他们的工作创造必要的条件，让他们在实践中锻炼提高。

四、审计法制建设未来展望

回顾审计法制建设走过的 25 年艰辛历程，取得了一定成绩，也存在一些不足。当前，审计人员的法律意识和依法审计的能力还不能完全适应依法审计的要求；审计法律法规还不够完善，审计准则体系尚未完全建立；审计工作中有法不依、执法不严的现象在一定程度上仍然存在，审计质量控制和审计规范化水平还有待提高；如何把规范审计行为与提升审计成果、提高审计效率有机地统一起来，还需要我们去认真研究，努力探索。今后，审计法制建设要认真贯彻落实党的十七大精神，以完善中国特色审计监督制度为目标，以贯彻落实修订后的《审计法》和审计法实施条例为核心，以提高依法审计能力和水平为根本，进一步完善审计立法，强化质量控制，加大依法治理力度，不断开创审计法制工作新局面，为促进规范审计行为，提高依法审计水平，实现审计工作法制化、规范化、科学化做出更大贡献。

在审计立法方面，以修订完善国家审计准则为重点，不断完善审计法律规范体系。结合修订后的《审计法》和审计法实施条例，力争用 3 年左右时间完成对现行国家审计准则体系的修订工作，基本形成一套结构合理、内容科学、逻辑严密、体例统一,既符合我国国情又体现国内外一般公认审计原则的国家审计准则体系。同时搞好其他审计法律规范的制定、清理和修订工作,为全面推进依法审计、规范审计行为,奠定坚实的法律基础。

在审计质量控制方面,以落实审计准则为核心,不断完善审计质量控制体系,加强审计业务全过程质量控制。进一步加大审计复核力度,完善审计业务决策机制,把好审计质量关;积极开展审计项目质量检查,强化对审计业务规范的监督考核;不断改进优秀审计项目评选工作,实行审计质量责任追究制度,做到责权利相统一,不断健全审计质量奖惩激励机制,从而有效促进提高审计质量,切实防范审计风险。

在普法依法治理方面,大力开展对《审计法》和审计法实施条例以及各项审计准则的宣传报道和学习培训,认真落实审计机关法制宣传教育规划,提高审计人员依法审计理念,推进审计机关依法行政;加强立法协调,完善与有关部门的执法协调配合机制,推动普法依法治理工作取得新进展。

在审计法制队伍建设方面,要建设一支政治可靠、业务精湛、作风过硬的高素质的审计法制干部队伍。加大审计法制人员与审计业务人员的交流轮岗,注重选拔一些具有法律和财经双重专业背景的复合型人才和能解决审计实践中复杂问题的高层次法律人才到法制机构工作,进一步完善审计法制干部队伍结构;加强对现有人员的培养和锻炼,加大培训力度,调整知识结构,提高业务素质,不断增强解决实际问题的能力;加强干部作风建设,牢固树立严谨细致、求真务实、开拓创新、勤勉尽责的工作作风,进一步增强质量意识、责任意识和服务意识。

(审计署法制司)

信息化是审计事业
发展的必由之路

1983 年，我国审计机关成立的时候，审计人员的工作案头上是一摞纸质账本、一个计算器（有的还是一把算盘）。8 年后的 20 世纪 90 年代初，审计人员开始使用简单的计算机工具软件编制数字表格、编写审计报告。又一个 8 年后的 1999 年，在总结计算机审计初步实践的基础上，审计署党组实施了审计信息化系统建设的战略部署——"金审工程"进入规划实施阶段。再一个 8 年后的 2007 年，"金审工程"一期项目建设的审计管理系统已经在中央审计机关和近半数的地方审计机关部署应用，现场审计系统已经在广大审计人员的计算机上运行，信息化在审计业务和管理中初显成效。"金审工程"二期项目进入立项阶段。

审计信息化何以得到如此快速的发展？审计信息化未来如何发展？

一、"三个资格、一条出路、一场革命"的战略动员

国家审计的基本职能是通过对财务会计信息的检查，监督财政财务收支的真实、合法、效益。长期以来，会计信息的载体是纸质账簿、凭证和报表等。但是到了 20 世纪 80 年代，随着科教兴国战略的实施，我国金

融、财政、海关、税务等部门，民航、铁道、电力、石化等关系国计民生
的重要行业开始广泛运用计算机、数据库、网络等现代信息技术进行管
理。只会对纸质账簿凭证进行检查的审计人员，遇到了"进不了电子门、
打不开电子账"的困惑。审计工作何去何从？

1999年，李金华同志在视察南京特派办计算机审计时提出：审计人
员不掌握计算机技术将失去审计的资格；2004年，他在全国审计工作座
谈会上又提出：审计机关的领导干部不了解信息技术将失去指挥的资格；
2005年，他在"金审工程"一期项目竣工验收会上再次提出：审计机关
的管理人员不运用计算机技术将失去任职的资格。

2002年，李金华同志在审计署"金审工程"工作会议上指出：为了
具备审计监督的能力，审计机关必须加快信息化建设，不搞是不行的。我
们署党组这几年之所以对信息化抓的力度比较大，是因为只有这一条路，
没有别的办法。

李金华同志多年来反复强调：要充分认识到审计信息化的进一步发展
将促使审计事业发生一场变革，这是一场革命。

"三个资格、一条出路、一场革命"，是审计署党组在信息技术给审
计工作带来重大挑战的重要关头，向全国各级审计机关和8万审计人员提
出的"迎接信息化、建设信息化"的战略动员。

二、拉开"金审工程"建设的帷幕

信息化给审计工作带来了重大挑战，也给审计工作带来了发展的机
遇。1998年，审计署党组审时度势、高瞻远瞩，做出了建设审计信息化
系统的重大决策，并得到国务院领导的充分肯定。1999年，一份关于中
央和地方四级审计机关的《审计信息化系统建设规划》报送国务院。

2000年，《审计信息化系统建设规划》得到了国务院相关部门的肯定

和支持。以李金华同志为组长的审计署审计信息系统规划建设领导小组成立，标志着审计信息化系统建设程序的启动，从而拉开了审计信息化建设项目——"金审工程"建设的帷幕。

2002 年 4 月，在履行了一系列国家基本建设立项程序后，"金审工程"一期项目建设启动大会在审计署机关召开。

"金审工程"的建设目标是：为有效履行国家审计在信息化条件下对财政财务收支的真实、合法和效益的审计监督职责，建设国家审计信息系统，培养适应信息化的审计队伍，全面提升审计监督能力。

"金审工程"将最终建成国家审计信息系统。国家审计信息系统对外交流的英文名称为 Government Audit Information System，简称 GAIS。系统建成标志为"六个一"：即一个满足审计管理和审计业务的应用系统；一个满足审计管理和审计业务的信息资源；一个满足审计系统互联互通的网络系统；一个确保对内对外的安全系统；一个确保系统建设和运行的标准规范；一个确保系统运行和不断完善的服务系统。

"金审工程"实施"预算跟踪＋联网核查"审计模式。逐步实现审计工作的"三个转变"：即从单一的事后审计转变为事后审计与事中审计相结合；从单一的静态审计转变为静态审计与动态审计相结合；从单一的现场审计转变为现场审计与远程审计相结合。

"金审工程"一期项目重点规划和建设了审计管理系统（用于审计管理工作的信息系统，英文名称为 Office Automation，简称 OA 系统）、现场审计实施系统（用于审计人员实施现场审计的信息系统，对外交流的中文名称为审计师办公室，英文名称为 Auditor Office，简称 AO 系统）、审计信息资源建设、18 个特派办局域网、审计署机关与派出机构和部分地方审计机关广域互联、计算机审计培训和运行服务体系等项目。

在《金审工程大事记》中记录了一期项目建设的如下进程：

——2003 年 9 月 15 日，审计署成立 20 周年之际，具有审计公文、计划、统计、档案、人事等信息管理和应用功能的 OA 系统，在审计署机关和 25 个派出审计局部署试用。2003 年 11 月，18 个特派办计算机技术人员云集北京，统一培训和部署 OA 系统。2004 年 5 月，OA 系统在黑龙江、江苏、四川省审计厅部署试点。到 2007 年 8 月底，OA 系统已在中央审计机关、29 个省（含计划单列市）、99 个地市、752 个区县审计机关部署应用；审计署机关与 25 个派出审计局、18 个特派办、24 个省级审计机关实现了城域和广域互联。OA 系统在提高审计工作效率、实现审计信息共享方面，发挥了较好的作用。

——2004 年 7 月，具有审计项目管理、审计数据采集与转换、审计抽样与分析、审计底稿与报告编制、审计项目成果统计与电子资料归档等功能，部署在审计人员计算机中的 AO 系统，在经过北京、太原、吉林 3 个审计项目的实际试用后，向全国审计机关推广应用。到 2006 年 10 月，AO 系统已在全国 8 万审计人员中部署应用 6 万多套。2004 年以来，审计署连续几年组织全国审计机关 AO 系统应用实例和审计专家经验的征集评选活动。到 2006 年年底，已入选审计署 AO 系统应用实例库的有 730 篇，已入选审计专家经验和计算机审计方法的有 690 多篇。AO 系统的推广应用，为全面实施计算机审计发挥了重要作用。

——2005 年年底，审计公文、计划、统计、档案、审计机关人力资源、被审计单位资料库、审计文献资料库、审计专家经验库等一批信息资源库建设形成并发挥初步作用。

——2002 年 12 月，审计署批复沈阳特派办第一个局域网建设项目。2003 年 12 月，京津冀特派办第一个完成局域网建设项目并通过审计署验收。到 2007 年，除广州、长沙、西安特派办因新建办公楼未完成局域网建设，其他 15 个特派办已完成局域网改建项目并通过审计署验收。特派办局域网建设项目的完成，为开展利用信息技术的审计管理和业务提供了基础环境设施的技术支持。

——2005 年年底，审计署与 25 个派出审计局、18 个特派办、3 个试点省实现了审计内网的城域广域互联。到 2007 年，审计署与 24 个省市实现了审计内网的广域互联，并试点成功了利用国家电子政务外网资源与浙江省、湖北省、天津市及所属市县四级审计机关的审计专网互联。中央地方审计系统网络互联，为开展全国审计系统业务协同、信息资源共享提供了十分重要的网络基础设施。

——2000 年以来，审计署组织全国审计机关开展了计算机审计技术培训考试。到 2007 年，全国 6 万多人通过了两轮计算机基础知识和操作技能培训考试，1000 多人通过了计算机审计中级水平考试。这些计算机审计骨干在信息化建设和应用中发挥了重要作用。

2005 年 11 月，"金审工程"一期项目通过国家发展改革委组织的竣工验收，得到了充分肯定和高度评价。李金华同志在竣工验收大会上指出，"金审工程"试运行以来，收到了很好的效果。审计署和 18 个特派办的局域网建设，提升了数据共享的能力；审计管理系统、现场审计实施系统的投入使用，开始改变审计的组织方式和实施方式；联网审计试点为"金审工程"二期建设探索了路子；"金审工程"一期建设，极大地促进了审计干部对信息化认识的提高，激发了审计人员学习掌握信息技术、使用信息技术的热情，有力地推动了审计机关信息化进程；"金审工程"一期建设项目的成果，有相当一部分已经投入使用，国家投资已经开始转化为现实的审计能力。

总结"金审工程"一期建设的基本经验是：

——必须坚持署党组统一领导；

——必须坚持依靠各级审计机关领导和广大审计人员；

——必须坚持以增强审计能力为目标的信息化定位；

——必须坚持需求主导、突出应用、试点先行、重在实效的信息化建设方针。

三、审计信息化任重而道远

"金审工程"一期建设总体上是实现了审计信息化的基础设施建设和

基础应用。信息化是为实现审计事业的发展提供新的审计方式和审计手段的技术支撑。从这个意义上讲，随着国家经济和科学技术的发展，随着审计事业和审计方式的发展，审计信息化方兴未艾、任重道远。

《审计署 2006 至 2010 年审计工作发展规划》提出了今后 5 年审计工作的发展目标和任务，也提出了今后 5 年审计信息化的建设要求。根据审计事业发展和审计信息化建设的要求，思考"金审工程"的未来发展。

"金审工程"建设的系统目标是提高审计机关在信息化条件下的审计监督能力，系统载体是国家审计信息系统，系统效能是实现科学的审计业务管理和领导决策、实现事中动态远程审计方式、实现数据式系统基础审计技术方法、实现审计资源优化和有效配置、实现审计业务协同和信息共享、实现信息化建设的规范化和标准化。

——系统目标。宪法和审计法规定了审计机关对政府机关、事业单位和企业等财政财务收支进行审计监督的法定职责。提高履行法定职责的能力，是审计机关各项工作的中心任务。提高在信息化条件下履行法定职责的审计监督能力，是审计信息化建设的中心任务。

——系统载体。"金审工程"规划最终建成国家审计信息系统，其建成标志是：一套满足审计管理和审计业务的应用系统、一套满足审计管理和审计业务的信息资源、一套满足审计系统互联互通的网络系统、一套确保对内对外的安全系统、一套确保系统建设和运行的标准规范、一套确保系统运行和不断完善的服务系统。

——系统效能之一：实现科学的审计业务管理和领导决策。组织开展审计计划项目是审计机关履行法定职责的主要形式。审计计划项目确定的依据信息、审计项目实施过程中的现场信息，在传统条件下，难以及时、准确地向管理决策者提供，容易造成项目信息和管理决策信息的不对称，由此降低了管理和决策的科学性，甚至造成决策失误。在信息化条件下，历史信息的积累、现场信息的传递，各类信息的加工和提炼，为审计业务管理和领导决策提供及时、可靠、快速、有效的信息，从而有效改变信息不对称的状况，这既是信息化的重要特征，也是信息化建设的重要任务。

——系统效能之二：实现事中动态远程审计方式。以往审计是对已完会计事项的结果检查，审计发现的问题一般都是违纪违规、损失浪费等已既成事实。对于需要经常性审计、关系国计民生且已利用信息网络技术进行会计核算及经济业务活动管理的重要部门和行业，可以在信息化条件下采用新的审计方式，及时采集数据、及时分析检查、及时发现问题、及时督促整改，实现审计工作从单一的事后审计转变为事后审计与事中审计相结合、从单一的静态审计转变为静态审计与动态审计相结合、从单一的现场审计转变为现场审计与远程审计相结合的新的审计方式。

——系统效能之三：实现数据式系统基础审计技术方法。审计技术方法经历了账目基础审计、制度基础审计、风险基础审计的过程。由于信息技术进入会计核算领域，以往以检查纸质会计信息的审计技术方法遇到了挑战。于是，数据式系统基础审计技术方法应运而生。该技术方法以电子数据和电子系统为基础，以检查内部控制和信息系统的完整性、可靠性、安全性、有效性等为切入点，侧重对获取的审计所需数据，按照一定的审计目标，利用各种审计方法和技术进行检查。内部控制测评技术、信息系统测评技术、审计数据规划和审计技术方法、数据科学和知识管理技术等，为数据式系统基础审计技术方法的实现提供了极大的技术支持。

——系统效能之四：实现审计资源优化和有效配置。审计资源包括多方面，其中人的资源和技术资源是最重要的。在传统条件下，人的资源和技术资源的优化与配置受到了极大限制。系统论、控制论、信息论在信息技术的支持下，为资源优化和有效配置提供了广阔的时空：审计人员的审计思想和智慧可以记录下来并提升为审计经验和知识广为共享、各类系统的技术方法和技术工具可以广为复用，有限资源在共享和复用中得到成倍增长从而有效缓解审计需求与资源的供需矛盾。

——系统效能之五：实现审计业务协同和信息共享。由于我国实行中央地方财权事权划分、中央以转移支付资金方式支持地方，以及国家实行集中宏观调控的经济体制的特征，作为肩负经济监督职责的审计机关，必须实行中央和地方审计机关的业务协同和信息共享。按照国家电子政务信息资源建设的统一规划，建设国家审计数据中心和省级地方数据分中心，建设统一的审计数据规划、统一的审计信息资源目录体系和交换体系、统一的组织审计项目的信息共享和管理规范，为实现中央地方审计机关业务协同和信息共享提供有效的技术支持。

——系统效能之六：实现信息化建设的规范化和标准化。规范化和标准化是信息化建设的基础，从一定意义上讲，没有规范化和标准化就没有信息化。今后一个时期，要在逐步建立和完善审计业务和审计管理的规范化基础上，逐步建立审计数据规范、技术方法规范、信息交换与共享规范，逐步建立各类计算机审计准则、指南，建立"金审工程"各项建设、运行、监控和管理的规范与标准。

（审计署计算机技术中心、审计署信息化建设办公室）

加强审计理论研究
服务审计实践发展

审计理论研究是审计工作的重要组成部分。审计科研机构作为审计署的直属事业单位与审计署同时成立。25 年来,审计科研工作始终坚持理论联系实际的研究思路,紧紧围绕国家审计的中心工作,坚持总结审计工作经验,探索审计工作规律,开展审计理论研究,初步构建了我国国家审计理论的基本框架,在促进审计工作发展方面起到了应有的作用。

一、关注审计基础理论,研究审计的职能作用

审计基础理论是审计理论研究的核心,审计定义则是审计基础理论研究的出发点。从 1949 年到 1982 年,我国没有设置独立的国家审计机关,也没有形成独立的审计监督制度,审计理论研究基本处于停滞状态。1983年,审计机关一成立,审计的基本概念、职能和作用成为审计工作和审计理论研究工作的首要任务。1986 年的中国审计学会年会首次提出了一个比较完整的审计定义,1988 年 11 月的中国审计学会研讨会进一步修订了这个定义,1989 年 3 月的中国审计学会研讨会确定了近 100 字的审计定义。1995 年,时任审计长的郭振乾同志发出了《关于研究审计定义的一

封信》。审计科研机构开展了简明审计定义的研究，审计署科研所课题组提出的"审计是独立检查会计账目，监督财政、财务收支真实、合法、效益的行为"的简明审计定义最终获得了认可。

1986 年以来，审计署开始组织全国的审计科研人员对审计中的一些重大理论问题进行研讨，如审计的社会属性、审计的职能、审计的作用和任务、审计组织体系、审计体制、审计监督在经济监督体系中的地位、审计在宏观控制中的作用等。

关于审计的职能，针对当时存在的一元论和多元论之争，一元论者认为，审计只有监督一种职能，表现形式有经济司法、社会鉴证、考核评价和管理控制；多元论者认为，审计具有检验、监督、公证和咨询等多重职能。经过研究，提出了审计的监督、鉴证和评价三职能论。

关于国家审计、社会审计、内部审计之间的关系，根据经济体制改革初期内部审计机构尚未健全且以国有单位为主、社会审计作用尚未发挥的情况，提出了国家审计是主导、内部审计是基础、社会审计是补充的观点，这一观点对内部审计和社会审计的发展起到了积极的推动作用；随着改革的深入和经济的发展，内部审计和社会审计得到了发展，审计科研机构又提出了国家审计、内部审计和社会审计相互独立的三元论观点。

关于我国的审计体制，经过 25 年研究，基本形成如下共识，即在我国目前的政治体制及其管理体制下，在打假治乱、维护国家财政经济秩序仍然是国家审计的重要任务的条件下，为了充分发挥审计的作用，审计机关隶属于各级政府仍然是当前一段时期最优的审计制度安排；但随着审计外部环境的变化，审计体制应当向提高审计独立性的方向改革。1998 年，开展了"中国审计体系"研究，从理论到实践、从西方到中国，较为全面地论证了中国审计的理论体系、组织体系、规范体系和方法体系。2003 年，开展了"关于整合审计监督职能"和"审监合一体制研究"，深刻分析了当前我国监督体制的现状及存在的问题，从进一步整合监督资源，充分发挥审计监督作用的角度提出了政策建议。

2003 年，为纪念审计机关成立 20 周年，审计署召开了纪念审计机关成立 20 周年全国审计理论研讨会，对"审计经验总结、审计问题与对策、效益审计、审计质量控制、经济责任审计、整合审计资源"6 个方面的课题进行了全面深入的研究和交流，研究成果汇集成《纪念审计机关成立20 周年论文集》一书。

二、关注法律制度建设，研究审计法制建设问题

"依法审计、客观公正"是国家审计必须遵守的最高原则，法律制度建设是依法审计的基础，促进审计法律制度的完善是审计科研服务审计实践的重要体现。

有针对性地研究国外审计法律制度是审计科研服务审计法制建设的重要体现。早在 1983 年，审计科研机构就翻译了《美国会计总署审计准则》。1989 年，编撰了《国外审计标准选编》，比较全面地介绍了国际审计准则总则及其第五至七号准则、国际内部审计师协会的内部审计实务标准、世界银行贷款项目财务报告和审计准则、澳大利亚审计署审计标准和加拿大政府内部审计标准等。1989 年，审计署科研所编辑了《最高审计机关国际会议文选》，包括著名的《利马宣言》、《东京宣言》、《巴厘宣言》和最高审计机关第十二届国际会议关于绩效审计、公营企业审计和审计质量的总声明等 4 份会议声明和 15 篇会议论文。1990 年，审计署科研所对 1989 年在联邦德国西柏林召开的最高审计机关国际组织第十三届大会的论文进行编译，选编政府审计管理、公共债务审计和计算机审计等方面的 16 篇论文，编辑出版了《最高审计机关国际组织第十三届大会论文选编》。1990 年，审计署科研所组织人员编译世界 30 多个国家的审计法规，出版了《世界审计法规》一书。1993 年，又对 20 多个国家的审计体制、审计制度、审计机构及其沿革、审计工作的内容和方式、审计在整个国家制度中的地位和作用等进行系统研究，并于 1994 年汇编成 300 多

万字的《世界主要国家审计》一书。

从1990年起，审计科研部门开展了"审计工作法制化、制度化、规范化研究"，界定了"三化"的概念、内容和相互关系，分析了"三化"建设的时代背景和理论依据，提出了"三化"建设的目标模式和实现途径，并于1991年编辑出版了《审计工作法制化制度化规范化》论文集。1991年，审计署科研所组织各省市的审计科研部门开展了审计工作规范化研究，按照审计综合性规范、审计业务规范和审计管理规范进行分类研究，其研究成果体现在1993年编撰出版的《审计工作规范理论与实务》一书中。2004年以来，审计署科研所陆续编辑出版了《世界主要国家审计法规资料研究》、《美国政府审计准则》（2003版）、《美国政府财务审计手册》（2004版）、《美国审计署审计质量控制手册》、《美国监察长制度简介》等。这些研究成果，为审计法制建设提供了重要参考。

审计科研机构还坚持理论与实践相结合，积极参加审计规范、审计准则、《审计法》的制定和修订工作等。

三、关注创新与发展，研究新领域新业务

审计创新是审计发展的源泉和持久动力，审计理论研究应当根据经济社会发展的要求进行调整和深化，为审计工作的创新提供理论指导。在我国社会主义市场经济体制的建立和完善过程中，进行了许多重大的制度创新，每次制度创新都对审计工作提出了新要求，审计科研部门瞄准这些审计的新领域，加强理论研究，发挥理论先导作用。

一是研究财税管理体制改革和《审计法》颁布实施后，如何开展本级预算执行情况审计。审计署科研所1994年开展了"社会主义市场经济体制下的财税审计研究"，对不同国家的审计体制及财政审计方式进行了比较研究，对分税制后审计面临的挑战进行了分析，对"同级审"的内

容、时间及环节，"同级审"与"上审下"的关系以及财政审计的依法处理问题等都提出了许多新的观点。1995 年，进一步细化了财政审计研究，重点研究了财政审计的内容、重点和方式，并在借鉴国外有关报告的模式和内容的基础上，对如何撰写预算执行审计结果报告和财政审计工作报告进行了研究。1997 年以后，在总结预算执行审计经验的基础上，开展了"深化预算执行审计研究"，进一步弄清了预算审计的基本理论、预算单位银行账户审计、预算执行审计与其他专业审计的结合、预算执行审计与决算审计的结合等方面的问题。这些研究为财政"同级审"的开展及深化提供了重要的理论指导。

二是研究行政管理体制和企业管理体制变化后，如何开展企业审计。国有企业改革是我国经济体制改革的中心环节，国有企业审计是国家审计的重要方面，企业审计研究是审计理论研究的重要内容。例如，根据 1988 年 2 月国务院发布的《全民所有制工业企业承包经营责任制暂行条例》，审计科研机构开展了"承包经营审计研究"。根据 1991 年中央经济工作会议搞好国营大中型企业的精神，开展了"审计监督与搞好国营大中型企业"的研究，编辑出版了《审计监督与搞好国营大中型企业》、《审计促进经济发展实例》。根据审计署《关于审计工作促进国营大中型企业增强活力的意见》中"两个延伸"的要求，审计署科研所 1992 年完成了"在财务收支审计的基础上，向检查企业内部控制制度和经济效益方面延伸"的课题研究，并组织编写了《审计工作"一个基础、两个延伸"理论与实务》论文集。根据 1994 年中央经济工作会议的要求，开展了"现代企业制度与审计监督的研究"。根据 1997 年党的十五大提出的用 3 年左右的时间，通过改革、改组、改造和加强管理，使绝大多数国有大中型亏损企业摆脱困境的精神，开展了"国有企业审计监督研究"。根据 1999 年党的十五届四中全会通过的《中共中央关于国有企业改革和发展若干重大问题的决定》对审计工作提出的明确任务和要求，开展了"当前国有企业审计的内容与方式研究"。随着 2003 年 3 月新的国有资产管理机构——国有资产管理委员会的成立，按照中国共产党第十六届中央委员会第三次全体会议通过的《中共中央关于完善社会主义市场经济体制若干问题的决定》中深化国有企业改革的精神，审计署科研所2004年开展了"审计监督对国有企业保值增值传导机制研究"。

同时，根据企业领导人员经济责任审计的发展，1997年和1998年，审计科研部门积极开展了经济责任审计研究；2001年，审计科研机构以委托代理理论为基础，从权力制衡、权责一致、人本管理和行为科学等理论的全新视角诠释了任期经济责任，并对经济责任审计的内容及评价指标体系、审计程序、审计结果报告和审计风险及控制等实务内容进行了深入的研究，于2002年编辑出版了《任期经济责任审计理论与实务》一书。这些研究为经济责任审计工作的深入开展提供了重要的理论指导。

三是研究围绕建设责任政府、落实科学发展观，如何开展效益审计。随着责任的深化和建立责任政府的要求，国家审计从合规性审计向效益性转变是各国审计发展的普遍规律。审计科研机构从2003年开始加大了对效益审计的研究比重，对效益审计的理论、模式、程序、方法、报告框架、法律规范等进行了分类研究，完成了效益审计一般研究、效益审计程序与方法研究、政府绩效评价体系研究、绩效审计的中国模式研究、公共资金绩效审计理论研究、政府责任与审计问责制研究、效益审计中的系统分析方法、效益审计中的问题分析方法等课题研究，为效益审计的开展和创新提供了重要的理论指导。此外，审计科研机构还编译了许多最高审计机关国际组织、国外最高审计机关的效益审计准则、指南、报告和案例，为审计理论研究和审计实务提供了参考。

四是根据审计环境的变化和审计工作自身的发展要求开展的理论研究。如针对1988年通货膨胀加剧、经济秩序混乱和全国性抢购风潮的出现，中共中央先后召开了中央工作会议和党的十三届三中全会，提出了治理经济环境、整顿经济秩序和全面深化改革的方针。国家审计监督的工作重点转向为治理整顿、深化改革和发展经济服务，审计署科研所1989年开展了"审计在经济治理整顿中的地位和作用"、"审计在经济监督体系中的地位和作用"、"开展审计研究，为审计实践服务"等课题研究。针对 1999 年审计机关围绕贯彻朱镕基同志"全面审计、突出重点、注意发现大案要案线索"的指示精神，开展了审计机关与发现大案要案线索关系研究。面对知识经济的挑战，开展了知识经济与现代审计研究。针对加入世界贸易组织后带来的各种挑战，开展了部门决算报表审签制度研究、国有商业银行资产审计研究、市场经济体制下的金融审计研究，以及经济全球化与审计、加入 WTO 对审计的影响等课题的研究。2003 年，针对党的十六大报告充分发挥审计监督对权力的制约与监督作用的要求，开展了"审计如何发挥对权力的制约与监督作用"和"依法审计、客观公正是审计机关必须遵守的最高原则和标准"的研究。针对《审计署 2003 至 2007 年审计工作发展规划》中关于到 2007 年除涉及国家秘密、商业秘密及其他不宜对外披露的内容外，审计结果全部对社会公告的要求，开展了政务公开与审计公告、完善审计公告办法的建议、关于审计工作报告的思考等方面的研究。为推进审计职业化制度建设，开展了国家审计职业化制度研究。为促进审计机关的文化建设，开展了审计文化研究。按照坚持科学发展观与构建和谐社会的要求，开展了和谐审计环境与国家审计发展研究。为加强审计管理，开展了审计项目直接审计成本管理研究、审计项目后评估研究、审计机关绩效管理体系构建研究、新时期上下级审计机关关系研究等。

四、关注审计实务，研究技术方法

为审计工作的开展提供技术支撑是审计理论研究的重要内容。为适应审计工作规范化、科学化和制度化的要求，审计署科研所把 1986 年至 1989 年研究的审计技术方法进行汇总，编辑出版了《审计程序与技术方法》。1989 年，审计署科研所与山东省审计厅合作，初步完成了内部控制系统及其评价研究，深入探讨了内部控制评价在审计中的作用、内部控制系统的评价方法、内部控制模型等。1990 年 5 月，国务院批转了当时国家体改委《在治理整顿中深化企业改革强化企业管理的意见》后，审计署科研所先后组织编写了《审计监督与完善承包经营责任制》、《审计实用技术研究》、《专业审计研究》等书籍，开展了微机辅助审计软件、会计信息系统与审计分析的研究，编写和修订了《企业财务审计操作指南》、《审计师手册》，并开发了计算机辅助审计软件，开展了内部控制测评与审计抽样研究、"现金流量表审计的作用、内容和方式"研究、论审计重要性在中国实际应用的若干策略研究，编辑出版了《预算单位银行账户审计理论与实践》。2005 年，完成了关于联网审计的若干问题研究。2006 年，开展了审计机关专项审计调查研究、政府部门内部控制研究、抽样审计的若干问题研究、数据式审计模式研究等，这些研究具有明显的系统性和可操作性。例如，数据式审计模式，是账项基础审计模式、制度基础审计模式和风险基础审计模式后，适应信息技术发展要求的全新审计模式，该课题是对数据式审计模式的第一个系统全面的研究，研究在论证审计模式演变规律的基础上，全面论述了该模式的概念和特征、技术方法、审计程序及其发展展望。

五、关注我国审计发展过程，研究审计发展规律

我国审计有着悠久的历史，具有明显的中国特色，其发展规律和历史经验值得总结和借鉴。围绕我国审计发生、发展的变化规律，审计科研机构进行了有组织的系列研究。1989 年，审计署科研所完成了"论国家审计的起源及其发展规律"的研究，并在组织各省市协作研究的基础上，完成了解放区审计史料的搜集、整理和鉴定，编辑出版了 60 多万字的《中国革命根据地审计史料汇编》，同时编写了《审计简史》。《中国革命根据地审计史料汇编》是根据近 20 个省市的上千万字的资料精选而成，

该史料全面包含新民主革命时期三个历史阶段主要革命根据地的重要审计史料，包括组织条例、机构设置、编制、人员任免，审计条例、制度、规定标准及审计实务。《审计简史》是我国编写的第一部世界审计史，线条清晰、简单明了、通俗易懂，为后来审计史的编写提供了基础。2000 年至 2004 年，审计署组织全国部分审计专家和史学专家开展了规模宏大的中国审计史研究，审计署科研所具体组织并参加了中国审计史的研究，出版了 3 卷本 110 多万字的《中国审计史》。《中国审计史》上下涵盖数千年，包括了中国古代、近代与现代审计发生、发展的各个历史时期，系统地阐明了中国审计历史运行的基本过程及其规律，是迄今为止我国研究审计历史资料最翔实、论述最系统的一部中国审计史专著。

　　25 年的审计理论研究工作发展表明，审计理论研究工作必须始终从中国的国情出发、坚持理论联系实际的基本原则，必须始终坚持以探索规律、推进中国审计创新为审计研究的基本目的，必须始终坚持以深得进去、走得出来为审计研究的基本要求，才能研究并得到正确的理论，才能用正确的理论指导实践。25 年来，审计科研机构在研究国外理论和实务时力求全面完整，不仅研究发达国家的经验，而且研究发展中国家的经验；不仅研究当前的做法，而且研究过去的历史；不仅研究审计本身，而且研究其制度条件。审计科研机构在研究我国的审计实践时，不仅从纵向上研究专业审计发展变化，而且从横向上研究不同部分的特殊规律；不仅研究中国审计的现实，而且研究中国审计的历史，从而在国外理论研究与中国实践的结合中建立起具有中国特色的审计理论体系。

（审计署审计科研所）

特派办建设发展回顾

从 1986 年起，经国务院批准，审计署分 4 批设立了 18 个驻地方特派员办事处。这些特派办是在国务院领导的直接关怀下建立的，目的是加强对地方的中央企事业单位的监督，特派员的名称也是国务院领导同志取的。设立特派办是一个完全崭新的课题，没有先例可循，没有可照搬的样板，没有操作规程，同时也没有这方面的人才，更谈不上现成的审计队伍。在这种情况下，特派办干部职工艰苦创业，积极探索，经过一段从无到有、从小到大、从弱到强、从不为人知到社会影响不断扩大的很不平凡的发展历程，初步摸索出一条与我国审计事业发展相适应的派出机构发展之路。

一、发展历程

二十多年来，特派办的发展大致经历了开创组建、发展壮大、规范提高 3 个发展阶段。

1986—1991 年为开创组建阶段。特派办分批建立起来，一方面充实人员，打好基础；一方面积极探索，开展审计。有些特派办是当时在相关省、直辖市审计机关原中央企业审计处的基础上组建的；有些则是白手起家，特派员领着几个人租房办公、招兵买马、建章立制，一点一点搭起架子，非常艰苦。这一时期，特派办积极创造条件，主要开展了对中央企业的审计，还参加了国务院组织的财务税收物价大检查。

从 1992 年起，特派办进入发展壮大阶段。审计署逐步将财政、税务、海关、银行等审计任务交给特派办，以对财政、金融、企业审计为主体的特派办业务工作格局逐渐形成；审计内容以合法性审计为主，并尝试向管理和效益方面进行了延伸。同时，特派办队伍不断壮大，内部制度逐步建立健全，基础设施条件得到改善。在原国家计委、财政部和地方政府的支持下，特派办有了自己的办公用房和职工宿舍。

1998 年以后，以提升审计成果的质量和水平为主要目标，特派办的发展进入了规范提高阶段。特派办坚持以真实性为基础，重点查处重大违法违规问题和经济犯罪案件线索，积极探索效益审计，逐渐成为审计署一支主要的审计力量；认真贯彻"依法审计，服务大局，围绕中心，突出重点，求真务实"的工作方针，切实加强"人、法、技"建设，严格执行"八不准"审计纪律，审计工作质量和水平得到全面提升。

特派办二十多年的发展历程，是审计署不断探索和建立中国特色社会主义审计制度的过程，也是逐步把握特派办工作规律、不断探寻科学有效的工作方法，培养和造就一支富有战斗力的特派办审计干部队伍的过程，更是充分发挥特派办的职能作用、推动审计事业不断前进的过程。

二、取得的主要成绩

二十多年来，特派办的建设和发展受到各级党委、政府的高度重视与大力支持，赢得了社会各界的广泛关注和一致认可，取得了显著成绩。

（一）有效履行监督职责，发挥了审计主力军作用

25年来，特派办广大审计人员奋力开拓，勤奋工作，审计领域逐步扩大，审计质量逐步提高，成长为审计署的一支主力军。无论是在成立之初开展的企业审计，还是在后来的财政、金融、经济责任等重大项目审计中，特派办都承担了重要任务。据统计，25年来，特派办共审计近2万个单位，占审计署审计单位总数的66%；查出应上缴财政金额760多亿元，占审计署查出应上缴财政总金额的63%。审计署组织的一些比较大的审计，如最早的五大公司审计，后来的粮食清查审计，还有对海关、国税、预算执行、重大投资项目、金融和企业领导人员的经济责任审计，如果没有特派办的参与是不可能很好地完成的。近年来，特派办还选派300多名干部到审计署机关和派出审计局交流锻炼，为推动署机关、派出局工作的发展以及中央部门预算执行审计的深化做出了贡献。

特派办深入贯彻"全面审计、突出重点"方针，揭露和查处了一大批重大违法违规问题。据统计，25年来，在审计署向国务院及其他部门报送和转送的专题报告或综合报告中，有80%以上的素材是来自特派办的；审计署上报国务院的《审计要情》中反映的问题，有93%是特派办查出的；审计署向司法机关移送的犯罪案件线索中，有75%以上是特派办发现的。各特派办在当地的影响不断扩大，树立了良好的社会形象和威信，也扩大了审计署、审计机关和审计工作的影响，对于提高审计监督的执行力和公信力起到了十分重要的作用。可以说，没有特派办卓有成效的工作，审计工作就不会有今天这样的成果，就不会获得如此大的社会影响，更不会取得现在这样的地位和威信。

（二）加强队伍建设，建立了一支政治、业务素质基本适应审计工作发展需要的干部队伍

特派办远离署机关，领导班子建设对搞好特派办工作至关重要。历届审计署党组都很重视特派办的领导班子建设。每年根据不同情况适时召开

特派员会议，署党组中心组理论学习也经常扩大到特派员范围，及时传达和组织学习中央重要会议精神；在地方党委、政府的大力支持下，适时设立特派办党组，努力建立健全特派办集体领导制度，以审计署党组的名义向特派办派驻纪检组长，进一步健全和完善了特派办领导班子监督约束机制；试行司（局）级干部公开选拔，加大领导班子的调整和交流力度；加强领导班子思想政治建设、业务能力建设、作风建设和廉政建设，及时发现和处理领导班子中出现问题的苗头和倾向。从整体上说，目前特派办的领导班子绝大多数是团结向上、富有凝聚力和战斗力的。

二十多年来，特派办始终高度重视选配合格人员充实审计队伍，队伍不断壮大，素质不断提高，一大批优秀干部在特派办成长起来，大量的司、处级干部在特派办得到锻炼、提拔和使用。目前 18 个特派办在职干部已有近2000 人，其中：76％是审计业务人员，85％具有大专以上学历，57％具有中高级职称，47％是 35 岁以下的年轻人。特派办组建初期，从地方和企业选调了一批业务骨干，后来逐步转向从高校优秀毕业生中选录，1998 年后主要通过国家公务员考试统一录用；近年来，通过培训，特派办共有 613 人通过英语中级水平考试，有 867 人通过计算机中级和省二级以上水平考试，拥有了一大批精通审计业务、熟悉计算机技术、熟练掌握外语的复合型人才。在 2006 年公务员制度改革中，特派办 2660 名事业编制转为行政编制，再加上原有的 50 个行政编制，特派办现共有 2710 名行政编制。

各特派办大力加强机关党的思想建设、组织建设、作风建设，树立忠于职守、爱岗敬业、争先创优、甘于奉献的良好风尚，保持了优良的工作作风和奋发有为的精神状态。二十多年来，特派办的广大审计干部不怕吃苦，不讲条件，廉洁从审，勇当重任，涌现了许多感人的事迹。有的舍小家顾大家，长年奔波在审计一线，足迹踏遍千山万水；有的敢于坚持原则，能够顶住各方面的诱惑和恐吓，揭露和查处大案要案；有的不计个人名利得失，工作默默无闻，一心扑在岗位上，一干就是十几年；还有的为了完成审计任务，长时间加班加点，带病坚持工作。二十多年来，特派办有 12 人被评为省部级先进工作者或劳动模范，有 14 个处室被评为全国审计机关先进集体。

（三）注重科学管理，初步建立起一套特派办工作制度体系和管理机制

特派办是一支近 2000 人的队伍，审计任务重，长期分散作战，加强管理尤其重要。特派办组建时，审计署对特派办的管理基本上无章可循、一片空白，很多工作都是在摸索中不断总结和创新。经过二十多年的积累，已经基本建立了一套特派办工作制度体系和管理机制，特派办建设逐步走上规范化和制度化的轨道。

在内部管理方面，逐步建立起以制度为基础的管理体系，基本实现了外部有法可依、内部有章可循。审计署制定了一系列涵盖特派办综合管理、业务管理、人事管理、财务管理、后勤服务管理和廉政建设等方面的制度；特派办认真执行审计署的各项规定，建立健全了内部管理制度。审计署每 2 年要检查特派办的制度执行情况。一些特派办专门设立了督办岗位，责成专人对规章制度的落实情况进行跟踪检查。制度的建立和执行，使特派办的各项工作有章可循，促进了管理的规范化和科学化。

在服务保障方面，各特派办在审计署的统一领导下，在中央有关部门和地方党委、政府的支持和帮助下，艰苦创业，建立起基本能满足审计人员工作生活需要的服务保障体系。目前，18 个特派办都拥有了办公楼、宿舍等基础设施，特派办的资产总量已达 16 亿多元。各特派办还在国家政策允许的范围内，逐步改善了干部职工的生活福利待遇，在很大程度上解决了广大干部的后顾之忧。

（四）勇于创新，审计信息化建设取得丰硕成果

在审计技术方法变革中，特派办是审计署的"试验田"，担当着"先行者"的重任。审计信息化建设也是从特派办首先发起的。1999 年，南京特派办计算机审计迈出了突破性的步伐，揭开了推进审计信息化建设的序幕。2000 年 11 月，审计署在南京举办全国审计系统计算机开发应用成

果展示，14 个特派办参加了成果展览，极大地促进了特派办的计算机开发应用水平的提高。近年来，特派办以"金审工程"建设为契机，加大了审计信息化建设投入，取得了很大进展：建立了办公局域网，联通了审计内网，接入了因特网；在实践中锻炼和培养了一批能熟练掌握计算机的业务骨干；计算机审计软件开发取得了阶段性成果；在金融审计、财政审计、投资审计、经贸审计等领域，计算机审计技术和方法得到较为广泛的运用。总的来看，特派办审计信息化建设走在了全国审计系统的最前沿。

三、基本经验

二十多年来，经过特派办几代审计人员的勤奋开拓、积极实践和无私奉献，特派办创造和积累了许多反映历史进程、体现审计规律的成功经验。概括起来，主要体现在以下方面：

（一）必须始终坚持"围绕中心、服务大局"的指导思想，充分发挥审计监督服务社会经济发展的职能作用

"围绕中心、服务大局"是审计工作的基本指导方针，也是审计机关履行好职责、发挥好审计监督作用的重要前提。二十多年来，特派办按照审计署提出的指导思想，紧紧围绕党和政府的中心工作，从选项立项到信息编发，都结合工作重点进行，取得了较好效果。实践证明，特派办工作只有围绕党和政府的中心工作，围绕审计工作和审计署工作大局，才能取得今天的成绩。

（二）必须始终坚持"全面审计、突出重点"，着力揭露和查处重大违法违规和管理不规范问题

"全面审计、突出重点"是审计工作重要的指导方针，也是重要的工

作方法。二十多年来，特派办坚持"全面审计、突出重点"，注重查处重大违法违规问题和经济犯罪案件，在惩治腐败、促进党风廉政建设、维护国家资金和国有资产的安全等方面发挥了重要作用。同时，注重揭示财政财务管理上不合规、不规范的问题，深入分析体制、制度上的缺陷，促进改革深化和制度完善，发挥了审计的建设性作用。

（三）必须始终遵循"依法审计、客观公正"的审计原则，不断提高审计工作的水平和质量

依法审计是审计工作的最高原则，客观公正是审计工作的最高标准，坚持依法审计、客观公正，是保证审计质量的关键。二十多年来，特派办坚持依法行政、依法审计，注重加强审计质量控制，不断提高审计工作法制化和规范化水平。审计人员严格遵守国家有关法律、法规、政策和审计人员的职业道德，认真执行国家审计准则等规章制度，努力做到客观公正、实事求是，切实保证审计工作的质量，促进了审计监督职责的有效履行。

（四）必须始终树立"以人为本、人才兴办"的发展理念，努力建设一支高素质的审计干部队伍

人才是审计事业的第一资源，是影响审计事业第一位的、最重要的因素，人才对于审计工作来讲具有极大的决定和推动作用。回顾特派办审计工作二十多年的发展历程，每一阶段的进步与发展都伴随着审计人才的成长与进步，闪耀着人才价值与智慧的光辉。二十多年来，特派办始终坚持"以人为本、人才兴办"的发展理念，营造良好的学习、工作和生活环境，健全和完善人才引进、培养、使用、激励和评价机制，为特派办各项工作的发展和进步提供了坚强的人才保证和智力支撑。

（五）必须始终坚持"建章立制、科学管理"，努力实现机关管理的科学化、制度化和规范化

规章制度是指导工作的规范，科学管理是做好工作的保证。只有严格

按照规章制度办事，才能实现机关管理的科学化、制度化和规范化。二十多年来，为进一步规范管理，特派办结合实际情况不断修改、完善有关规章制度，努力做到涉及特派办发展的一些基本的、原则性的制度在几年之内不做改变，只是根据实际情况做适当调整，这样既保持了制度执行的稳定性和连续性，又保证了制度的合理性。在制度落实上，注重抓好各项日常工作，从抓小事开始，培养大家遵守制度的习惯，将科学管理落到实处，促使大家自觉遵守制度，严格按制度办事，在特派办上下形成了一种良好的工作作风。

（六）必须始终把握"与时俱进、开拓创新"的发展动力，不断推进审计事业健康持续发展

创新是发展的原动力。审计创新是今后审计发展的推动力。回顾特派办这些年的工作，实际上都在不断地创新，从审计理念的转变到审计技术和方法的改进，从审计理论研究的深化到审计队伍的锻炼和培养，创新都在其中发挥了重要、积极的作用。正是由于特派办在工作中努力解放思想，充分发挥主观能动性，善于根据形势的发展变化，从自身实际出发，创造性地开展工作，使审计署决策的执行力得到了有力体现，使审计署的各项要求真正落到了实处，也使特派办的工作始终充满生机。

四、发展目标

根据审计署审计工作发展规划和特派办建设发展实际，今后一段时期，特派办要努力建设成为学习型、创新型、廉洁型、和谐型的审计机关，努力实现四个"一流"：创造一流的工作业绩，培育一流的审计队伍，实施一流的机关管理，提供一流的审计服务。创造一流的工作业绩，就是要坚持和深化审计工作的创新，不断提升审计质量和水平，努力打造

更多审计精品，探索出有特色的审计工作路子，为促进经济和社会的发展做出更大贡献。培育一流的审计队伍，就是通过多渠道、多种方式加大培训教育力度，提高审计人员的政策理论水平和审计业务素质，真正建设成为一支政治过硬、作风优良、业务精湛、纪律严明、人民满意的审计队伍。实施一流的机关管理，就是要不断建立和完善各项制度，促进机关各项工作的科学化、制度化和规范化。提共一流的审计服务，就是要大力倡导"管理求严、工作求新、作风求实、效率求高"的工作作风，树立良好审计形象，依法审计，客观公正，进一步提高审计的质量和水平，为社会和经济发展服务。

（审计署人事教育司）

审计行政管理制度的建立和完善

实行科学的审计计划管理

计划是管理过程的起点。审计计划管理的任务，在于为审计机关界定计划期内的绩效目标，并确定需要完成的任务和运用的审计资源。审计计划管理在整个审计业务管理中居于"龙头"地位，是整合审计资源的重要工具和首要环节。要实现审计业务管理的科学化，首先必须实行科学的计划管理，才能有效整合审计资源，提升审计工作效率和水平。审计机关自成立以来，以构建立项决策科学、资源配置合理、执行控制有力的计划管理机制为目标，积极加强和改进计划管理，取得了一定成效。

一、建立健全计划管理规章制度体系，
提高计划管理的规范性

审计机关成立初期就尝试加强审计项目计划管理。1986 年，审计署

制定了《审计项目计划编制试行办法》，开始按年度编制计划，同时检查和考核计划的执行情况。1988 年，审计署又制定了《审计工作年度计划管理办法》，1991 年对这一办法做了一些修订。《审计法》颁布施行后，审计工作规范化建设的步伐加快，审计署于 1996 年先后发布了 38 个审计规范，其中包括《审计机关审计项目计划管理的规定》。该规定是在总结审计机关 10 多年计划管理经验的基础上制定的，对于规范审计业务管理、提高审计工作效率，发挥了积极作用。2002 年，在修订完善《审计机关审计项目计划管理的规定》的基础上，审计署制定了《审计机关审计项目计划管理办法》，对审计计划管理的原则、计划编制程序、计划执行报告及检查考核制度等做出了规定，是审计机关计划管理工作的基本文件。

2003 年以后，审计署把建立健全有效的审计计划管理制度体系，作为工作的首要着力点。2004 年 1 月，制定了《审计署审计项目计划管理办法》。该办法立足于解决审计署计划管理中存在的突出问题，贯穿科学化这条主线，在合理设定计划管理各主体的职责权限、保证不同类型计划之间的协调平衡、细化计划编制程序、加强计划执行控制等方面，做出了一些新的规定。

2005 年，在系统总结计划管理工作经验教训，深入调研并反复征求意见的基础上，审计署研究制定了《审计署关于改进审计项目计划管理的实施办法》。该办法集中体现了计划管理改革的要求：一是改革了计划编制程序，将计划管理职能与审计项目实施职能分离开来，对计划实行集中统一管理，办公厅在计划编制中发挥主导作用；二是完善了计划要素，明确了测算项目工作量、控制审计进度的要求；三是提出了实行项目预算管理、加强审计成本控制的具体措施；四是强化了计划执行过程中的信息反馈和业务指导；五是规定了计划执行情况考核和项目后评估的主要内容。

为更好地贯彻落实《审计署关于改进审计项目计划管理的实施办法》，针对计划管理和业务协调方面存在的一些共性问题，先后研究发布了《审计署办公厅关于审计项目计划管理和审计业务协调有关事项的通知》、《审计署关于提高审计工作效率有关事项的通知》和《审计署办公厅关于规范地方审计机关申请协查事项办理程序的通知》。这些配套性文件进一步规范了审计机关之间的信息沟通、业务协调和审计中的人力资源调配事项，强化了对审计实施过程的时间进度控制，使计划管理的一些细微、具体的环节也做到了有章可循。

同时，为规范授权审计项目计划管理，2005 年制定了《中央审计项目授权地方审计机关审计管理办法》，对授权项目申报批复、组织实施、审计结果报告、监督检查等事项做出了全面、明确的规定。该办法改变了以往被动接受地方审计机关授权申请的做法，实行划定范围、行业相对集中的主动授权方式，同时强化了省级审计机关的责任，提出了授权项目审计质量控制和审计成果综合利用的具体措施。

二、围绕审计工作中长期发展规划，注重计划管理的前瞻性

审计计划管理的重点是年度审计项目计划。年度计划着眼于一个年度的项目安排，如果缺乏应有的前瞻性，不从全局和历史的角度进行综合考察，往往容易造成年度计划之间缺乏应有的连贯性，使审计工作缺乏对重点部门、重点资金、重点问题和高风险领域的持续关注，不利于落实"全面审计、突出重点"的方针和提升审计质量。近年来，审计署先后制定了《审计署 1999 至 2003 年审计工作发展纲要》、《审计署 2003 至 2007 年审计工作发展规划》、《审计署 2006 至 2010 年审计工作发展规划》和《审计署 2008 至 2012 年审计工作发展规划》，从战略高度总结经验、谋划未来，指明了一个时期内审计工作的发展方向。在计划管理中，注重搞好规划和规划期内各年度工作的结合，把规划提出的指导思想、总体目标、主要任务和各项专业审计的发展思路，体现在每年审计工作的具体安排

之中。

年度审计项目计划所安排的项目，大体分为两类：一类是每年都要实施的例行审计项目，主要是中央部门预算执行审计、国有及国有控股企业和金融机构审计等有相对固定审计对象的经常性项目；另一类是需要结合经济社会发展大局和政府中心工作，针对特定资金、项目或围绕特定主题开展的审计和审计调查项目。对于前一类项目，积极推动建立审计对象资料库，在对审计对象实行分类管理的基础上，尝试编制滚动计划。如中央部门预算执行审计是财政审计的重点，审计工作五年规划提出了深化中央一级预算单位审计的目标，对纳入中央预算执行审计范围的一级预算单位，根据收支规模、所属单位数量、财政财务管理的特点和规范程度进行分类，在计划安排上对不同类型的单位实行不同的审计频率和审计方式，使计划具有整体性、动态性。对于后一类项目，主要通过分类积累资料，加强综合分析，从总体上把握国家财政资金分配状况，及时了解中央出台的各项改革措施，把握领导和社会关注的热点、难点问题，在与业务部门共同研究的基础上，遴选出重点关注的行业领域、专项资金、建设项目和适于开展专项调查的主题，提出立项建议。

在安排年度计划时，根据审计工作五年规划的要求，在审计内容和审计方式上坚持财政财务收支的真实合法审计与效益审计并重，坚持审计与专项审计调查并重，逐年加大效益审计和审计调查项目的比重，凡适合开展效益审计和以审计调查方式实施的内容，尽量列入效益审计和专项审计调查项目。目前，审计署统一组织的审计项目中，投入效益审计的力量已超过整个审计力量的一半，专项审计调查项目数已接近审计项目总数的一半。

三、强化立项调研和论证，提高立项决策的科学性

改革计划管理体制后，为克服审计项目确定过程中不重视调研论证，

"临渴掘井"、"拍脑袋"草率决策的弊病，将立项调研和前期论证作为计划编制工作的重中之重，在充分占有资料的前提下扎实开展项目可行性研究，为提出立项建议奠定坚实基础。

每年一季度正式下达当年计划后，即着手研究次年审计项目安排问题，把大量的信息搜集工作做在平时，注重日常积累，广开渠道，深入挖掘。重点关注审计需求和审计对象两大类信息，前者包括党委、政府、人大、政协以及媒体、公众对审计的需求，后者主要是被审计单位、资金、项目的资料及以往审计中发现的主要问题。获取信息的方式：一是搜集研究政府工作报告、国家国民经济和社会发展年度计划文本、宏观经济管理部门和研究机构的报告等资料，把握经济社会发展的重点领域和关键环节；二是分析研究全国人大代表、政协委员有关审计工作的建议和提案，浏览互联网、报刊等媒体有关审计工作的报道和反映，了解社情民意和舆论动态；三是集思广益，面向全国审计系统广泛征集审计项目计划安排建议，同时有重点地到一些审计机关开展专题调研，深入交换意见；四是主动协调并会同业务司到国务院有关部门走访，开展业务调研，掌握第一手的背景资料和业务数据。审计机关为从源头上和总体上掌握中央财政资金的分配情况，经过一段时间的积累，已初步建立起按行业领域分类、比较翔实的背景资料库。从2006 年开始，在向审计长会议提交立项建议时，不仅说明立项的理由、审计目标和重点、预期审计成果，还提供十几万字的背景资料，供领导同志参阅。

在立项调研和论证过程中，围绕立项的必要性、审计目标的合理性和审计实施的可行性，注重与业务部门的协调沟通、共同研究，使交换意见的过程成为统一思想、达成共识的过程。

由于动手早、准备充分，计划编制工作效率有了较大提高，基本做到了每年9 月底前提出次年审计项目安排建议，第四季度细化为计划草案，全国审计工作会议研究后即印发执行。

四、对审计资源和审计成本实施精细化管理，增强审计资源配置的合理性

审计是一定资源条件约束下的活动。审计计划管理必须以现实的审计资源为基础，着眼于合理有效地利用资源，使审计效能最大化。针对一段时期以来审计工作中存在的拼人力、拼本力打"疲劳战"，不计成本、效率低下的现象，大力强化审计资源管理。从对审计项目成本的精细控制入手，使审计计划管理向量化和刚性约束的方向迈出了实质性步伐。

自 2003 年起，全面收集了审计署各单位以前年度实施审计项目的资源耗费情况，分析整理后，作为确定以后年度同类、同规模审计项目资源投入量的参考依据。同时，通过详细了解各业务单位审计人员的数量、结构情况，建立了审计人力资源基本资料库。这为实施精细化的审计资源管理和成本控制提供了基础。

为保证成本控制的科学性，在编制 2006 年度和 2007 年度审计项目计划时，对特派办承担的所有项目都详细测算工作量，编列了审计资源使用计划。项目确定后，根据各特派办人力资源情况，按项目分别编制每月人力分布情况表，分析是否存在不合理因素，并与各特派办反复协商，努力使任务分布、力量组织以及时间进度安排科学、有效。正式下达的计划，不再只是简单的项目名称和实施时间，而是既包含各个项目的审计对象、范围、内容，也包含审计工作各阶段资源投入量、各关键控制点期限要求（即"里程碑计划"）的综合性表格文本，一些计划成为各单位进一步整合资源、实施现场管理的依据。

在测算工作量的基础上，改变了按"基数＋增长"方式核拨审计业务经费的做法，试行了科学的零基预算。具体做法是：以计划安排的人力、时间进度为依据，按照外勤经费、城市间交通费标准，测算出每个项

目所需审计外勤经费，从而测算出每个特派办所有项目的外勤经费总额，作为编制业务经费预算的依据。2006 年度和 2007 年度，共对 18 个特派办实施的 663 个审计项目进行了经费测算。各特派办在审计署下达的预算额度内，精打细算，严格管理，有效控制了审计成本，提高了工作效率。

五、贴近审计一线，加强对计划执行过程的控制，维护计划的严肃性

以往的审计计划管理，一定程度上存在重计划编制而轻执行控制的"虎头蛇尾"倾向，计划执行的随意性较大，不利于实现计划意图，不利于保证审计质量。为此，采取了以下措施：一是建立并坚持实行以审计项目台账为载体的计划执行情况月报制度。所有的项目执行单位每月都要按统一格式及时报送审计项目台账，全面反映项目执行进度和资源耗费情况。按月进行汇总、统计、分析、通报。如果发现项目进度滞后、资源投入畸轻畸重、工作强度过高等异常情况，在认真分析原因后，要及时向有关单位做出提示，重要事项要专门向领导报告，提出调整或纠正的建议，促进有关单位改进项目管理。二是坚持贴近一线，到审计现场了解项目实施情况，加强沟通协调。对业务部门编制的审计工作方案，认真审核，以避免出现随意扩大审计范围、增加审计内容、延长实施时间等情况。在项目实施过程中，安排人员参加业务部门举办的专业审计培训班、阶段性审计成果汇报会，深入到审计组，了解项目执行进度，听取审计人员的意见和建议，研究解决实施过程中出现的问题。三是对一些规模较大、多个单位协同实施的项目，尽量避免交叉重复，努力做到把下达审计通知书、审计进点安排和出具审计报告等问题形成一个整合性方案，在提高审计效率的同时也减轻了被审计单位的负担。

（审计署办公厅）

加强审计成本控制
推进财务管理改革

　　"兵马未动、粮草先行"。财务工作是开展业务工作的基础保障，财务管理是单位内部管理的重要一环。审计署党组历来重视预算和财务管理。1983年成立审计署筹备组时，就明确专人负责财务工作。在审计署25年的发展过程中，为适应不同时期形势需要，审计署的财务管理机构经历了分分合合、由小到大的成长历程，对保障机关的正常运转和审计业务的顺利开展发挥了应有的作用。特别是1998年以来，署党组提出"要从依法行政、依法治国的高度认识加强财务工作的重要性，从促进廉政建设的角度做好财务工作　要用铁的手腕狠抓财务管理，以财务管理为中心，提高内部管理水平"，审计署系统的预算和财务管理得到了进一步加强。审计署对全系统先后进行了两次财务整顿和财务检查，有力地促进了各单位建章立制、规范管理。为彻底切断与被审计单位的经济联系，审计署于2000年实行了审计纪律"八不准"和审计外勤经费自理，对保障审计工作的独立性发挥了积极作用。为进一步提高审计管理水平，从2005年起，审计署开始改革原有财务管理方式，实行审计项目预算管理，加强了审计成本控制，取得了较好成效。

一、改革前财务管理存在的主要问题

一是外勤经费管理粗放，预算细化不够，缺乏审计成本控制手段。改革前，财务管理与审计计划管理基本处于脱节状态。财务和计划两个部门分别按照各自的管理体制运行，外勤经费的预算审批和调整不是依据计划部门下达的审计计划来确定，而是根据财力可能和各单位的资金需求来确定。审计署在批复各特派办审计外勤经费预算时，基本按照预计的外勤天数和日人均开支标准来核定预算总量，实行经费总量控制。外勤经费没有细化到审计项目，也没有考虑被审计单位的地区分布、距离远近和不同城市的消费水平。各特派办在审计署核定的预算总量内，在不同项目之间调剂使用外勤经费，未按审计项目设立明细账进行成本核算。

二是正常经费预算分配基本沿用基数加增长的方式核定，没有按定员定额的办法管理。改革前，由于难以准确划分各单位正常经费和外勤经费的数量界限，审计署对各二级单位正常经费的预算安排总体上采用基数加增长的方式核定，无法实现较为科学的定员定额管理。

二、财务改革的具体进程

（一）精心准备、周密部署，做好模拟成本分析

为实施审计成本预算管理，掌握历史数据，2005 年，审计署组织对各特派办 2003 年和 2004 年外勤经费使用情况进行了模拟审计成本分析，具体而言：一是认真测算审计工作量。各特派办根据 2003 年和 2004 年审计项目计划执行情况，将每年实施的审计项目，按照预算执行、金融、企

业、投资、外资和其他审计进行分类，列出审计项目清单，分别统计各个项目的外勤工作量。具体包括同城审计和异地审计的工作量、审前调查和现场审计的工作量。二是按审计项目归集审计成本。根据外勤经费支出明细账、台账和原始报销凭证，将当年的外勤经费支出，全部还原分配到不同的审计项目上，逐个项目归集审计成本。成本归集的范围，同城审计包括市内交通补助费和中午误餐补助费，异地审计包括城市间交通费、住宿费、伙食费和公杂费。外勤经费的其他支出，包括加班费、外聘人员报酬、调剂弥补本单位人员经费和日常公用经费不足等，根据实际支出内容，单独统计和反映。三是进行模拟成本分析。各单位按照审计项目统计外勤工作量和审计成本，对有关基础数据进行测算和分析。分析内容包括：每年外勤审计总工作量、不同类型审计项目的工作量和年人均工作量，同城审计、异地审计分别占全年外勤工作量的比例；每年外勤经费总预算，以及审计成本、加班费、外聘人员报酬和调剂使用外勤经费分别占外勤经费支出总额的比例；交通费、住宿费、伙食费和公杂费分别占审计成本的比例等。

（二）积极探索、大力推行审计项目台账制度，试行审计成本管理

2005 年下半年，在总结特派办已有审计成本管理经验的基础上，要求各特派办在预算资金额度内，试行审计成本管理。对不同的审计项目分别设立明细账进行核算。对每一个审计项目都要先按照正常工作量核定经费预算，做到审前调查有概算、正式进点有预算、审计过程有核算、项目结束有决算。

（三）总结经验、全面实施审计成本管理

从 2006 年起，审计署全面试行审计成本管理。一是外勤审计经费实行项目预算管理。外勤经费与审计工作量挂钩，有利于解决过去外勤经费总量包干，特派办审计任务越重、可用于自身运转的经费越少，审计

任务越轻、经费水平越高——"鞭打快牛"的问题。二是特派办正常经费试行定员定额管理。按照特派办所在城市经济发展和物价水平，将 18 个特派办分为在经济发达区、中东部区和中西部区三类，按类核定各办人均正常经费拨款标准，基本保证特派办之间经费标准均衡可比。

（四）积极推进财务公开

2007 年，在审计署系统内全面公开当年预算分配结果、上年度分单位决算，由各单位"背对背"互不知道对方经费情况到"面对面"的公开透明，标志着审计署预算管理、审计成本管理向科学化、规范化迈出了新的一步。

三、改革的基本成效

（一）树立了审计成本意识

实行审计项目经费预算及审计成本管理后，由于审计外勤经费细化到具体的审计项目，审计人员的预算意识、成本意识有了明显提高，促进了审计工作效率的提高。

（二）强化了效率意识

不少特派办将审计成果与审计费用联系起来考核并予以公布，在特派办引起了巨大反响。审计人员的审计成果意识、成本效率意识有了明显提升，促进了工作作风的转变。

（三）促进了科学理财、规范理财

推进综合预算管理，引进项目管理和定额管理办法，提高了预算的科学化和规范化程度，使特派办的预算管理水平有了明显提高。

四、改革的几点基本经验

（一）领导重视、强力推进是改革取得突破的关键

　　加强审计成本控制，涉及各方面利益，没有领导的重视和强力推进，可谓寸步难行。审计署党组高度重视计划财务改革，李金华同志多次强调要提高计划的科学性，要有效整合审计资源，要切实强化审计成本管理。各特派办领导坚决贯彻实施，强力推行审计项目预算，严格控制审计成本，保障了改革取得实质性进展。

（二）理论先行、细致周密、深入扎实的前期准备是改革取得成功的基础

　　审计成本控制是在审计目标既定的情况下，通过合理配置资源，力求以最小的成本实现审计目标的一系列控制手段。为保障改革成功，在汲取国外有关审计项目成本管理经验的基础上，结合实际情况，以连续几年审计项目模拟成本分析所提供的历史数据为依据，认真分析加强审计项目成本控制的关键点，在测算审计项目工作量以及审计经费预算方面，严格贯彻综合平衡、统筹兼顾、整合资源、突出重点的基本原则，摸索建立起一套较为科学的测算方法。同时将"审前调查有概算、正式审计有预算、审计过程有核算、项目结束有决算"的动态管理、全过程控制的理念引入到审计成本管理中来，逐步强化了审计人员的成本效益意识。充分扎实的理论探考、仔细翔实的历史调研、科学理念的创新推广，为审计成本管理的改革奠定了坚实的基础。

（三）制度跟进是改革取得成功的有力保障

计划改革既是财务改革的先导，也是财务改革的保障。为推进计划财务改革，审计署改进了审计项目计划管理办法，明确了"改革计划编制程序，实行审计项目计划管理职能与审计项目实施职能相分离；完善计划要素，严格控制审计项目实施进度；实行项目预算管理，加强审计成本控制"等要求，为改革的顺利进行奠定了坚实的基础。为将计划财务改革的要求落到实处，审计署及时要求各特派办设置审计项目经费支出台账，按照项目归集外勤审计工作量和审计成本，及时关注项目进展和经费支出情况，切实加强审计成本的动态管理和全过程控制。这也使得将每年项目经费预算与执行结果进行对比分析成为可能，实现了项目层次的财务分析，将审计成本的会计核算、财务管理水平提高到一个新的层次。以制度创新带动实践创新，进一步再将实践的新经验制度化，形成了制度创新和实践创新的良性互动，有力地推进了计划财务改革取得良好成效。

（审计署办公厅）

搞好审计成果利用
发挥审计监督作用

审计成果从广泛意义上来说，是指审计工作中获得的被审计单位的预算执行和财政财务收支情况，被审计对象的经济责任履行情况，审计发现的违法违规问题和经济案件线索，审计机关对宏观经济政策和促进规范管理的意见和建议，审计工作中形成的经验、方法等。审计机关每年都要取得大量的审计成果，充分运用审计成果是发挥审计监督职能的重要保证，也是促进依法行政、从根本上解决屡审屡犯问题、推动建立健全行政问责制的有效途径。因此，审计成果的利用情况直接决定审计作用的发挥。如何充分运用这些成果，提升审计成果的利用水平，是审计机关所面临的一个重要课题。近年来，审计机关对审计成果的利用进行了积极探索，取得了好的成效，在审计成果利用的手段、层次、范围、效果等方面均取得了好的成绩，初步形成了审计成果利用的思路和方法。

一、近年来审计成果利用的主要成绩

近年来，审计署在党中央、国务院的正确领导下，以邓小平理论和"三个代表"重要思想为指导，深入贯彻科学发展观，坚持审计工作"二十字"方针，在狠抓审计质量的基础上，狠抓审计成果利用，取得了十分突出的成绩，在维护财经秩序、促进廉政建设、完善体制机制、加强宏观调控、减少损失浪费、维护群众利益等方面发挥了重要作用，得到党中央、国务院和社会公众的高度重视和肯定。从审计工作报告来看，《审计法》颁布以来，审计署每年都要给国务院报送审计结果报告，审计长每年都要受国务院委托向全国人大常委会提出中央预算执行和其他财政收支的审计工作报告。从审计结果公告来看，2003 年以来，审计署共有审计结果公告 30 多期。一些中央部门违法违规问题和一些部门单位或专项资金重大问题的披露在全社会引起了很大反响，推动了中央部门依法行政和政务公开，增强了人民对政府部门的信心。从审计信息来看，2003 年以来，审计署上报《审计要情》近 200 期，有 90% 被党和国家领导人批示；上报《重要信息要目》近 500 期，有 60% 以上被中办、国办采用。此外，2003 年以来还编发《审计简报》30 多期，《信息转送函》600 多期。为加强廉政建设、维护财经秩序、完善体制机制，促进科学发展，提供了重要的决策依据。朱镕基和温家宝同志都曾经表示过，国务院很重视审计署上报的报告和信息，几乎每期必看，每期必批。

二、近年来审计成果利用的主要做法

（一）在指导思想上，始终坚持按照科学发展观的要求开展审计成果利用工作

近年来，我们在审计工作中努力贯彻落实科学发展观，全国审计工作会议连续几年都是以贯彻落实科学发展观为主题。在这样的大环境中，审计成果形成和利用也必然贯彻了科学发展观的要求。就审计成果利用而言，主要坚持了这样两条：其一，是否符合科学发展观；其二，是否有利于促进社会和谐。实践证明，坚持这两条，就能切实提高审计成果利用水

平和效果。例如，近年在中央预算执行审计结果报告和审计工作报告中、在上报的审计信息中努力加大了涉及新农村建设、教育、医疗、扶贫、救灾、社会保障、环境保护、节能减排等类审计成果的分量，较好地体现了科学发展观的要求，促进了有关部门贯彻落实科学发展观，得到党中央、国务院的充分肯定和社会各界的普遍好评。

（二）在工作思路上，始终坚持按照"二十字"方针的要求开展审计成果利用工作

"二十字"方针是审计工作的基本方针。它已经渗透到了审计工作的各个环节，同样，也渗透到了审计成果的利用工作中。"依法审计、服务大局、围绕中心、突出重点、求真务实"，五句话、五个层面、五个角度、五个要求，对审计成果利用工作来说哪一条也不可偏废。例如，在起草中央预算执行审计工作报告过程中，认真学习有关法律条文，是必修课；认真学习中央全会、中央经济工作会议精神和国务院有关文件，是必修课；仔细研究各项审计成果，去粗取精，去伪存真，也是必修课。根本的就是要让审计工作报告更好地符合《宪法》和《审计法》对审计工作的规定；更好地符合党中央、国务院和全国人大常委会对审计工作的要求，更好地体现审计工作方针五个方面的要求。

（三）在工作载体上，始终坚持抓好"两个报告"、结果公告、审计信息三个平台

一是抓"两个报告"。"两个报告"是指中央预算执行审计结果报告和中央预算执行审计工作报告。受国务院委托每年向全国人大常委会做中央预算执行和其他财政收支审计工作报告是审计署的一项法定职责。被媒体誉为"审计风暴"的审计工作事项，就是运用审计工作报告这一载体面向社会的。每年"两个报告"的起草，审计署领导都很重视，从事先安排到起草过程，从初稿到定稿，署领导始终都在关注，到后期还要亲自反复修改。二是抓审计结果公告。从 2003 年开始，审计署实行了审计结

果公告制度，促进了政务公开和政府部门依法行政。三是抓审计信息。经过多年的努力，审计信息，特别是《审计要情》和《重要信息要目》，已经成为利用和体现审计成果的重要渠道。审计署上报的审计信息，以其真实、可靠，受到党中央、国务院领导同志的重视。

（四）在工作内容上，始终坚持抓住重大违法违规、涉及体制机制、损害群众利益、影响科学发展等重点问题不放

一是在审计成果中突出反映重大违法违规问题和经济案件线索。2003年以来，审计机关向司法机关移送事项 2900 多件；向纪检监察部门移送事项 5900 多件。这些案件的查处和公开曝光，为国家挽回了大量经济损失，体现了审计在反腐败斗争中的重要作用。二是在审计成果中注重反映涉及体制机制的问题。近 5 年来，仅中央部门根据审计建议制定或修改的相关制度就有 190 项。审计成果直接和间接地体现在了中央预算逐步细化、预算约束力和透明度不断增强、部门和单位财务管理水平不断提高等方面。例如，审计反映大庆油田可持续发展面临的矛盾和困难，得到了国务院领导同志和有关部门的高度重视，促进了从制度等层面解决问题。三是在审计成果中注重反映损害群众利益和影响科学发展的问题。近年来，我们在对上的信息反映和对外公告方面，都加大了对社保、扶贫、救灾、教育、医疗、环保等方面问题的披露力度。几乎每一项审计结果的公开在社会上都引起了很大反响。

（五）在工作标准上，始终坚持做到严谨细致、精益求精

温家宝同志 2004 年曾经对审计工作提出了严谨细致的要求。近年来，审计署坚持按照这一指示抓审计成果开发利用的质量。例如，一份《审计要情》最后一般只有 600—700 字、几个数据，但最初的材料一般是几千字、几万字甚至几十万字；最初的数据也可能是成百上千个；花费的人力可能是几人、几十人甚至上百人；花费的时间可能是几个月、半年甚至一年；而修改、把关的程序不下 10 道。正因为如此严格，我们才保证了

审计成果质量，才赢得了党中央、国务院的信任和社会舆论的普遍赞誉。

（六）在制度建设上，始终坚持规范、提高、激励、引导的路径

多年来，审计机关坚持审计信息通报制度，在工作考核中将审计成果作为最重要考核内容。还制定发布了《审计署公告审计结果办法》、《审计署办公厅关于报送重要审计信息有关问题的通知》、《审计署办公厅关于加强规范对外披露审计信息有关问题的通知》、《审计署办公厅关于加强和改进审计信息工作的通知》、《审计署办公厅关于近期审计信息编报工作的意见》等多项制度，对审计成果的标准、范围、重点以及加工、利用的程序、责任等进行了规定，达到了规范、提高、激励、引导审计成果利用的目的。

三、提高审计成果利用水平的设想

（一）进一步拓宽利用渠道

目前，审计成果主要以审计文书、信息简报为载体，成果的流通局限于被审计单位和政府领导，流动性弱，作用未能充分显示。提高审计成果运用水平，必须拓宽审计成果运用的渠道。其主要途径应当包括：向党委、政府报送审计信息、提交专题报告或综合报告；通报或公告审计结果；受理和反馈审计机关移送或建议的事项；书面反馈审计结果的执行和落实情况；存入被审计单位领导干部本人的廉政档案和人事档案；作为领导干部评先表彰奖励、实行诫勉谈话或给予党纪、政纪处分的依据；作为领导干部晋升、交流、改任和降职使用的依据；作为部门、单位考核的依据；依法采取的其他运用形式。通过更多层次和渠道，使审计成果的运用深入行政监督领域、法纪监督领域、干部管理领域

和宏观管理领域。

（二）进一步规范利用行为

要加强组织领导，健全机制，明确职责，加强审计结果运用中有关部门的协作配合形成合力，确保审计结果运用工作落到实处。同时，要加强制度建设，建立审计成果运用报告制度、审计成果运用督促检查制度、审计成果运用问责制度和审计结果运用公开制度。探索建立审计成果运用协调机制和促进整改长效机制，提高审计成果的运用效率和效果，进一步发挥审计监督作用。

（三）进一步扩大利用范围

审计结果除涉及国家秘密和被审计单位商业秘密以外，应当一律向社会公告。当前，可将普遍性、社会性强的审计成果率先公开。在继续推进审计结果公告制度的基础上，充分利用电视、报刊、网络等多种新闻媒体发布审计成果运用信息。加速实现审计成果资源的电子化、信息化，建立审计信息资源数据库，利用政务信息网建立信息共享平台，实现审计成果资源共享，提高审计工作透明度，改变过去审计成果大部分在内部循环、利用率低的状况。

（四）进一步增加利用深度

审计成果有深度，成果的运用才有深度。目前，审计成果的运用还十分有限，其主要原因就在于审计成果的深度不够，往往还停留在就事论事的层面。我们必须在审计成果的深度开发上下工夫，增强宏观意识，全面、系统、辩证地思考问题，通过归纳分析、综合提炼，综合运用审计成果。要从具体的、微观的经济现象入手，总结出一些带有共性的、规律性的东西；抓住一些倾向性、敏感性问题，从宏观上和政策层面进行分析，为加强各项管理、弥补制度缺陷、逐步化解社会矛盾及时提出有价值的建议。

（五）进一步提高利用效果

审计成果质量是决定审计成果运用效果的基础和前提。审计机关应严格规范审计行为，加强审计质量控制，不断提高依法审计能力，确保审计成果事实清楚、定性准确、处理得当、便于执行和操作。为推动审计成果运用工作落到实处，审计机关对已下达的审计决定、审计意见（审计报告）、审计建议等的执行、落实、采纳情况应进行督促检查，跟踪了解、分析评价审计成果运用和整改的情况，必要时对有关单位进行后续审计，协助做好有关问题的纠正。

（审计署办公厅）

加强机关党的建设
促进审计事业发展

　　25 年来，审计机关始终坚持以邓小平理论和"三个代表"重要思想为指导，围绕中心，服务大局，大力加强党的思想、组织、作风和制度建设，努力发挥党组织的战斗堡垒作用和党员的先锋模范作用，为审计机关组建、审计工作开展和审计事业发展，提供了有力的政治组织保证。25 年的机关党建工作实践，积累了十分宝贵的经验。

一、坚持与党中央保持高度一致，
发挥党组织的政治保证作用

　　25 年来，审计机关始终坚持与党中央保持高度一致，注重全面加强机关党的建设，充分发挥党组织的政治保证作用。

（一）认真开展"三讲"教育活动

　　1999 年，根据中央的部署，在审计机关开展了以"讲学习、讲政治、讲正气"为主要内容的党性党风教育。各级党组织按照要求，发动群众开门整风，广开渠道听取意见。各级党员领导干部坚持高标准严要求，从思想深处进行自我剖析，积极开展批评与自我批评，针对存在的问题和差距，制定切实可行的整改措施并认真落实。"三讲"教育使广大党员领导干部增强了党性观念，提高了讲政治的自觉性，推动了审计工作的发展。

（二）全面兴起学习贯彻"三个代表"重要思想新高潮

党的十六大召开后，系统组织学习了"三个代表"重要思想的时代背景、实践基础、精神实质和历史地位，开展了在审计工作中如何贯彻落实"三个代表"重要思想的大讨论，500多党员干部联系工作实际撰写了论文。通过学习，广大党员干部一致认为，坚持依法审计、客观公正、维护财政经济秩序、促进经济和社会发展就是贯彻落实"三个代表"；坚持与时俱进，总结经验、寻找差距、制定措施，推动审计工作上新台阶就是贯彻落实"三个代表"。

（三）深入开展保持共产党员先进性教育活动

2005年，根据中央部署，审计机关开展了保持共产党员先进性教育活动。举办党支部书记培训班和全体党员学习班，开展"我是光荣的共产党员"、"我是光荣的审计工作者"演讲活动，广泛征求群众意见，召开党组专题民主生活会，认真落实整改方案，研究制定了建立长效机制的意见，巩固和扩大教育活动成果。审计机关的先进性教育活动基本达到了提高党员素质、加强基层组织、服务人民群众、促进各项工作的目标，得到了中央督导组的肯定。

（四）有针对性地做好党建和思想政治工作

在1998年机构改革中，审计署直属机关党委注重及时了解和掌握干部职工的思想动态，深入细致地开展思想政治工作，保证了机构改革任务按时完成。1999年以来，深入开展了同"法轮功"邪教组织的斗争，认真做好个别"法轮功"练习人员的教育转化工作，确保没有出现新的

"法轮功"练习者，维护了社会稳定。2000 年，制定了《审计署机关经常性思想政治工作实施要则》。在抗击非典斗争中，审计署要求机关各级党组织和广大党员干部服从命令，听从指挥，既保证了预防工作取得无一疑似、无一感染的成果，又完成了当年中央部门预算执行审计任务。2006年，召开了离退休干部党建工作座谈会，切实加强离退休干部党建工作。

二、坚持用科学理论武装党员干部，提高
广大党员干部的理论和思想水平

审计机关始终坚持把学习马列主义、毛泽东思想、邓小平理论和"三个代表"重要思想摆在党的思想建设的首位，引导广大党员干部坚定理想信念，提高运用马克思主义立场、观点、方法分析和解决问题的能力，增强贯彻执行党的路线、方针、政策的坚定性和自觉性。

（一）加强党校培训

从 1985 年至 1998 年，审计署机关先后组织了 26 期党校班，每期脱产学习三个半月，共培训 236 名党员处级以上领导干部。机构改革后，在人员少、任务重的情况下，审计署机关仍坚持派出 193 名党员处级以上领导干部，参加了 16 期中央党校中央国家机关分校的培训。党校培训使领导干部系统掌握了马克思主义基本理论和当代科技文化知识，提高了领导干部的理论和思想水平。

（二）组织集中学习

总结先进性教育活动经验，建立了党员集中学习制度。从 2005 年开始，共组织了 10 期党员集中学习班，每期 3 天时间，党员和入党积极分

子近2000人次参加了学习。2006年，制定了《关于加强党员学习培训的意见》。在审计署年度集中培训时安排政治学习的有关内容。重视青年干部的学习，先后组织了2期140多名同志参加的机关青年干部理论学习班。集中学习制度，提高了广大党员、干部的学习意识，增强了理论学习的针对性和实效性，受到了普遍欢迎。

（三）推进学习型支部建设

围绕党的中心工作和审计事业发展的需要，引导党员干部树立终身学习的理念，不断研究新情况、新问题，促进学习和工作的有机结合。充分利用党组中心组学习成果，及时将学习情况，通过会议、文件、简报、局域网等多种形式向机关党员干部通报，推动机关面上的学习。充分利用培训班、理论讲座、研讨会和形势报告会等方式，进行时事政策和形势任务教育。充分发挥党支部在理论学习中的组织作用，推广"个人重点准备、支部集中交流"的学习方式，收到了比较好的学习效果。

（四）开展网络教育

2002年以来，审计署组织了为期9个月的"党的知识有奖答题"系列活动，机关所有党支部的近2000人次参加，为历次理论学习活动开展时间最长、参加人数最多的一次。连续组织了3期"党内监督条例和纪律处分条例"网上有奖答题活动，530人参加了答题。先进性教育活动期间，开设了教育活动宣传专栏，总点击率超过了4000人次，月均1000多人次，创下当时审计署机关各单位网页点击率之最。党的十七大召开后，审计机关加大网络宣传力度，仅在机关党委网页"图片新闻"、"最新消息"、"支部动态"三个栏目中，就登载了140多条宣传信息。

三、坚持以党支部建设为重点，增强 党组织的凝聚力和战斗力

审计机关始终坚持加强党支部建设，严格组织生活，发展党内民主，抓好对支部书记的培训，做好发展党员工作，进一步增强支部工作的生机和活力。截至目前，审计署机关设有党总支 3 个、党支部 61 个，党员 883 人。

（一）加强"一把手"工程建设

坚持由党员司局长担任总支和支部书记，做到党建工作与业务工作一起研究、一起部署、一起落实。1991 年以来，审计署机关每年召开一次支部书记参加的党建工作座谈会，每次围绕一两个主题交流经验和做法，推动支部工作。2000 年以来，审计署党组中心组学习会有 15 次扩大到司局级党支部书记，占集中学习会的 48%。从 2002 年开始，连续举办 8 期党支部书记培训班，党支部书记 630 多人次参加了培训，提高了支部书记的理论水平和"两手抓"的能力。

（二）加强支部组织建设

1999 年制定了《党支部工作考核办法》，2006 年又进行了修订，每年年终结合工作总结进行考核检查。2003 年，制定了《关于加强署机关党支部建设的意见》，以建设政治坚定、业务精通、纪律严明、作风过硬的合格党支部和合格党员队伍为目标，推动支部建设的制度化、规范化。2006 年，制定了《审计署机关党建工作责任制》，明确了各级党组织的党建工作责任。严格执行"三会一课"制度和民主生活会制度，支部书记带头讲党课，定期检查了解各支部召开民主生活会的情况。支持支部自主

活动，给予必要的经费支持，提高下拨党费比例，使支部活动有了资金保证。注意发现和推广支部工作的好做法和好经验。按照中央先进性教育4个长效机制的要求，建立健全了有关制度和工作机制，进一步增强了党支部的创造力、凝聚力和战斗力。

（三）加强党员管理和组织发展工作

1983年年底至1985年年初，根据中央的决定在署机关开展了整党工作，一些在"文化大革命"中犯有错误的同志认真做了检查，对个别错误较严重的同志给予了党纪处分。1989年年底至1990年6月中旬，按照中央的决定和中央国家机关工委的部署，进行了党员重新登记工作。2000年，制定了《中共审计署直属机关委员会关于加强党员管理的意见》。为严肃党的纪律，25年来先后有12名党员受到党纪、政纪处分，其中3人被开除党籍。此外，有2名预备党员被取消资格。认真做好发展党员工作，25年来，审计署机关共发展党员240人。加强对入党积极分子的培养，坚持举办入党积极分子培训班。新发展的党员中，先后有近百人担任了司处级领导干部，成为审计战线上的骨干力量。

（四）加强评选表彰工作

开展了评选先进党支部、优秀共产党员（兼职党务干部）和创建文明司局活动先进单位、立足本职建功立业先进个人活动，对连续3年被评为先进的单位和个人记三等功一次。1985年以来，审计署机关共表彰先进党支部57个（次）、优秀党员242人（次）、优秀兼职党务干部94人（次）、创建文明司局活动先进单位48个（次）、立足本职建功立业先进个人255人（次）；17个单位（次）和20名个人荣立三等功。开展了向肖伦菊、许新琦等先进人物学习的活动。中央国家机关工委先后授予审计署4个党支部"中央国家机关先进基层党组织"、11名党员"中央国家机关优秀共产党员（党务工作者）"荣誉称号。审计署离退休干部第一党支部被评为全国离退休干部先进党支部。

（五）加强党内民主建设

2004 年，制定了贯彻落实《中国共产党党员权利保障条例》的意见。2007 年，组织直接选举了机关党委、纪委。由各级党组织和广大党员民主推荐委员候选人，而没有由上一届机关党委提名；广泛征求意见，将工作报告、党费情况报告、选举办法等全部上网公示；召开党员大会，经过出席会议的 615 名党员无记名投票，选举产生新一届直属机关党委委员和纪委委员。直选充分发展了党内民主，保证了广大党员的选举权、被选举权和知情权。

四、坚持加强精神文明建设，树立审计机关良好形象

审计机关始终坚持加强精神文明建设，做到党建工作和精神文明建设"两手抓"，为审计工作提供了强大的精神动力和智力支持。2001 年以来，审计署机关连续被评为中央国家机关和首都文明单位，2005 年至 2007 年又连续三年被评为中央国家机关文明单位标兵，2007 年又被评为首都文明单位标兵。

（一）加强对精神文明建设工作的指导

2006 年，联合召开了全国审计机关纪检监察暨精神文明建设工作会议，表彰先进，交流经验，部署工作。2007 年，召开了全国审计机关精神文明建设工作会议，研究制定了《关于进一步加强审计机关精神文明建设工作的意见》，为推动精神文明建设提供了有力的指导和支持。

（二）弘扬审计精神，推进文明审计

大力弘扬以"依法、求实、严格、奋进、奉献"为主要内容的审计

精神，召开了审计机关文化建设研讨会，为加强机关文化建设打下了理论和思想基础。开展了"学习和纪念阮啸仙同志"的活动，组织广大党员干部学习阮啸仙先烈的崇高革命精神。以"依法、程序、质量、文明"为核心，积极推进文明审计工作。制定了《审计署机关道德建设实施意见》。制定了涉及文明审计、文明生活等内容的《审计机关文明礼仪公约》，引导党员干部增强文明审计意识，树立良好职业形象。

（三）加强党风廉政建设

多年来，认真组织学习党风廉政建设方面的有关精神，深入贯彻《建立健全教育、制度、监督并重的惩治和预防腐败体系实施纲要》，大力倡导胡锦涛同志提出的8个方面的良好作风。印发了学习《中国共产党党内监督条例（试行）》和《中国共产党纪律处分条例》的通知。每年对执行审计纪律"八不准"规定情况进行检查。坚持对各党支部和党员领导干部落实廉政制度情况进行检查。在全国审计机关中开展家庭助廉系列教育活动，有近3000名审计干部及家属参加，共收到征文和寄语3200多篇（条），并汇编成册；开展了"审计廉政文化建设论文"评选活动，共收到论文380多篇。2006年至2007年组织审计署机关280多名司处级干部参观秦城监狱和燕城监狱，组织近300名党员干部参观"惩治与预防职务犯罪展览"，采取多种形式以案说法、以案明纪，不断推动党风廉政建设。

（四）发挥工青妇群众组织的桥梁纽带作用

定期召开工青妇群众组织联席会议，及时向党组织和行政领导反映群众的意见要求，协助党组织做好群众的思想工作。坚持为困难职工送温暖活动，创造条件为干部职工做好事办实事。在团员青年中开展社会实践活动，先后组织赴井冈山、延安、南京、瑞金等地进行爱国主义教育和参观考察。每年"三八"节期间，坚持开展纪念活动。组织参加了全国和中央国家机关"五一劳动奖状"、"三八红旗手"、"五好文明家庭"、"杰出母亲"、"优秀青年"评选等活动，一大批同志被授予荣誉称号。

（五）开展丰富多彩的文化体育活动

从培养审计干部兴趣爱好出发，因地制宜地开展书画、摄影、歌咏、球类、游泳、登山等多种形式的文化体育活动，坚持体育活动日和兴趣小组等活动形式，举办全国审计机关职工书法绘画摄影展。2005 年，组织130 多人参加了中央国家机关第二届职工运动会。2006 年，成功举办了全国审计机关首届职工运动会，参加决赛的运动员达 900 多人，各赛区参赛选手接近 10000 人次，推动了审计机关群众性体育活动的广泛开展。

25 年来，审计机关党建工作发挥了重要作用。各级党组织和广大党员在重大政治斗争和应对突发事件中，始终做到立场坚定、旗帜鲜明，与党中央保持高度一致。在工作中，坚持原则、敢于碰硬、实事求是，讲真话、报实情，廉洁从审，出色完成了党中央和国务院交给的各项审计任务，树立了审计机关的良好作风。中央和国务院领导同志认为，审计这支队伍坚持原则，敢于碰硬，不怕得罪人，是一支好的队伍、值得信赖的队伍。

（审计署直属机关党委）

不断加强审计机关党风廉政建设
为审计事业健康发展提供有力保障

一、主要工作回顾

审计机关成立以来，认真贯彻落实中央关于加强党风廉政建设和反腐倡廉工作的部署与要求，积极开展反腐倡廉工作，取得了明显成效。25年来，审计系统的党风廉政建设和反腐倡廉工作经历了三个发展阶段。

（一）1983—1997年为健全机构、探索路子、初步形成反腐倡廉工作的三项格局的阶段

根据反腐败斗争形势与任务的需要，国务院、中央纪委及审计署逐步建立健全了审计署机关的纪检监察机构，并实行中央纪委、监察部和审计署双重领导的管理体制和工作机制。1984年8月，审计署设立了党组纪检组。1988年7月，监察部在审计署设立了监察专员办公室。1993年10月，中央纪委、监察部对审计署派驻了纪检组和监察局。

审计机关以加强审计队伍建设为核心，努力抓好自身的党风廉政建设，制定了一系列廉政规定，如《审计人员守则（试行）》、《关于廉洁奉公的若干规定》、《关于审计署人员在审计工作中的六项纪律》、《关于审

计署机关干部保持廉洁的八条规定》、《审计机关审计人员职业道德准则》和《审计组廉政责任的若干规定》等。在审计工作中，驻审计署纪检组、监察局积极协助审计署党组和行政领导班子开展反腐倡廉工作，认真落实领导干部廉洁自律规定，严肃查办违纪违法案件，积极开展纠正部门和行业不正之风，使审计机关逐步树立了良好的社会形象。

（二）1998—2003 年为突出重点、逐步加大从源头上预防和治理腐败工作力度阶段

这一阶段，审计机关提出了"廉政建设和审计质量是审计工作的生命线"的理念，以"内抓机关管理、外抓审计纪律"为重点，进一步加强了廉政建设。

一是实行"八不准"审计纪律，加大从源头上预防和治理腐败的力度。为贯彻落实朱镕基同志关于"要严格审计纪律、从严治理审计队伍"的重要指示精神，审计署党组决定从 2000 年 3 月 1 日起，在署机关及派出机构实行审计外勤经费自理，要求审计组及审计人员严格执行审计纪律"八不准"规定。2001 年 2 月，审计署制定了《审计机关反腐败抓源头工作实施办法》，各级审计机关把规范、制约和监督审计权力的行使作为反腐倡廉的治本之举，严格执行《审计法》和审计准则，不断细化操作程序和办法，完善审计复核、审计业务会审定、审计项目质量检查评比、审计执法程序公开等制度，使审计权力行使受到更加全面有效的监督制约。

二是加强规章制度建设，认真落实领导干部廉洁自律工作。审计机关通过深入开展党风廉政教育，不断提高审计人员特别是领导干部廉洁从审的自觉性。审计署先后制定了《审计组廉政责任规定》、《关于加强审计纪律的规定》、《加强审计纪律规定的实施细则》、《中共审计署党组关于署机关及直属单位司（局）级以上领导干部配偶、子女经商办企业活动的具体规定》、《关于严禁通过社会审计组织获取非法收入的通知》和《关于加强司处级领导干部廉政监督工作的规定》等廉政规定，促进审计

系统加强行风建设。审计署先后对署机关及派出机构副处级以上领导干部
配偶、子女违规经商办企业，用公款为领导干部住宅配备电脑和支付上网
费用，个人借用、占用下属机关、企业事业和被审计单位小汽车，副科级
以上领导干部违规收受和赠送现金、有价证券、支付凭证，领导干部及其
配偶违规办理因私护照和港澳通行证、外国居留证，以及执行《审计组
廉政责任的若干规定》、审计过渡专户管理、特派办清理整顿公司、实行
"收支两条线"和审计纪律"八不准"规定等，组织开展了专项检查和清
理纠正活动。

三是加强和改进信访举报工作，认真贯彻落实党风廉政建设责任制。
审计机关把信访举报工作作为联系群众、查处腐败、保护干部、维护审计
形象和促进团结稳定的重要措施来抓，并将查处司处级领导干部违纪违法
和违反审计纪律的突出问题作为重点，有力地维护了审计机关的形象。为
贯彻落实中央《关于实行党风廉政建设责任制的规定》，署党组和审计署
先后制定了《落实党风廉政建设责任制的实施办法》、《党风廉政建设责
任制职能部门工作职责》、《党风廉政建设责任制考核办法》和《党风廉
政建设责任追究暂行办法》，并多次组织署机关及派出机构开展党风廉政
建设责任制年度考核和司局级领导干部述职述廉活动。

（三）从 2004 年开始至今为完善制度、形成合力、大力推进惩治和预防腐败体系建设阶段

这一阶段，审计机关不断完善廉政制度，大力推进了惩治和预防腐败
体系建设。

一是加强机关内部管理和监督，建立健全廉政工作体系。2004 年 11
月，审计署制定了《关于建立健全审计机关廉政工作体系的指导意见》。
2005 年 12 月，制定了《关于贯彻落实〈中共中央关于建立健全教育、制
度、监督并重的惩治和预防腐败体系实施纲要〉的具体意见》。2006 年，
审计署制定了《关于审计发现问题的内部处理办法》、《关于进一步规范
审计移送工作的意见》和《政府投资项目审计管理办法》、《聘请外部人

员参与审计工作管理办法》等规定。各级审计机关认真执行审计署关于加强审计质量控制的 6 号令，组织开展审计项目质量的监督检查。审计署提出了规范特派办提供广告信息问题的意见，改进了特派办和派出审计局领导班子年度考核办法，对有关特派办和部分省区市审计厅（局）长进行了离任经济责任审计。为深化干部人事制度改革，审计署机关及特派办有 220 名干部参加了处级干部竞争上岗，并对 74 名处级干部进行了岗位轮换。

二是继续加强反腐倡廉宣传教育，不断提高审计人员特别是各级领导干部的廉政意识和拒腐防变能力。2004 年以来，审计机关开展了审计职业道德教育和警示教育，宣传表彰审计系统勤政廉政的先进典型，并组织先进事迹报告团到各地巡回报告，举办党员干部培训班、廉政专题辅导讲座，组织参观学习，在内部局域网和审计媒体上开设反腐倡廉教育专栏，开展以家庭助廉教育为主要内容的审计廉政文化建设活动和审计廉政文化建设论文评选活动等多种形式的廉政教育活动。

三是坚持从严治理审计队伍的方针，认真落实领导干部廉洁自律规定。主要开展了以下工作：对审计署机关及 18 个驻地方特派办的小汽车配备和用公款购买个人商业保险以及领导干部拖欠公款、利用职权借用公款的情况进行检查清理；对执行"深入治理当前党风方面存在的五个突出问题"和严禁通过社会审计组织获取非法收入规定的情况进行专项检查；审计署办公厅印发了《关于办公楼等楼堂馆所建设项目清理工作实施方案》，组织对审计署机关及直属事业单位和各特派办进行全面自查；按照中央纪委办公厅《关于认真学习贯彻〈中央纪委关于严格禁止利用职务上的便利谋取不正当利益的若干规定〉的通知》要求，组织审计署机关各单位及派出机构对属于国家工作人员身份的党员干部进行对照检查和清理纠正；制定了《审计署党组关于贯彻执行〈关于党员领导干部报告个人有关事项的规定〉的实施办法》，组织审计署机关及派出机构填报《党员领导干部个人有关事项报告表》等。

四是加强和改进信访举报工作，严肃查处违纪违法问题。认真对待举报反映的问题，对违纪违法的人和事绝不姑息迁就。为加强和改进信访举报工作，整合资源，沟通信息，形成合力，审计署党风廉政建设领导小组于 2007 年制定了《关于改进涉及审计机关党风廉政建设问题信访举报受理工作意见》。

五是建立健全纪检监察机构，加强对领导班子和领导干部的监督力度。为加强对审计署机关及派出机构司处级领导干部的监督，2006 年，审计署在直属机关党委（纪委）设立机关纪委办公室；同时，审计署党组决定向各特派办和中国审计报社、时代经济出版社派驻纪检组长。2007 年 4 月，制定了《审计署党组派驻特派员办事处纪检组长工作规则（试行）》。目前，各特派办纪检组长已全部配齐，并积极开展工作。

六是审计署党组和领导班子认真落实党风廉政建设责任制，支持驻署纪检组、监察局开展反腐倡廉工作。2004 年 4 月，中央纪委、监察部对派驻机构实行统一管理后，审计署于 2004 年 8 月转发了《中央纪委监察部驻审计署纪检组监察局关于实行统一管理的实施意见》，规范并初步理顺了与驻署纪检组、监察局的工作关系。2005 年 11 月，审计署党组对党风廉政建设领导小组的成员进行了调整和充实，并明确领导小组的日常工作由驻署纪检组长负责，领导小组办公室设在驻署监察局。

二、基本经验

审计机关自组建以来，在开展反腐倡廉工作中，积极探索，勇于实践，积累了一些基本经验。

（一）必须紧紧围绕审计工作中心，密切联系审计工作实际，不断增强反腐倡廉工作的有效性

审计机关的反腐倡廉工作必须紧紧围绕审计工作这个中心，使之渗透

到审计工作中去，服从、服务于审计工作。只有紧紧围绕审计工作中心，从审计工作实际出发，把中央和地方党委、政府关于反腐倡廉工作的各项要求与审计机关的工作特点紧密联系起来，将反腐倡廉工作与审计业务和机关行政管理紧密结合，一起部署，一起实施，一起检查，一起落实，才能不断取得新的成效。

（二）必须统一思想，始终不渝地贯彻从严治理审计队伍的方针

"公生明，廉生威。"审计工作之所以引起强烈的社会反响，审计机关之所以赢得广大群众的好评，重要原因之一，就是拥有一支公正执法、廉洁自律的审计队伍。审计机关必须牢牢把握廉政建设这条审计工作的生命线，严格遵循从严治理审计队伍的方针，坚持依法审计、客观公正。在廉政问题上，始终保持清醒头脑，树立忧患意识，严格纪律，严格管理，严格要求，切实做到警钟长鸣、常抓不懈、持之以恒，才能保证审计事业健康发展。

（三）必须把加强作风建设摆在突出位置，大力弘扬审计精神

大力弘扬审计机关"求真务实、艰苦奋斗、严谨细致"的优良作风和"依法、求实、严格、奋进、奉献"的审计精神，既是廉政建设的重要内容，也是从严治理审计队伍的重要措施。只有把加强作风建设摆在突出位置，坚持和发扬优良作风和审计精神，才能有效抵御各种不正之风及消极腐败现象的侵蚀和影响，确保审计机关廉洁公正，有效发挥审计监督职能。

（四）必须加强制度建设，着力从源头上防治腐败

通过改革创新，加强制度建设，是防止以权谋私的根本途径。审计机关必须严格规范和制约审计权力，加强机关财务管理和监督，建立健全公正公平的选人用人机制和公开透明的决策机制，用制度规范从政行为、按

制度办事、靠制度管人。要坚持不懈地推进改革、注重制度创新，实现制度建设的与时俱进，不断加强对制度执行的监督检查，建立健全督办机制，真正做到在制度面前人人平等。对有令不行、有禁不止、不严格执行制度甚至破坏制度的，要依纪依法进行处理，切实维护制度的严肃性和权威性，从根本上防范和遏制腐败问题的发生。

（五）必须加强领导，建立反腐倡廉的责任机制

党风廉政建设是一项系统工程，必须加强领导，建立反腐倡廉的责任机制。各级审计机关只有按照"党委统一领导、党政齐抓共管、纪委组织协调、部门各负其责、动员群众积极参与"的要求，切实加强组织领导，认真执行党风廉政建设责任制，坚持"谁主管、谁负责"的原则，严格责任追究，将"党政主要领导对党风廉政建设负总责"的规定真正落到实处，才能确保工作落实。

审计机关在廉政建设方面虽然取得了明显成效，但绝不可对此估计过高，当前在反腐倡廉教育的内容、方式、效果，建立健全从源头上预防腐败的制度以及对权力的监督制约机制等方面仍存在一些不足，必须引起高度重视。

三、对今后审计机关反腐倡廉工作的几点思考

面临新形势、新任务的要求，审计机关要以党的十七大精神为指导，充分认识反腐败斗争的长期性、艰巨性和复杂性，把反腐倡廉建设放在更加突出的位置，继续坚持"标本兼治、综合治理、惩防并举、注重预防"和"从严治理审计队伍"的方针，把惩防体系建设贯穿于审计事业改革发展和各项审计业务之中，不断增强审计队伍的拒腐防变能力，自觉、主动、有效地推进惩防体系建设，为在新时期更加有效地发挥审计监督职能

提供坚强有力的政治保证。

（一）加强廉政教育，筑牢思想道德防线

从思想教育入手，不断加强对审计干部的经常性廉政教育，是预防腐败问题滋生的基础性措施。审计机关要继续建立健全教育防范机制，努力建设一支政治素质强、业务水平高、作风过硬的审计干部队伍，进一步树立公正、廉洁、务实、高效的审计机关形象。要贯彻以预防为主、正面教育为主、抓一线队伍为主的指导方针，采取"理论灌输、典型引导、警示诫勉"等教育方式，教育审计干部努力做到"慎权、慎欲、慎独、慎微"，抗得住诱惑，顶得住歪风，管得住小节，筑牢思想道德防线，坚守清正廉洁阵地，增强拒腐防变能力。

（二）坚持推进改革，注重制度创新

要通过改革和制度创新，把反腐倡廉的要求寓于各项政策和措施之中，使制度建设适应新时期反腐倡廉建设的要求。要注重制度的系统配套。既要注意单项制度的制定修订，又要注意与其他制度协调配合；既要充实完善惩戒性、约束性规定，又要建立健全激励性、保障性规定；既要重视实体性制度建设，又要重视程序性制度建设，发挥整体效能。要注重制度的可操作性，并落到实处。要根据审计监督面临的新情况、新问题，推进从源头上防治腐败的制度改革和创新，继续完善各项审计业务和廉政规定，有效控制审计质量风险和廉政风险，规范和制约审计权力，从源头上铲除诱发腐败的土壤和条件。

（三）严格审计纪律，加强机关自身建设

严格审计纪律，加强自身建设，是维护审计机关良好形象的重要举措，要坚持一个原则，抓好两项重点。坚持一个原则，就是始终不渝地坚持严格依法审计、公正客观执法这个原则。这是审计机关履行法定职责的本质要求和审计人员的基本职业要求，也是建立公正、廉洁、务实、高效

的审计队伍的前提条件。抓好两项重点：一是"外抓审计纪律"，即严格执行审计工作纪律。这是保证审计客观、独立、公正的起码要求，其核心是制约权力，确保对审计执法权的制衡，以防止权力失控、行为失范、以权谋私。二是"内抓机关管理"，这既是提高审计机关执行力和公信力的要求，又是加强廉政建设，防治腐败的基础性措施。加强审计机关内部管理，一要依法办事，二要增强透明度，三要加强监督检查，有效预防腐败问题的发生。

（四）注重对审计权力运行的监督

把廉政监督贯穿于审计权力运行的全过程，加强对审计权力运行的监督。要创新对审计行为的监督制约机制，防范可能影响廉洁从审的行为发生。要建立和完善审计执法责任追究制度，规范审计行为，加强监督检查，落实审计风险责任，避免违反规定的现象发生。审计组是审计项目的具体实施者，独立行使审计权力，长期处于审计一线，直接与被审计单位打交道，是审计质量和廉政建设的基础。要抓住"审计组"和"审计期间即审计权力运行期间"这些易发生问题的关键部位和重要环节，有针对性地强化廉政监督。将监督关口前移，做到防患于未然。

（中央纪委监察部驻审计署纪检组监察局）

推动中国审计走向世界

中国审计的对外友好往来始于我国审计机关筹建之初。25 年来，中国审计机关已同世界 130 多个国家在审计领域建立了友好合作关系，加入了世界审计组织和亚洲审计组织等多个国际性审计组织并担任了亚洲审计组织主席、亚洲审计组织环境审计委员会主席、世界审计组织理事会成员和联合国审计委员会委员等多个重要职务，与国际审计界的联系日益紧密。截至 2007 年年底，我署共派出 1203 个不同类型与层次的审计代表团，选派 7965 名审计干部出国考察学习，接待 564 个外国审计代表团来华访问，3139 名国外同行与我署进行业务交流。中国审计的国际地位不断提高，在国际同行中的影响力大大增强，为国际审计的交流与经验共享做出了积极贡献。

一、历程回顾

审计署筹建之初的 1981 年，西班牙审计法院主席费尔南多斯·维克多里奥率团来华访问，迈出了审计外事工作的第一步；到 2007 年审计署成功当选联合国审计委员会委员，审计外事步入新的突破领域。回顾这 25 年的发展历程，审计外事工作经历了四个发展阶段。

从审计机关筹建时期至 1984 年年底，建立国家审计监督体系是审计署的当务之急，而借鉴外国审计体制、学习国外先进的审计技术方法和经验、培训审计人员则是审计外事部门的核心任务。审计开创时期的外事部门，先后设在办公厅和外资审计局。根据审计工作需要，首先，有重点地对西班牙、瑞典、加拿大等国家的审计工作开展考察调研，了解和参考西方国家的审计体制和法规，为建立适合我国国情的审计体制和审计法规提供样板；其次，积极探索交流合作的方式，从外国专家讲学、咨询，到签订合作协议、开展长期合作，多角度、多层次地发展与友好国家的交流；最后，主动参与和拓展国际组织的活动，中国审计署 1982 年 5 月加入了世界审计组织，1984 年 5 月加入了亚洲审计组织，为多边交流奠定了基础。

从 1985 年至 1990 年，审计外事工作得到了发展。随着专业培训与双边往来日益加强，中国审计署 1990 年设立了外事司，外事工作进入了发展阶段。在双边交流方面，中国审计署与德国、法国、荷兰等西方国家建立了联系，对国外审计工作开展了多方位的考察调研；加强了同发展中国家特别是周边国家的友好合作关系，中国审计署与墨西哥、菲律宾、阿尔及利亚、突尼斯、巴基斯坦等国实现了双边高层互访。在技术合作与交流领域方面，从单方面接受发达国家的人员培训和电教设备的援助，到以平等互利、为我所用为基础，积极开展合作交流项目，中国审计署与巴基斯坦等发展中国家签署了双边合作协议，拓宽了合作项目的地区广度。中国内部审计学会 1987 年 7 月加入了国际内部审计师协会组织。

从 1991 年至 2002 年，随着以《审计法》为核心的审计法律法规体系的基本建立，审计外事工作从以前学习外国经验、接受别国培训为主，逐步转向平等交流、互相借鉴、宣传中国和了解世界并重。这个时期，中国审计署与六大洲 82 个国家与地区的最高审计机关建立了友好往来关系并开展了业务联系，其中还与 25 个国家的最高审计机关签署了双边合作协议或谅解备忘录，完成了中德等多个合作项目，实现了以审计业务为中心、以合作项目为依托的双边交流与区域合作新模式。中国审计署 1991 年被当选为亚洲审计组织主席，又连续四届担任亚洲审计组织理事国，并在国际审计组织的多个专门委员会中任职，承担着日益重要的领导责任，中国审计的国际地位得到不断提升。发展与不丹等非建交国家的审计部门的友好关系，推动与亚洲、非洲、大洋洲等发展中国家的合作，为国家大外交服务。对审计业务骨干的境外培训，从小规模的境外短期培训发展到长期、高层次的学历教育，为审计署"人、法、技"建设储备人才。积极探索审计外事交流新形式，从"走出去学人家"转为"请进来教人家"，第一次举办国际审计培训班，宣传了中国审计成果，赢得了广泛赞誉。

从 2003 年至今，审计外事工作中对外培训和参与国际组织活动所占比重不断增加，审计外事工作的深度和广度达到新的高度，中国审计机关与世界各国间业务交流的方式有了历史性的突破。截至 2007 年年底，中国审计署与六大洲 130 多个国家与地区的最高审计机关建立友好往来关系并开展业务联系。中国第五次连任亚洲审计组织理事会成员，再次成为亚洲审计组织主席国，并被当选为世界审计组织新一届理事会的成员，李金华同志在 2007 年成功被当选为联合国审计委员会委员。从 2004 年起，中国连续举办了四届国际审计培训班，来自亚、欧、非、大洋洲等国家和地区的 108 名代表接受了培训，对外培训的力度和影响全面扩大；与各国际性审计组织和最高审计机关展开更广泛的合作，对外提供审计案例和培训专家，探索双边合作审计。积极参加世界审计组织准则编订工作，在国际刊物和媒体上大量发表文章介绍中国审计署审计工作和审计专题研究；组织翻译出版了《中国审计史》英译本，重新修订了《中国政府审计概览》(2006 年版)，翻译出版了审计署《审计结果公告》及新修订通过的《审计法》中英文版；全面改版审计署英文网站，以"全面系统地介绍中国审计，高效及时地反映最新审计成果和动态"为宗旨，向世界宣传中国审计。审计外事工作进入了新的快速发展阶段。

二、基本经验

回顾 25 年的历程，审计外事工作取得了丰硕的成果，也积累了一些基本经验，主要是：

（一）必须坚持围绕审计工作重点，确立境外培训内容，保障考察效果，为建设一支高素质的审计干部队伍服务

从审计机关建立伊始，尽快提高审计人员的业务素质是审计机关的迫切需要。组织审计人员赴境外参加审计培训，考察国外先进经验，也就成为外事工作的一个重点。为了提高境外培训效果，中国审计署采取了一系列措施：

一是注重增强培训考察工作的针对性。每年，中国审计署都围绕当前的审计工作重点和审计实践需要，确立当年的主要考察范围，再按照相对统一的考察提纲，有的放矢地派出赴不同国家的考察和培训团组。在培训项目安排上，既有专业考察、专题研讨，又有专业培训、项目合作；在主题确定上，既包括财务审计、绩效审计，又包括环境审计、内部审计、IT审计等专业审计，还涵盖审计质量管理和审计成本控制、审计报告编制、审计抽样、内控测评等具体技术和方法，以及我国财税体制改革，研究财政转移支付制度、反洗钱等内容；在国家选择上，广泛加强与世界各国审计机关的联系与合作，学习发达国家的审计方法，并积极开展与发展中国家的沟通与交流，注意借鉴发展中国家的有益经验。

二是积极组织具备一定外语水平的审计系统干部参加国外培训，加强储备外语人才，推动对国外审计实践的把握和借鉴。早在 1983 年审计署成立之初，便组织审计干部赴加拿大、美国等国家进修，到 2007 年年底共有审计系统干部 2000 多人次赴国外参加培训和强化学习，为审计署培

养了一批既懂外语又掌握审计专业知识的人才。

三是采用多种方式推介培训考察成果，将考察及培训报告刊登在《国外审计资料》、《国际审计纵横》、《中国审计报》和其他审计刊物上，从 2002 年起实施考察培训报告上网制度，借助现代信息媒介，让更多的审计干部了解最新的考察成果。

（二）坚持广泛吸收和借鉴国外审计制度、审计法规以及先进的技术和方法，为领导决策和审计事业服务

在审计体制研究方面。审计机关成立前，遵照中央领导"要参照各国情况和经验，尽快提出组建审计机关的方案"的指示，对各国的审计工作进行了大量的调查研究，通过实地考察和咨询，并结合所翻译的 120 多万字的审计资料，为建立我国审计机关具体方案提供了详细的参考资料。2002 年来，审计署又牵头组织了审计体制研究考察团，对立法型、司法型、行政型和独立型等国家的审计体制进行了研究。

在审计法制建设研究方面。审计署建立初期，邀请加拿大专家吉尔莫博士对拟订中的《审计条例》进行咨询服务；1990 年，举办审计立法国际研讨会，邀请美、英、意、西班牙等国家的审计立法专家就已列入立法计划的审计法进行研讨；组织多个考察团，对各国审计立法现状进行实地考察，还翻译了 29 个国家的审计法规，摘译了 39 个国家宪法中有关审计的法律条款，从审计机关的法律地位、审计机关的职权、审计程序到审计机关的处理权限，进行了对比性的研究，为审计法的颁布和修订、审计法实施条例的出台以及中国审计准则规范体系的完善提供了很好的借鉴。

在审计技术和方法方面。主动拓宽与国外审计机关的联系，充分利用《中国审计》、《中国审计报》及审计署互联网、亚洲审计组织环境审计网站等媒介，编译出版国外审计资料，组织出版《中国政府审计概况》和《最高审计机关国际组织文集》等多部文集，及时报道国内外最新审计动态，介绍先进的审计经验和技术，为审计人员了解国际审计发展趋势提供服务。

（三）坚持不断探索双边和多边合作的途径，在国际审计事务中发挥重要作用，宣传中国审计的成就

25 年来，中国审计事业取得了令人瞩目的成就，为审计外事的发展提供了广阔的舞台和发展空间。从争取技术援助，进行项目合作，到承办国际会议，再到定期举办国际审计培训班，向其他国家提供人员培训和援助，双边和多边合作的途径不断拓展，审计署的国际地位不断提高。

一是争取技术援助，进行项目合作。审计署建立初期，便积极争取与审计工作开展较早、发展较好的国家，如德国、英国、法国、瑞典、加拿大、澳大利亚、日本等进行业务合作。其中，由德国联邦经济合作与发展部提供资助，同德国联邦审计院实施的合作项目，是中国审计署与外国审计机关合作期限最长的项目（第一个中德项目：1990—1999 年；第二个中德项目：2000—2001 年），援助额达 600 万马克（相当于近 3000 万元人民币），"德国的审计方法、审计程序和框架规定作为中国审计实践改革的比较依据，结果令人满意，双方都以此合作项目能为实现中国改革和开放政策，为建立有效的审计监督体系作出了贡献而感到欣慰。"（《德国国家审计监督——中德审计合作成果汇编》序言）。此外，与澳大利亚国际开发署合作的《企业财务审计指南》、《商业银行审计指南》项目也取得丰硕成果。同时，积极申请利用世界审计组织和亚洲审计组织、世界银行、亚洲开发银行、联合国开发计划署等国际组织的技术援助项目，特别是亚洲开发银行援助的中国审计准则项目为中国审计法制建设提供了重要借鉴。

二是积极参与国际组织活动，承担国际义务。自审计署 1982 年和 1984 年先后加入世界审计组织和亚洲审计组织后，相继成为世界卫生组织（WHO）执委会审计委员会委员（2001 年至 2002 年），世界审计组织（INTOSAI）下属的财务与管理委员会、环境审计委员会、计算机审计委员会、职业准则委员会指导委员会及其财务指南分委员会、关键国家指标工作组的成员，以及民营化审计工作组的观察员，并从 2002 年起担任亚

洲审计组织环境审计委员会主席，两次担任亚洲审计组织主席（任期分别为 1991 至 1993 年和 2006 至 2009 年），从 2007 年起担任世界审计组织理事会成员，参与大量国际会议活动。2007 年 11 月 2 日，在联合国第六十二届大会上，李金华同志被成功当选为联合国审计委员会委员。这是该委员会自 1946 年成立以来第一次由中国人担任委员一职。同时，还定期出席拉美及加勒比海地区审计组织、南太平洋地区审计组织等的大会，参加欧洲审计组织、联合国等主办的国际研讨会，在更大范围内扩大中国审计的国际影响。特别是 2006 年 9 月 11 至 15 日，中国审计署在上海成功举办了亚洲审计组织第十届大会暨第三次研讨会，这是亚洲审计组织 1979 年成立以来规模最大的一次盛会。温家宝总理发来贺信，成思危副委员长出席并做主题发言，来自 40 个亚洲审计组织成员国和 6 个观察员的 167 名代表出席会议。中国正式成为亚洲审计组织 2006 年至 2009 年的主席国，李金华同志代表中国审计署，接任亚洲审计组织主席。

在参与国际审计组织活动的同时，积极推动实质性的交流与合作，如参加世界审计组织"金融反腐败"研究项目、亚洲审计组织"反腐败"、"审计质量管理"科研项目及"IT 审计"项目，为世界审计组织环境审计工作组提供"废弃物管理"案例等；多人担任亚洲审计组织及世界审计组织发展培训委员会（IDI）的培训专家，为其开展的培训班讲课；从 2001 年 9 月举行"计算机审计国际研讨会"（中国首次作为发起国并独立主办的国际审计研讨会）以后，审计署相继成功主办了多个以环境审计、IT 审计、税收审计、效益审计和审计质量管理为主题的国际研讨会，各国最高审计机关给予了积极的响应和热情支持，中国审计取得的成绩得到了广泛的认可。

三是提供对外援助与合作，培训外国审计人员。2001 年，为落实《中国和哥伦比亚最高审计机关合作谅解备忘录》，哥伦比亚审计署两位审计师到中国审计署接受了 8 周的审计业务培训，这是我国第一次为国外政府审计机关培训审计人员。从 2002 年起，中国审计署相继举办了 5 期国际审计培训班（包括为副部级以上的高级审计官员举办的研讨班），为来自亚洲、欧洲、非洲、大洋洲的 127 人进行了培训。2007 年，中国审计署同老挝、柬埔寨等国家的最高审计机关正式达成合作协议，通过派出专家进行讲学等方式，就投资审计、税收审计等专题培训外国审计人员，到 2007 年年底，已先后派出 2 个讲师团赴老挝、柬埔寨进行培训讲学，取得了满意的效果。从"学人家"到"人家学"的转变，充分说明了中国审计的国际影响进一步扩大，中国审计署的国际地位不断提高。

（四）坚持围绕国家外交的工作重点，积极宣传中国建设和中国审计的成就

25 年来，中国审计署已经与六大洲 130 多个国家的最高审计机关建立了友好关系，依据我国外交政策的工作重点，在继续深化同欧洲、北美洲的合作关系的同时，不断加强同发展中国家特别是周边国家的友好合作关系，促进同非建交国家的关系发展。早在建署初期，已经同西班牙、德国、瑞典、澳大利亚、加拿大等国家建立了友好合作关系，并按照平等互利的原则，长期保持并深化双边的交流与合作，建立了深厚的友谊，并在一定程度上配合了国家的外交战略。如 1990 年 4 月，西班牙审计法院院长萨拉桑切斯先生率先打破西方国家对中国的制裁，邀请时任审计长的吕培俭率团到西班牙正式访问。1998 年 1 月，时任审计长的郭振乾访问美国，并向美国审计总署做了题为《中华人民共和国政府审计制度》的演讲，翻开了两国最高审计机关交往的新一页。2001 年 "9·11" 美国遭受恐怖主义袭击后，中国审计署积极争取并按原定计划接待了美国审计总署主计审计长大卫·沃克先生访华。作为美国审计总署成立 80 年来首次访华的主计审计长，沃克先生受到了朱镕基总理的亲切接见，不仅促进了中美最高审计机关之间的交流，也为推动中美关系进一步发展做出了贡献。又如，1991 年 5 月，在与韩国建交前，积极促成韩国监查院来华参加亚洲审计组织第五届大会；与不丹王国（未建交国）审计署实现了双边互访；应外交部要求，联系并成功接待了巴拿马审计代表团访华；在主办的国际审计培训班中邀请包括基里巴斯、马绍尔群岛、图瓦卢等非建交国的

审计长和审计官员参加等。

同时，积极配合我国外交斗争，与部分国家和组织的"一中一台"企图进行交涉。如1999年，中国审计署就巴拉圭（未建交国家）最高审计机关邀请台湾审计机构参加南美审计组织会议一事致函国际审计组织和南美审计组织主席、秘书长，请求制止台湾参会，得到了明确支持；巴拉圭审计机关改邀我国驻巴西圣保罗总领事与会，此举在一定程度上推动了我国同巴拉圭建交进程。1999年在加拿大举行的国际内部审计师协会第58届年会期间，中国审计署与会代表立场坚定，就会场悬挂台湾伪"国旗"事宜同国际内部审计师协会进行了严正交涉，捍卫了"一个中国"的原则，并在会场内外继续就台湾内审机构搞"一中一台"的企图进行斗争。

三、未来展望

今后，按照国家外交的总体方针，根据中国审计署的工作重点和世界政府审计发展潮流，中国审计外事工作将继续以科学发展观为统领，进一步创新工作思路，继续以"服务于中国审计事业发展，服务于国家大外交"为宗旨，积极参与国际审计事务，加强对外交流与合作，进一步夯实基础建设、规范工作管理，扩大对外宣传，不断提高我国审计的国际地位。一是要进一步拓展审计交往范围，力争与尚未建立关系的国家和地区的最高审计机关建立友好往来关系，继续发挥中国审计署在世界审计组织、亚洲审计组织中的重要作用；二是广泛吸收国际审计领域的先进方法，不断推广中国审计的经验与方法，全面宣传中国审计成就；三是在做好友好往来、出访接待工作的同时，逐步向双边业务交流、开展国际项目合作方向纵深发展；四是改变单纯的出国培训考察团组形式，进一步加强针对性与实效性，提高审计境外考察、咨询、调研的质量，探索培养复合型国际审计人才的途径；五是不断追踪前沿的国际审计动态，及时介绍国外先进的审计技术与方法；六是利用各种有效手段与途径，进一步宣传中国改革开放的伟大成就，推广中国审计的成功经验。

（审计署外事司）

弘扬审计主旋律
提升社会影响力

　　《中国审计报》是审计署主管的全国审计系统的群众性报纸。从1999年1月出版发行以来，《中国审计报》已成为全国各级审计机关及所有关心中国审计事业人士的重要舆论平台，成为审计思想宣传工作的重要阵地，在审计宣传工作中发挥着主导作用。创刊以来，《中国审计报》在宣传内容上不断拓展，除审计外，还涵盖了财政、金融、农业、环保等方面；在读者对象上，不仅仅限于审计机关，还兼顾了内部审计机构、社会审计组织，并逐步扩大到党政机关、财经部门、军队和社会各界人士。近年来，报社内部不断完善采编流程，加强信息化建设，积极探索推进人事制度、工资制度、财务制度的改革，全面加强办报能力、提高采编及管理水平，各方面工作都得到较大发展，也积累了不断适应报业发展的新形势、加强审计宣传的经验。

一、必须坚持正确的舆论导向，
　　坚持办报宗旨不动摇

　　正确的舆论导向是新闻工作的生命，新闻事业作为一种意识形态，作为宣传教育动员群众的一种舆论形式，必须体现党的政治立场、政治主张和政治观点。坚持正确的舆论导向，就要坚持正确的政治导向，这是始终保持正确的舆论导向的关键所在。审计宣传必须讲政治，坚持党性原则，树立高度的政治责任感，要有坚定的政治立场、敏锐的政治觉悟。

坚持正确的舆论导向，就要始终牢记新闻工作的使命，严守党的宣传纪律。要着眼于党的路线方针政策的落实，认真贯彻落实中央对宣传工作的要求，树立大局意识、责任意识，严格自律，严守纪律，坚持守土有责。在舆论监督时要掌握分寸、尊重事实，把报纸办成宣传科学理论、传播先进文化、倡导科学精神、弘扬社会正气的阵地。在坚持正确的政治导向的同时，对经济导向、文化导向、生活导向等也要准确把握、合理引导。

坚持正确的舆论导向，就要坚持办报宗旨不动摇。《中国审计报》创刊之初，审计署党组对《中国审计报》就提出了具体要求：要以邓小平建设有中国特色社会主义的理论为指导，以经济建设和审计工作为中心，及时、全面地宣传党中央、国务院关于审计工作的重要指示，宣传审计署重大工作部署，宣传国家审计和财经方面的法律法规，宣传国家审计、内部审计和社会审计的成果和作用，宣传审计系统的先进典型和先进经验，介绍国外先进的审计方法，通过宣传报道，指导和推动审计工作，促进审计事业的发展。在审计宣传工作中，报社始终坚持办报宗旨不动摇，把政治性和新闻性统一起来，把指导性和服务性统一起来，这是坚持正确舆论导向的基础所在。

二、必须把握审计宣传工作的总体要求，提高办报质量

审计宣传工作从根本上讲是内聚人心、外树形象的重要工作，宣传思

想战线是党的一条极其重要的战线，只有把握审计宣传工作的总体要求，才能不断提高办报质量。

要正确把握宣传工作的总体要求，就要站在社会经济发展的全局，关注整个行业的改革与发展，立足审计行业，服务于全国经济社会发展的全局。不论是报纸栏目设计，还是文章长短，它的内涵除了要与审计工作紧密联系以外，还必须与经济社会发展大局相适应。只有这样，才能与时俱进，以饱满的工作热情，把审计宣传工作不断向前推进。

要正确把握做好审计宣传工作的总体要求，就要坚持"三贴近"原则。坚持"三贴近"是党对舆论宣传工作的根本要求，是报业面对新形势、迎接新挑战的现实选择。贴近实际，就是要时刻关注社会主义初级阶段中国改革发展和现代化建设的实际，深入了解党和国家对审计工作的部署，掌握审计工作的实际状况，真实反映中国审计事业的发展状况；贴近实际就是贴近审计工作，这是办报的初衷，也是办报的宗旨中所含之意。《中国审计报》要想赢得市场份额，就必须要有自己的特色。这个特色，就是审计新闻。贴近生活，就是要深入到丰富多彩的现实生活中去，熟悉社会经济、政治、文化生活和人民群众的日常生活，了解基层，反映现实，采编出融入生活、服务生活、引导生活的好新闻、好作品。贴近群众，就是用群众的语言宣传党的主张，表达群众的意愿，维护和表达最广大人民群众的根本利益。要把新闻的焦点对准平凡的群众生活，从现实生活中挖掘新闻要素，汲取创作营养，用生气勃勃的典型展示美好生活的前景，激励人民群众热爱生活；贴近群众，就是把读者爱看不爱看，喜欢不喜欢作为检验报纸质量的标准，把更多的版面留给基层审计机关的群众，报道他们关心的事情和现象，反映他们的意愿，虚心听取他们的意见，把政府关注、老百姓关心的事情，用权威的审计结果告之于社会。

只有切实贯彻"三贴近"原则，才能把体现党的意志与反映人民的心声统一起来，有领导、有步骤、有重点地改进新闻宣传，不断提高舆论引导水平；才能使我们的宣传工作从审计实际出发，主动适应形势的变化和群众的要求，因地制宜，有的放矢，取得扎扎实实的效果，才会使我们的新闻工作扎根于审计工作，从社会多样的生活中汲取营养，始终保持创新发展的生机与活力。

三、必须服务于审计中心工作，明确报纸定位

指导审计工作实践、推动审计工作是办好审计报的出发点。审计报创刊以来，党和国家有关审计工作的方针政策、法律法规，全国各级审计机关工作的新进展、新动态，审计工作者的业绩、风貌、精神、成果得到了更及时的反映。在审计宣传工作中，只有把指导审计工作实践，推动审计事业发展作为办好审计报的出发点，才能真正围绕党的中心工作，按照党和政府对审计工作的总体要求，宣传审计工作。同时，要紧密结合当前审计工作的形势和任务，对大量的微观信息进行综合和提炼，努力从宏观的角度披露我国经济领域存在的带有普遍性和规律性的问题。只有抓住这些实质性的问题，审计宣传才能有深度，才能真正起到指导审计实践，推动审计工作的作用。

服务经济建设和社会发展是我们办好审计报的中心内容。办好审计报，必须从服务经济建设和社会发展这个思路来认识。从坚持以经济建设为中心这个角度看，一切宣传工作都要为国家的经济发展、全面建设小康社会、实现社会主义现代化发挥服务作用。基于这一点，审计报的宣传就要面向经济建设和社会的发展，宣传运用审计手段依法行政，总结审计工作为经济建设服务的经验和做法，还要利用被查处的审计案例，引导人们吸取教训，采取有效措施防范。这也是对经济建设和社会发展的一种有效的服务手段。

维护国家财经秩序、促进廉政建设和政务公开是办好审计报的工作目标。办好审计报，必须从维护国家财经秩序，促进廉政建设和政务公开这个高度来制定目标。审计报就是要为国家审计创造良好的舆论环境，引导人

们正确地认识审计在维护国家财经秩序,保证国家经济安全、促进廉政建设和政务公开方面的重要性。偏离了这一点,就背离了审计报的宗旨,只有坚持这个宗旨去做好审计宣传,审计报在社会上的影响力才会真正得到提升。

四、必须办出审计特色,保持积极健康向上的格调

在报业竞争日益激烈的情况下,要想立于不败之地,每张报纸都必须要办出自己的特色。只有这样,才能经得起市场考验,赢得读者群。2006年,中国审计报社提出了"立足行业、面向市场、利用优势、办出特色"的办报方针,进一步明确了中国审计报的发展方向。

中国审计报是审计机关的报纸,必须坚持审计的行业特色,积极宣传审计事业在社会主义市场经济发展中的重要地位和作用,维护审计机关的良好形象。审计报的特色必须具备以下几点:一是报纸内容的权威性。特别是对重大新闻事件和重大案例的报道,既要有自己独到的观点,又要严格把关,必须做到准确无误。二是报纸内容的实用性。审计报是为领导决策服务,为审计事业发展服务的。三是报纸内容的知识性。我们正迈向知识经济的时代,正在迅速地进入一个全新的世界,因此,让读者尽快地了解和掌握新的审计知识、审计方法,也是审计宣传的职责之一。从队伍建设层面上说,审计报也应该是广大审计干部汲取新知识、新技术的重要来源,是培养复合型人才的媒介。四是报纸内容的趣味性。常言道"寓教于乐",报纸要以有趣的角度,能够吸引人的语言,将较为深奥的道理、知识传授给读者,读者更容易接受、理解。因此,无论是宣传政策、表彰先进,还是推出典型、曝光问题,都要从读者关心的热点、难点问题出发,要注意及时掌握基层读者的需求,为指导和推动实际工作服务。

保持健康向上的格调和品位,就必须正确把握社会效益与经济效益的关系。保持健康向上的格调和品位,就必须把生产健康有益的高品位、高

格调的文化产品放在工作的首位，自觉抵制庸俗化、媚俗化的倾向，自觉铲除有害于人民群众身心健康的精神垃圾。

在具体的工作中，一要加强策划协调，形成栏目的整体合力。在重大宣传内容上做到方案策划超前到位，舆论造势及时到位，宣传工作扎实到位，确保栏目有声势，有水平，有深度，有力度。二要在栏目的互动性、贴近性、服务性上形成自己的特色。在"意"上开掘，在"情"上凝聚，增加有分量的综合报道，对重大题材进行系列报道，深化报道内容，强化报道声势。三是既要立足审计工作，又要跳出审计行业，以宽广的视野把报纸的专业特色办得更具有服务性、大众化，丰富报纸的内涵。

五、必须不断践行审计新闻社会化

审计新闻社会化就是让社会各阶层的读者都能够接受《中国审计报》。要解决这个问题，就必须在"三贴近"的基础上，走出一条审计新闻社会化的新路子。

审计新闻社会化，就是要深入宣传审计工作与我国社会发展、人民利益息息相关的联系，引起各界对审计工作的广泛关注；审计新闻社会化，就是要用最新的审计成果，解答政府关注、老百姓关心的社会热点、难点、焦点问题；审计新闻社会化，就是用普通群众都能理解的语言和简单明了的方式，披露案件，报道成就，以达到向社会宣传审计的目的。服务审计中心工作是审计宣传的责任，也是审计报的特色和优势所在，审计宣传工作既要努力彰显宣传报道的权威性，帮助读者把握宏观政策精神，把党中央和审计署党组的声音传达下去，也要适应行业中忠实读者的特殊要求，增强服务行业、服务基层审计干部职工、服务社会的功能，做专业人士的信息管家、职业助手，成为系统内和社会上都不可或缺的专业信息平台。

总之，审计新闻社会化就是专业新闻通俗化、大众化。这不仅是进一步提高审计报质量和效果的突破口，也是巩固审计系统内"老市场"，开拓社会各界、各阶层"新市场"的重要途径。

六、必须加强新闻队伍建设

事业发展，关键在人。以人为本的理念，对审计宣传工作的开展有着重要的作用。人是审计宣传工作的实践主体，是审计宣传工作各种因素中起着决定作用的因素，因此，必须切实加强通联队伍的思想建设、组织建设、作风建设，必须注重学习、自觉学习、主动学习，这是通联队伍建设的基础工程。要认真学习党的基本理论、基本纲领、基本路线和各项方针政策。通过学习，提高理论素养，加强党性锻炼，树立马克思主义新闻观，坚持与时俱进，紧跟党的理论创新步伐。

目前，各记者站的记者、通讯员大多数是兼职的，既是审计工作人员，同时又肩负着记者站的记者或通讯员工作，所以必须充分重视对他们的培训。在培训中必须加强业务性学习，重点是学习新闻法律法规、新闻传播知识和审计、财经等业务知识。通过学习，能够正确掌握党的新闻工作方针及原则，提高为审计工作服务的各种本领，不断适应时代进步和新闻事业发展的要求，同时，必须通过完善的制度建设，加强记者站管理，逐步实现报刊管理工作的制度化、规范化和科学化。

七、必须加快发展、壮大实力，提高报社整体竞争力

报社要做好宣传工作，要长远发展，必然要把它的社会效益和经济效

益结合起来，扎实有效地开展发行、广告等经营工作。发行工作必须在坚持有度、有效的原则下，不断增强读者意识和市场意识。不仅在报刊内容上把读者需求放在第一位，还要利用发行与读者的直接沟通、交流等有利条件，真正在发行全过程中实现读者第一、质量第一、服务第一，从而把读者群体与报社两者的利益真正在办报全过程中融为一体。广告征集工作必须认真贯彻执行国家有关法规，严格依法开展广告经营活动，抵制虚假广告，维护企业和消费者的合法权益，确保广告内容真实、合法、健康，提高报纸广告的信誉和知名度。要树立面对市场的忧患意识、竞争意识，按照"以新闻为主体、以市场为方向"的原则，加快发展，不断壮大自身实力，提高报社整体竞争力，为今后的发展打下坚实的基础。

审计事业的不断发展，对审计宣传工作提出了新的期望和要求。中国审计报社要认真总结办报经验，结合审计宣传工作的要求和新闻自身的特点，以提高报纸质量和办出审计特色为主题，以扩大发行和拓宽宣传领域为基础，以经营创收和增强经济实力为保障，以提高队伍素质为保证，在牢牢把握正确舆论导向的前提下，充分发挥舆论的引导作用，为推动中国审计事业又好又快地发展做出新的更大的贡献。

（中国审计报社）

审计出版工作在改革创新中不断发展

中国审计出版社成立于 1988 年 9 月。2001 年 10 月，经国家新闻出版总署批准，中国审计出版社更名为中国时代经济出版社。在经营出版图书的同时，编辑出版《中国审计》和《乐龄时尚》杂志。长期以来，中国时代经济出版社始终坚持以"立足审计、服务审计"为宗旨，不断转变宣传观念，调整宣传方式，拓宽宣传渠道，注重宣传质量，提高宣传效果，并伴随着我国审计事业的发展和新闻宣传、书刊出版业的改革而不断发展。回顾过去，中国时代经济出版社在保证做好审计宣传工作的前提下，取得了一定的社会效益和经济效益。

一、立足审计，面向社会，注重期刊质量，
提高宣传效果

长期以来，中国时代经济出版社不断加强和改进《中国审计》的编辑出版与宣传推广工作，使《中国审计》成为广大审计工作者喜爱的刊物，同时在审计系统外也有了一定的影响。在新闻出版总署对全国已有9468 种期刊的评定中，《中国审计》成为"双效期刊"，进入中国期刊

方阵。

（一）坚持把握正确的宣传导向

紧紧围绕审计署的中心工作，宣传审计署对全国审计工作的部署和要求，报道各级审计机关在审计实践中取得的成功经验，交流各级审计机关的重要工作信息，有针对性地指导研究审计理论和审计实务中遇到的问题。期刊与报纸相比，具有容量大、读者面广、影响深等优势。为了充分发挥和利用期刊的这些优势，《中国审计》围绕审计署和地方各级审计机关的重要工作和重大审计项目组织策划重点选题，并有针对性地组织专家评论、编者按、编后记等文章，以便更好地宣传贯彻审计工作的方针、政策，发挥积极的导向作用。同时，注重发掘先进人物和优秀审计项目，积极推进我国的审计文化和社会主义精神文明建设。

（二）突出专业性，兼顾综合性，提高时效性，增强可读性

《中国审计》期刊的着眼点在于"审计"，从办刊宗旨和服务对象上都必须强调和突出审计的专业性，但也需要跳出审计谈审计，让社会逐步认识和理解审计，做好审计宣传工作。这就要求《中国审计》必须兼顾综合性，一方面从不同角度、不同层面拓宽审计工作的视野，提高审计人员的综合能力；另一方面也需要让社会公众，特别是广大经营管理人员、财会人员了解和理解审计工作。《中国审计》要取得好的宣传效果，还必须在时效性和可读性上下工夫。中国时代经济出版社于2003年将《中国审计》由月刊改为半月刊，以更及时、有效地反映和指导审计工作。刊物的可读性，体现在内容和形式两个方面。为了增强《中国审计》的可读性，中国时代经济出版社主要抓了三方面的工作：一是抓新内容。即为审计人员提供新信息、传播新知识，介绍新观点、新方法和新理论、新技术。二是调整报道方式。即强化封面文章、突出重点栏目、注重系列报道、增加案例解读、专家评论和图片报道等。三是改进装帧设计。即改变传统封面，不断活跃版式，变化字体、字号，增加图片资料等。

（三）加强期刊宣传征订工作

期刊的征订发行工作是宣传工作的重要组成部分，期刊的发行数量是期刊质量和宣传效果的重要体现。《中国审计》自创刊至 2003 年，完全是通过全国审计系统自办发行。为了扩大宣传范围，从 2003 年起，中国时代经济出版社将《中国审计》改为通过邮局向国内外公开发行，同时继续完善全国审计系统的宣传征订工作。随着征订渠道的拓展，《中国审计》的发行范围在不断扩大，发行数量稳步上升，取得较为明显的社会效益和经济效益。

二、传承审计文明，传播审计知识，积累审计成果，加强财经审计专业类图书和教材的编辑出版工作

中国时代经济出版社在改革与发展过程中，坚持以"传承审计文明、传播审计知识、积累审计成果"为图书出版工作的最高准则，坚持以推动和促进我国审计事业发展为图书出版工作的根本宗旨，正确把握和处理服务审计与面向社会、社会效益与经济效益的关系，全面推进图书、音像电子出版物的编辑出版和发行工作。

（一）为依法审计提供服务

长期以来，中国时代经济出版社承担着《中国财经审计法规公报》（2003 年更名为《中国财经审计法规选编》）及相关法律法规资料的编辑出版任务。中国时代经济出版社坚持"及时、准确、权威"的工作方针，充分发挥图书便于携带查阅和长期积累保存的优势，及时为一线审计人员，特别是基层一线审计人员提供法律法规支持。从 2003 年开始，《中国财经审计法规选编》由每月 1 册改为每半月 1 册，目前已成为一本深受广

大审计和财务人员欢迎的工具书。同时，中国时代经济出版社还系统地编辑出版了国家、地区和行业审计法律法规图书和电子出版物，形成了较为完整的财经审计法律法规图书和电子出版物出版体系。

（二）为传承审计文明，创建中国特色社会主义审计监督制度服务

中国时代经济出版社于 2005 年全面完成了《中国审计史》（共三卷四册，约 110 万字）的出版任务。《中国审计史》是在审计署领导的关心和指导下，发动组织全国审计专家、部分史学专家和有关方面学者，汇多年之力集体撰写而成。全书内容纵贯古今，史料翔实。第一卷为古代部分，记述了西周至清末三千余年间中国审计的发展历程；第二卷为近代部分，除系统地介绍了民国时期占统治地位的历届政府的审计史之外，还介绍了革命政权、革命根据地、部队的审计工作及其组织机构和人员情况；第三卷分上下两篇，系统而深入地研究了现代中国审计发展史，重点记述了改革开放 20 年间中国审计事业的发展历程，体现了中国审计的历史发展在传承过程中所显示出来的成就与经验。《中国审计史》出版后，引起了社会各界的强烈反响。《中国审计史》荣获"首届中国出版政府奖图书奖提名奖"。此外，中国时代经济出版社还分年度编辑出版了 1983 年审计署成立以来的《中国审计年鉴》和历任审计长《论建设有中国特色社会主义审计监督制度》、《中国审计体系研究》、《国家审计法律制度研究》、《印记——中国审计 20 年》等一批具有历史价值的图书。

（三）为加强审计专业理论研究，推进审计技术方法进步，加快审计干部队伍建设服务

中国时代经济出版社历来重视审计理论、审计实务、审计技术方法和审计专业教育、培训教材的编辑出版工作。近十年来，先后组织专家、学者和资深审计工作者编辑出版了一大批具有学术价值、研究价值和应用价值的专业图书和教材，同时还从境外引进翻译出版了一批专业理论和学术

专著。尽管专业类图书读者面窄、发行量少、编辑出版成本高、亏损严重，但中国时代经济出版社坚持把社会效益放在第一位，以为我国审计事业发展服务为目的，把审计专业图书和教材的编辑出版工作作为责无旁贷的责任。目前，中国时代经济出版社出版的各类审计专业图书和教材有千余种，已成规模、成系列，涵盖了国家审计、社会审计和内部审计等领域。这些图书为加强审计专业理论研究，推进审计技术方法进步，提高审计工作质量和效率，加快审计干部队伍建设发挥了重要作用。同时，中国时代经济出版社还在全国审计系统和一些大专院校培养、扶持了一批具有审计专业理论水平和审计业务实践经验的作者，为审计研究成果推广应用和审计实践经验总结搭建平台，以保证我国审计理论研究、审计技术方法的不断进步与发展。

三、深化内部改革，加强经营管理，
提高经济效益，谋求长远发展

根据国家关于推进事业单位制度改革的精神，中国时代经济出版社积极探索出版业自身发展规律，结合实际，深入调查研究，按照精简、统一、效能和权责一致的原则，积极稳妥地推进改革，为实现长远持续发展奠定了基础。

（一）深入调查研究，制定确实可行的改革方案

2001 年，中国时代经济出版社开始围绕如何合理调整内部机构、强化管理职能、改革用人制度、规范分配制度、建立岗位责任制度等一系列问题，进行深入细致的调查研究工作。采取"走出去、请进来"的办法，先后到多家兄弟出版社学习改革的成功经验，邀请有关专家学者介绍出版社改革的基本思路和相关政策措施，并广泛征求全社职工的意见和建议，

确立了进一步深化改革的基本目标，制定了《中国时代经济出版社进一步深化改革实施方案》。通过深化改革，要逐步建立适合出版社经营管理特点的权责明确、运转协调、有序、高效、灵活的经营管理机制；建立相对完善的全员聘用、双向选择、竞争上岗的用人机制；建立以效益优先、兼顾公平、奖优罚劣的内部分配机制；建立以岗位管理为核心，符合专业技术人员、管理人员和工勤人员各自岗位要求的具体管理制度，充分调动各部门和职工的积极性，推动书刊出版业务和其他经营活动持续发展，逐步实现经济效益和职工收入的稳定增长，为审计事业的发展做出更大的贡献。

（二）广泛开展思想动员，为深化改革创造良好环境

为了促使全体职工统一认识，转变观念，端正态度，支持改革，确保各项改革措施的落实，多次召开职工大会，介绍本单位的发展情况，并针对存在的问题，教育和引导职工认清形势，增强大局意识、市场意识和忧患意识，真正认识到改革关系到出版社的生存和发展，关系到每个职工的切身利益，从而激发大家的责任感、使命感和创新热情。为了摸清每位职工的想法、担心和要求，稳定员工的思想情绪，打消他们的思想顾虑，中国时代经济出版社充分发挥党支部、工会和共青团组织的作用，采取座谈会和逐个谈心的方式，全面掌握职工的思想动态。认真讨论分析大家的思想状况，并有针对性地做好思想工作，为具体落实改革方案创造环境和条件。

（三）统一领导，分工负责，认真做好改革前的准备工作

为了有计划、有步骤地落实改革方案，成立了深化改革领导小组，全面负责组织实施改革工作。领导小组提出了"广泛动员、分步实施、方案为准、公开透明"的工作方针，同时按照"统一领导、分工负责、责任到人"的原则，对每一阶段的具体工作做了周密细致的安排，并把各项工作落实到位。从 2003 年 2 月初开始，按照科学、合理、从严的要求，

借鉴兄弟单位成功经验，结合本单位实际情况和发展需要，研究制定了岗位说明书和职员职级档位核定管理办法，明确规定了岗位职数、岗位职责、岗位权限、任职条件、岗位职级和岗位薪酬。同时对聘用职员如何进入职级和档位做了明确的规定，并及时向全体职工通报情况、征求意见。经过全面认真的准备工作，逐一理清了改革的重点和难点问题，并有针对性地研究解决问题的方法和措施，确保各项工作有计划、按步骤稳步推进。

（四）严格规程，规范操作，确保改革工作顺利完成

在改革过程中，中国时代经济出版社始终坚持"公开、公正、公平"的原则，每一项工作都严格按照规程操作，并接受全社职工监督。2003年3月初，正式公布了岗位说明书、职员职级档位核定办法和竞聘程序及时间安排。同时召开职工大会，对岗位设置原则和职员职级档位核定办法进行了详细说明，并发放《竞聘岗位申请表》，规定了社委会成员接待日，进一步听取职工意见，解答有关问题。2003年3月中旬，社委会听取各部门主任竞聘者的陈述报告，经过答辩，研究确定了各部门主任聘用人选，并正式公布。之后根据其他职员和工勤岗位竞聘者提交的《竞聘岗位申请表》，社领导班子和部门主任分别讨论研究各岗位竞聘人选，严格按照方案规定对竞聘人员按权重考评打分，并公布考评结果，要求职工认真核对，并互相监督，发现问题报告领导小组。2003年3月末，正式公布了各岗位聘用人员名单及其职级、档位和工资待遇。同时，社委会对考评未获通过的人员进行了认真分析，并深入细致地做好他们的思想工作，区分情况，妥善解决。

通过改革，解决了"人员能进不能出，岗位能上不能下，待遇能高不能低"的问题，彻底扭转了过去"因人设岗"的状况；在职在岗人员的结构趋于合理，有些职工难以适应岗位职责要求的状况得到改变，编辑、营销业务员等重要岗位空缺较多，为引进具有现代管理、计算机运用、市场营销和外语知识的复合型人才提供了空间；进一步规范和完善了业务工作规程，对相关职责重新进行了划分，并提出具体明确的要求，使每个岗位的职责进一步细化，做到职责明、任务明、要求明，保证各项工作相互衔接，协调发展。

在审计署党组的正确领导下，中国时代经济出版社各项工作正在改革创新中不断发展。在今后的工作中还将会面临更大困难和更多的挑战，还需要更加脚踏实地地工作，继续为开创审计宣传工作的新局面而努力奋斗。

（中国时代经济出版社）

发挥审计学会作用
促进审计事业发展

　　1984 年 12 月，经国务院批准，中国审计学会在北京成立。25 年来，中国审计学会作为全国性的研究审计科学的群众性学术团体，坚持解放思想、实事求是、理论联系实际的工作方针，紧紧围绕建立中国特色的社会主义审计制度这个主题，密切联系广大会员和审计工作者，在组织审计理论研究、开展专项调查研究、推动审计科研成果转化、加强审计理论宣传和推广等方面做了大量工作。中国审计学会的队伍不断壮大，从成立初期的几十个会员，发展到拥有 150 多个单位会员、600 多名个人会员。现在，全国 31 个省（直辖市、自治区）都成立了审计学会，绝大多数地级市和部分县市成立了审计学会。审计署派驻各地的特派办成立了与学会有密切联系的审计理论研究会（组）。国内大部分开展审计研究和教学的高等院校成为中国审计学会的单位会员。中国审计学会的活动从开展审计理论研究，已经逐步扩展到刊物出版、业务培训、对外交流等多个领域，并与审计相关行业、国内外有关社会团体建立了密切关系，成为审计工作与专家学者相互联系的纽带。经过多年深入研究，中国审计学会产生了一批高质量的研究成果，对审计实践起到了重要的指导作用。

一、紧紧围绕审计事业发展中面临的问题，有计划地组织和开展课题研究

开展审计理论研究，为审计事业发展提供理论支持是中国审计学会工作的出发点。25 年来，中国审计学会共组织开展了 60 多项课题研究活动，涉及审计理论和实务工作的各个方面，形成了一大批有影响的科研成果。

中国审计学会在成立之初，组织了对社会主义审计的基本概念、审计基本的职能、审计一般程序和方法的研究，对审计实践起到了重要的指导作用。20 世纪 80 年代末 90 年代初，先后多次组织了审计组织体系和审计领导体制的研究。随着审计工作全面展开，审计监督向高层次发展，审计工作不断面临如何在履行经济监督职能的同时，为改革开放、经济增长、宏观调控服务等一系列关系审计发展方向的、新的重大问题。为了在理论上回答这些问题，中国审计学会在 1988 年、1995 年、2000 年和 2005 年，先后重点开展了审计为经济改革服务、审计在两个根本性转变中的地位和作用、审计在宏观经济调控中的作用等课题的研究，深入探讨了审计监督与服务的关系，形成并不断巩固了服务寓于监督之中，审计的服务作用要通过监督来体现的理论观点，并成为人们的共识。在我国社会主义市场经济体制不断完善，审计工作面临新的发展机遇和挑战的情况下，中国审计学会从 2007 年开展了中国审计发展战略研究，具体研究我国政府审计环境与未来发展的战略，以为审计工作的发展定位提供理论支持。

随着审计工作领域的不断拓宽，新的审计类型和审计方式不断地出现，要求从理论上给予有力的支持。从 1985 年开始，中国审计学会就开始组织对效益审计的研讨，对效益审计的含义、方式和方法等进行系统的研究。中国审计学会各届理事会先后组织了 6 次效益审计研究活动，全面研究了效益审计的基本理论问题和实际问题，形成了一大批有影响的研究

成果，有力地推动了我国效益审计的发展。为促进我国可持续发展战略的实施，环境审计也越来越受重视。中国审计学会从 1997 年起系统地开展了环境审计研究，对环境审计的意义、范围、内容、方式和方法、环境经济评价和标准等一系列问题进行了多次研讨。经济责任审计是最具中国特色的一种审计工作方式，是在我国经济体制改革不断深入的背景下形成发展起来的。面对这项全新的审计方式，从 1989 年开始，中国审计学会就把承包经营责任审计作为课题组织研讨，随后又在 1999 年、2001 年和 2005 年先后组织了三次较大规模的研究活动，为经济责任审计的发展提供了有力的理论支持。

中国审计学会还一直将审计技术方法作为审计研究的重要内容，抓住审计不同发展阶段中亟须解决的审计技术问题展开了深入研究。随着审计工作从"抓重点、打基础"阶段向"积极发展、逐步提高"阶段的发展，审计工作规范化和制度化的进程不断加快，审计工作中人员少、任务重的矛盾开始突出起来，如何提高审计工作效率成为审计工作的一个重要问题。为此，中国审计学会在 1988 年至 1991 年期间组织了内部控制系统评价的系统研究，并在山东进行了较大范围的试点，形成了一整套比较完整的内部控制评审的理论体系和方法体系。近几年来，中国审计学会将审计管理作为研究重点，多次组织了审计管理一般理论、审计项目质量管理、审计计划管理和审计成本管理以及审计公告制度的研究，取得了一系列研究成果，提出了许多富有创见的意见，为加强审计管理，提高审计工作质量和水平提供了一些可资借鉴的思路。

二、紧紧围绕审计工作中出现的新情况、新问题，认真组织和开展专题调查研究

理论联系实际是做好审计理论研究工作的根本指导方针。实践证明，

审计工作中遇到的问题，既有需要从理论上解决的决定审计发展方向的问题，也有许多在审计实践中产生的影响审计发展进程的问题，后者特别需要结合审计发展过程中出现的新情况、新问题和新经验进行调查研究，发现审计发展规律。这就要求审计研究必须坚持实践第一的观点，深入审计工作实际，坚持进行调查研究。25 年来，中国审计学会一直非常重视开展调查研究，组织开展了多项有影响的专题调研活动。

为了组织好重点课题研究，中国审计学会多次进行调查研究。如在 20 世纪 80 年代末 90 年代初开展内部控制评审研究时，为了深化这项方法的研究，增强可操作性，中国审计学会课题组在完成了系统理论研究后，深入多家企业进行长达一年的调查研究，针对不同企业的行业特点和管理特点，分业务绘制业务流程图，编制内部控制调查表，并在企业试点，既帮助了企业改进内部控制，也加深了对内部控制的认识，形成的成果具有较强的推广价值。2003 年，为更好地开展环境审计研究，中国审计学会学术委员会深入北京市防护林保护基地、北京水资源保护现场进行调研，了解环保工作的重点和存在的问题，为确定环境审计研究的重点提供了丰富的第一手材料。2004 年，《审计法》修订纳入审计署工作的重点，中国审计学会组织有关专家进行调研，召开多次座谈会，了解《审计法》实施后的情况。

近年来，中国审计学会更加重视调查研究，多次组织专项调研活动。如中国审计学会 2005 年围绕效益审计模式这个重点课题开展了调查研究，深入江苏、山东等多个省市审计机关，对各地开展效益审计的做法进行调研，提交了《关于效益审计的调研报告》。报告提出，根据我国审计环境的变化和经济社会发展的要求，审计机关应该适时推进效益审计，但鉴于我国各地审计环境和审计机关自身条件的差异，应当遵循"创造条件、积极试点、不断总结、逐步推进"的原则，采取与财政财务收支审计相结合和专项审计调查两种方式，把查处严重违法违纪和损失浪费作为工作重点。2006 年，中国审计学会组成调研组深入十多个省市审计机关，采取听取工作情况介绍、座谈、查阅审计档案等方式了解经济责任审计工作的基本情况、主要做法。根据调研结果撰写的《关于经济责任审计工作的调研报告》提出了进一步搞好经济责任审计工作的五点建议。

三、紧紧围绕审计理论工作者和实务人员的需求，开展专题培训

　　组织引导广大审计工作者积极参与审计理论研究，通过各种形式推广审计理论研究的成果是中国审计学会的一项重要职责。培训工作是履行这项职责的重要形式。25 年来，中国审计学会把推广审计科研成果和提高审计人员研究能力结合起来，举办专题培训 60 多次，接受培训的人员超过 1 万人次，对于提高审计人员素质，推广审计研究成果产生了积极的效果。

　　针对审计工作初期审计理论工作者和实际工作人员专业知识比较欠缺、审计技能不够熟练的情况，中国审计学会邀请国外专家到国内进行交流和做专题学术报告，介绍国外的先进经验和最新研究成果。如在第一、第二届理事会任期内，中国审计学会分别邀请美国、澳大利亚、日本等国专家学者做了美国审计标准、内部控制及其评价方法、效益审计、计算机审计等学术报告。随着我国市场经济体制的建立，财务会计制度发生的重要变革以及现代企业制度的实行，中国审计学会先后举办了新会计制度、现代企业制度等专题培训，及时向审计人员传播了最新的知识。为了推动群众性审计理论研究的开展，提高审计实务工作者的理论研究能力，中国审计学会针对审计实务工作者的特点，组织了审计理论研究方法和审计论文写作的专题培训。为达到培训目标，中国审计学会注意授课教师的选择，聘请高等院校研究能力强、研究水平高的教师任主讲教师，并组织他们为培训班编写专门教材，选择合适的范文进行深入浅出的讲授。近几年来，结合中国审计学会理论研究工作，中国审计学会还组织了效益审计、

审计管理、财政预算执行审计等专题培训。这些培训不仅有力促进了
受训人员的理论水平和业务能力，也起到了推广审计研究成果的积极
作用。

四、紧紧围绕审计工作发展的新趋势和
新要求，开展对外学术交流

认真学习借鉴国外审计工作的经验和理论研究成果，宣传我国审计工
作的成就和特色是中国审计学会成立以来就十分重视的一项工作。25 年
来，中国审计学会共组织各种形式的对外学术交流活动 30 多次，参加交
流的人员达到 200 多人。近年来，中国审计学会先后派出代表团到英国、
美国、法国、澳大利亚进行访问和学术交流，对这些国家的政府效益审
计、审计职业道德、政府审计体制、政府账务管理体制以及政府绩效评价
方法等进行了考察，先后参加了美国各州审计、司库和主计协会 2005 年、
2006 年年会，以及 2006 年世界会计（审计）史学家大会等重要学术会
议，宣传介绍我国审计发展状况、开展效益审计的经验以及在审计史研究
方面取得的成果。通过这些访问，中国审计学会与英国审计论坛、英国特
许会计师协会、美国政府会计师协会、美国政府会计准则委员会、美国地
方政府审计师协会等社会团体建立了良好的业务交流关系，与英国卡迪夫
大学等国外大学建立了学术交流联系。

此外，中国审计学会还积极开展海峡两岸审计学术界的交流。2004
年和 2006 年，中国审计学会先后两次派团赴台湾访问交流，与静宜大学
等联合举办研讨会，就政府审计、效益审计、内部控制等议题进行了
比较深入的交流。中国审计学会代表团还访问了台湾成功大学、政治
大学和台湾大学等台湾高等院校，与台湾会计师公会等社会团体进行
了交流。

五、办好《审计研究》杂志，为宣传审计理论研究成果、交流和发表理论研究成果提供阵地和平台

《审计研究》杂志是我国最高层次的审计理论刊物，是中国审计学会的重要学术阵地，其学术水平体现了学会的科研水平。25 年来，《审计研究》共出版 139 期，发表论文 1500 多篇，约 1360 万字；刊物编辑越来越规范，实行了专家匿名审稿制度，完善了编辑流程。刊物的质量得到不断提高，《审计研究》现已经成为审计理论研究领域权威的学术性期刊，是许多重点大学职称评定唯一认可的审计类期刊。

回顾 25 年的发展历程，中国审计学会的工作在审计理论研究方面取得了丰硕的成果，推动了审计事业的发展和中国特色的审计理论体系的建立，也积累了中国审计学会工作的基本经验：

一是以研究和解决审计事业发展面临的问题为出发点和归宿，组织系统的学术研讨是中国审计学会工作必须始终坚持的正确方向。

研究和解决审计事业发展面临的问题，是中国审计学会的职责所在。25 年来，中国审计学会正是坚持了这个理论研究的正确方向，从为审计工作发展提供理论支持出发，结合中国国情和审计工作体制特点，准确把握审计工作中面临的新情况、新问题，确定理论研究的重点，积极组织力量进行深入研究。在中国审计学会重点课题选择、课题研究方向确定、培训内容和方式、对外交流以及编辑出版等方面，中国审计学会都努力把握审计事业发展面临的问题。

二是紧密围绕审计实践，积极开展深入调查研究是中国审计学会工作发挥作用的有效途径。

实践是理论的源泉。中国特色的审计理论研究，需要从中国特色的审计实践中不断汲取营养。审计工作本身也是应用性的工作，它的理论和方

法总是随着审计实践的发展变化而不断发展变化的。因此，只有大力开展调查研究，了解审计工作实际情况，审计理论的研究才能与审计实践相结合；才能不断总结审计工作的新鲜经验，摸清审计工作自身的发展规律，真正实现审计理论的创新；才能有针对性地提出符合实际的意见和建议，使审计理论研究在实际工作中发挥作用。那种从理论到理论的封闭式研究只能使审计理论脱离审计工作实际，使审计理论既不能从审计实践中汲取经验，又不能运用到审计实践中接受检验，只会使审计理论失去前进的动力。中国审计学会的各项工作都认真进行调查研究，通过调查抓住工作的中心和重点，使中国审计学会的各项工作有的放矢，紧贴审计业务实际。

三是充分调动"三支力量"的重要作用，发挥各方面开展审计理论研究的积极性是中国审计学会保持生机和活力的重要源泉。

审计理论研究活动要取得成效必须依靠审计学会自身组织、高等院校和科研院所的专家学者以及审计工作一线的实务工作者这三支力量，发挥各自优势，相互补充，形成合力。专家学者的理论素养和系统的研究方法是推动理论研究不断取得成绩所必需的技术保证，没有这个素养和研究方法，审计工作的实践经验就难以得到理论的归纳和升华；审计实务工作者丰富的实践经验和对具体问题的了解是理论研究工作的实践源泉，没有这些实践经验，理论研究就失去新鲜的营养，不会产生真正有价值的理论创新；中国审计学会是联系专家学者和审计实务工作者的纽带和桥梁，通过中国审计学会这个组织，可以搭建一个实现理论研究和实际工作两者有机结合的平台，使各支力量在中国审计学会这个平台上共同推动审计理论研究事业的发展。如在课题研究中积极引进招标立项的方式，既能够使专家学者有更大的热情参与中国审计学会的研究工作，也为审计实践人员参与课题研究提供了灵活的平台，充分调动了这三支力量的积极性。

（中国审计学会）

服务为本　开拓创新
推动我国内部审计健康有序发展

　　为适应我国内部审计工作发展的要求，中国内部审计学会于 1987 年
4 月成立。在 1998 年的机构改革中，决定将中国内部审计学会由学术性
团体改组成专业性团体，负责对内部审计工作进行专业管理，并将审计署
部分指导全国内部审计业务的职责委托中国内部审计协会履行，逐步建立
起以国家审计为指导，以内部审计协会为专业管理的内部审计运行机制。
2002 年 5 月，民政部正式批准中国内部审计学会更名为中国内部审计协
会。目前，全国 31 个省（自治区、直辖市）① 和 5 个计划单列市，除西
藏外均成立了内部审计（师）协会，一些地市和县也成立了内部审计
（师）协会；在广播电影电视、核工业、船舶工业、烟草、石油天然、电
力、交通、煤炭、水利、民族专业、电子和卫生 12 个行业和系统设立了
分会。中国内部审计协会的单位会员数达到了 1249 家。另外，具有全国
社团法人资格的中国机械工业审计学会、中国石化审计学会和中国教育审
计学会也取得了长足的发展。这些年来，中国内部审计协会秉承"服务、
宣传、管理、交流"的工作方针，积极推进内部审计从行政管理型向服
务自律型的管理方式的转变，在推动我国内部审计工作实施转型和创新发
展，完善内部审计法规和规范建设，促进内部审计队伍素质提高，提升协

---

① 这里未包括台湾省和香港、澳门两个特别行政区。

会社会影响力等方面发挥了积极作用，取得了可喜的成绩。

一、基本建立内部审计准则体系框架

为推进内部审计的规范化建设，中国内部审计协会组织各级内部审计协会、内部审计机构及部分专家学者，先后研究制定了《内部审计基本准则》、《内部审计人员执业道德规范》、27 个具体准则和 2 个实务指南，初步形成了以基本准则为指导、以具体准则为主线、以操作指南为指引，既符合国际内部审计惯例，又适应我国内部审计发展进程的内部审计准则体系。内部审计准则的执行，必将对提高我国内部审计的专业化水准，提高内部审计人员的职业意识和专业素养，产生积极影响。

二、开展内部审计理论研究

内部审计事业的发展，离不开对内部审计理论和技术方法的研究。中国内部审计协会每年都选定 2 至 3 个内部审计理论研讨课题，组织广大内部审计人员开展理论研讨和经验交流活动，先后开展了经济责任审计、内控评审、风险评估、管理审计、经济效益审计等 15 个课题的研讨，为广大内部审计实务工作者和理论工作者提供了学习交流的平台。2006 年，中国内部审计协会以南京审计学院为依托，成立了内部审计发展研究中心，以统筹各界研究力量，加强对我国内部审计发展战略、内部审计职业能力框架、内部审计职业国际化等方面的研究，《中国内部审计》杂志为其专门开辟了"视点"专栏，还不定期编印《内部审计探索》。

为更加有的放矢地开展内部审计的指导工作，中国内部审计协会还采取问卷调查和建立联系点等形式，开展了广泛的调查研究。2006 年，中国内部审计协会向省级地方协会、协会分会和会员单位下发了开展调研工作的意见和调查问卷，要求省级地方协会、协会分会结合年度工作，开展多种形式的调研活动。为总结典型经验，中国内部审计协会在不同的行业和系统建立了 38 家内部审计联系点单位，并组成多个调研组，分别深入到黑龙江、上海、湖北、河南、山东、浙江等地进行内部审计调研。通过组织有效的调查研究，基本掌握了内部审计的发展状况和动态。目前，中国内部审计协会正在着手建立内部审计数据库，并准备在此基础上逐步编制内部审计发展状况报告。同时，中国内部审计协会还利用评选全国内部审计先进单位和先进工作者的契机，深入典型单位实地考察，深入总结成功经验和好的做法，以典型经验带动全国内部审计工作的发展。

三、不断提高内部审计人员的职业胜任能力

中国内部审计协会一直把提高内部审计人员的职业胜任能力，当做一项长期的系统工程来抓。

一是通过组织国际注册内部审计师考试，倡导岗位资格认证和开展后续教育，不断提高内部审计人员的胜任能力。中国内部审计协会从 1998 年开始组织国际注册内部审计师考试。目前，考点由最初的 1 个发展到 21 个，报名人数已连续 5 年超过 1 万人，全国共计 11000 余人获得了国际注册内部审计师资格。中国内部审计协会先后三次荣获国际内部审计师协会的奖励。从 2003 年，中国内部审计协会还积极倡导内部审计人员建立岗位资格制度，并实行后续教育制度。目前通过认证和考试获得内部审计人员岗位资格证书的有 22 万多人。

二是积极开展境内外培训和交流，扩大内部审计人员学习交流的渠道。境内培训方面，中国内部审计协会平均每年组织不同层次、不同内容

的培训班约 60 余期，并根据行业和系统的不同需求，接受行业和系统委托举办培训班。境外培训方面，中国内部审计协会除每年组织百余名内部审计人员赴境外参加培训和考察外，还分别于 2002 年和 2006 年举办了国际内部审计高级研讨班，使广大内部审计人员直接聆听国外内部审计最新发展动态和先进经验、技术方法。为推动我国内部审计质量外部评估工作的开展，中国内部审计协会 2006 年在北京举办了内部审计质量评估师资（组长）培训班，邀请国际内部审计师协会质量评估部门的主讲教师，全面介绍了国际内部审计师协会的质量评估标准，系统讲解了如何对内部审计质量进行评估，培养了我国首批内部审计质量评估人员，为推动内部审计质量评估工作的全面开展储备了人才。

此外，中国内部审计协会还以《中国内部审计》杂志和中国内部审计协会网站为主要媒介，宣传交流国内外内部审计先进理念、先进经验和技术方法。

四、不断提升内部审计的地位

中国内部审计协会积极参与相关国际组织的各项工作及其组织的活动，提高中国内部审计的影响力。2002 年 9 月，中国内部审计协会承办了国际内部审计师协会的全球论坛会议，接待了来自 50 多个国家的 100 余名代表。会议期间朱镕基同志接见了国际内部审计师协会的主要领导人和部分会议代表。2007 年，中国内部审计协会承办了国际内部审计师协会全球秘书长会议和亚洲内部审计大会。目前，中国内部审计协会正在积极争取 2015 年国际内部审计师协会国际大会在我国举办。中国内部审计协会还派出了 7 名代表在国际内部审计师协会的专业委员会任职，积极组织内部审计人员参加每年一次的国际内部审计师协会国际大会和亚洲内部审计师联合会的亚洲内部审计大会等相关活动，并选派代表在大会上发言，在学习国外先进理念的同时，向国外宣传我国内部审计的发展状况。此外，中国内部审计协会注重加强与世界主要国家内部审计（师）协会及其他国际组织的交流与合作，建立了良好的关系。

为加强与台湾的交流，2001 年，中国内部审计协会与台湾内部稽核协会达成协议，每年根据不同的主题举办一次海峡两岸内部审计研讨会，至今已成功举办了 6 届，增进了双方的了解，强化了双方的沟通与合作，收效显著。目前，双方正在进一步探讨新的交流形式，扩大交流面，深化交流成果。

2006 年，中国内部审计协会与中央电视台影视部联合拍摄了第一部反映内部审计的电视连续剧《在路上》。该剧讴歌了内部审计工作者客观公正、严谨细致、清正廉洁、刚直不阿的精神，展现了他们的工作、学习、生活和情感，对于宣传内部审计工作，使之得到社会各界的了解、关心和支持，对于激励广大内部审计工作者，从而增强实施转型战略的使命感、责任感，有着积极的意义。该剧的拍摄，在国际上引起了强烈的反响，一些国家和地区的内部审计师协会将拍摄此剧的消息和剧照刊登在其网站上。

中国内部审计协会还加强了与国资委、证监会、银监会、保监会等监管部门的联系和沟通，了解和掌握监管部门对内部审计工作的要求，反映内部审计工作中亟待解决的问题，借助他们的力量共同推动内部审计的发展。中国内部审计协会注重加强与有关媒体和社会审计的合作，建立多层次全方位的沟通网络。从 2005 年至今，与科技日报社、中天恒会计师事务所联合举办了 3 期高峰论坛，与普华永道会计公司、德勤会计公司、安永会计师事务所联合举办了《如何成功通过〈萨班斯法案〉404 条款内部控制测评》的专题报告会和"COSO 内部控制与风险管理框架实践"研讨会专题讲座，效果很好。

（中国内部审计协会）

围绕审计大局
搞好后勤服务

25年来，审计机关后勤管理机构坚持紧紧围绕审计中心工作，加强后勤保障服务，努力拓宽后勤管理保障服务领域，较好地履行了"管理、保障、服务"职能。

一、发展沿革和主要成效

1985年，审计署内设行政司，具体负责署机关的行政事务管理和为机关干部职工提供生活保障服务。1988年，按照机关后勤管理职能与服务职能分开的改革思路，审计署改革了机关后勤体制，成立审计署机关服务中心，隶属于行政司，确定为行政事业单位。1993年，根据中央国家机关后勤机构改革实施意见的精神，机关服务中心从行政司划出，核定为正司级直属事业单位，具有事业法人资格，原行政司具有机关行政管理职能的财务处、行政处、房管处、保卫处暂由机关服务局代管。随着后勤体制改革的不断深化，住房保障、公务用车改革、职务消费改革的稳步推进，审计机关后勤保障由一般性服务保障工作，扩展到涉及行政后勤事务管理、国有资产管理以及推进后勤服务社会化等众多领域，后勤保障能力不断提高，取得明显成效。

一是机关工作和生活环境得到改善。从审计机关成立初期租房办公,到如今大多数审计机关都拥有了独立的机关办公楼,近年来又不断完善了各项功能,较好地改善了机关办公条件。审计署还拥有了双榆树事业单位综合楼和怀柔、华审宾馆两处培训基地。审计机关职工住房困难也逐步缓解,增加了为职工办实事的项目,在政策允许的范围内,努力为职工解决后顾之忧。

二是机关后勤逐步实行科学化管理。许多审计机关按照 ISO9000 质量管理体系认证标准要求来控制后勤服务工作全过程,实现了传统管理模式向现代化管理模式以及由人治向法制管理的转变。建立并完善了服务费用结算制度,以合同方式明晰服务事权与范畴。逐步建立和完善了各项后勤管理制度,基本实现了依法管理、依法服务、依法保障,推动了后勤管理工作向规范化迈进。通过开展审计机关国有资产的清查登记,摸清了底数,审计署制定了《审计署国有资产管理办法》,提高了国有资产使用效益。后勤服务部门内部实行了目标量化管理,建立了逐级负责、层层落实的责任体系。探索了后勤服务社会化的路子,审计署注册成立了金审物业管理公司,并通过 ISO9000 质量管理体系认证,具备一定的参与社会竞争的能力。

三是后勤服务质量不断提升。审计机关后勤服务部门的服务意识普遍增强,变"要我服务"为"我要服务",变"等上门服务"为"走上门服务"。一些审计机关坚持抓特色、抓优势、重效果,开通了服务热线,并采取请进来、走出去和岗位练兵、技术考核等方式不断强化职工的技能培训,服务技能、服务效率和服务水平都有了很大提高。

二、基本经验

(一) 始终围绕审计机关中心工作,是做好审计后勤保障服务工作的前提

后勤保障服务工作是机关工作的重要组成部分,最重要的前提就是始

终围绕和准确把握审计机关中心工作的要求。25 年来，审计机关根据审计工作中心，切实做好各个时期的后勤保障服务工作，高效完成各项任务，坚持做到"态度好、服务好、廉政好"，为审计中心工作提供优质高效的服务，为推动审计事业的发展提供了保障支持。实践表明，只有紧紧围绕审计工作中心，后勤保障工作才会有明确的工作目标和努力方向，才能较好的确立审计后勤保障服务各个时期的工作重点，才能做到有针对性的开展工作，使工作富有成效。

（二）始终坚持以机关干部职工的愿望和要求为出发点，是做好审计后勤保障服务工作的基础

机关后勤工作与广大职工最现实、最关心、最直接的利益息息相关，要实现"上为党组排忧、下为职工解难"，就必须坚持以人为本，以机关干部职工的愿望和要求为工作的基准点和出发点，紧紧围绕机关干部职工最现实、最关心、最直接的事项，真心实意为机关干部职工解难事、办实事，想职工之所想，急职工之所急，切实解决机关职能运转和干部职工工作生活中的实际困难和问题，努力创造有利于机关高效有序运转和干部职工安居乐业的工作环境和生活条件。实践表明，只有始终坚持以机关干部职工的愿望和要求为工作的基准点和出发点，以人为本、服务至上，才能将各项后勤保障服务工作落到实处，为机关后勤部门的生存发展打下基础。

（三）始终坚持解放思想，更新观念，是做好审计后勤保障服务工作的动力

面对经济快速发展、人民生活水平不断提高的新形势和干部职工服务需求的更高企望，坚持解放思想，更新观念是唯一出路。必须在"服务"上多动脑筋，不仅做到埋头苦干、任劳任怨，更要树立敏锐的政治头脑和牢固的大局意识，树立大服务观念，增强全局意识，牢牢把握服务根本，精益求精，把每一件小事都当做大事来办，在规范服务、主动服务、周到

服务上狠下工夫，不断提升服务质量和服务水平。实践表明，只有打破条条框框，转变思想观念，积极探索机关后勤保障服务工作的内在规律，不断研究新情况、采取新措施、解决新问题，才能积极推动审计后勤保障服务工作持续向前发展。

（四）始终坚持制度创新，是做好审计后勤保障服务工作的保证

多年来，审计机关后勤管理机构始终牢牢抓住制度建设这个根本，结合机关后勤事业的发展，建立健全了物资采购、住房分配、财务管理等制度，形成用制度约束人、用制度管理事、按制度规定搞好服务的管理机制。同时，根据形势的发展变化，加强规章制度清理和修订，完善有关规章制度，尽量保证制度的延续性，必须坚持的坚决执行，不完全适应的及时调整，已经过时的及时废止，成熟了的实践经验做到尽快形成规章制度，还不成熟的继续探索。审计署现已建立健全涵盖机关事务管理、国有资产管理、财务管理、人事管理等方面近 50 个规章制度，逐步建立起了结构合理、层次分明、内容完备、协调统一的后勤管理规范。推动了机关后勤保障服务工作朝着科学化、制度化和规范化方向发展。实践表明，只有加强制度建设，坚持制度创新，才能有效地保障审计后勤保障服务工作的顺利进行。

（五）始终坚持加强队伍建设，是做好审计后勤保障服务工作的关键

多年来，审计机关后勤管理机构始终把队伍建设作为加快审计后勤保障服务工作发展的基础工程和头等大事，抓紧、抓实，尽可能配齐配强后勤干部职工，积极在建设高素质的后勤队伍上下工夫，为机关后勤事业的发展提供人才保证和智力支持。始终树立"以人为本、人才兴局"的发展理念，营造良好的学习氛围和工作环境，凝聚人心。切实加强领导班子自身建设，培育良好的队伍带头人；加强职工思想教育和职业道德教育，

培育职工高尚的精神境界和良好的职业操守；强化干部职工学习培训，提高干部职工业务素质和工作技能；加强队伍作风建设，培养严谨细致的工作作风。实践表明，只有不断加强领导班子和干部队伍建设，建设有驾驭市场经济能力、有号召力、有凝聚力和有战斗力的领导班子，建设讲党性、具有较强行政管理能力的高素质的干部职工队伍，才能确保审计后勤保障服务工作落到实处。

三、未来展望

不断发展的新形势对机关后勤保障服务工作提出了更高要求，要实现用可持续发展的机关后勤保障支持可持续发展的审计事业，必须进一步牢固树立和认真落实科学发展观，继续深化后勤体制改革，在当前任务重、要求高、家底薄的情况下，真正探索一条审计机关后勤保障服务工作的发展之路。

（一）必须积极推进保障服务工作公开化进程，以公开求公正、公平

后勤保障服务工作与广大干部职工利益密切相关，如车子、房子、伙食、财务、办公条件和环境等等，一旦没有做好，带来的负面影响非常大。要做好后勤保障服务工作，必须用改革的办法，解决后勤服务工作中存在的问题，积极推进保障服务工作公开化进程，解决每个职工享有公正、公平的服务，增强透明度，做到少花钱、多办事、办好事。要最大限度地公开办事程序，健全决策监督机制，在干部职工的监督下开展各项服务工作，保障干部职工知情权，重大事项实行公告，事前应充分听取意见，最大限度公开办事全过程，公示办事结果，增加服务工作透明度，以公开促公正、用公正求公平，从而赢得更多干部职工的理解和支持。

（二）必须坚持与时俱进，继续转变服务观念，增强服务意识，在"服务"上大做文章，提升服务质量，努力提高职工满意度

李金华同志曾指出："后勤服务工作做好了，思想政治工作就做好了一半。"充分说明做好后勤服务工作的极其重要性。机关后勤工作者必须牢固树立服务第一的理念，在服务上狠下工夫，坚持把提升服务摆在重要位置。一是要切实增强服务意识。把服务第一的思想理念变为后勤职工的自觉行动，开展热情服务，想职工之所想，急职工之所急，谋职工之所盼，为每一位职工做好每一件服务工作。二是要确实增强责任意识。机关后勤干部手中掌管着财权与物权，担负着更多的责任，增强工作的前瞻性，既想职工之所想，又想职工之未曾想；不仅雪中送炭，更要雨前送伞。三是要加强服务创新。随着社会的不断发展，干部职工所要求的服务范围越来越广、服务节奏越来越快、服务方式越来越新、服务标准越来越高，要满足这些需要，就必须把创新这一理念融入到每项服务之中。要加强与机关干部职工的沟通，及时了解需求变化，根据新情况、新要求不断创新，从而进一步加快服务节奏，提升服务层次，提高服务品位，再造服务工作的新形象。四是要完善服务工作评价体系。机关后勤是一个特殊的事业法人实体，从事着服务性商品经营活动，不仅要讲求服务效果，追求干部职工满意，也要遵循市场经济规律，追求服务效益的最大化，这样才能在更高层次上赢得机关干部职工的满意。

（三）必须继续推行制度创新，以制度建设促进规范管理，切实履行机关事务管理职能

这些年来，审计机关后勤管理机构在建章立制方面取得了一些成效，但还不够完善，有的制度针对性不强甚至过时，有的制度操作性不强，不适应形势任务的发展要求，机关保障服务工作随意性、缺少规则、无法可

依、无章可循的现象时有存在。因此，必须不断推行制度创新，建立健全各项规章，真正实现用制度促规范管理。比如，随着形势的变化，办公用房、职工住房、公务用车等都有了新的规定和要求，要继续满足机关运转的需要，满足职工生活的需要，就必须按照依法行政的要求，研究制定一套科学规范、系统完善的管理保障制度。当前最急需做的是要结合机关后勤事业的发展，对原有规章制度进行全面清理和修订，规范工作职能，明确管理内容，理顺工作关系，完善配套措施，逐步建立结构合理、层次分明、内容完备、协调统一的后勤管理规范。

（四）必须加强队伍自身建设，努力提高队伍素质，为机关后勤工作可持续发展提供人才保证

管理和服务是一项工作，更是一门科学，要真正提高管理水平，提升服务能力，就必须建设一支高素质的干部职工队伍。一是加强思想政治工作，增强后勤干部职工的大局意识和服务意识。引导干部职工经常用党员标准衡量对照，凝聚力量，凝聚心志，弘扬正气；教育干部职工树立全局观念，培养勤俭节约作风，提高遵纪守法自觉性，不断增强超前意识，树立为审计事业服务、为领导服务、为机关干部职工服务的理念。二是抓好中层管理干部建设。按照政治坚定、业务精专、勤政廉政、团结协作的要求，坚持不懈地加强中层管理干部政治建设和能力建设，优化素质结构，着力提高水平，切实履行职责。三是加强技能培训，提高服务素质。服务是一项工作，同时更是一门艺术。要打破以往有学历、有职称才是人才的观念，把高技能人才队伍建设作为提高服务水平，发展后勤事业的重要基础性工作来抓。加大资金投入，选派优秀业务骨干参加有关部门组织的各种专业培训学习，鼓励参加学历继续教育，大力开展技能培训、岗位练兵活动，营造"比、学、赶、帮、超"的良好氛围，使人人争当"业务上的尖子，工作上的表率"，努力提高综合素质。四是积极创造条件，适当实行干部职工岗位交流，搭建平台，让更多的人在更多的岗位上得到锻炼，做到人尽其才、才尽其用。五是切实关心干部职工的工作、学习和生

活，多办暖人心、稳人心的好事实事，积极为大家排忧解难，增强队伍合力。

（审计署机关服务局）

做好离退休干部工作
服务审计事业发展

　　为了实现干部队伍的新老交替，保证我们党的事业兴旺发达，党中央于 1982 年做出了建立老干部退休制度的决定。那时，恰逢审计机关筹建初期。1983 年审计署正式成立，离退休干部工作伴随着审计机关的建立走过了 25 个年头。25 年来，在审计署党组的正确领导下，离退休干部工作认真贯彻执行党的方针政策，始终沿着正确的轨道健康发展，探索出了一套符合审计机关实际的工作模式和方法，较好地落实了老同志们的政治待遇和生活待遇，有效地服务于审计事业的发展。

一、历史沿革

　　1983 年，审计机关成立之初尚无干部离退休，审计署在人事教育司设立了老干部处，负责了解机关干部年龄结构情况，研究党和国家的老干部政策，为做好审计署的离退休干部工作进行了充分准备。1984 年，审计署开始出现第一批离退休干部，人事教育司老干部处具体负责他们的服务管理工作。

　　1988 年，审计署机关、事业单位和特派员办事处离退休干部已有一定规模，为加强对离退休干部的管理服务，审计署组建了老干部局，负责全署的离退休干部工作。1993 年，审计署党组成立了由分管副审计长任组长，办公厅、人事教育司、机关党委、机关服务局和老干部局主要负责人为成员的老干部工作领导小组。这对于及时了解离退休干部工作的情况，形成离退休干部工作齐抓共管的局面，有效地解决离退休干部工作中存在的重要问题，落实好离退休干部的政治、生活待遇发挥了极为重要的作用。

截至 2007 年，审计署机关、事业单位和特派员办事处的离退休干部已经增至 752 人，其中由审计署离退休干部局直接管理服务的离退休干部270 人，已经陆续组建了 8 个离退休干部党支部，设立了 7 个党支部活动站，并投资 220 万元在双榆树办公区建设了 1400 平方米的离退休干部活动中心。

二、基本做法

（一）领导重视，齐抓共管

审计署党组多次强调：退下来的离退休干部是党的宝贵财富，他们为创建新中国和社会主义建设辛劳了一辈子，应当有幸福的晚年。历任审计长、分管副审计长都十分重视离退休干部工作，明确工作方向，提出具体要求，解决了大量实际问题。审计署老干部工作领导小组自 1993 年成立以来，每年召开离退休干部座谈会，倾听离退休干部反映的问题以及对审计工作的意见和建议。会后，及时召开小组会议，讨论研究解决问题的方案和答复意见。自老干部工作领导小组成立以来，已召开会议 30 余次，讨论研究离退休干部工作中的各类问题 200 余个，及时解决了离退休干部工作方面的难题。这样的组织形式非常有利于做好离退休干部工作，一是署领导直接参加研究，情况明、决心大，便于及时解决问题；二是有关单位便于协调，任务明确，责任清楚；三是缩短了协商时间，提高了工作效率。

实践证明，正是形成了领导牵头、离退休干部局具体负责，有关部门密切配合、齐抓共管离退休干部工作的局面，才有力地推动了审计署离退休干部工作的开展。

（二）围绕落实"两个待遇"，扎实开展离退休干部的中心工作

落实离退休干部的政治待遇和生活待遇，是离退休干部工作的中心任务。自 1992 年至 2002 年，审计署陆续制定了《审计署老干部服务和管理工作暂行办法》、《审计署离退休干部管理与服务工作细则（试行）》、《离退休干部服务管理补充办法》、《关于对部分离退休干部党员参加党的组织生活的管理办法》、《关于特派办离退休干部服务管理工作有关事项的通知》等规定，还于 1996 年在太原召开了有各特派员办事处参加的审计署离退休干部工作会议，交流经验，研究解决服务与管理中的具体问题，使得各项服务管理工作进一步规范化。

为了落实老同志的政治待遇，离退休干部局将每月 5 日（后改为每季度 1 次）确定为离退休干部固定活动日，传达重要会议、文件精神，听辅导报告和通报工作情况，布置重要事项等。每年给老同志订阅老年刊物，赠阅《中国审计报》。在学习"三个代表'重要思想、"保持共产党员先进性教育"活动中，先后 6 次组织离退休干部共 900 余人次进行参观活动。合理组建离退休干部党支部，健全党的组织生活制度，1998 年至 2007 年，离退休干部党支部从 3 个逐渐增加到 8 个。采取"三个结合、三个为主"的办法，改进了党组织生活的形式和方法，即把党支部组织活动与党小组组织活动结合起来，以党小组组织为主；把每季度召开例会与党支部组织活动结合起来，以党支部组织活动为主；把党支部集中组织学习与个人自学结合起来，以个人自学为主。为便于各党支部组织活动，在大羊宜宾胡同、翠微南里等地为每

个党支部都设立了活动站。

在落实生活待遇方面，把按时足额发放离退休干部的离退休费和各种福利待遇、按政策规定及时报销医疗费用作为重点，有效地保证了离退休干部的生活质量。按照国家规定，离退休干部局每年都组织离休干部到外地进行健康休养。在 2007 年规范津贴、补贴工作中，在政策允许的范围内对离退休干部给予了照顾，保证不降低他们的生活水平。

（三）全面加强党的建设，增强党组织的凝聚力，加强对离退休干部的思想政治工作和管理

党支部是对离退休干部实施思想政治工作和发挥老同志自我管理优势的重要组织，支部建设的关键是抓党支部班子尤其是书记的选配工作。每次换届，党总支都特别重视选准配好支部班子，坚持引导党员把党性强、作风好、有奉献精神、有党务工作经验、在离退休干部中有较高威信的离退休干部党员选进党支部班子中来。坚持每年组织两次党支部成员和党小组长培训，使支部一班人及时掌握中央的有关文件精神和党建工作的要求，为做好党支部工作打下了思想基础。

离退休干部党支部工作离不开制度建设。2001 年以来，审计署先后制定了《审计署离退休干部服务管理补充办法》和《关于对部分离退休干部党员参加党的组织生活的管理办法》（以下简称"两个办法"），对离退休干部党员参加党的组织生活，加强离退休干部的服务管理，做出了具体规定和要求。建立了在职干部党员与离退休干部党支部联系制度和思想形势分析制度，增强了思想工作的针对性。2006 年是中国共产党建党 80 周年，审计署召开了纪念建党 80 周年离退休干部老党员座谈会。参加座谈会的部级、司局级离退休干部老党员 48 名，其中有 22 名老党员在座谈会上发言，大家回顾我党 80 年来的光辉历史，回顾自己在党的教育培养下的个人成长史，高度赞扬党领导人民 80 年奋斗取得的光辉业绩，使参加座谈会的同志受到了一次党性和党风的再教育。

（四） 做好经常性服务工作，增进与离退休干部的感情

做好老干部工作，最能体现爱心的是经常性服务工作。一是广泛开展走访调查活动。2001 年，审计署开展了"走百家门、知百家情、解百家难"的"三百活动"。在三个多月的时间里，走访了 197 个离退休干部家庭，占当时离退休干部总数的 98％，与包括离退休干部及家属在内的 400 多人见面并谈了话，了解到老同志反映的意见、建议和提出的问题、困难 110 多个（条）。2003 年，又就离退休干部关心的服务管理工作中的 15 个方面的相关问题，对 182 名离退休干部进行了问卷调查，征求到离退休干部提出的意见 60 多条。二是做好思想工作，为离退休干部办实事、献爱心。三是创造条件开展各项文化活动，丰富离退休干部的晚年生活。为了满足离退休干部关心审计事业、了解审计情况的愿望和要求，审计署于 2000 年创办了《老干部工作简报》，2001 年改版为《老干部工作通讯》。8 年来共编发 23 期 200 多万字，刊登了大量的审计信息、审计署机关工作动态、离退休干部学习体会、健康保健知识，现在已成为离退休干部了解审计情况的必读材料。

（五） 扎实抓好离退休干部工作队伍建设，不断提高离退休干部工作水平和质量

加强离退休干部工作队伍自身建设，提高工作人员的素质，是做好离退休干部工作的基础。在思想建设上，坚持政治学习和业务学习，按照"政治上靠得住、工作上有本事、作风上过得硬"的总要求，努力提高工作人员的政治鉴别、政策运用能力，提高业务水平、改进服务质量。组织工作人员认真学习离退休干部工作政策和法规，要求他们既能够按照政策规定办事，又能够从实际出发，发挥主观能动作用，切实把中央要求与本部门实际结合起来，把党的离退休干部工作方针政策落实好。要求他们安心热爱离退休干部工作，忠于职守，无私奉献，树立全心全意为离退休干部服务的思想。由于思想明确，增强了做好离退休干部工作的自觉性和积

极性。他们用自己的"三心"（热心、耐心、诚心）、"三勤"（眼勤、嘴勤、手勤）和"三不怕"（不怕脏、不怕苦、不怕累）的实际行动，尽心尽力为老同志办实事，主动为老同志排忧解难，成为老同志的贴心人。2006 年 10 月，在中组部、人事部联合开展的全国老干部工作先进集体和先进个人评选活动中，审计署离退休干部局办公室被评为"全国老干部工作先进集体"，受到表彰。在作风建设上，始终坚持实事求是，从实际出发，树立了少说空话、多办实事，高标准严要求，不断开拓进取的作风。在制度建设上，结合机关的实际情况，先后制定了《岗位责任制》、《会议制度》、《公文处理运转规定》及《离退休干部局贯彻民主集中制的措施》等多项制度和措施，使工作人员工作有要求、办事有依据、服务有标准，使离退休干部工作逐步实现制度化、规范化和科学化。

三、做好离退休干部工作的几点思考

经过 25 年离退休干部工作的实践，积累了丰富的经验，取得了可喜的成绩，摸索到一些做好离退休干部工作带有规律性的东西。这些经验和规律对于我们做好今后的工作具有重要的启示。

（一）领导的重视是做好离退休干部工作的关键

做好老同志的工作，对于审计机关乃至社会的和谐、稳定具有重要意义。审计机关领导认识到位，真正重视，切实加强领导，是做好离退休干部工作的关键。正是由于审计机关将离退休干部工作列入党组重要议事日程，负责同志亲自参加重要会议和活动，亲自解决重大问题，老干部工作领导小组坚持每年听取一次离退休干部工作专题汇报，定期研究分析离退休干部工作，指导和协调解决离退休干部工作中的问题这些措施，才使得审计机关离退休干部的各项工作能够顺利地开展起来，形成齐抓共管的大好局面，取得比较好的成绩。

（二）认真落实离退休干部"两项待遇"是做好离退休干部工作的根本

党和国家关于离退休干部及其相关工作的各项方针政策，是做好离退休干部工作的法宝和指南，其中的核心是落实好离退休干部的政治、生活待遇。这是一项政治性、政策性都很强的工作，直接关系到离退休干部的切身利益，是离退休干部工作的主要任务。实践证明，离退休干部在政治和生活两个方面的需求，少了哪一方面都不行。只有把落实老同志的政治待遇和生活待遇有机地结合起来，逐一落到实处，才能真正做好离退休干部工作。

（三）以人为本，扎实做好服务工作是做好离退休干部工作的基础

离退休干部工作是干部人事工作的重要组成部分，虽然经常表现为琐碎的服务事项，却并不是简单的事务性工作。为离退休干部服务，解决他们存在的一些困难和问题，不仅要有认识的高度，更重要的是要密切联系老同志，以人为本，带着深厚的感情办实事。为老同志办事情，既要积极主动，又要认真细致，设身处地从实际出发为他们着想，使老同志们感觉到是在真心实意地为他们办事情。只有增强老同志的信任感，得到老同志的支持和理解，才能使离退休干部工作越做越好。

（四）充分发挥老同志自我管理、自我教育作用是做好离退休干部工作的有效手段

离退休干部工作不仅是服务，而且也是管理，两者相辅相成，不能分割。为了把服务、管理的组织行为更顺畅有效地落实到老同志身上，需要充分发挥老同志自我管理、自我教育的作用。离退休干部受党教育多年，大多是从领导岗位上退下来。他们组织纪律性强，思想觉悟高。他们对党

和国家有着深厚的感情，在促进和谐社会建设中有着丰富的经验、优良的传统和独特的优势。工作中要善于发挥他们的优势，调动他们自我认识问题、自我解决问题的积极性、主动性。发挥自我管理、自我教育的作用，促进离退休干部工作的发展。

（五）有关部门的协调配合是做好离退休干部工作的重要保证

离退休干部工作涉及政治、经济、文化、社会多个领域和署内、外诸多职能部门的管辖范围，具有很强的综合性，单靠离退休干部局是难以做好的。特别是在落实离退休干部生活待遇方面，涉及许多部门的工作职能。当前，随着社会主义市场经济的深入发展，离退休干部工作出现了许多新情况、新问题，只有在领导和有关部门的协调配合下，才能做到统筹兼顾、全面安排，保证离退休干部工作的顺利开展。

（六）抓好离退休干部工作队伍建设是做好离退休干部工作的组织保证

要做好离退休干部工作，必须有一支高素质的离退休干部工作队伍。要采取各种有效措施，进一步提高离退休干部工作人员队伍的政治素质和业务素质。工作人员要进一步增强政治意识、大局意识、服务意识，努力提高理论水平、政策水平和实际工作能力，以适应做好离退休干部工作的需要。

随着社会主义和谐社会建设的不断推进，党和国家对离退休干部工作提出了新的更高要求，老同志们也对离退休干部工作寄予了更高的期待。审计机关离退休干部是审计事业的开创者、奠基人，为审计事业的发展、进步做出了很大贡献。审计机关要以对老同志们高度负责的态度深入学习领会党和国家关于离退休干部工作的方针政策，研究新情况，解决新问题，解放思想，实事求是，继续做好离退休干部工作。

（审计署离退休干部局）

展 望 篇

中国审计未来发展思考

以科学发展观指导和推动
财政审计工作不断深化

新中国的财政审计只有 25 年的历史。时间虽然不长，但却充满了艰辛、曲折和欣慰。从"上审下"到"同级审"，从单纯审计财政收支真实、合法逐步转向审计财政收支真实、合法、效益并重，从审计难、处理难到审计结果逐步向社会全面公告。每走出一步，都凝聚着审计人员的汗水和辛劳。

一、回顾与总结

财政审计真正全面履行宪法赋予的职责，始于《审计法》颁布的 1994 年。《审计法》明确规定了审计署和地方各级审计机关在本级政府首长领导下，对本级预算执行情况进行审计监督；实行审计结果报告和审计工作报告制度。由此，审计嵌入了国家财政管理机制，并成为其中一个不可缺少的环节。

《审计法》颁布实施 10 多年来，财政审计在严肃财经纪律，维护预算的法律严肃性方面做了大量工作，尤其在促进财政管理制度改革，规范财政分配秩序方面取得了明显成效。一是促进了预算编制改革，1999 年以来，根据审计建议，开始试行部门预算；二是促进预算分配秩序逐步规范，使年初预留"待分配"指标，通过退库、年终结算和决算分配资金的问题得到了初步控制，超收和节支资金的管理也有所加强；三是推动有关部门将预算外资金纳入预算管理，每年在规定的期限内编制收支计划和决算；四是促使政府性基金收入逐步纳入预算管理，使财政预算收入逐渐统一、完整；五是通过揭露转移支付中的问题，促使国家有关部门着手规范转移支付制度。

财政审计之所以能够在政府加强预算管理和人大强化预算监督中发挥重要的作用，并在社会各界产生强烈的反响，关键是在财政审计的发展过程中做到了：

——坚持把财政审计作为国家审计机关的基本职责和永恒主题；

——坚持"揭露问题、规范管理、促进改革"的总体工作思路；

——坚持审计结果报告和审计工作报告制度；

——坚持以综合财政预算为主线，以财政部门具体组织预算执行情况和税务、海关、国库部门参与组织预算执行情况的审计为主导，以部门预算执行情况的审计为基础，以提高财政专项资金使用效益为最终目标的预算执行审计工作体系。

二、形势与任务

实践永无止境，创新永无止境。在新的发展阶段，财政审计工作既有新的机遇，也面临着新的挑战。从客观条件讲，目前财政审计工作已经成为国家预算管理中一个不可缺少的环节，其监督制衡作用日趋显著，尤其是随着我国民主法治的积极推进，在政府加强预算管理和人大强化对预算审查监督方面，审计必将发挥更大的作用。同时，我们也必须清醒地看到，尽管近年来国家财政收支规模增长很快，但影响公共财政体系建设和财政健康发展的体制机制障碍依然存在，财政审计工作将面临诸多深层次的矛盾和问题。例如：

政府职能缺乏科学的界定和规范，导致财政"越位"和"缺位"现象并存；各级政府间事权划分不清晰，财力与事权不相匹配，转移支付制度的目标不够明确；政府财政的公共性不强，提供的公共服务程度不高；财政预算的法制性不强，管理的科学化、精细化程度不高，财政资金使用效益较低；财政管理的民主化程度不高，人大、政府、财政以及部门的预算职权缺乏严格的制度保障，国家权力部门化，部门权力利益化的倾向还比较突出。这些问题，唯有从体制、制度、机制入手才能真正加以解决。为此，在今后的财政审计工作中，我们必须以改革的视角看待财政管理上的问题，以改革的方式来解决这些问题。

如果说前些年的改革还带有"摸着石头过河"的性质，今天，在中国特色社会主义理论指引下，改革的思路已很清晰，"民主、民生、公平、正义、和谐"理念的提出，在彰显社会主义本质属性的同时，也为进一步深化经济体制改革和政治体制改革指明了方向，公平正义的呼声，将为今后的财政管理制度改革注入新的动力。在此背景下，党的十七大明确提出，要深化财政改革，紧紧围绕基本公共服务均等化和主体功能区建设，建立完善的公共财政体系。按照这个总的原则，我国今后一个时期，财政改革将呈现以下发展趋势：

——顺应市场经济的内在要求和政府职能转变的需要，财政形态将从"越位"与"缺位"并存向紧紧围绕基本公共服务方向"归位"，以经济建设为主向真正意义上的公共财政转型。

——顺应深化政治经济管理体制改革的要求，在健全政府责任体系的同时，财政体制将从财权与事权脱节、保既得利益向财权与事权相匹配的体制转变。

——顺应保障和改善民生，实现和谐社会建设和公平正义的需要，财政政策取向将从注重效率转向兼顾公平，财政支出将逐步转向"基本公共服务均等化"。

——顺应发展社会主义民主政治和法制建设的要求，财政管理将逐步形成完整地、真正意义上的包括一般预算、建设性预算、国有资本收益预算、基金预算、债务预算等在内的"国家预算"，从粗放走向科学规范，从封闭走向公开透明。

——顺应经济社会健康、协调、可持续发展的需要，税收制度将从过去以支持重点地区发展为主向支持主体功能区建设和有利于可持续发展方向转变。

三、目标与思路

新的制度、新的机制的建立不会一蹴而就，在体制转轨过程中，由于利益格局的调整，旧体制下长期积累的矛盾和问题将逐步显现，新的问题也将不断出现，这些问题不可避免地要反映到财政管理的各个环节。为此，今后一段时期财政审计的总体目标是：以科学发展观为指导，以推进和谐社会建设和改善民生为出发点，以促进建立管理规范、体制科学、法治健全，能够满足基本公共服务均等化和主体功能区建设的公共财政体系为目标，全面履行宪法和法律赋予的审计职责，促进经济建设与社会建设、政治建设、文化建设的协调发展。为此，财政审计应当重点关注：

第一，着眼于财权与事权相匹配，积极促进财政体制改革。财政体制是各级政府间财政关系的制度安排，既反映、规定、制约着中央与地方之间以及地区、部门之间的基本经济关系，也反映、规定、制约着政府施政的职能范围、管理重点和行为方式。因而设定科学合理的财政体制不仅是一个重大的经济问题，更是一个重大的政治问题。长期以来，由于中央与地方，以及地方各级政府之间的事权一直未能明确界定，加之财权上收、事权下放的情况时有发生，以致中央与地方、地方各级之间的利益格局严重失衡。财权与事权不相匹配，不仅造成基层财政的困难，同时也导致基层政权建设和政府公共责任难以有效履行。解决上述问题，首要的是应当遵循财政分级管理的原则，并在制度设计上保证地方政府的预算自主权，减少中央主管部门在资金使用方面对地方政府过多地干预，保证地方政府权责的统一，改进和完善转移支付制度，加大一般性转移支付的比例和规范，从严控制转移支付中的附加条件。从上述观点出发，财政审计应着力反映地方财权与事权不相匹配的矛盾和问题，围绕推进基本公共服务均等化的要求，促进完善分税制的财政体制；从转移支付的管理机制入手，加快形成规范透明的财政转移支付制度；从专项转移支付的管理和使用环节入手，控制专项转移支付资金的过快增长，推动转移支付结构的调整；从相关部委的职责入手，促进建立以事业发展规划为载体的中央转移支付项目决策和管理机制。

第二，着眼于政府职能转变，积极促进完善公共财政体系。与社会主义市场经济相适应的财政体系，应当是有利于政府合理行使职能的财政体系。但目前的财政体系，不仅难以发挥其应有的作用，反而成为导致政府直接干预经济的体制诱因：一是公共财政体系不健全，支出结构不合理。政府用于一般经济建设领域的开支较大，"越位"过多，而用于基本公共服务领域的开支不足，"职能缺位"。二是中央和地方的财权和事权划分不够清晰合理，各级政府缺乏与本级公共服务职能及其公共开支相适应的正常财税收入来源。一些地方政府纷纷从'旁门左道'开辟财源，以增加财政收入。三是各级政府预算外收入和体制外融资的渠道和支出不规范、不透明，其中相当多资金直接投入公共服务以外的营利性投资项目，对投资膨胀和低水平扩张起到推波助澜的作用。四是"城市财政"特征明显，公共财政难以有效覆盖农村。上述问题的存在不仅不利于政府职能转变，也不利于转变经济发展方式。为此，今后财政审计工作必须按照政府职能转变的要求，密切关注财政提供公共产品、弥补市场失灵的公共性，平等非歧视的公平性，注重社会建设的公益性，在促进完善公共财政体系方面发挥应有的作用。

第三，着眼于发展社会主义民主政治和依法行政的需要，以增加预算透明度为核心，大力推动财政法治建设，促进依法理财。按照《预算法》的规定，各级政府预算由本级政府各部门预算和补助下级政府预算组成，经本级人大批准后方可执行。但现实的情况是，各级政府上报人大的预算很多没有落实到单位和项目，需要人代会后再分配。这种做法某种程度上使人大的法律监督和政府的依法行政处于"悬空"状态。其后果：一是导致财政管理权限发生转移，造成国家权力部门化，部门权力利益化，诱发寻租行为；二是造成分配结果不公正、不公平；三是导致资金使用效率低下。鉴于此，财政审计应当以审计结果的公开为契机，促进财政预算和决算的公开，并通过财政资源配置的公开、透明，使整个财政管理体制、制度、机制产生自律和变革的动力，以此为基础，促进构建与公共财政体制相适应的财政法律体系，使财政管理工作步入法制轨道。

第四，着眼于宏观调控，大力促进稳健的财政政策的贯彻落实。中央经济工作会议提出实行稳健的财政政策，是党中央、国务院根据当前经济形势的新变化和宏观调控的新需要做出的重要决策，也是在宏观调控过程中有效落实科学发展观，树立科学调控观的重要体现。稳健的财政政策是一种松紧适度注重发挥市场机制作用的财政政策，其内涵是"控制赤字、调整结构、推进改革、增收节支"，就其政策取向看，下一阶段的财政政策将主要体现出"有保有控"、"有进有退"、"注重优化结构"等特征。因此，财政审计必须清楚地看到，作为"庶政之母"，财政的政治属性决定了它在政府管理活动中的重要地位，决定了它在贯彻落实党的路线、方针、政策中的重要地位。保证党和国家的政策方针在落实为财政政策、措施时不扭曲变形，真正惠及广大群众，从而实现社会公平正义，既是公共财政的应有之义，也是财政审计发挥作用的重要领域。

第五，着眼于规范管理，大力促进预算的科学性，执行的严肃性。预算约束弱化、预算执行随意，是政府财政行为失范的外在表现。从根本上讲，规范财政管理首要的任务是制定科学、合理的支出标准和预算定额，这是保证财政资源配置公正、公平的基础。长期以来，我国的预算编制一直缺乏严格的定性和定量标准，预算定额失真、预算分配有失公正公平的问题，不仅为社会各界诟病，同时也已成为诱发违纪问题的重要因素之一。财政资源配置事关国家的利益、人民的利益和个人的利益。随着改革开放事业的发展，以及在科学发展观统领下全面推动和谐社会的建设，财政资源配置的重要性、合理性和公平性在日益突显出来。在此情况下，从事财政审计的人员必须清醒地看到，财政管理的核心是预算管理，预算管理的核心是预算编制，审计工作唯有从预算的科学性入手，才能真正破解规范财政管理这一课题，进而做到维护预算的刚性和执行的严肃性。

第六，着眼于政府行政效能，大力推进财政绩效水平的提高。在市场经济体制下，财政是政府履行职责、治理社会、促进和谐的主要经济手段；财政收支活动具体、直观地体现政府的执政理念，是连接公众日常生活和国家政治生活的重要桥梁和纽带。因而，财政的绩效水平在很大程度上决定着政府的行政效能。就目前情况看，各级政府在提供基本公共产品和公共服务方面，无论从效率还是从公平上都远没有达到公共资源潜力可以达到的水准。为此，今后的财政审计有必要将政府提供公共产品和公共服务的数量与质量纳入审计的范畴，以财政支出效果和政策实现结果为目标，对政府各部门履行职责情况进行审计。通过审计，保障政策目标的实现，提高政府运行效率。

以科学发展观为统领，积极促进财改改革，事关财政审计事业的长远发展。我们必须适应形势的变化，并在适应中创新，在改革中强化，在实践中发展。为保证财政审计工作发挥更大作用，今后一段时期，要在切实做到前述的"四个坚持"基础上，着力加强两个方面的工作：第一，大力推进财政绩效审计，着力提高财政审计的整体性、效益性、宏观性和建设性。第二，大力整合资源，形成"国家财政审计"的大格局。一是以审计计划为载体统一审计目标，整合审计力量；二是以审计方案为载体整合审计内容；三是以审计结果报告和审计工作报告为载体整合审计成果。在此基础上，抓紧建立健全财政审计的协调配合机制，强化财政管理审计，加强二次分配预算资金部门的预算管理审计，并使之与对其他部门预算执行审计和对地方财政收支审计紧密结合。尽快构建起一个从不同层次、不同角度对国家财政实施全方位有效监督的"国家财政审计"大格局。

　　回顾过去，我们有理由为财政审计取得的成绩而自豪。诚然，当前审计的独立性还时常受到挑战，但毕竟在法律层面上我们已经构筑了一个以《宪法》为根本，以《审计法》为核心的基础，审计监督已经成为国家财政管理中一个不可缺少的重要环节。展望未来，我们有理由相信，随着我国民主法制建设的积极推进，财政审计在维护预算的法律严肃性，提高政府行政效能，建立、健全和完善国家的财政体制、制度、机制等方面将发挥更大的作用。

（审计署审计长　刘家义）

进一步深化金融审计的
若干思考

目前，我国金融改革发展面临新的形势，金融业处在一个重要转折期，也处在一个重要发展期，为此，胡锦涛同志在党的十七大报告中提出："加强和完善金融监管，防范和化解金融风险"。作为国家金融监督体系中的重要组成部分，金融审计必须应对金融业出现的"转折变化"，科学定位，明确审计任务、拓宽审计内容、变革审计方式、改进审计手段，在服务宏观调控、防范金融风险、维护金融安全等方面更好地发挥作用。

一、当前的金融形势

总体来看，我国的金融形势是好的，但其中仍有一些风险隐患。持续的流动性过剩、股市房价的持续全面走高、通货膨胀压力的不断增大、投资的过快增长以及难以控制的信贷投放规模等告诉我们，当前的金融环境要比以往任何时候更复杂。

（一）国家进一步加大了宏观调控力度，但流动性过剩问题仍然较为突出

2007 年以来，针对流动性偏多、货币信贷扩张压力较大的问题，中国人民银行先后 8 次上调了存款准备金、4 次上调存贷款基准利率。总体来看，当前货币信贷增长与经济增长基本适应，金融运行总体平稳，但流动性过剩以及货币信贷高位运行的局面仍需引起重视。截至 2007 年 9 月，广义货币供应量（M_2）余额为 39.31 万亿元，同比增长 18.45%；狭义货币供应量（M_1）余额为 14.26 万亿元，同比增长 22.07%。2007 年 9 月末，金融机构本外币各项存款余额为 39.49 万亿元，同比增长 16.00%；金融机构本外币各项贷款余额为 27.44 万亿元，同比增长 17.34%。2007 年 1—9 月份金融机构人民币各项贷款增加 3.36 万亿元，同比多增 6073 亿元。2007 年 9 月末，国家外汇储备余额 14336 亿美元，同比增长 45.11%，人民币汇率为 1 美元兑 7.51 元人民币。以国际上通用的广义货币 M_2 和 GDP 的比值来衡量流动性的大小，2006 年我国这一比值已达 1.65，已经远远超过美国、欧元区等大的经济体，比一直以来受流动性困扰的日本还要高。从准货币的变动情况看，我国准货币（$M_2 - M_1$）持续增加，即"喇叭口"存在并呈继续扩大趋势。1992 年准货币数量只有 13.7 万亿元人民币，到 2006 年已增加到 21.96 万亿元。商业银行流动性过剩，不仅容易导致货币信贷投放过多，固定资产投资过快，而且容易推动资产和股票价格非理性上涨，加大了发生行业性或系统性金融风险的可能。

（二）商业银行改革取得了阶段性成果，但健全现代企业制度的任务还很艰巨

2002 年 2 月，全国金融工作会议提出，国有银行要建立良好公司治理机制和进行股份制改革，自此国有商业银行改革进入体制创新阶段。2003 年至 2006 年，中国银行、中国建设银行和中国工商银行先后进行外汇注资财务重组、引入战略投资者实施股份制改造、公开发行股票在国内

外资本市场上市。目前，我国五大商业银行除中国农业银行外，都已步入资本市场成为上市公司。经过股份制改革，截至 2007 年 6 月，四大商业银行的资本充足率、资产质量和盈利能力等财务指标较改制前有显著改进，财务状况根本好转且呈现出较强的可持续性。中国工商银行、中国银行、中国建设银行、交通银行的资本充足率分别为 13.67%、13.39%、11.34% 和 14.17%，不良资产率分别为 3.29%、3.56%、2.95% 和 2.06%，净利润分别为 413.9 亿元、295.43 亿元、342.55 亿元和 89.18 亿元，较 2006 年有了进一步的改善。四家银行均按监管标准和会计准则，提足了相应的风险准备金，抗风险能力显著增强。

应该说，股份制改造和境内外上市仅是第一步，以后的路更艰巨、更漫长。从银行内部看，国有控股商业银行的股份制改革尚处于初级阶段，公司治理结构、经营机制和增长方式、风险防范机制与国际先进银行相比还有较大差距。第一，有了股份制的组织形式不等于就有了现代的公司治理。我国的国有及国有控股商业银行管理链条过长（总行、省、市、县四级），完善公司治理还需要相当长的过程。第二，业务转型是一项长期的任务。长期以来商业银行业务模式单一，主要依靠利差收入，而利息收入来源中又主要依靠公司贷款业务。只有多元化的业务与收入结构，才能保障银行在经济周期各个阶段有稳定持续的盈利能力，但商业银行的业务转型不是短时间内能够完成的，是一项长期的任务。第三，商业银行的风险管理能力不会因为实行股份制就得到迅速提高。银行业务本质是经营风险，通过承担风险来获得相应回报。银行的核心竞争力是管理风险的能力。当前我国对商业银行的利率和费率还实行管制政策，只要利率和费率没有真正实现市场化，商业银行的风险管理就不可能真正完善，这同样需要一个过程。从银行外部环境看，一方面，我国加入世界贸易组织后过渡期已经结束，金融业将进一步对外开放，国有控股商业银行将面临更加严峻的市场竞争；另一方面，我国正处在完善社会主义市场经济体制的重要阶段，国民经济和产业结构在不断调整，国有企业也在转轨和改制之中，与市场经济相适应的金融法制建设尚待完善，社会诚信体系建设刚刚起步。这些因素都会影响到国有控股商业银行的资产质量与财务状况，影响国有控股商业银行未来的改革和发展。

（三） 资本市场发展迅速，同时风险也在不断累积

2004 年年初《国务院关于推动资本市场改革开放和稳定发展的若干意见》发布以来，特别是 2006 年随着股权分置改革、证券公司综合治理、提高上市公司质量以及发展机构投资者等政策的不断落实，投资者对资本市场发展的信心得以恢复，资本市场呈现出快速发展的势头。2007 年上证指数一度突破 6000 点，股票市值达到 28 万亿元，位居世界第四位；中国工商银行、中国神华等一批大型企业陆续在国内资本市场上市，使得我国上市公司结构进一步优化；机构投资者投资比重已经占到了市场份额的 46%，其中证券投资基金已经成为市场的主导力量。2007 年，59 家基金管理公司管理基金 340 只，管理资产总规模已超过 3 万亿元，基金持有的股票市值占股票市场比例已达 25%，基金账户已突破 9000 万。

资本市场转变之快超出了人们的预期，但市场健康发展的基础还不牢固。一方面，上市公司的整体质量还不能有效支持资本市场持续健康发展；另一方面，当前监管的技术、手段和能力还不能完全适应全流通时代和机构投资者时代的到来。发生过金融风险和金融危机国家的经验表明，资本市场经常是发生金融风险的前沿领域。当前，资本市场在上市公司整体上市、资产重组、良好的业绩预期等利好信息刺激和源源不断新增资金入市的情况下，市场指数屡创新高，上市公司市盈率和市净率等主要指标与其应有的估值水平渐行渐远。资本市场发生风险的可能性在不断增大，若当前资本市场发生较大风险，其危害不仅在于会给投资者带来严重损失，而且极有可能对我国的经济社会发展产生重大不利影响。

（四） 保险业改革步入新的发展阶段，但深化改革的任务仍然 很重

2002 年以来，保险业务年均增长速度在 16% 左右，2006 年全国保费

收入达到 5641 亿元，保险业总资产达到 2.53 万亿元。2003 年至 2004 年，中国人保、中国人寿和中国平安先后在境外资本市场上市，2007 年中国人寿和中国平安又成功回归 A 股市场，不仅优化了国内上市公司结构，而且作为重要机构投资者也是资本市场稳定的重要力量。

为了防范风险，政府过去对保险资金运用在产品和比例方面都做了严格的规定，实践证明这些规定在防范风险的同时也成了制约保险业发展的主要瓶颈，拓宽投资渠道将成为保险业改革的必然选择。2006 年 6 月，《国务院关于保险业改革与发展的若干意见》发布，在人们所关注的投资渠道方面，提出"在风险可控的前提下，鼓励保险资金直接或间接投资资本市场，逐步提高投资比例，稳步扩大保险资金投资资产证券化产品的规模和品种，支持保险资金参股商业银行和境外投资"。保险业在拓宽投资渠道的同时对风险管理能力提出了更高要求。

深化改革、防范风险仍将是未来几年金融改革发展的中心任务。正如党的十七大报告指出的那样，今后金融改革和发展的重点应包括以下内容："推进金融体制改革，发展各类金融市场，形成多种所有制和多种经营形式、结构合理、功能完善、高效安全的现代金融体系。提高银行业、证券业、保险业竞争力。优化资本市场结构，多渠道提高直接融资比重。加强和改进金融监管，防范和化解金融风险。完善人民币汇率形成机制，逐步实现资本项目可兑换。深化投资体制改革，健全和严格市场准入制度。"

二、金融审计的定位与主要任务

25 年来，金融审计作为政府审计的重要组成部分，围绕党和政府的中心工作开展审计，在深化金融改革、维护金融安全、防范金融风险、强化金融管理、打击金融领域的违法犯罪活动等方面发挥着重要的作用。尤其是近年来，金融审计紧紧围绕"风险、效益、管理"开展工作，查处了一大批严重违规问题和案件线索，上报了大量审计发现的带有倾向性、普遍性的审计信息，其中近 60% 的信息是综合性的，得到了国务院领导肯定和相关部门的重视，奠定了金融审计在国家金融监管体系中不可替代的地位，走出了一条具有中国特色的金融审计之路。据统计，1999 年至 2006 年年底，金融审计共审计 28 个项目、17 家金融机构，发现违规问题总额 3437 亿元；向司法机关移送案件线索 468 件，涉案金额 513 亿元，涉案人 889 人。从金融审计发展历程看，做好金融审计工作的基本经验是：紧紧围绕经济工作中心，突出工作重点，认真履行审计监督的法定职责；把握规律，准确定位，不断拓展审计领域，创新审计工作思路，改进审计组织方式，加快金融审计信息化建设步伐；着力打击金融领域违法犯罪活动，增强金融审计的威慑力；加大风险问题披露力度，扩大金融审计的影响。

当前，随着金融体制改革的不断深化推进，我国金融业发展到了新的阶段，金融审计工作也面临着许多新的情况和挑战，这些都是前所未有的，这既是严峻的挑战，又是难得的发展机遇。为此，金融审计人员要继续发扬开拓创新精神，按照新形势的要求，重新审视定位，明确审计任务，认真研究如何进一步提高金融审计工作质量和水平。

（一）金融审计的科学定位

第一，金融审计必须着眼于防范风险，维护金融稳定与安全。金融是现代经济的核心，良好的金融秩序是金融业安全、稳健、高效运行的有力保证，也是国民经济持续、快速、健康发展和社会稳定的重要基础。一些国家曾发生过的金融危机清楚地体现了它的危害性。金融危机往往带来全面的经济危机，并有可能引发政治危机。实践表明，不论是发达国家还是发展中国家，以银行为主体的金融业是受监管最严厉的行业。基于此，邓小平同志曾经深刻地指出：什么时候政府都要管住金融。在我国经济持续发展、金融改革不断深化的情况下，银行业的贷款投向、结构会发生很大变化，新的金融产品不断推出。这使得金融业更加丰富多彩，但也孕育着某些风险。金融业的对外开放，使得外资金融机构通过多种渠道进入我国的金融市场，跨境资本流动也将更加频繁，国内金融市场与国际金融市场之间的融合进一步深入，国际资本流动及国际金融市场发生波动对我国金融市场的影响将更为直接和深刻。推行金融自由化的东亚、拉美等国家接连不断发生的危机至少说明这样一个问题：在新兴市场特殊的金融环境下，政策处理不当，金融市场的开放与金融危机的产生有着某种必然的联系。金融审计应该关注我国金融业在深化改革、对外开放不断扩大的过程中金融业面临的新的风险和安全问题。

第二，金融审计必须着眼于促进国有及国有控股金融机构深化改革。我国国有及国有控股的金融机构不仅数量多，而且情况千差万别。有政策性机构、有商业性机构，有的是国有独资、有的已经进行股份制改造、有的已经公开发行股票且在国内外资本市场上市，各类金融机构存在的问题是不同的。对不同金融机构的审计，重点应该围绕国家不同时期金融改革的中心工作来展开。对准备进行股份制改造的金融机构，重点是摸清家底，为改革打好基础；对已经进行股份制改革的金融机构，必须揭露问题和风险，促使其进一步提高服务水平和自身综合竞争能力，为国家进一步深化金融改革提供重要参考。

第三，金融审计必须着眼于促进国家金融宏观调控政策的贯彻落实。在市场经济条件下，货币政策是进行宏观调控的主要手段之一。进入2007年以来，国内国际经济形势发生了深刻变化，流动性过剩以及货币信贷投放过多的问题非常突出，国家适时出台了一系列综合宏观金融调控措施，包括上调存款准备金率和存贷款基准利率、定向发行央行票据、优化信贷结构以及针对不同产业出台了不同的信贷政策等，这些政策措施的出台对保障我国宏观经济持续健康发展具有重要意义。金融机构是宏观金融调控政策的具体执行者，其执行政策的有效性对保障宏观调控政策措施的贯彻落实有着重大的影响。金融审计在实践中应关注国家金融宏观调控政策的出台及落实情况，在服务国家宏观调控方面发挥重要作用。

第四，金融审计必须着眼于充分发挥审计的独立性和综合性优势。《中华人民共和国证券法》、《中国银行业监督管理法》、《中华人民共和国保险法》等法律确立了中国证券监督管理委员会、中国银行业监督管理委员会和中国保险监督管理委员会在我国银行业、证券业和保险业的监督管理地位，在分业管理的体制下，它们对各金融子市场的行业发展和市场监管负责，它们同金融机构之间最基本的关系是管理，这种管理关系决定了监管机关与被监管单位之间很难实现真正独立。审计监督的最终依据是《宪法》，与其他监管部门相比较，金融审计独立性强，涉及面广，具有独立性、权威性、综合性的特点。金融审计的工作重点则是相关机构受托责任的履行情况，监督是审计机关与被审计金融机构之间最基本的关系。独立性和综合性是金融审计特有的优势，过去、现在和将来都将是我们发挥作用的重要基础。

第五，金融审计必须着眼于发挥"眼睛"作用。这是由长期以来金融审计任务繁重与金融审计资源的不足决定的。我国国有及国有控股的金融机构不仅数量种类多，而且普遍具有资产总量大、业务网点多、资金流动频繁等特点，金融机构的资产少则几千亿元，多的达数万亿元，全面审计肯定是不现实的，这就决定了金融审计应该更好地发挥"眼睛"作用，重点抓金融业或金融机构在发展中存在的一些重大的问题和突出风险，揭示和反映一些金融监管机构不愿或不能揭示的重大问题。

（二）金融审计的主要任务

围绕当前及未来金融改革发展的中心工作，结合金融审计资源的实际情况，我们认为未来金融审计的主要任务应包括以下内容：

一是继续揭示重大违法违规问题及重大案件线索。由于金融业在国民经济中的重要性，对大型金融企业的绝对控股是政府对金融改革发展设定的一个基本原则，按当前国有股权所占比例来计算，金融领域国有资产有30 多万亿元呈现出不断扩大的趋势。完善社会主义市场经济体制的长期性、法制建设的不完善性以及金融行业的特殊性和脆弱性，决定了金融领域的违法犯罪活动在相当长的一段时间内仍将存在。揭示重大违法违规问题和重大案件线索仍将是未来金融审计的一项重要任务。对重大违法违规问题的揭露和查处，可以起到有效的警示作用，同时也是贯彻"全面审计、突出重点"的重要体现。

二是及时揭示影响整个金融业健康发展的重大问题和突出风险，维护我国金融安全。随着金融改革的不断推进，金融各业之间的业务交叉与渗透越来越深入，分业监管体制下金融机构综合经营的趋势进一步显现。过去金融市场中不同市场出现的问题，其影响基本局限在本市场范围内，容易控制和处理。而今天一旦某个子市场发生问题，会快速波及金融系统的所有方面，增加了风险控制的难度。为此，金融审计要把整个金融业的发展纳入视野当中，在深入分析的基础上准确把握、及时揭示影响金融业当前运行及未来发展的重大问题和突出风险，逐步实现金融审计从事后发现风险向事前预防、事中化解风险转变。

三是加大服务国家宏观调控的力度。宏观调控是我国经济持续健康发展的重要保障，货币信贷政策是国家实施宏观调控的重要手段，金融机构是货币信贷政策的具体承担者，其执行货币信贷政策的情况直接影响着国家宏观调控政策措施的贯彻落实。党的一七大报告关于社会主义市场经济总体布局中，进一步提出了转变经济发展方式、加强宏观调控、关注民生、建立节约型和生态型社会等方针政策。我国当前宏观经济呈现出由过快转向过热的势头，经济增长表现为投资推动型特征，信贷资金是各种类型投资增长的主要来源，金融宏观调控的任务日益繁重，调控压力不断增大。为此，目前和今后一段时期，金融审计应通过追踪和分析资金来源及去向，防止信贷资金违规流入资本市场和房地产市场，加强对支农和环保领域金融服务的监督，及时发现金融机构在执行国家宏观调控政策措施方面存在的突出问题，深入分析问题的成因并提出有针对性的审计建议，督促金融机构进一步落实科学发展观。

四是促进金融机构完善内部控制，不断提高管理水平。近几年金融审计发现的重大问题几乎都与金融机构内控不完善、管理不到位有着直接的关系，完善管理是金融企业永恒的课题。金融审计通过揭示和分析不同类型的金融企业存在的突出问题，指出金融机构在内控建设及经营管理方面存在的薄弱环节，向金融机构及监管部门提出了许多完善内控机制、加强经营管理等方面的审计建议，有效地促进了金融机构管理水平的提高。

三、做好金融审计工作应采取的主要措施

（一）进一步拓展审计内容

一要逐步实现"项目审计为主，到项目审计与审计调查并重"。发挥"眼睛"作用不仅要揭示单个金融机构存在的重大问题，也要揭示整个金融行业发展中存在的重大问题和突出风险。过去几年发挥"眼睛"作用就是在深入分析金融形势变化的基础上，紧紧抓住了商业银行这个中心，围绕资产质量尤其是不良资产的成因进行了深入的审计，揭示了一批重大案件线索，在规范商业银行信贷行为、打击金融犯罪、提高商业银行资产质量、化解商业银行累积不良资产的风险等方面发挥了重要作用。当前及未来一段时间发挥"眼睛"作用的重点，就是要揭示金融行业存在的突出风险和重大问题，在维护金融安全、深化金融改革、推动金融业持续健康发展等方面有所作为。对货币信贷政策的实施、跨境资本流动、资本市场发展、金融控股公司运行以及农村金融体系建设等金融领域新出现的一些热点问题，采用专项审计调查的方式，可以充分发挥其宏观性强、作用范围大、工作方式灵活等特点。专项审计调查是新时期着力发挥"眼睛"作用的重要途径，也应是金融审计创新的主要发展方向。

为此，未来的金融审计工作在内容安排上应实现点面结合。配合金融改革，除继续对选定的金融机构实施项目审计外，还应围绕一些突出问题和热点问题选择若干家金融机构开展专项审计调查。审计工作思路逐步实现从"微观—宏观—微观"到"宏观—微观—宏观"的转变。金融业是

一个整体，金融各业之间的渗透与融合越来越深入，任何一个领域发生风险都会对整个金融业的健康发展产生不利影响。金融审计不能孤立、静止地去分析某个行业或某个机构的状况。应在对整个宏观经济运行及整个金融行业发展深入分析的基础上，找准影响当前及未来发展的突出问题，围绕这些突出问题再确定审计对象和审计范围，通过核实和分析问题，最后提出建设性的审计建议，在深化金融改革方面有所建言。

二要高度重视资本市场发展中出现的风险隐患。建设社会主义市场经济体制和现代企业制度，离开资本市场是无法实现的，为此，胡锦涛同志在党的十七大报告中提出"优化资本市场结构，多渠道提高直接融资比重"。从整个金融系统的角度看，资本市场发展的严重滞后是当前我国金融业最突出的问题之一。回顾资本市场的发展历史可以发现，受认识、制度、技术等多方面因素的影响，大起大落的运行特征非常明显。进入2006年以来，在众多改革措施的推动下，资本市场呈现出了超常规的发展态势，市场指数涨幅和成交量屡创新高。资本市场属于虚拟经济，持续的流动性过剩为资本市场的炒作提供了可观的空间。但资本市场的运行规律不能违背，否则将为此付出代价。资本市场的风险在什么地方、风险程度如何等一系列现实问题，需要引起审计机关尤其是最高审计机关的关注和思考。当前若资本市场出现较大风险对我国经济社会的影响将比以往任何时候更深刻。经验告诉我们，任何一个行业的高速发展时期往往也是风险的高发时期。持续的流动性过剩和对外开放程度的不断加深，增加了我国发生行业性或系统性金融风险的可能，资本市场的不成熟使其最有可能成为发生风险的领域。

尽管《中华人民共和国审计法》和《中华人民共和国证券法》等法律都赋予了审计机关对证券业进行审计监督的职责，但自1998年以来审计署对证券业的审计工作几乎是一个空白，证券审计有被不断边缘化的倾向。这其中有审计资源有限的因素，也有对资本市场处于低迷状态实施审计有可能产生后果不确定性的担忧。当前资本市场的发展已经成为金融领域的一个热点，其对经济社会发展的影响在不断扩大。针对资本市场快速发展中出现的突出问题，应适时开展项目审计或专项审计调查，深入分析问题的成因，提出解决问题的建议，及时化解资本市场发展中出现的风险隐患。

（二）进一步提高信息化审计手段

自 1999 年开始，适应金融机构信息化水平不断提高的形势，金融审计开始引进计算机技术，对被审计单位信息系统结构和部分数据进行下载分析，逐步探索金融审计由手工审计向计算机审计的转变。经过几年的探索，虽然金融审计在利用计算机技术方面取得了很大的成绩，但应该说还远不能适应金融审计工作发展的需要。金融审计必须走信息化的发展道路，当前金融审计信息化发展需要重点解决两个方面的问题：

一要构建金融审计基础数据库。基础数据库的建设要以满足审计机关总体审计目标和金融行业具体审计目标的实现为前提，既要实用也要有一定的前瞻性，给未来的发展留下一些空间。基础数据库应有整个金融系统和分行业的最新业务发展数据，要有行业发展的政策法规，要有各被审计单位的最新财务数据和业务数据。金融审计基础数据库的建立会极大增强金融审计工作的主动性。通过数据分析可以及时掌握金融行业最新发展和各金融机构的经营管理状况，为金融审计的项目安排和问题分析提供科学依据，对问题突出的单位和影响宏观调控的重大问题可以连续实施审计或安排审计调查，督促相关单位及时整改；对管理较好，问题较少的单位则可以减少审计频率；对金融行业发展过程中出现的热点问题和突出风险等，可以及时安排项目审计或进行专项审计调查，为领导决策提供及时有效的审计信息，最大限度地发挥金融审计的效用。

二要建立以客户为中心、以资金流动为导向的分析模型。通俗地讲金融管理就是资金流动的管理，只要资金流动有序、合规，金融领域就不会出现大的问题。对单个金融机构而言也是如此，只要客户的资金流动不出现大的问题，金融机构就不会出现大的风险。因此，资金流动管理应当成为金融审计的重中之重。构建以客户为中心、以资金流动为导向的分析模型，通过集中分析电子数据，准确发现风险地区、风险机构、风险业务、风险资金以及风险客户等，科学把握被审计单位的基本情况、存在的突出问题，减少审计风险，不断提高金融审计的质量和水平。

（三） 进一步改进审计组织方式

金融审计资源的有限性要求我们必须在提高审计资源利用效率方面下工夫，除改进技术手段外，加强队伍建设、改进审计组织方式、整合审计资源，是做好金融审计工作的重要保证。主要包括以下 4 个方面的内容：

一是加强队伍建设，在保证审计人员独立性方面下工夫。虽然法律法规对审计人员的工作独立性提出了明确要求，但实践中如何确保审计人员工作独立还有很多工作要做，强化责任和风险意识应成为独立性制度建设的重要内容。

二是整合地方金融审计资源，在加强培训和指导方面下工夫。一方面进行技术方法专业培训，积极应对新时期地方金融机构出现的新变化，在维护地方金融稳定和新农村建设中发挥重要作用；另一方面组织地方审计机关参与审计署的部分审计项目，加强指导，进一步提高其从事金融审计的能力和水平。

三是完善审计组织方式，在发挥审计人员的潜能方面下工夫。由于金融机构的总部普遍都是本系统的决策中心、数据中心和资金运用中心，总部审计作用的发挥对整个项目审计的成败至关重要，而研究与分析能力的高低在很大程度上又决定着金融审计的质量和水平。总部审计组应加大研究力量，研究被审计单位的总体发展状况、分业务分地区发展状况，通过研究和分析确保能够找到被审计单位存在的重大问题和突出风险；总部审计组要在业务研究和数据分析的基础上，注意发现被审计单位在业务发展过程中出现的重大异常情况，对重大异常事项要协助派出机构或地方审计机关进一步核实问题，加大现场督导力度。

四是要制定科学的激励与约束机制和严格的质量控制体系，提高工作效率和审计质量，最大限度调动派出机构或地方审计机关的工作积极性。

（审计署副审计长　董大胜）

新时期企业审计的
基本思路

  过去的 25 年,企业审计取得了巨大的发展。随着经济体制改革的不断深化和审计工作的不断发展,当前,企业审计又迎来了一个新的发展期。在这个机遇与挑战并存的新时期,企业审计工作者应充分认清形势,加快转变思路,明确发展方向,采取有效措施,把企业审计提高到一个新的水平。

一、新时期企业审计面临的新形势

  为贯彻党的十六大关于国有资产管理体制改革的精神,2003 年起,党中央和国务院采取了诸如制定《企业国有资产监督管理暂行条例》、设立国务院国有资产监督管理委员会等一系列推进国有资产管理体制改革的重大举措。这些重大举措,不仅有效推进了国有企业的改革和发展,也为企业审计在过去的几年里提供了难得的发展机遇。当前,是全国上下深入贯彻落实科学发展观、深化国有企业改革发展、推进构建社会主义和谐社会的重要时期,新的形势又使企业审计发展迎来了新的春天。企业审计面临的新形势主要有:

  一是国有企业转入科学发展轨道,对企业审计提出了新要求。按照党的十五届四中全会提出"到2010年要基本完成战略性调整和改组"的目标，目前国有企业改革和发展正处于攻坚克难阶段。如何推进国有企业的改革发展转入科学发展的轨道，已成为国有企业发展面临的重大而紧迫的任务。今后，国有企业的工作着力点将更多地转向产权管理和资本管理，着眼于培育和发展具有自主知识产权和知名品牌、国际竞争力较强的大公司大集团，继续加大调整力度，加快改革步伐，加强国有资产监管。根据国有企业改革发展的需要，企业审计必须以科学发展观为统领，改进和丰富企业审计内涵，通过审计监督，推进整个国有企业建立现代企业制度、调整布局结构和增强核心竞争力，实现可持续发展。

二是审计作用和影响的提升，对企业审计提出了新要求。近几年，伴随着审计工作的全面发展，企业审计也取得了显著的成绩。不仅查出了一大批重大违法违规问题，还在帮助企业发现问题、解决困难、促进发展等方面发挥了重要的作用。企业审计得到了各级党政的高度重视，得到了社会各界的广泛支持，也得到了企业自身的极大理解。随着党中央坚持科学发展观、构建社会主义和谐社会战略目标的提出，包括企业在内的社会各界对企业审计的要求越来越高，期望值也越来越高。企业审计面临的一些新问题和新困难也逐步显现。企业审计急需在队伍素质、审计管理、审计质量、先进审计手段运用等方面有一个整体提升。

上述新形势使企业审计面临着新的挑战和新的机遇。企业审计要有所作为，就必须适应新形势的发展，以科学发展观为指导，以构建社会主义和谐社会为目标，抓住机遇，乘势而上，全面履行审计监督职能，为推进企业深化改革发展和构建社会主义和谐社会做出新的贡献。

二、新时期企业审计的基本思路

国有企业改革和发展是一场广泛而深刻的变革，需要经历一段相当长的历史时期，需要解决面临的许多突出的矛盾和问题。因此，在近期乃至今后相当长的时期内，企业审计仍然应该紧紧围绕国有企业改革和发展措施的实施开展审计监督工作，为国有企业的改革和发展保驾护航。新时期，企业审计要在原有经验和成绩的基础上，继续深化"摸家底、揭隐患、促发展"这条主线，探索以财务收支审计为基础、以经济责任审计为中心、向效益审计深化的企业审计之路迈进。

"摸家底、揭隐患、促发展"这条主线是我国企业审计工作 25 年经验的总结，实践证明取得了明显的工作成效。今后一段时期，企业审计要深入研究、采取措施，继续将这条主线贯彻深化，丰富内涵，提升层次和水平。在"摸家底"方面，不仅要做到把握企业财务状况，更要把握企业业务状况乃至总体情况；在"揭隐患"方面，不仅要做到查处重大违法违规问题，更要揭示企业经营管理的重大薄弱环节以及影响企业发展的全局性问题；在"促发展"方面，不仅要做到督促企业加强审计整改、提高管理水平，更要帮助企业深化改革、加强管理、提高竞争力，实现可持续发展。

一是摸清企业家底，把握企业的总体状况。国有企业是国民经济的重要支柱，是国家经济命脉产业和战略产业的骨干力量，是促进产业结构升级、保障经济安全和稳定经济运行的骨干力量。据统计，2006 年全国国有企业资产总额为 29 万亿元（其中中央企业资产总额 12.27 万亿元）；全国国有企业上缴税金 1.2 万亿元（其中中央企业上缴税金 0.66 万亿元），占全国税收收入 3.7 万亿元的 32%。这些数据表明了，国有企业尤其是国有大中型企业，在国民经济中占有很重要的位置，国有资产是建立社会主义市场经济的物质基础，国有资产的保值增值是完善和发展社会主义市场经济的重要保障。因此，摸清这些企业家底、把握这些企业的总体状况是企业审计的首要任务。在新时期，企业审计首先要在合理、科学安排审计项目上下工夫，将财务收支审计、经济责任审计、效益审计相结合，将审计与审计调查相结合，将单个企业审计与行业性审计相结合，力争通过连续一段时期的审计，实现不仅把握单个企业的总体状况，还要全面把握各个行业乃至整个国有企业总体状况的目标。在全面把握企业总体状况的基础上，我们要在企业、行业和整个国有企业三个层次上回答三方面的问题：一是企业（行业、整个国有企业）的基本情况，其中包括企业基本情况及内部控制、重大决策、财务和业务等状况；二是企业（行业、整个国有企业）范围内国有资产的配置状况、保值状况及增值状况；三是企业（行业、整个国有企业）存在的影响全局的突出问题和重大风险。企业审计只有全面把握了企业的总体状况，及时、有效掌握了企业国有资产的存量、结构、运行和效益情况，才能更有效地贯彻落实"总体把握、突出重点"的工作思路，有的放矢地揭露企业存在的重大违法违规问题，也才能为加强国有资产监管和国家宏观经济决策提供更有价值的参考依据。

二是重点查处国有资产流失问题，促进国有资产保值增值。随着改革开放和市场经济建设的深入发展，国有资产呈现快速递增的态势，对国民经济的稳步增长发挥了十分重要的作用。但是，我们也应清醒地看到，在大量国有资产保值增值的同时，国有资产流失问题日益突出，国有资产流失不仅数额巨大、令人触目惊心，而且手段不断翻新、令人担忧焦虑。国有资产流失问题严重危及了国有企业的生产和发展，已经成为国有企业当前最为严重的问题。评判审计责任履行情况的一条重要的标准就是看重大问题和经济案件是不是得到了揭露和查处，是不是通过审计切实保护了国有资产的安全。因此，在新时期，查处重大国有资产流失问题，促进国有资产保值增值仍然是企业审计的工作重点。企业审计要从重大会计信息失真、重大决策失误、重大内控失灵、重大体制政策漏洞等各方面，揭示企业存在的可能导致国有资产流失的重大违法违规问题和重大风险隐患，帮助企业完善制度，提高管理水平，促进国有资产的保值增值。由于国有资产流失问题贯穿于企业改制的全过程，既有在资产清理、产权界定过程中发生的国有资产流失，也有在资产评估、产权转让过程中发生的国有资产流失。国有资产流失的责任和原因也是多方面的，既有企业领导人决策失误、管理不善的责任，也有中介机构甚至相关政府主管部门的责任。因此，在查处国有资产流失问题的过程中，不仅要重点关注已经发现的通过主辅分离、非正常关联交易、违规转让国有资产、将盈利业务转移给非关联单位和个人、内部分配不公和管理不善、私存私放以及非经济类国有资产流失等导致国有资产流失的形式和渠道，还要警惕经济体制改革逐步深入和企业自主权逐步扩大过程中出现的国有资产流失的新途径和新动向；不仅要查处国有资产流失表象的问题，更要查处国有资产流失背后隐藏的腐败问题，尤其是危害性巨大的集体性腐败问题。在此基础上，从体制制度上提出防止国有资产流失、加强国有资产监管的意见和建议，促进国家制定和完善有关国有资产监管的法律法规，建立公平透明的市场环境和科学合理的分配制度，强化有关资产监管部门的管理机制和监管方式，从根本上防止国有资产的流失。

三是进一步将监督与服务结合，促进企业的改革和发展。国有企业是国民经济的基础，不仅体现在企业是产品的创造者、国民财富的创造者，还体现在企业是就业的提供者、生产力和技术创新的承载者和推动者。国有企业尤其是中央企业的改革目标，是为了巩固国家命脉产业和战略产业的地位，提高经济的整体竞争力和持续发展能力。从这个意义上讲，国有企业经济效益的好坏直接关系着国民经济的竞争和发展状况。将服务寓于审计监督之中，帮助企业改善管理、提高效益，促进企业深化改革和持续发展，将会直接作用于改善国民经济运行质量、提高整个国民经济的运行效益。因此，将服务与监督结合、促进企业的改革和发展将是新时期企业审计服务企业改革发展、服务经济建设大局的有效途径。新时期，企业审计要牢固树立民本审计观和大局审计观，立足于服务企业的深化改革和持续发展，通过审计帮助企业强化管理水平、加强成本控制、推进自主创新、提高经济效益，最终达到促进企业改革发展和经济社会全面发展的目标。确定审计项目时，要将党政领导关心、社会关注、关系群众切身利益且亟待解决的问题确定为年度审计项目；确定审计重点时，要把与国家经济工作重心和国家产业政策重点相关的关键性问题，及影响企业深化改革和持续发展的命脉性问题确定为审计重点；提出意见和建议时，要立足于经济社会全局和企业改革发展高度分析问题产生的原因，从体制、政策、法规、管理方面提出意见和建议，为促进加强宏观管理、推进企业改革发展、维护群众利益和构建社会主义和谐社会服务。审计过程中，尤其要注意加强与企业的沟通，多听取企业的意见，多了解企业的需求，真正做到全面了解和客观评价企业。在此基础上，抓住影响企业改革发展的关键性和突出性问题，从宏观角度加大分析力度，查找原因、提出对策，帮助企业提高经济效益，推进企业的深化改革和持续发展。

三、新时期企业审计的基本措施

为推进企业审计在新时期的深化发展，必须采取措施，加大效益审计探索力度，创新审计技术方法，强化企业审计队伍素质，进一步提升企业审计的质量和水平。

（一）加大效益审计探索力度

效益审计符合现代审计发展的方向，是经济社会发展的客观需要，是新时期深化企业审计、与国际企业审计接轨的一个重要举措。在过去的几年里，企业审计加强了对效益审计的理论研究和实践探索，初步探索了效益审计的路子，取得了一些成绩，也总结了一些经验和做法。今后，企业审计要从我国国情和经济社会发展实际出发，从落实科学发展观和构建和谐社会的认识高度出发，进一步更新观念、创新视角，大胆实践、积极探索，将企业的价值观引入企业审计，切实拓宽企业效益审计的工作思路。要争取在效益审计的目标确定、分类组织方式、评价标准选择、审计方法运用以及与财务收支审计的结合等方面取得一些新的进展和突破，为促进企业加强管理、提高效益服务，逐步探索并走出一条符合中国国情的企业效益审计之路。新时期的企业效益审计，要注意符合我国"十一五"规划战略目标的要求，更多地关注企业发展目标和发展战略，要在加强企业科学化管理、推进经济增长方式转变、促进节约资源、增强自主创新能力、实现企业效益最大化等方面发挥更大的作用。在确定效益审计的项目和内容时，要把握三个原则：一是可行性原则。充分考虑审计人员的业务能力、知识构成和可用资源，量力而行，先易后难。二是重要性原则。要选择党和政府重视、社会关注、群众关心，对经济、社会影响大的事项，与政府中心工作相对接。三是服务性原则。要与企业实际结合，重点关注影响企业效益的经营管理中存在的关键问题和薄弱环节，切实为提高企业效益服务。

（二） 进一步推进企业计算机审计工作

企业计算机审计是一个充满活力的领域，发展潜力还很大。今后，企业审计要争取在这方面再上一个新的台阶，实现全国水平的整体提升。为实现这个目标，一是要继续加大计算机技术的推广运用与技术创新。各单位要高度重视、开拓创新，采取有力措施，加大计算机技术在企业审计中的推广运用力度，继续探索企业计算机审计的新方式、新方法，争取更大的成绩和突破。二是做好总结提升工作。各单位要进一步规范企业计算机审计的组织方式和方法，及时将近几年的企业计算机审计成果进行有效梳理，做好归集、分类、总结和提升工作，实现企业计算机审计成果与技术方法从零散到系统的转变。三是做好企业审计数据库的规划、建设与完善工作。这是企业审计的一项基础性工作。要把企业的基本情况、生产经营、会计信息、重大决策、资产质量、主辅关系、重大违法违规和审计机关审计结果等有关资料全部存放在运用计算机建立的企业审计数据库中，并通过对其开展日常分析、总体分析和综合分析，实现三个目标：一要把握企业总体情况和变化情况；二要帮助合理确定审计重点，有效制定审计工作方案；三要帮助对单个企业、某一行业乃至整个中央企业发表审计意见。

（三） 进一步提升企业审计的层次和水平

企业审计要实现深化发展，就不能将眼光停留在审查违规问题或局限于查错防弊的低层次低水平。进一步提升企业审计的层次和水平，包括四个方面：第一，提升审计目标的层次和水平。要由单一的"查错纠弊"目标，提升为促进企业和整个经济社会的可持续发展服务。第二，提升审计内容的层次和水平。要从单一的财务收支审计，提升为集财务收支、经营管理、内部控制、投资决策、经济效益、社会责任、可持续发展能力等内容于一体的全面审计。第三，提升反映问题的层次和水平。要由单一反映企业财务收支方面存在的问题，提升为反映影响全局的宏观性问题以及社会关注的普遍性问题。第四，提升审计建议的层次和水平。要由针对单个企业提出审计建议，提升为针对全行业乃至全社会的重大体制调整和制度设计变更提出审计建议，发挥审计在推动社会主义市场经济重大体制深化、完善方面的作用。

（四） 进一步提升企业审计队伍素质

审计人才是审计事业的第一资源。要保持企业审计事业的持续发展，就必须始终牢固树立人才是审计事业第一资源的观念，不断壮大审计人才队伍，充分整合和利用人才资源，提升企业审计队伍素质。各单位要增强紧迫感，把人才建设作为加快企业审计发展的基础工程和头等大事，站在企业审计长远发展的高度，加大对企业审计人员的培训力度。培训工作要有长远的眼光和规划，要坚持不懈，常抓常新。要通过组织自学、案例培训、调查研究和经验交流等多层次、多渠道、多方式的培训，促进企业审计人员素质的全面提升。目前，企业审计人员需要在四个方面加强学习：一是国际经济环境和宏观经济知识；二是国家有关经济发展和企业改革的大政方针；三是企业的业务、经营、管理、财务和法律等方面的知识；四是企业审计理论、实务知识以及计算机技术等先进的审计手段和方法。对这些知识的学习培训，要注意通过典型引路、实践巩固和理论升华，切实提升企业审计人员的依法审计、宏观思维和综合分析三种能力，真正培养出一支业务精湛的企业审计队伍，为企业审计的持续发展奠定坚实的人才基础。

（审计署副审计长　余效明）

信息化是审计事业
发展的不竭动力

从 1983 年到 2008 年，新中国的审计事业经历了 25 年的发展历程。令人欣喜的是，广大审计人员在审计署的领导下，与时俱进，不断创新，跟踪当今世界信息技术发展的轨迹，努力提高审计工作的计算机技术含量，使信息化成为审计事业发展的不竭动力。

一、信息化环境下的审计视野

20 世纪后半叶，能够在人类文明史上留存的重要事件中，个人计算机（PC）的发明应当名列其中。正是由于计算机技术的广泛应用，以及随之而来的互联网普及，给传统的审计职业带来了严峻挑战，同时也带来了新的发展机遇。变化的环境，迫使审计机关和审计人员不得不对自己加以重新审视。

（一）审计客体的变化

按照《审计法》的规定，各级人民政府部门和国有企业事业单位的财政财务收支是国家审计机关的审计客体。当建设初期的国家审计机关学习国外同行的有着百年历史的近代审计经验，开始按照"边组建、边工作"、"抓重点、打基础"的思路，探索对于纸质账册的审计之路时，审计客体已经发生着悄然的变化：

1. 高科技成为经济和社会发展的强大驱动器

金融、财政、海关、税务、经贸等部门，民航、铁道、电力等关系国计民生的重要行业开始广泛运用计算机、数据库、网络等现代信息技术进行管理，业务流程改变，效率提高，节奏加快，管理精度和调控有效度大幅提高。国家行政事业和企业单位的会计信息电子化的发展步伐也相当迅速，除经济落后地区外，已基本达到普及程度。随着互联网的发展，电子商务、网上结算的产生，会计信息电子化逐步从单机走向网络，财务管理突破了空间局限，实现了对异地机构会计业务的即时远程处理与监控。科教兴国战略的实施，提高了国民经济整体素质和综合国力，成为推动经济和社会全面发展的战略选择。一部分审计人员在享受信息化文明成果的同时，开始为自己在迅速发展变化面前感到落伍而惴惴不安。

2. 信息承载形式的改变

磁盘和数码取代纸张和文字，对所有的传统职业都是挑战。人们不得不努力地去学习和掌握新的工具和技能。但是，信息承载形式的改变对于审计职业的影响还远远不止于此。会计电算化软件取代手工记账之后，会计工作的工具、会计信息的表现形式、会计档案的存放介质，甚至会计工作的程序都发生了较大变化，过去需要由资深人士承担的总账管理岗位几乎到了无事可做的地步。会计电算化软件可以细分为事后记账的核算型、事中控制的管理型、事先辅助决策的决策支持型。而这一切只不过是以数码形式存在的信息在磁盘上的重新组合。信息承载形式的改变模糊了手工记账条件下十分清晰的业务流程，原本赖以顺查或逆查的审计线索发生了变化、中断以至消失。计算机的介入使得计算或过账之类的错误几乎不会发生，总账与明细账之间的核对工作可以取消。但是与此同时，审计人员几乎丢掉了揭示会计信息失真的手段和技能，陷入了"进不了门、打不开账"的尴尬局面，这使审计人员几乎丧失了审计资格。

3. 信息化衍生出层出不穷的新事物

当会计电算化在行政事业单位、中小企业的财务管理中势头强劲之时，"企业资源计划管理系统"则在大型国有企业中逐渐风行。"企业资源计划管理系统"是工业化社会开始步入集成化社会的管理思想结合信息技术的产物。它的基本思想是，将企业的运营流程看做是一个包括供应商、制造工厂、分销网络、客户在内的紧密连接的供应链；将企业内部划分为财务、市场营销、生产制造、人力资源、质量控制、服务维护、工程技术等若干个相互协同作业的支持子系统，甚至还包括了对竞争对手的监视管理。在这种成套的经营管理软件中，会计核算不再是独立的部分，它所输出的账册和报表，只不过是对财政、税务部门要求的被动响应。对于审计人员来说，"企业资源计划管理系统"从产、供、销的角度全面管理企业的信息流，会计信息不再单独存在，信守"审计就是查账"传统理念，已经感到无所适从。数据大集中则是在网络和数据库技术发展到一定程度的产物。它破解了合并会计报表的难题，对拥有成百上千个下属单位的大型企业集团实现了一套账和一张表。而电子商务和网上银行支付的发展，更是加快了价值实现的速度。固守传统观念的审计人员有可能对此一筹莫展。

4. 信息及其信息载体成为相互关联的总体

昔日利用烽火狼烟传递信息的时候，人们不用去研究薪柴的品种，也不用关注烽火台建筑材料的质地。人们注重的是信息本身，而不是信息载体。在制度基础审计流行的年代，审计人员将控制经济业务及其记录的内部控制制度作为审计取证切入点，通过对影响账目正确性的内部控制制度的调查、测试和评价，来达到检查纸质账目系统正确性的目的。后来，在流行的风险基础审计中，审计人员又引入了风险分析方法。而在信息化条件下，一个从不关注的事物进入了审计人员的视线，那就是输入、存储、处理和输出信息的载体。这时，信息与信息载体开始成为割舍不开的相互关联的总体。在会计电算化发展的同时，财会人员和计算机技术人员相互勾结，利用计算机技术进行犯罪和舞弊的现象屡有发生；具有舞弊功能的会计软件也开始流入市场，该软件可按用户的要求自动处理账面金额，任意调整和生成虚假财务报表。此时，信息载体越来越被视为是信息的孪生兄弟，更具关注价值。

（二）审计主体的变化

在审计客体发生变化的同时，审计主体也要顺应信息化发展潮流，抓住机遇，迎接挑战而发生相应的变化。

1. 审计机关人员结构的改善

我国恢复审计制度时，新中国审计制度的设计者们曾经设想，以审计机关取代财政监察，同时，将一年一度的财务大检查经常化、制度化。于是，审计机关成立之初，财政监察人员、大检查办公室工作人员成为审计机关筹备机构的主体。最初的审计工作也带有十分明显的财务大检查痕迹。随着时间的推移，包括审计专业在内的各类大学毕业生一批批进入审计机关，加上持续不断的对外交流和在职教育，至 20 世纪末，审计机关的业务人员已经基本完成了由财政监察向审计的转型。中国审计逐渐融入世界主流，一批具有现代审计知识的审计专家型人才占据了各级审计机关的主要岗位。新生力量的成长给传统的审计职业注入了不竭的活力。

2. 计算机技术给予审计职业均等的机会

在信息化潮流之中，从中央到地方的各级审计机关努力克服经费困难，相继添置了一些计算机设备。据 20 世纪末的不完全统计，虽然档次普遍较低且分布不均衡，当时全国审计机关已经有微型计算机近万台；审计署与特派办、省级审计机关之间开通了电子邮件，一些省级审计机关也建立了局域网；自 1997 年起，审计署开始了大范围的计算机知识普及培训，明确提出了计算机基础知识考试达标是评定审计专业技术任职资格的必备条件。更为重要的是，审计人员已经不满足于将计算机用于法规检索，意识到计算机不仅仅是办公室自动化的利器，他们在力所能及的条件下做了一些有益的尝试，计算机辅助审计软件崭露头角，提高了审计工作效率，取得了手工条件下难以达到的效果。这些处于萌芽中的应用，也在提高着审计工作的技术含量。

3. 错弊异化造就的审计新思维

存在决定意识，外部环境的改变直接足成了审计人员查错纠弊思维方式的改变。当计算机作为被审计单位的管理工具时，审计人员开始思考资金流、物流、信息流中可能存在的薄弱环节，进而思考错弊的产生方式、表现形式和发现特征。当利用计算机进行审计的时候，审计人员惊奇地看到：过去找到一笔错账的方法，可以交给计算机去成批筛选；过去看单方账目难以找到的错账，计算机可以同时将对方账目甚至全部账目一起关联起来进行筛选；过去仅看财务资料难以判断的问题，计算机可以将财务资料与业务资料甚至外部资料联系起来进行对比分析。在计算机审计实践中，审计人员不断总结出新的审计技术和方法，逐步造就了信息化环境下的审计新思维。

（三）即将发生的变化

1. 审计客体信息化水平的提升

改革创新是时代发展的主流。今后一个时期，国家将整合机构，信息共享，实行职能有机统一的大部门体制，综合运用财政、货币政策，提高宏观调控水平；财税部门将进一步推进基本公共服务均等化，完善公共财政体系，深化预算制度改革，强化预算管理和监督；金融机构要形成功能完善高效安全的现代金融体系；国有企业将继续推进信息化与工业化的融合，集聚创新要素，由大变强。国民经济信息化的步伐还将进一步加快，例如，国家行政事业单位在加强信息资源集中、国库集中支付、会计结算中心等方面信息技术的普及应用；企业在利用信息技术加强集团财务集中管理，并进一步推进"企业资源计划管理系统"的应用。这些发展不仅是原有管理信息系统的简单提升或叠加，而且是在新体制下，对原有管理方式否定后的再提升。这是审计人员又要面临的一次新挑战。

2. 计算机数据式审计的新模式

经过近年来对以计算机管理的财政财务及其经济活动数据为直接对象

的审计方式的探索，我们对数据式审计已经形成了共识，那就是，以系统内部控制测评为基础，通过对电子数据的收集、转换、整理、分析和验证，来实现审计目标的审计方式。在探索的同时，我们发现，囿于审计工作内容和外部环境，审计实践对于数据的分析仍显"孤立"且缺乏"广泛"。我们已经十分清楚地看到了这个问题，并且采取数据规划、数据分析、数据挖掘等方式逐步加以解决。李金华同志曾说：一定要拿到被审计单位的数据，一定要拿到动态数据，一定要进行动态分析。李金华同志的指示为今后一个时期数据式审计方式的发展指明了方向，也是给审计人员、计算机技术人员部署了新的工作任务。

3. 计算机审计的新领域

审计对于借助计算机舞弊的关注将进一步发展为信息系统审计。进行信息系统审计时，审计人员要对信息系统建设目标、内部控制、日常运营、安全保密、更新维护等诸方面的内容进行全面的检查评价，以判断信息系统是否安全可靠，是否能够支撑被审计单位主要的业务活动。可以看出，这是一个大部分审计人员不曾涉足的崭新领域。我们常说的要开展的效益审计，随着电子政务的发展，也会有新的审计内容。动辄千万元、亿元的电子政务项目究竟发挥了什么作用，这是政府要向人民群众交代的重大事项。"参与度、使用度、欢迎度"是国外衡量信息化建设项目成败的三个重要标准。有理由相信，不久的将来，我们会走出一条符合国情的电子政务效益审计路子来。

4. 审计组织和审计方式的创新

生产力决定生产关系的发展，生产关系应该适应生产力的发展，这是马克思主义的基本观点。在进行计算机审计的探索过程中，我们也遇到了许多新问题。例如，审计组的人员构成、业务司局处室的设立、若干年轮审一次的审计频率、审计建议纠正函等新审计文书种类的增加、审前调查在整个审计程序中地位的提升、审计取证和审计档案电子文档格式的法律地位等，甚至审计目标和审计内容都有进一步调整和改进的必要。由于计算机审计工作开展的深度不同，对审计组织和审计方式创新的急迫性感受就不同，调整和改进的力度就不同，采取的措施也就不同。因此，在一段时期内各级审计机关的调整和改进工作会出现百花齐放的局面，但创新是必然、是趋势。

二、建设金审工程是与时俱进的重大抉择

1998 年，新的一届审计署领导班子向新的一届政府领导汇报工作时，提出了建设审计信息化系统的设想。该设想的内容被认为是"金审工程"雏形，它是当代审计发展进程中的一次重大抉择。2002 年 4 月，国家投资 19280 万元的"金审工程"一期项目正式启动，经过 2 年的建设和 1 年的试运行，于 2005 年 11 月通过了国家发展改革委组织的竣工验收。"金审工程"的建设，在以下五方面发挥了显著的作用。

（一）全国审计机关和审计人员对信息化的认识达到了高度统一

1999 年，李金华同志在视察南京特派办计算机审计时提出：审计人员不掌握计算机技术，将会失去审计的资格；2004 年，他在以信息化为主题的全国审计工作座谈会上又提出：审计机关的领导干部不了解信息技术，将会失去指挥的资格；2005 年，他在"金审工程"一期项目竣工验收会上再次提出：审计机关的综合管理人员不会运用计算机技术，将会失去管理资格。"三个失去资格"的提出，是对审计职业的醒世警言。广大审计人员经历了一个观察、了解、学习和尝试的过程，逐渐理解了信息化对于审计工作的重要性，最终形成了共识，并化为自觉的行动。

（二）审计机关的硬件基础设施得到了改善

审计署用于支持审计业务和审计管理的服务器、个人计算机等基本能

够满足工作需要；用于信息共享的局域网、联通特派办、省级审计机关的涉密广域网基本建成；18 个特派办建成了较为先进的机房。审计署"金审工程"一期对于地方政府的示范带动作用也很明显，虽然大部分地方审计机关用"金审工程"命名的信息化建设刚刚开始，但是实际上已经做了大量的与金审工程建设内容相关的工作。据不完全统计，截至 2006 年年底，各级地方审计机关信息化建设的投资已超过 8 亿元，相当于平均每个省区 2600 万元。这对于审计机关来说，已经是相当可观了。2/3 以上的地市级审计机关都建了自己的局域网，人均计算机 1.2 台。排除始终存在的地区间不平衡的因素，可以说审计机关开展计算机审计的物质条件已经初步具备。

（三）信息化条件下审计监督能力得到了提升

"金审工程"一期开发的"审计管理系统"运行正常，有效地保证了审计署及特派办的日常办公、审计管理和支持，促进了信息共享，提高了办公效率和管理水平。根据 2007 年 8 月底的统计，"审计管理系统"已在 24 个省、5 个计划单列市、99 个地市、752 个县区审计机关部署使用，为实现各级审计机关之间的信息共享奠定了基础。特别是对于县级来说，通过"审计管理系统""一拖 N"版的部署，投入不大、花钱不多，信息化水平却得到了较大提高。"金审工程"开发的"现场审计实施系统"以及数据采集分析、多维分析等计算机软件广泛应用，在行政事业、金融、社保和外资等审计工作中发挥了重大作用，取得了明显效果。根据 2005 和 2006 两年征集"现场审计实施系统"应用实例和计算机审计专家经验的统计分析，"现场审计实施系统"实例和专家经验，覆盖了审计的 9 大行业。在"现场审计实施系统"应用实例的征集中，地方共报送了 557 篇，占报送总数的 76%，其中 37 篇是优秀实例。在审计专家经验征集中，地方共报送了 586 篇，占报送总数的 53%，入选 341 篇。征集活动从一个侧面反映了"现场审计实施系统"应用的普及度。现在，我们可以说，由于审计客体信息技术应用所带来的"失去资格"的职业风险已经基本消除。审计人员掌握了计算机技术之后，信息化条件下审计监督的能力已经得到提升。

（四）对审计进行全面质量管理的条件已经具备

在"金审工程"建设初期，我们就充分考虑了应用系统的开发研制对审计管理的支持和支撑。应用系统的开发工作紧跟审计署制定《质量控制100条》的要求，使其成为落实各项质量要求的手段和工具。"审计管理系统"和"现场审计实施系统"的相关功能，为审计机关与审计现场的交互提供了技术手段，加强了审计机关对审计现场的控制。审计署开发研制的审计机关公文库、电子档案库、被审计单位资料库、审计专家经验库等在搜集积累了文档资料数据的同时，有效地记录了审计的过程和痕迹。"审计管理系统"和"现场审计实施系统"的结合使用，使得相当一部分审计机关走出了计算机应用只限于办公加文字处理的低级循环，开始了用信息化手段进行审计管理和质量控制的真正探索。

（五）初步形成了一支具有计算机审计技能的队伍

为了适应信息化的发展和计算机技术在审计中的广泛应用，审计署在对审计人员计算机技术的培训方面，运用了强力手段、花费了巨额资金、倾注了大量精力，并取得了显著成效。自1997年起，共进行了两轮计算机基础知识和操作技能培训，先后有近十万人次通过考试，使广大审计人员具备了基本的计算机知识素养。自2001年起，又组织了计算机审计中级培训，采取集中培训与分散自学相结合的方式，培训了大批计算机审计骨干。其中，通过审计署计算机审计中级水平考试的共有1767人。这些人在审计一线已经成为应用"金审工程"开发的软件、开展计算机审计、普及计算机技术知识的带头人。"现场审计实施系统"等审计软件的培训也推动了计算机审计的普及。

三、坚定不移地将审计信息化推向新的阶段

近十年的审计信息化进程，成果是显著的，并为今后的发展奠定了坚实基础。应该说，今后的路程还很遥远，任务还很繁重。未来一段时期信息化建设任务是：

（一）从更高层面进一步提高对审计信息化的认识

在更高层面上提高认识，要结合审计机关、审计人员知识结构的改善，深入进行计算机审计的实践，以及更为长远的利益和深远的思考。

对于审计信息化工作的组织，要从只是摇旗呐喊，转变到领导要进一步认识审计信息化工作的规律和内容，身临其境，具体指导，亲自运用，从而使领导工作更加主动、科学和有效，进而提高领导对审计信息化工作的组织、指挥的水平；对于审计信息化建设的思路，要从各自独立开发，转变到服从全国统一规划，优化结构，各尽其责；对于审计信息化建设成果的评价，要从考核自行开发软件多少、购买设备多少，转变到明确自身在国家审计信息系统中位置和作用，确立以应用为重点，确实发挥信息技术在提高审计效率、保证审计质量和充分发挥审计监督职能方面的作用；对于审计信息化资源的利用，要从局部的、地域性的利用，转变到能在国家审计信息系统总体范围内，甚至与国家电子政务之间实现共享。对于技术性分歧，要转变过分依赖技术人员的偏爱确定实现方式的做法，代之以更为客观的、理性的科学论证，形成尊重知识、崇尚科学的氛围。

（二）坚持统一规划的思想，指导"金审工程"一期的成果推广和二期的有序建设

审计署组织系统内外专家进行了认真的需求分析后，明确提出了"金

审工程"建设的总体目标、"预算跟踪＋联网核查"的审计模式、逐步实现
"三个转变"的方针,以及项目建设的内容。1999 年以来,坚持"统一规划、
分步实施"的原则,坚定不移,扎实推进,持之以恒,富于实效。

今后一个时期,审计署依然要负责全国审计信息化工作的规划,并对
全国各地各级审计机关的局部规划提出要求和提供指导;省级审计机关要
对本级及本级以下审计机关的审计信息化发展做出规划,并能与上下级审
计机关实现对接,尽可能消除不必要的差异。审计署不但要制定国家审计
信息系统的总规划,而且要有各个子系统的分规划。

"金审工程"二期的重要内容之一,是对"金审工程"一期建设成果
的进一步完善和提高,审计署要带领各级审计机关,集中全系统审计人员
的智慧,认真总结系统投入使用之后的成败得失,根据发展了的实际、成
熟了的技术、扩大了的业务领域、提高了的人员素质,重新定位,审视需
求,在新的基础上形成新的全国一盘棋。

"金审工程"二期将地方审计机关一并纳入建设范围,这是二期与一
期的重大区别。在此情况下,审计署的统一领导、各地审计机关服从统一
规划就显得尤为重要。审计署的总体设计要有明确的内容和标准,要对地
方的设计提出统一要求;工程的建设内容除了必要的先后顺序之外,要贯
彻整体推进的原则,要明确各个系统之间的内在联系,使其成为一个有机
整体,以强化系统的功能;系统设计还要考虑一线审计人员的操作需要,
直线管理人员的现场管理需要,职能管理人员的业务管理需要,领导人员
的决策管理需要;各级审计机关要注意整体推进,共同发展,以利于信息
交流,资源共享,提高效率,追求信息系统价值的最大化;审计署要加强
对地方各级审计机关审计信息化工作的指导,省级审计机关也要加强对省
以下审计机关审计信息化工作的指导,发挥中央和地方两个积极性。

(三) 以建成审计信息系统为标志,全面增强信息化条件下审
计监督的能力

依照规划,通过"金审工程"二期的建设,我们要初步建成国家审

计信息系统，其标志有：

1. 建成满足现场审计、联网审计要求的应用系统

对于在广大审计人员中已有深厚应用基础的"现场审计实施系统"，要加强其通用性功能，加强数据处理能力，扩充其行业审计功能。着力完成新开工研发的各种联网审计系统，最终形成中央（地方）预算执行联网审计系统、金融（地方金融）联网审计系统、海关联网审计系统、国税（地税）联网审计系统、社会保障联网审计系统、会计核算中心（资金结算中心）联网审计系统、国库集中支付联网审计系统等一系列适应新形势发展要求的联网审计体系。

2. 建成融合业务和管理、支持领导决策需求的管理系统

对于在多数审计机关已经有相当应用基础的"审计管理系统"，要在进一步调研需求的基础上，进行整合提高，改变将"审计管理系统"仅视为办公系统的观念，将其改造升级为真正的管理系统，既能支持日常办公，又能支持领导决策、审计现场控制、审计综合管理和审计信息共享。同步完善"审计管理系统"地方版和"一拖 N"版，使全体审计人员共享"金审工程"二期的建设成果。

3. 建成满足各级审计机关资源共享的网络系统

以审计署为中心，通过国家电子政务内网，实现与特派办和省厅的广域联接；通过国家电子政务外网，实现中央、省、地市、县区四级审计机关的互联互通。要建好地市审计机关的局域网，加强管理能力，丰富网络应用，同时大力推广"一拖 N"技术，使更多的区县审计机关早日实现信息共享。在保证安全保密的前提下，采取适当的技术方案，实现审计现场与审计机关的对接。做好相关的协调工作，建成满足联网审计需要的网络系统，实现被审计单位的信息系统与审计机关的对接。

4. 建成满足海量数据存储和处理的数据中心

"金审工程"二期设计中的数据中心，肩负着适应审计方式变化需要的重任。只有建成数据中心并投入使用，才能真正实现由账套式审计向数据式审计的转变。因此，数据中心要能满足不断增加的海量数据存储需

要，数据的安全控制和管理需要，海量数据处理需要，强有力地支持数据处理和分析技术成为审计的核心技术，从而摆脱传统账目，将相关数据作为审计的对象物，使审计真正适应审计环境信息化的发展趋势。

5. 建成确保系统运行和不断完善的服务系统

国家审计信息系统既需要硬件，又需要软件，还需要作为软中之软的服务系统。服务系统与其他系统是一个不可分割的有机整体。没有服务系统，其他任何系统都不可能高效运转。因此我们必须牢固地树立起服务系统不可或缺的观念，做好服务系统的建设工作。服务系统应该能够满足系统开发服务、系统运转服务、系统推广服务、系统维护服务和系统培训服务等各种需要。

6. 建成既对内又对外的安全系统

随着信息化环境和信息化手段的发展，被审计信息和审计信息的安全问题日益凸显，特别是数据存储、处理和传输所带来的数据安全、网络传输安全和应用系统安全问题日益突出。为此要在"金审工程"二期中做好密钥管理中心和数据备份中心等安全系统建设工作，防止数据泄密、数据和硬件软件毁坏和病毒攻击等问题。

（四）以业务流程无纸化为切入点，建立数字化的审计机关

自 2007 年起，审计署开始遴选审计机关业务流程无纸化试点示范单位，其标准是审计机关在机关办公和现场审计中全面使用"金审工程"一期建设的"审计管理系统"和"现场审计实施系统"，并通过两个系统进行交互，以电子文件资料的流转传递，部分以至全部取代纸质文件的流转传递。之所以要推进这项工作，目的是要运用现代科技手段，提高办公效率和审计效率，提高审计质量，促进信息共享。

根据相关审计实务公告的内容，审计机关业务流程无纸化主要涵盖：公文起草签批、公文分发办理等日常机关公文流转环节；制订和下达审计计划、分解审计项目、审计项目组管理、实施审计分析、编制日记底稿证据、实施审计组内复核、形成项目档案数据、形成统计台账数据、被审计

单位资料数据、编制审计组报告等审计实施环节；编制送交领导查阅、实现与审计机关交互反馈、法制工作机构复核等质量控制环节；统计台账数据上报、统计报表汇总、资料数据更新、立卷归档和档案利用等审计后续环节；通知公告、电子邮件、即时通信、内部网站等公共信息交流环节。虽然审计机关业务流程无纸化是一个渐进过程，但是我们应当以此为契机，促进计算机在各个领域的应用，全面推进审计机关数字化的进程。

（五）继续推进审计人员知识结构的转型

相对于过去，审计人员的知识结构已经有了很大的改善，但是相对于未来审计事业的发展，我们还面临着进一步推进审计人员知识结构转型的任务。除了继续加强政治理论学习，树立执政为民理念，强化为人民服务意识之外，还必须结合审计理论和实务发展的新趋势，加强审计人员的在职教育。其中，对审计人员进行新的、全面的信息技术培训就是一项重要任务。我们要在计算机基础知识和操作技能、计算机审计中级培训的基础上，进一步探索具有中国特色、适应中国审计工作需要的信息系统审计人才的培养路子，弥补空缺。总的设想是要普及与提高相结合、审计人员和计算机技术人员相结合。培养可分为两个层面：一是要对审计机关的领导、业务部门负责人、审计组长或者项目主审进行普及性的信息系统知识培训。通过培训，使他们懂得一些信息系统审计知识，增强或者树立信息系统审计意识。对于这一部分人员的培训安排，可以普及型讲授为主。二是要对具有计算机专业背景的人员进行特定方向的深入专业培训，要从信息安全、网络系统、操作系统、应用系统、数据库、存储等不同的方面分别培养，力求深和透，使其成为信息系统中某一个领域的专家。通过两个层面的人才培养，最终形成普及与专业相结合的信息系统审计知识结构，适应在不同的审计阶段进行不同深度信息系统审计的需要。

（审计署副审计长 石爱中）

突出重点　抓住关键
切实加强审计质量控制

什么是审计质量？审计机关的审计质量状况怎么样？应突出哪些重点并抓住其中关键问题从而加强审计质量控制呢？

审计质量，有狭义和广义之分。狭义的审计质量，是审计结论与被审计事项真实情况的吻合程度；广义的审计质量，则是审计结论与被审计事项真实情况的吻合程度及对审计需求的满足程度。二者的差异在于，狭义的审计质量，就事论事，孤立地看待审计结论与被审计事项真实情况之间的关系。即使审计质量高，也可能是审计需求方所不关心、不需要或不满意的。广义的审计质量，是把狭义的审计质量与外在需求紧密联系，同时顾及对审计需求的满足程度。这种吻合程度及满足程度越高，审计的质量就越高；反之则相反。与此密切相关的另一概念是审计风险。狭义的审计风险，是审计结论与被审计事项真实情况不吻合的可能性。广义的审计风险，是审计结论与被审计事项不吻合及不满足审计需求的可能性。审计质量与审计风险成反比。审计质量越高，审计风险越低；反之则反是。控制审计质量与防范审计风险几乎是同义语，是同一事物的正反两个侧面。

审计机关的审计质量状况怎么样？答案是肯定的。近年来，审计发挥的作用越来越大，审计的知名度越来越高；外界对审计的需求越来越大，期望值也越来越大。之所以如此，无疑是审计得到外界认可、审计质量高的表现。从 2002 年至 2007 年的 6 年间，全国审计机关审理行政复议 43 件、发生行政诉讼 14 件。相对于所完成的 82 万多个审计项目而言，可谓微乎其微。这同样表明审计质量是很高的。作为一名审计工作者及审计质量状况的见证者，从我工作的切身感受和调查情况看，随着《审计机关审计项目质量控制办法（试行）》的施行，全国各级审计机关总体而言，审计业务操作越来越规范化，审计质量的确是在持续提高。

审计质量能有这样好的状况，是各级审计机关全体人员高度重视和努力实施审计质量控制的结果，应予充分肯定。但是，不可盲目乐观、孤芳自赏，更不能就此止步。成绩只能说明过去。同时还应看到审计质量客观上仍存在一定隐患和风险。审计质量是审计的生命，这是全体审计人员的共识。审计机关及其人员的所有工作，包括业务、政务、事务和党务，都与审计质量有着直接或间接的关系。在未来的工作中，不能有丝毫放松，应当继续努力，大力推进全方位的审计质量控制。作为一项系统工程，在现有审计体制、审计环境等约束条件下，有必要突出以下重点，并抓住每个重点的关键问题，从而加强审计质量控制。

一、审计报告：要如实如实再如实

审计报告，是审计结果的载体。这里的审计报告主要指审计组的审计报告，不特意写明，也可泛指审计机关审计报告、审计决定书、审计移送处理书、审计信息简报，以及审计结果公告等等。审计质量最终体现在审计报告上，审计质量控制最重要的也就是对审计报告的质量控制。审计报告质量的关键问题在于是否"如实"。

第一，已列示问题的证据是否如实。在审核（包括复核、审议、审定等）审计报告环节，一般习惯于甚至满足于只是"书面作业"，就报告论报告，主要看已列示问题描述是否清楚，表达是否准确，像不像个问题，而忽略了更本质的东西——在问题揭示及证据的提供方面，过分相信审计组的工作，不把审计证据找来与报告中的问题相对照，以查看这些证据本身是否真实可靠、能否反映事物的本来面目、能否对事实真相提供充分的证明。

第二，审计发现的主要问题是否全部得到如实反映。在审计报告中，通常只写审计发现的主要问题。什么是主要问题？主要与非主要的取舍标准是什么？基本上取决于审计组的判断。如果审计报告审核主要停留在"书面作业"而不审核全部审计工作底稿和审计证据，即使是主要问题，也可能在审计报告中未全部如实予以反映。而以不重要或已告知由被审计单位自行整改为借口，查出的主要问题不在报告中反映，恰恰是有的审计组有意"放水"、徇情枉法的常用招数。

第三，对被审计事项的总体评价是否如实。审计报告应当通常要对被审计事项做总体评价，而总体评价的惯用词汇又是"总的说来是好的"。仔细琢磨，这句评价可能是很不准确的。常见毛病有：一是前后自相矛盾。前面肯定总的说来是好的，后面又罗列了一大堆实质性问题。二是总体审计评价没有相应的证据支持。在审计档案中，找不到有关肯定评价的审计证据和审计工作底稿。三是照抄照搬被审计单位自我表扬式的总结评价，审计评价超越范围，大而无当。这些都不能算是如实的总体评价。

第四，审计方案是否得到如实执行。审计组审计报告与审计机关审计报告，二者功能不尽相同。审计机关审计报告使用者是被审计单位，应重在反映审计结果。审计组报告不仅应当重在反映审计结果，还应当特别强调，要专门增加相应表述，如实反映审计方案执行、调整及审计实施情况。否则，审计方案将形同虚设，势必造成审计结果、审计过程与审计方案之间脱节。在实际工作中，脱节现象并不少见。尽管有审计方案，但在实施过程中由于种种主客观原因，将其弃之不顾，想审什么就审什么，或者自认为需要审什么就审什么，想怎么审就怎么审，审到什么就是什么，审计报告中也只好有什么就算什么。这样的审计报告，质量是得不到保证的。

第五，审计发现问题的处理或公告是否如实。审计报告中列示的问题，根据其性质及审计机关的职权，应当分别几种情况"如实"对待：只在审计报告中反映；同时在审计决定书中做出处理处罚；另行移送有关部门处理或向本级政府等报告。实际工作中，有的将应当同时做出处理处罚的问题只留在审计报告中，或者移送有关部门处理，甚至移送被审计单位自己去处理。这种做法，不仅是不"如实"，说严重点，是属于行政不作为甚至是行政乱作为。与此类似，在公告审计结果时，除涉及国家秘密和被审计单位商业秘密的事项外，审计发现的问题均应予以公告。将其中一些问题随意免于公告，也不能算是"如实"的做法。

二、审计实施：要严谨严谨再严谨

审计报告相对独立，对其质量控制最为重要，是最终的控制，借此必将反作用于审计实施过程及前面诸环节的工作。但是，审计报告的质量，根本上取决于审计实施的质量，还必须加强对审计实施过程的控制。审计实施涉及很多方面、很多因素，对其控制的关键问题在于是否"严谨"。

第一，审计承诺要几经反复。审计承诺，是被审计单位对审计组及审计机关做出的承诺，是被审计单位的责任。承诺可分为综合性承诺和单项承诺。审计开始时主要是综合性承诺，主要承诺事项是：所有业务及经营管理活动都是按照国家法律法规进行的（预算编制与执行是按照《预算法》及其他相关规定进行的）；会计核算是按照《会计法》及会计准则进行的，在所有重要方面公允地反映了财务状况、经营成果及现金流动情况（预算执行情况）；内部控制是健全有效的；已提供了审计所需要的所有真实、完整的会计资料及其他资料；以前年度审计决定和审计建议均已执行完毕；不存在重大不确定事项或未决诉公事项。这样的承诺是为了开展审计工作。审计过程中，可能还需要被审计单位做出若干单项承诺，这是审计取证所必需的，也可能视情况重复多次。审计结束时，被审计单位还应做出最终综合性承诺，以区分审计与被审计的责任。最终综合性承诺与审计进点时综合性承诺涉及事项基本相同，但角度和确认程度有别。以前述最后一项承诺为例，如果审计中发现了一些违法违规问题，最终承诺应做这样的表述：除了本次审计所发现的问题外，本单位不存在重大不确定事项或未决诉讼事项。这样的承诺可以与审计报告反馈意见一并进行。从审计进点到结束，被审计单位所做承诺不能一蹴而就，必须要几经反复。

第二，审计证据要充分有力。将审计报告所列问题与有关审计证据相对照，有时发现证据并不能有效证明该问题。这属于审计取证不足或取证失误。在重大问题上，这是绝对不能允许的。否则，不论审计报告本身看上去多么完美，终究是建在沙滩上的楼阁。审计实施过程，是围绕审计目标、针对审计内容所进行的审计证据获取、鉴定、加工和利用过程。在被审计单位提供的大量纷繁复杂的信息资料中，审计人员首先要获取达到审计目标所需要的证据。进而对此加以鉴定，看是能否成为证据，这些证据是否相关、是否可靠、是否合法、是否充分等，以充分证明所查事实真相。在获取大量单独审计事项证据的基础上，进行汇总加工，形成单项或综合的审计结论。根据这些证据形成审计报告及后续若干审计结果类报告，这就是审计证据的运用。审计证据的获取、鉴定、加工和利用过程，实际上与被审计单位承诺相伴而行，相互对立又彼此配合，各自履行不同的职能、承担不同的责任，最终获取充分有力的审计证据，以供形成审计结论。

第三，审计底稿要健全完善。审计证据证明事实真相，与审计报告密切相关。这些审计证据的获取、鉴定、加工和利用过程又是按照审计实施方案来进行的。将审计证据与审计方案相连接的是审计工作底稿。审计工作底稿中，应当记载审计内容、审计过程、审计程序、审计方式、审计方法、审计证据、审计依据、审计结论、审计操作人及审计时间，以及底稿的复核人、复核意见及复核时间，等等。审计证据重在结果，重在证明事实真相，是审计过程中的单项产品或在产品，而审计工作底稿则重在描述审计了什么、怎么审计和由谁审计，重在展示审计过程，重在留下审计本身的痕迹，以便衡量审计实施工作本身是否到位，从而据此验证审计过程中的单项产品或在产品是怎么生产出来的，是否合格，有无必要或能否继续加工组装成最终合格产品——审计报告。但是由于过程描述并不直接面对审计需求方，甚至审计报告审核者有时也不去查阅，实际编制的审计工作底稿缺这少那的现象非常普遍。有的审计工作底稿未经复核，即使复核也是流于形式。必须强调，在审计工作底稿的编制和审核工作中，从内容到形式，必须十分注重其健全与完善。

第四，审计日记要分人连续。针对实际工作需要，在编制审计工作底稿的同时，近年来还要求必须编写审计日记，以起到记录审计过程情况"黑匣子"的作用。但从这项规定的执行情况看，工作做到位的并不是很多。普遍有一个反映，审计人员本来工作量就大，还要多加一道手续，另行编写审计日记，费时费力，忙不过来。应当承认，这种说法有一定道理。但对少数审计人员，可能还另有原因。他原本就不想让别人了解、掌握其工作的多少、忙闲、好坏等实际情况，更不想让别人掌握和控制其检查被审计单位问题的一些情况，以增强自己的权威甚至留下讨价还价的回旋余地。这恰恰是编写审计日记要解决的问题之一。为增强规定的严肃性，还是要强调两点：一是必须按照要求的内容编写，包括审计内容、审计程序、审计方法、审计过程、审计结论，等等，不能过于简单化。比如，有的日记内容就两个字"查账"，稍长一点的是五个字"查查应收款"，还有的写"市内外调查"。这样的日记与不记也没多大差别。二是在形式上要做到分人连续，即每个审计组成员包括审计机关领导当审计组长也都要编写，而且要逐日编写。如果审计机关领导不是总在审计现场，整个项目审计期间哪天做了什么工作或没做与项目审计有关的工作，都要做出记录，让人能够看得明白。

第五，审计人员要督促指导。获取审计证据、编制审计工作底稿和编写审计日记等项工作，都是由审计组成员完成的。审计组由单个审计人员组成，但不是单个人的行为，是一个团队。作为一个团队，就不能单打独斗，就需要分工协作，就需要有一部分人对另一部分人的工作给予指导、督促、协调和检查。比如一个刚参加审计工作的人，面对审计分工，可能无从下手。就需要有人加以领导、指导、引导和帮助。即使有一定工作经验，也不能有了分工就各行其是，还需要由审计组长或主审加以督促检查，包括对审计工作底稿的复核等等。在审计实施过程中，如遇原有分工不尽合理、被审计单位情况或者工作进度与预想的发生较大变化，就需要对分工、进度等加以协调。从审计机关来讲，也不是派出审计组就可完全撒手不管，只等审定最后提交的审计报告，对审计过程中的重要事项仍应跟踪、督促和指导。只有这样，才能促使审计组成员工作协调、形成合力，从而保证审计实施质量。

第六，审计程序要合法合规。审计过程是审计人员履行职责、与被审计单位不断交往的过程。在这个过程中，必须按照法律法规规定的程序开展工作，否则或者无法正常开展工作，或者无法取得预期结果，即使有结果也不能利用。比如审计前必须给被审计单位送达审计通知书，实物监盘必须有被审计单位人员在场，审计证据必须由被审计单位有关责任人签字认可，获取审计证据时不得采取超越审计职权的强制方法和手段，审计报告必须征求被审计单位意见等等，这些都是必经的程序。有个例子很能说明问题。在审计过程中，被审计单位经办人称，账目放在自己家里，愿意引领审计人员到他家去取。审计人员不及时去，担心以后反悔，更取不到审计证据；审计人员不办任何手续就跟着前往，又恐怕事后被反诬擅入民宅搜查。审计人员当即提出要求，请该经办人书面邀请审计人员随同前往。在取得书面请求后，很快取得了有关账目资料，问题很快有了实质性突破。这就是合法合规的程序。否则不仅取不到证据，还有可能被送上被告席，还哪里来的审计质量呢?!

三、审计方案：要具体具体再具体

审计方案有两种：审计机关审计工作方案和审计组审计实施方案。作个不太确切的类比，前者好比固定资产投资项目概算，后者则类似施工图预算。施工图如果不具体，施工者无从下手，没法干活儿，本来想建宾馆，建成的可能是宿舍。同样道理，审计工作方案可以总括一些，审计实施方案的关键问题则在于是否"具体"。

第一，审计实施方案必须具体可行。要建一座大楼，必须由设计人员提供全部详细的施工图纸，施工人员只负责严格按照此图纸式样及程序进行施工。同样道理，审计什么事项或内容、怎么审计（审计方式和方法）、何时审计、由谁审计、由谁对审计者进行督导等，在审计实施方案中必须有详细明确的安排。即使一个从未搞过审计的"新手"，也可以照此要求和流程操作。而实际工作中，审计实施方案最大的问题是比较粗放，不够具体，可操作性不够强。其结果必然是，对操作者而言缺少可遵循性，工作起来难免随意性，工作结果也无法与方案对照加以衡量。

第二，审计实施方案是审计机关与派出审计组之间的契约。按照有关规定，审计实施方案应当由审计组编制，经派出该审计组的审计机关负责人批准后施行。审计实施方案不仅仅是审计组实施审计应予遵循的依据，就其本质而言，更是审计机关与其派出审计组之间所订的契约，是对双方权利、义务所做的规定。审计组必须按照经批准的审计实施方案进行审计，否则就属违约。只要审计组按照经批准的审计实施方案进行了审计，就算是履行了职责，完成了任务。假如事后发现审计结论与被审计事项的真实情况有出入或不能满足对审计的需求，应区分两种不同情况：如果主要是由于审计组未执行经批准的审计实施方案所致，应由审计组承担责任；如果审计组完全按照经批准的审计实施方案操作，则应由审计机关承担责任。

第三，审计实施方案必须建立在初步调查了解的基础之上。有人可能会提出疑问，审计实施方案在审计实施之前编制，有些情况还不够了解，怎么可能很具体呢？这的确是个现实问题。解决的办法就是在编制审计方案之前要进行初步调查了解。对于每年例行审计、不太长时间以前曾经审计过的老项目，或者是通过网络或其他方式已掌握了大量资料的项目，因情况了解较多，审计前或审计初期稍做调查了解即可。对于很长时间以来一直未被审计过的新项目，则需要做较多的调查了解。这种调查了解，通常称之为审前调查。但按照《审计法》规定，被审计单位只知道审计，且在接受审计之前要收到审计通知书，因而有的不知何为审前调查，甚至不接受审前调查。遇到这种情况，只好先送达审计书，然后再开展所谓的"审前调查"。其实，没有必要严格区分审前与审中，国外文献只提初步了解而不谈"审前调查"。据国外统计，编制完成审计方案之前的初步了解，占到整个审计工作量的大约1/3。我们也应该是重在实质而不是叫法或形式，花大力气、用足够的时间，使审计实施方案真正建立在审计初期调查了解的基础之上。

第四，审计实施方案较大调整必须经过规定的审批程序。审计初期调查了解毕竟与随后深入审计不同，审计实施方案终究是方案。随着审计的展开与深入，审计与被审计双方情况都有可能比预想的发生较大变化，因而审计实施方案也需做相应调整。要注意防止出现两种情况：一是审计组对审计实施方案在形式上不做调整，行动上已不完全执行；二是审计组从形式到行动都对原有审计实施方案进行调整，但未履行报批程序。二者的实质都一样，即实际审计操作与审计实施方案脱节，而这是不符合规定的。审计实施中，情况变化不大，特别是远离审计机关所在地时，可以先做调整，事后报告或补办手续；情况变化较大，必须由审计组负责对审计实施方案做出调整，并报经派出该审计组的审计机关负责人批准。

第五，程序导向式审计实施方案有可能直接转化为审计工作底稿。什么样的审计实施方案就算是具体、有可操作性呢？要根据审计目标和审计事项的复杂程度而定。比如每年对预算执行单位的例行审计，不同单位、前后年度都差不多，对相同的审计事项，完全可以设计程序导向式审计实施方案，将具体审计内容、审计步骤、审计方法等列示在表格左侧，而右侧则为空白栏目。右侧空白栏，留待审计实施时填写。填写完成，审计实施方案事实上已经转化为审计工作底稿。二者融为一体，审计实施方案不具体能行吗？其执行情况不也是一目了然吗?！

四、审计资源：要配置配置再配置

审计资源包括用于审计的人力、物力和财力等资源。相对于审计需求，审计资源总是有限的。为尽可能满足审计需求，挖掘审计资源潜力并发挥出最大效益，各项资源应当统筹配置。在诸项资源中，人力资源是最活跃、最重要的因素。仅就人力资源而言，要满足审计需求而又保证审计质量，关键的问题仍然在于如何"配置"。

第一，审计组要配置具有专业胜任能力的审计人员。审计工作具体由审计组实施，审计质量主要取决于审计实施的质量，而审计组及其成员是由审计机关确定并派出的。这就要求，派出的审计组作为一个团队，必须有合理的人才结构，具备相应的审计人员素质和数量。撇开政治、法律、道德、作风、廉洁等共性要求不谈，从专业角度，必须具备与被审计事项、工作量及工作难度等相适应的胜任能力，包括具备相应的知识、能力和经验等等。比如对某固定资产投资项目审计，审计组成员从知识结构讲，不仅要有懂财务的人员，还要有懂投资概预算、工程技术、信息系统等方面的人员；不仅要具备相应的知识，还必须有实际审计的能力；不仅要有直接从事账目检查的能力，还要有从事现场勘查、监督盘点、沟通访谈、分析研究、组织协调、审核把关等方面的能力；这些知识和能力，对其中部分人员而言，还必须是曾经在实践中检验过，这样才能够带领其他人员一道工作，真正具备专业胜任能力。

第二，审计计划、审计实施、审计处理与审计执行职能应适当分离。审计全过程可以分为审计计划、审计实施、审计处理和审计执行等若干连续不同的阶段。这个过程，可以由同一组人操作，也可以交由若干组去完成。实际工作中，通常有专管审计计划的部门，其余阶段则统统由审计组去完成。这样的好处是审计组比较掌握情况，从发现问题到处理问题，责任明确，负责到底，避免推诿扯皮，但在不同阶段缺少制约，不利于发现并纠正前面环节的错误或舞弊，审计质量可能受到影响。针对这种情况，近年来不少地方审计机关进行了有益探索，有的将审计计划、审计实施与审计处理"三分离"，有的还加上与审计执行"四分离"。这样相互制约，从机制上有利于保证审计质量。此外，还有一个好处，实行职能专业化分工，相互平行作业，每个环节都可以提高熟练程度，提高工作效率。专门负责审计实施的人员，可以"一个战役接着一个战役"地"连续作战"，大大提高工作效率。否则，不实行这种职能分离，组成审计组后，其中一部分人搞审前调查、编制审计方案，另一部分人可能只好无事等待；现场审计结束，其中一部分人负责编制审计报告及后续处理等事宜，而其他人可能又会处于一种无所事事的状态。这不能不说是人力资源的严重浪费。但这恰恰在不少地方是一种常态。

第三，在不同年度，对同一被审计单位应由不同的审计组实施审计，或者在审计组中应更换相当数量的审计人员。审计机关内部业务机构的设置，25年延续下来变化不大。与当时计划经济体制相适应，审计机关内部业务部门主要按专业设置。随后几经调整，但基本格局仍然是分设财政、投资、农业、金融、企业等专业审计部门。这样的好处是针对不同行业，专业性较强，对所辖领域审计更具专业胜任能力。但也有若干先天不足。一是专业审计部门虽然一般没有最终的审计项目选择及安排审计计划的权力，但在提出建议时可能从自身利益出发，而不是从全局审计需求、审计目标及整体审计资源优化配置的角度去考虑。比如因担心本部门不被重视或任务安排不足而建议安排的审计项目，从审计机关整体"围绕中心、服务大局"的角度看，可能根本就没必要安排。当统一计划安排跨部门跨行业去承担其他审计任务时，总认为是在为别人"打工"，是"种了别人的田而荒了自己的地"，缺乏应有的积极性，工作成效可能会大打折扣。二是专业审计部门长期与被审计单位或行业打交道，比较熟悉，可能会影响其独立性及审计的客观公正性。提出审计项目建议时，可能故意安排对与自己关系不好的单位进行审计，与自己关系好或有某种特殊利害关系的单位则长期不安排审计，造成在审计面前不能"人人平等"；在审计实施过程中，由于缺乏新鲜感、见多不怪，也可能对被审计单位存在的问题熟视无睹、麻木不仁；如再次审计发现以往审计质量存在瑕疵时，因担心被追究对以往过失的责任，极有可能对发现的问题不了了之甚至设法予以掩盖。鉴此，最好适当进行机构职能调整，首先是审计计划与实施职能真正分开。在加强审计计划部门的同时，审计实施部门不分行业，不划分"领地"，不明确管理的行业或领域，类似"野战军"或"机动部队"，一律按计划进行审计，指到哪里就打到哪里，对什么部门都能审计。注册会计师不就是什么单位委托都要去审计吗？审计机关实施审计的人员，也应当是全能部队。在仍按行业设置审计业务机构的情况下，当对同一单位在不同年度进行连续审计时，也可能采取适当调整审计组成员特别是重要成员如审计组长、主审的办法，使以上的不足在一定程度上得到弥补或克服。在审计计划与审计实施职能分离的基础上，还可以视情况，进一步将审计实施与审计处理、审计执行相分离，交由内设的不同业务部门去完成。特别是以何种方式履行审计处理职能，应否设置层次较高的审计业务专家小组，在行政审议或最终行政决策之前先行经过该专业人员集体辅助环节，这些都值得研究和实践。

第四，应有更多的审计人员专门从事非审计一线的信息研究工作。在审计业务部门分行业设置和审计业务主要是手工操作的情况下，只有少量审计人员从事审计计划，绝大多数审计人员从事审计实施及审计处理工作。这是客观条件决定的。我们现处于信息化时代，越来越多的被审计单位信息化程度越来越高；国家审计机关 20 多年来完成了对数百万上千万个单位或项目的审计，已积累了大量十分宝贵的资料，而且审计自身的信息化程度也越来越高，有的与被审计单位网络已经直接互联。在这种情况下，很大程度上已经能够做到"秀才不出门，便知天下事"。有必要设立类似部队的参谋部门，让更多的审计人员专门从事对网络、档案信息的搜集、加工、研究和利用等非一线的审计工作。利用网络等开展类似审前调查，大量搜集、研究被审计单位的情况、问题以及有关方面对审计的需求，供审计计划部门考虑是否对某个单位进行审计，真正做到"运筹帷幄之中"；供审计实施部门或审计组考虑重点审计什么和怎么审计，真正做到"有的放矢"、"精确打击"，以"决胜千里之外"。同时，还可以"从宏观着眼、从微观入手"，对各级审计机关历年大量审计成果、审计档案材料进行深入研究，多次综合利用已有审计成果，充分挖掘审计成果的潜在价值。这后一方面同时是对以往审计工作的监督检查，也可能是控制审计质量的一种有效机制。

　　第五，要适当利用外部专家或做好与相关机构衔接的工作。审计的目标包括真实、合法和效益三个方面，审计需求也在不断拓展和深化，有些被审计事项比较复杂，特别是涉及工程技术、领导干部经济责任或复杂的法律问题，审计人员专业素质、数量及权力有限，有时完成任务时间紧、任务重甚至力所不及。这就需要利用外部专家或相关机构的工作。对于审计人员专业能力难以胜任或数量不足的事项，可以适当委托外部专家承担部分工作。但是，相关审计人员及审计机关必须对外部专家完成工作及提供的专业意见进行评估，并最终负起责任，以确保审计质量。对于审计发现的重大违法违纪问题线索，因审计权力和手段有限，应当及时移交有关部门查处。否则，做过了头，会形成越俎代庖，超越法定权限；做不到位，未尽到职责，审计质量得不到保证，会形成很大的审计风险。

五、审计规制：要完善完善再完善

审计规制，泛指规范审计行为的一系列法律、法规、准则、指南、办法等等，是审计人员从事审计业务的行为规范，也是衡量审计质量的准绳。审计机关自成立以来，一直致力于审计规制建设，取得了很大的进展，起到了很好的作用。但是，审计准则建设不可能一成不变、一劳永逸，审计规制与审计质量如何互动，关键问题是审计规制要不断"完善"。

第一，要加快审计法规建设步伐。新修订的《审计法》已于 2006 年度生效实施，近年出台的国家相关法规法律中也有不少专门条款对审计做了规定，这对在新形势下审计工作做到有法可依起到了非常重要的作用。在《审计法》及相关法律中，对审计的规定不可能很具体，还需要再下一层次的《审计法实施条例》、《经济责任审计条例》等法规将审计法律进一步细化。审计机关和国家有关部门已就《审计法实施条例》修订、《经济责任审计条例》制定做了大量草拟、征求意见和研究论证等项工作，但两个条例至今尚未出台。特别是经济责任审计，是第一次写进《审计法》，新情况、新问题比较多，这项工作需要审计机关及组织、纪检、人事、监察等部门协调配合，在党的十七大报告中还专门对经济责任审计提出了要求，相关工作应加快步伐，推动《经济责任审计条例》尽早发布施行。

第二，要构建中国特色审计准则体系。我国审计机关多年来有自己的审计准则，在规范审计行为和保证审计质量方面起到了重要作用。但是应该承认，现有审计准则至少存在几方面不足：一是近些年来审计实践发展很快，审计准则落后于审计实践发展较多，已不能很好满足审计工作需要；二是随着新修订《审计法》的实施和《审计法实施条例》、《经济责任审计条例》的即将出台，势必影响到现有审计准则，作为更下一层次的规章，审计准则也必须与之衔接；三是制定现有审计准则时虽然也考虑到与国际审计准则、国际惯例相衔接，但国外审计实践这些年的发展同样也很快，世界政府审计准则、发达国家审计准则、国际注册会计师协会审计准则都已有了较大变化，我们中国注册会计师协会也已对执业准则做了很大调整。这些都要求我们，必须重新审视现行审计准则，考虑我们究竟要构建什么样的中国特色国家审计准则体系，以及怎样建立这样一个体系，并且必须尽快付诸实际行动。

第三，要抓紧编制各类审计指南。审计准则仍然是比较原则性的，审计工作中，还需要更具可操作性的审计指南。这些年来，我们已有一些审计指南，如《国际金融组织贷款项目审计指南》、《企业审计指南》、《商业银行审计指南》、《中央部门预算执行单位审计指南》，等等。这些对具体规范和引导审计行为起到了一定作用。但是，这些指南也有两个比较普遍的问题：一是看起来全面系统，但由于被审计单位情况千差万别，每个审计项目的审计目标、审计重点、审计要求各不相同，运用起来还是不够灵活，仍嫌缺乏针对性和可操作性；二是指南制定以后，几年不做修改，本来是适用的也逐渐不适用了。再由于习惯于正式出版，装订成册，想随时修订也很不方便。因而有的正式出版即基本已告完结，被束之高阁。针对这些情况，今后应当多开发专门问题、专门审计事项、专项审计方式运用的审计指南。这样的指南，开发难度相对较小、费时也短，更加灵活和具有较为普遍的适用性，最好是活页式，修订、取舍、保存、使用也比较方便，成本也比较低。

第四，要真正将审计规制执行到位。各项审计规制的目的，全在于运用，全在于引导和约束审计行为。有规制而不遵循，有时比没有规制还要糟糕。这样不仅会失去规制应有的严肃性和权威性，而且会导致对整个审计行为及审计结果的信任度的降低。而这种情况，实际在一定程度上是客观存在的。比如要求编制切实具有可操作性的审计实施方案，有的审计组就是不编或粗制滥造，更有甚者，审计实施已经结束了，审计实施方案还没有编出来。为了应付审计检查，审计结束后才草草编个方案归档。这样的方案，几乎千篇一律，不同审计项目差不多，不同年度也没什么两样。再比如，对审计发现的某一特定问题，按规定本应下达审计决定书，由审计机关直接做出处理处罚，有的不仅不下达审计决定书，反而是交由被审计单位自己处理或移送其他部门处理处罚，属于典型的行政不作为或者行政乱作为。必须强调，有了审计规制，就要执行，就要不折不扣地执行到位。

第五，要建立健全审计责任制度。审计一方面要监督或鉴证被审计单位或其负责人的经济责任履行情况；另一方面自身也负有一定责任。在适当区分审计与被审计责任的同时，要真正使各项审计规制执行到位，还必须增强审计责任意识，严格界定审计内部责任，建立健全各项审计责任制度及责任追究制度。从实际情况看，审计质量优劣，与相关人员责任心、责任制及实施到位情况有着绝对的关系。比如，审计实施方案的恰当性，理应是审计机关及有关负责人的责任，因为审计实施方案是经过审计机关及相关负责人批准的。对审计实施方案执行的恰当性，应由审计组长负责，因为审计组长是审计实施的负责人。对审计证据的相关性、可靠性、合法性、充分性以及对审计发现问题认定的准确性等，应由完成此项工作的审计人员负责，因为他是此项审计任务的直接承担者。如果他不能对组装成最终产品——审计报告的零部件负责，无法进入最终产品组装程序，产品的合格性无从谈起。对审计报告列示审计发现问题的完整性，以及整个审计报告的内容的正确性、形式的规范性，应由审计组长负责，同样因为他是审计组的领导。对于不同项目审计报告间的一致性、重大问题或以往未遇到过问题定性的准确性，则应由审核人员把握，因为这些人理应站得高、看得多、把握得更准。这只是举例，审计业务各个环节、各个层面人员的责任，都应当有具体明确的规定，建立健全责任制度及责任追究制度，避免出现有了问题大家推脱、找不到由谁负责、不知道负什么责和怎么负责的情况。

第六，审计考评要科学严格。为了推动审计工作规范化，监督检查审计规制执行情况，提高审计质量、提升审计成果，有必要对审计项目进行考评。近年来评比和表彰优秀审计项目，年度考核中把审计成果作为加分因素，这些都起到了积极的推动作用。在总结经验基础上，立足于发展，优秀审计项目评比和年度审计业务考核工作，还应当改进和完善。一是优秀审计项目考评内容、考评指标、考评标准的科学性和导向性问题。现有做法，考评内容是规范化和审计结果两方面兼顾，总体上是合理的。如果只考评规范化，有可能审计档案很规范、很健全、很完美，促使审计过程也很规范，但可能忽视了对重大违法违纪问题的查处，这恰恰是最大的审计质量隐患，是最大的审计风险。如果只考评对重大违法违纪问题的查处，可能审计档案、审计过程就很不规范、很不健全，怎么能保证没有更为重大的违法违纪问题呢？总体审计评价又是建立在什么基础之上呢？关键是如何彼此兼顾，找到一种平衡，不要形成顾此失彼的不良导向。二是优秀审计项目考评材料的真实性和考评方式的可行性。现行优秀审计项目的考评方式是，按年度由完成审计项目的单位将自认为优秀的已审结项目送出参评，考评者主要是对送达的案卷进行检查。这样就带来一个问题，在审计实施结束后，对拟送出的案卷资料下大力气进行"包装"。在考评的头一两年，这种做法尽管不实事求是，但也有一个好处，就是促使其知道应该怎样，至少是有利于以后的规范。但长此以往，这实质是一种弄虚作假行为。对经"包装"的材料进行考评，评出的所谓"优秀"、"表彰"项目，已经失去了其原本的意义。将来可否借鉴对运动员"飞行药检"的方式，由考评人员抽样确定已审结的项目，突击到完成项目审计的单位，将有关案卷打包带走，使其来不及被"包装"。这样考评，才更有价值，才能评出真正意义上的优秀项目和表彰项目。三是年度审计业务考核对查处重大违法违纪问题加分的问题。对查处重大违法违纪问题给予加分，有利于调动审计人员的积极性，对重大违法违纪问题毫不动摇地检查和处理。但前提是被审计单位确实存在重大违法违纪问题。被审计单位经济规模小、不存在重大违法违纪问题，并非审计人员过错或不尽责。因此得不到加分，是不科学的，也是不公平的。这些问题如果长期得不到很好地解决，还会影响到以后审计的质量。

　　以上是工作中的一些感受和思考，很不成熟，也可能很不正确。借这次要求结合工作进行回顾与思考的机会，呈现给大家，以求对加强审计质量控制有所裨益，诚请同仁批评指正。

（审计署总审计师　孙宝厚）

廉政建设是审计
工作的生命线

　　审计机关的反腐倡廉工作，服从服务于审计工作大局，伴随着审计工作的发展而发展。回顾审计工作发展历程，大致经历了开创组建、积极发展、总结规范、深化提高四个阶段。在党中央、国务院和各级党委、政府的领导下，各级审计机关和广大审计干部在这个发展历程中努力拼搏、积极进取，使审计工作取得了公认的突出成绩，为建设中国特色社会主义做出了重要贡献，得到了党和政府以及社会公众的信任。审计机关之所以有今天的良好形象和信誉，原因是多方面的，但最基本一条是：在审计事业发展的进程中，审计系统从上到下取得了一个宝贵的共识，即廉政建设是审计工作的生命线。正是这种体现审计工作特点的理念，在不断约束我们的行为，激励我们的斗志，提升我们的工作水平。在我国进入经济社会发展的关键阶段，审计工作要知难而上、再创佳绩，就要以改革创新的精神，维护好廉政建设这条生命线。

一、廉政建设成为审计工作的生命线是
审计事业健康发展的必然要求

　　从审计工作开创初期至以后不同的发展阶段，审计署一直高度重视审

计队伍建设和廉政建设。第一任审计长于明涛同志在审计机关"边建、边干、边学"的创建初期，就提出要"建立起一支能打硬仗的审计队伍"。第二任审计长吕培俭同志在 1985 年全国审计工作会议上提出：要把忠于职守、廉洁奉公作为行动准则之一。其后，他在全国审计工作会议等重要会议上强调：要教育广大审计人员增强责任感，经受住改革开放和发展商品经济的考验；审计机关是搞监督的，在廉政建设方面应有更高的要求。要教育审计人员遵守审计职业道德，严格执行审计工作纪律，自觉接受监察、司法部门和群众的监督；如果失去监督制约，同样会产生腐败，监督别人，自身要更清正廉洁。第三任审计长郭振乾同志在 1994 年全国审计工作会议上指出："深入开展反腐败斗争，加强勤政廉政建设，是关系到审计监督权威、审计机关形象和审计队伍建设的重大问题。审计机关成立以来，广大审计人员发扬廉洁、公正、严格、奉献精神，积极完成审计监督任务，自觉抵制各种消极腐败现象，总的情况是好的，受到党政领导和社会各界的好评。但是，确有少数人经不起改革开放和市场经济的考验，……值得警惕的是，这些腐败现象与前几年相比，有所发展。对此，各级审计机关绝不可掉以轻心，任其蔓延。"其后，他又在全国审计工作年度会议上强调：要建立健全各项廉政制度，特别要建立执法行为规范，强化监督约束机制，把廉政建设贯穿于各项工作之中；要坚持不懈地抓好审计队伍廉政建设，严格执行《审计机关审计人员职业道德准则》。

随着审计工作不断发展的进程，审计机关的廉政建设也在逐步加强，对其认识也在不断深化。第四任审计长李金华同志提出了廉政建设和审计质量是审计工作生命线的重要观点，并在全国审计机关形成了共识。早在1996 年，李金华同志任副审计长时，在全国审计系统纪检监察工作会议结束的讲话中谈道："我有个看法，从审计机关性质来看，廉政建设和审计质量是审计机关的生命所在。只要审计机关在廉政上不出大问题，审计质量不出大问题，审计机关就可以立于不败之地。廉政与审计质量是密切相关的。"1999 年 11 月，李金华同志在全国审计机关纪检监察工作座谈会上的讲话中指出："审计机关的廉政建设和审计质量，是审计的生命之所在。审计机关只要真正做到在这两个方面不出问题，才能在社会上立得稳。"他还提出了审计机关廉政建设的重点是：一抓审计现场纪律，防止以权谋私；二抓内部管理，防止出现违法违规问题。2000 年 2 月，李金华同志在审计署年度工作总结大会的讲话中首次明确提出："廉政建设和审计质量是审计工作的生命线，这是我们必须牢固树立的意识。审计事业要想发展，要想具有权威性，就要必须紧紧抓住提高审计质量和加强廉政建设这两条。"

从审计事业创建初期开始，在不同发展阶段，我们始终把加强自身廉政建设作为重大任务认真对待，紧密结合审计工作实践和特点，推动落实，在这一进程中，逐步形成了廉政建设是审计工作生命线的共识。这是审计机关对廉政建设思想认识的一次飞跃。更为可贵的是，这种认识不是停留在口头上，而是认真付诸实践。多年来，各级审计机关一直重视抓好自身的廉政建设，审计队伍廉洁从审，敢于查处和揭露重大违法违纪问题，赢得了社会各界的广泛赞誉。2006 年 9 月 8 日，国务院召开加强政府建设推进管理创新电视电话会议后，审计署党组高度重视，立即决定召开加强审计机关自身建设工作座谈会。2006 年 9 月下旬，审计署领导在座谈会上的讲话中指出：审计机关在加强政府自身建设，推进政府管理创新工作中承担着双重任务：一方面要依法履行审计监督职责，促进转变政府职能、防止滥用权力、增强政府执行力与公信力；另一方面也要按照这三项要求不断加强自身建设，全面提高依法审计能力和审计工作水平。讲话还同时指出了少数审计机关和审计人员存在的五个方面的不廉洁苗头甚至违法乱纪现象，分析了产生的主要原因，提出了加强财务管理，提高机关效能和加强廉政建设，增强审计部门执行力、公信力的有效措施。

廉政建设是审计工作的生命线的宝贵共识，是对反腐败斗争长期性、艰巨性、复杂性保持清醒头脑的重要体现，是审计机关和广大审计人员依法履行审计职责的自觉承诺，是审计事业持续健康发展的根本保障。各级审计机关和广大审计人员特别是领导干部，必须在党的十七大精神指引下，根据反腐倡廉工作的新形势、新任务和新要求，为始终维护好廉政建设这条审计工作的生命线做出新的努力。

二、审计机关廉政建设取得明显成效

各级审计机关把廉政建设视为审计工作生命线的认识与审计工作实践紧密结合，在依法履行职责的过程中大力推进廉政建设，以不断加强廉政建设为依法履行职责提供保障。特别是党的十六大以来，通过认真贯彻落实《中共中央关于建立健全教育制度监督并重的惩治和预防腐败体系实施纲要》（简称《实施纲要》）和《审计署党组关于贯彻落实〈实施纲要〉具体意见》（简称《具体意见》）、《审计署关于建立健全审计机关廉政工作体系的指导意见》（简称《指导意见》），审计系统的党风廉政建设取得了明显成效。

（一）深入开展反腐倡廉教育，牢固树立廉洁从审意识

一是审计署党组始终高度重视廉政教育，李金华同志就反复强调审计机关的廉政教育要"常讲不断"。不断加强廉政教育工作，对廉政建设是审计工作生命线的意识的形成和巩固功不可没。二是以开展"三讲"、保持共产党员先进性教育活动、学习贯彻党章等为契机，以贯彻党的十六大精神，实践"三个代表"重要思想为主线，以丰富多彩的形式为载体，教育和引导广大党员干部坚定理想信念，牢记党的宗旨。三是坚持廉洁从审和职业道德教育，注意把廉政教育与思想政治工作结合起来，了解、掌握审计一线人员思想状况，发现问题及时交流、沟通和化解，不断增强廉政教育的针对性。四是先进典型的激励引导和反面典型的警示教育发挥了良好的综合效果。审计署组织的先进事迹报告团，在各地巡回报告 19 场，共有 6000 多名审计干部参加，引起强烈反响。同时，许多审计机关用违法犯罪的典型和在押人员的现身说法，深刻剖析职务犯罪的起因和教训。

五是许多领导干部以身作则，严格自律，坚持讲党课、讲廉政，发挥了表率作用。六是通过组织专题演讲、开展审计文化研讨、征集和创作具有时代气息的警句名言、短信息、歌词和形象生动的廉政教育网页等多种方式，努力营造以廉为荣、以贪为耻的良好氛围。2006年，在全国审计系统开展了以"家庭助廉"为主题的廉政文化建设活动，吸引近2600名审计干部亲属积极参加。他们的作品真实反映了审计干部廉洁从审的高尚情操和亲人们的重托、信任和恩爱之情。

（二）积极推进制度建设，不断加大从源头上防治腐败的工作力度

审计机关廉政制度建设是紧紧伴随审计工作发展历程而逐步推进的。特别是国务院领导要求"从严治理审计队伍"和审计署提出"廉政建设和审计质量是审计工作的生命线"以来，各级审计机关以从源头上防治腐败为目标，以"外抓审计纪律、内抓机关管理"为重点，以强化对审计监督权、财务管理权和人事管理权的监督制约为主要环节（简称"三个主要环节"），初步搭建起有关廉政建设的制度体系。

1. 不断规范审计行为，完善对审计权力的监督制约机制，保证审计监督权的正确行使

一是在积极推动并参与审计法规的修订和完善的同时，逐步建立健全了国家审计准则体系，全面规范包括处理处罚、听证、复议、审计复核、职业道德、审计报告、审计重要性与审计风险评估等审计行为。二是审计署制定了《审计机关审计项目质量控制办法（试行）》及其配套意见，并在地方审计机关大力推行。三是制定和修订了审计项目计划管理、中央审计项目授权地方审计机关审计、审计结果公告、审计报告审核审定、聘请外部人员参与审计工作、政府投资项目审计等制度和管理办法。四是从审计监督权这个源头上加大预防腐败的力度。审计署制定了《审计组廉政责任规定》、《加强审计纪律的规定》（即"八不准"规定）、《审计机关反腐败抓源头工作实施办法》、《关于严禁通过社会审计组织获取非法收

入的通知》，并与财政部联合下发了《关于切实保证地方审计机关经费问题的意见》。目前，全国已有近 20 个省级、100 个地（市）级和 300 多个县级审计机关实行了审计外勤经费自理。

2. 建立健全财务制度，规范内部财经活动，防止违反财经法纪问题的发生

一是认真执行部门预算和财务收支规定，建立内部审计制度，严格财务审批程序。二是积极推行财务公开和民主理财，重大财务收支由领导班子集体讨论决定；对基建、采购、职工住房、生活福利、公务接待费开支等重要事项增强透明度，接受群众监督和纪检监察机构的监督。三是认真执行工程招投标制度和政府采购制度。针对"金审一期"工程这个重大项目，审计署制定了工程财务管理办法、项目管理办法并严格执行。四是大力提倡艰苦奋斗、勤俭节约的作风，努力建设节约型审计机关。根据审计署党组加强廉政建设和作风建设的有关要求，审计署办公厅向全国审计机关提出和重申了廉洁自律和厉行节约的四项规定，并制定了审计署机关和派出局节约各项资源、降低成本的实施方案及加强考核和目标管理的措施。

3. 深化干部人事制度改革，规范选人用人行为，促进干部人事管理权的正确使用

一是严格执行《党政领导干部选拔任用工作条例》，坚持选用干部的正确原则，认真履行选拔任用干部程序，坚持和逐步完善竞争上岗、民主推荐、民主测评、任前公示、任职试用期制等制度，落实群众的知情权、参与权、选择权和监督权，探索建立公开、平等、竞争、择优的干部选拔任用工作机制。2005 年 10 月，审计署党组决定将公开推荐考试制度引入到副司（局）级后备干部队伍的选拔中，前移了选任关口，保证了后备干部的质量。2002 年至 2007 年上半年，审计署机关及派出机构在选拔任用处级干部中，有 97% 的人是通过竞争上岗提拔的。二是坚持干部交流制度，加大对重要关键岗位干部的交流轮岗力度，并逐步规范干部交流工作。审计署机关、特派办和派出局之间已建立良好的干部交流机制。2002

年至 2007 年上半年，共交流轮岗主要负责人 46 人（次），基本实现任职
5 年以上都进行交流的目标；在实行竞争上岗、双向选择中，干部交流面
达 50% 左右。三是逐步完善干部考核评价机制。许多审计机关制定了干
部业绩量化考核办法，并注重廉政考核事项。审计署从 1998 年起，开始
实行业绩写实办法；2003 年，又推行了审计日记制度；2004 年开始，对
派出机构领导班子和领导干部开展以能力和业绩为导向的绩效考核评价工
作。四是努力探索干部人事制度改革的新方式。一些审计机关探索实行审
计组组长招标制，有的特派办在处级干部竞争上岗工作中，实行党组讨论
干部任用"票决制"等。

（三）不断加强廉政监督，有效促进廉政规定和审计纪律的落实

1. 认真执行党风廉政建设责任制，推动反腐倡廉各项工作任务的落实

审计署制定了落实党风廉政建设责任制的实施办法、职能部门工作职
责；审计署党风建设领导小组制定了相应的考核办法、责任追究办法。审
计署在对派出机构实行量化考核时，将党风廉政建设要求作为重要内容纳
入指标体系，检查和评价执行情况。各级审计机关普遍建立了责任分工、
责任考核、责任追究等一系列较为规范的廉政责任规定，基本形成了党组
统一领导、党政齐抓共管、各部门各负其责、纪检部门组织协调、依靠群
众支持和参与的领导体制和运行机制，并将廉政责任逐步纳入目标管理的
考核指标体系，与本单位审计工作任务一起部署、一起检查、一起考核、
一起落实。

2. 建立和完善廉政监督制度，促进廉洁从政、廉洁从审

首先，加强对领导干部的监督。审计署先后制定了审计机关领导干部
或其内部机构处级（含）以上干部发生违纪违法问题报告制度、处级以
上领导干部经商办企业的具体规定、加强司处级领导干部廉政监督的规
定、党员领导干部报告个人有关事项规定的实施办法等。同时进一步完善

审计纪律监督机制。审计署下发了《加强审计纪律的规定实施细则》。许多地方审计机关实施了一系列严格执行审计纪律的监督检查制度，如审前承诺制、审后回访制、审计组廉政监督员制度和年终考核一票否决制，以及对审计组进行巡查、抽查等。

3. 组织开展监督检查，清理和纠正存在的问题，努力提高监督的有效性

一是认真落实领导干部廉洁自律规定。审计署先后对审计署机关及派出机构副处级以上领导干部配偶、子女违规经商办企业，用公款为领导干部住宅配备电脑和支付上网费用，个人借用、占用下属机关、企业事业单位和被审计单位小汽车，副科级以上领导干部违规收受和赠送现金、有价证券、支付凭证，领导干部及其配偶违规办理因私护照和港澳通行证、外国居留证，审计过渡专户管理和实行"收支两条线"，以及执行审计纪律"八不准"规定等情况，组织开展了专项检查和清理纠正工作。按照中央纪委办公厅《关于认真学习贯彻〈中央纪委关于严格禁止利用职务上的便利谋取不正当利益的若干规定〉的通知》要求，组织审计署机关及派出机构对属于国家工作人员身份的党员干部进行对照检查和清理纠正。二是积极开展审计机关主要负责人的经济责任审计，在监督别人的同时也监督自己。三是针对一些审计机关预算资金管理不规范、审计专户清理不彻底、经费管理分散、资产管理不完整不安全、一些历史遗留问题久拖不决等问题，审计署对全国审计系统组织开展了财务清理和检查。在全系统的财务清理和检查之后，审计署向国务院提出，请财政部对审计署机关和各派出机构财务进行检查，并将结果向社会公布。这种自觉引入体制外监督机制的做法，充分体现了审计署加强审计机关自身建设的决心。

（三）不断加强廉政监督，有效促进廉政规定和审计纪律的落实

近几年来，随着审计机关和审计人员特别是领导干部廉政意识显著增

强，特别是《实施纲要》和《具体意见》颁布后，反腐倡廉工作的制度创新、方法创新也在不断推进。主要有以下特点：

1. 努力构建惩治和预防腐败体系

根据审计工作特点和事业发展需要，把党风廉政建设与精神文明和"人、法、技"建设紧密结合，围绕"三个主要环节"，搭建"抓教育——倡廉、抓制度——保廉、抓监督——查廉"的工作体系和制度体系，全方位健全反腐倡廉运行机制。有的特派办引入国际质量管理标准，构建了审计质量管理体系，同时搭建了反腐倡廉工作新平台，把廉政建设贯彻到审计质量管理的各个环节，落实对审计监督权、人事和财务管理权的有效制约，建立增强队伍执行力、保证审计质量、提升管理水平、促进反腐倡廉的长效机制。

2. 探索对审计权力运行进行监督制约的新机制

积极推行送达审计和计算机联网审计，建立了包括审计质量责任追究、审计质量检查和抽查等方面的质量监控制度。有的省审计厅实行"计划、审计、审理、执行"四权分离、相互制约，从源头上解决集权可能产生的弊端，努力从内部体制、机制上保障廉洁从审；有的审计机关针对审计检查权和处理处罚权行使过程中容易出问题的薄弱环节，建立了相关的监督制约机制，防止"人情审计"、"利益审计"等以审谋私行为。

3. 创新监督方式，提高监督实效

第一，积极推行审计政务公开，强化了外部监督机制。一方面通过新闻媒体、政府网络、聘请的社会监督员和被审计单位公告和宣传审计纪律，并向被审计单位公示举报事项和审计经费结算情况，把审计单位置于社会和被审计单位群众的监督之下。另一方面，大力推行审计结果和整改情况公告制度，在社会和公众面前树立了良好形象。第二，改进和创新内部监督方式，注重增强监督效果。针对审计回访重点不够突出、监督不够扎实、收效不够明显的问题，有的审计机关选择重大工程投资、重要专项资金、大中型国有企业等方面的重点审计项目，由纪检监察人员会同有关人员全程跟踪监督审计组的审计实施过程；有的组织纪检监察人员深入被审计单位检查执行审计纪律的真实情况，有的直接与被审计单位及时结算派出审计组的审计外勤经费。一些尚未实行外勤经费自理的审计机关，结合本地实际情况，制定了相关的审计纪律规定和监督措施。第三，改进对领导干部的监督方式。为了加强对特派办领导干部、领导班子特别是"一把手"的监督，审计署党组决定，把特派办党组内设纪检组改为审计署党组派驻的纪检组，直接对审计署党组负责，并通过交流方式重新任命了纪检组长，制定了派驻纪检组工作规则。同时，审计署党组还向中国审计报社和中国时代经济出版社派驻了纪检组长。

（四）切实加强和改进信访举报工作，严肃查处违法违纪问题

各级审计机关普遍重视涉及审计干部廉政问题的信访举报工作，对举报反映的问题，及时核实和处理。扩大举报渠道，有些审计机关在被审计单位设置由纪检监察部门掌握的举报箱，开设网上举报和电话举报等。为理顺涉及审计机关党风廉政建设问题的信访举报受理工作关系，形成信访举报工作合力，审计署按照整合信息、分级负责、分类办理、归口管理的原则，制定了相关规定，建立了相关部门的信息沟通和工作协调机制。据不完全统计，2001 年至 2006 年，全国审计系统共有 80 多名违纪违法人员被查处并受到党纪政纪处分，其中有少数人员受到刑事处理。

总的来看，各级审计机关把廉政建设视为审计工作的生命线，坚持"从严治理审计队伍"的方针，以"外抓审计纪律，内抓机关管理"为重点，整体推进惩治和预防腐败体系建设，反腐倡廉工作取得明显成效。审计系统的"人、法、技"建设取得长足进步，绝大多数审计干部经受住了各种各样的考验。同时，审计监督力度逐年增强，审计影响不断扩大，审计机关的社会形象明显提升。党的十六大以来，全国审计机关共有 1810 个单位获得了"文明单位"称号，其中全国文明单位和全国精神文明建设工作先进单位有 21 个，省级文明单位 312 个。

三、审计机关廉政建设的基本经验

回顾过去，总结各级审计机关开展反腐倡廉工作的成效，我们积累了一些基本经验，主要是：

（一）必须紧紧围绕审计工作中心，密切联系审计工作实际，不断增强反腐倡廉工作的有效性

审计机关的反腐倡廉工作必须紧紧围绕依法履行审计监督职责和坚持审计工作"二十字"方针，使之渗透到发展审计事业的各个方面，服从服务于审计工作大局。只有紧紧围绕审计工作中心，从审计工作实际出发，把中央和地方党委、政府关于反腐倡廉工作的各项要求与审计机关的工作特点紧密联系起来，将反腐倡廉工作与审计业务和机关行政管理紧密结合，一起部署，一起实施，一起检查，一起落实，才能不断取得新的成效。

（二）必须统一思想，始终不渝地贯彻从严治理审计队伍的方针

"公生明、廉生威"，审计工作之所以引起强烈的社会反响，审计机关之所以赢得社会公众的好评，重要原因之一就是我们拥有一支公正执法、廉洁自律的审计队伍。审计机关只有牢牢把握廉政建设这条审计工作的生命线，严格遵循从严治理审计队伍的方针，坚持依法审计、客观公正，在廉政问题上，始终保持清醒头脑，树立忧患意识，严格纪律，严格管理，严格要求，切实做到警钟长鸣，常抓不懈，持之以恒，才能保证审计事业健康发展。

（三） 必须把加强作风建设摆在突出位置，大力弘扬审计精神

大力弘扬审计机关"求真务实、艰苦奋斗、严谨细致"的优良作风和"依法、求实、严格、奋进、奉献"的审计精神，既是廉政建设的重要内容，也是从严治理审计队伍的重要措施。只有把加强作风建设摆在突出位置，才能有效抵御各种不正之风及消极腐败现象的侵蚀和影响，确保审计机关廉洁公正，有效发挥审计监督职能。

（四） 必须加强制度建设，着力从源头上防治腐败

通过改革创新，加强制度建设，是防止以权谋私的根本途径。审计机关必须严格规范和制约审计权力，加强机关财务管理和监督，建立健全公正公平的选人用人机制和公开透明的决策机制，用制度规范从政行为、按制度办事、靠制度管人。只有坚持不懈地推进改革、注重制度创新，实现制度建设的与时俱进，不断加强对制度执行的监督检查，对有令不行、有禁不止的行为依纪依法进行处理，切实维护制度的严肃性和权威性，才能有效防范和遏制腐败问题的发生，切实维护好审计工作的生命线。

（五） 必须加强领导，建立反腐倡廉的责任机制

党风廉政建设是一项系统工程，必须加强领导，建立反腐倡廉的责任机制。各级审计机关只有按照"党委统一领导，党政齐抓共管，纪委组织协调，部门各负其责，动员群众积极参与"的要求，切实加强组织领导，认真执行党风廉政建设责任制，坚持"谁主管，谁负责"的原则，严格责任追究，将"党政主要领导对党风廉政建设负总责"的规定真正落到实处，才能确保工作落实。

四、对今后审计机关廉政建设的几点思考

新世纪新阶段，我国发展站在了新的历史起点上，面临的机遇前所未有，面临的挑战也前所未有。保证经济社会又好又快发展，实现全面建设小康社会的宏伟目标是全党全国的大局。审计工作在围绕中心、服务大局上做出新的贡献，大有文章可做。审计工作要适应新形势，做好新文章，取得新成果，有一个重要的前提条件，就是为牢牢把握好廉政建设这条生命线做出更加有效地努力，取得更加突出的成效。

我们要履行好神圣职责，就必须坚持五条基本经验，正视问题，永不懈怠，不辱使命，以振奋的精神和良好的作风，不断推进党风廉政建设和队伍建设，为审计事业持续健康发展提供强有力的保障。

（一）正确分析审计机关廉政建设形势，始终保持清醒头脑

审计机关反腐倡廉工作已经具有一个良好的基础。特别是有党中央、国务院对反腐败斗争的坚强领导，有中央和地方党委、政府对审计工作的有力支持，有审计署党组对廉政建设的正确部署，给审计系统加大反腐倡廉工作力度提供了根本保障。

与此同时，我们必须把审计机关廉政建设问题置于反腐败斗争的大形势下来思考，以利于进一步增强做好反腐倡廉工作的自觉性、主动性和有效性。从理论认识上看，"标本兼治、综合治理、惩防并举、注重预防"的反腐倡廉方针是具有根本意义的转变。从实践上看，反腐败斗争的力度不断加大，成效明显。同时，我们还应看到，反腐败斗争的形势依然严峻，任务依然艰巨。我们更应看到反腐败斗争的长期性、复杂性、艰巨性。第一，腐败现象产生的土壤和条件远未涤净；第二，反腐败斗争是在对外开放条件下进行的，增加了一些复杂因素，其中包括对党员干部和社

会的不利影响；第三，腐败本身有多变性、顽固性和遭受打击后的隐蔽性；第四，"倡廉"工作也有长期性和艰巨性。审计干部特别是领导干部同样要长期经受各种考验。对此，我们要有足够的认识。

审计机关的廉政建设形势总的说是好的，但也存在一些问题。从队伍廉政状况看：一是有些审计人员特别是一些领导干部还存在不少错误思想。有些同志对"廉政建设是审计工作生命线"的认识不够，对消极腐败之风的影响估计不足，对始终坚持"从严治理审计队伍"的决心不大，对维护审计机关整体形象的责任感不强。因而，"盲目乐观"、"麻痹思想"、"相互攀比"、"严格要求吃亏"等错误认识问题还没有得到解决。这些思想障碍的存在容易使人丧失警觉或心态失衡，产生松懈厌烦情绪，导致廉政措施不力，廉政风险加大。二是违反审计纪律的行为、获取不正当利益甚至违法的行为还时有发生。有的在被审计单位吃、拿、卡、要，报销费用；有的滥用权力，截留罚没款，违规收取费用并设"小金库"；有的仍然接受被审计单位安排的宴请、旅游和礼品；有的已实行外勤经费自理的审计组在住宿和就餐时接受被审计单位的经费补贴；有的通过与中介机构的违规来往，以各种名义收取费用，甚至违法犯罪；有的以审谋私，以隐蔽形式与被审计单位搞交易，甚至通风报信、出谋划策。从反腐倡廉工作看：一是有些领导干部作风不扎实，抓落实不到位，要求不严格，缺乏针对性和有效性。有的缺乏调查研究，对薄弱环节和应当警惕、重视的问题心中无数；有的要求不严格，报喜不报忧，对存在的问题视而不见，敷衍回避；有的只停留在一般要求和号召上，缺乏强有力的措施，制定的制度也不认真执行；有的急功近利，抓业务"硬"，抓管理、抓队伍、抓廉政"软"。二是惩防体系建设发展不平衡，制度和机制不够完善，"外抓审计纪律、内抓机关管理"仍有薄弱环节和漏洞。一些单位对贯彻落实《实施纲要》、《具体意见》和《指导意见》的认识不足，惩防体系建设的工作力度不大；有些单位制度建设系统性、操作性、创新性不强，特别是从源头上防治腐败的相关制度还不完善，对权力特别是审计权力的监督制约机制不健全；有些基层审计机关业务经费缺乏可靠保证，长期依赖于被审计单位，使审计的独立性、公正性受到影响；有些单位审计纪律不完善，审计外勤经费结算不规范、不及时，对审计组的教育、监督不力；对于基建投资、物资设备采购等大宗资金，存在管理不善、监督不力、使用不当等问题。近年来，已有数人违法犯罪被判刑。

上述问题必须引起我们的警觉和高度重视。审计署党组多次郑重提醒各级审计机关：对廉政建设的成绩不能估计过高，对存在的问题绝不可掉以轻心。这些问题如果得不到解决，将会危害整个队伍建设和审计事业发展，甚至丧失已有的成果。对此，我们应保持清醒的头脑，以充分的信心、坚强的决心以及对审计工作的责任感和使命感，知难而上，不断推进审计机关廉政建设。

（二）紧密结合审计机关实际和审计工作特点，扎实推进惩防体系建设

《实施纲要》是我们党对执政规律和反腐倡廉工作规律认识的进一步深化，是从源头上防治腐败的根本举措，也是当前和今后一个时期深入开展党风廉政建设和反腐败工作的指导性文件。随着改革的深入，全方位的开放，经济发展和市场化进程加快的同时，也产生了空前的社会变革。这既给发展进步带来活力，也带来这样那样的矛盾和问题。因此，反腐倡廉建设的长期性、复杂性、艰巨性十分突出，对其综合性整体性防治腐败的要求越来越高。对消极腐败之风的治理，必须多方位展开，各种措施科学设置和综合运用才能有效。所以我们要深入理解坚持反腐倡廉工作方针的重大意义，以及《实施纲要》要求的惩防体系的科学性、系统性，增强建设惩防体系的自觉性、主动性。同时，我们必须结合审计工作的实际和特殊性，建立和完善包括教育、制度、监督、改革和惩治五个要素在内的惩防体系，避免形式主义。就是说：贯彻落实《实施纲要》要坚定不移，一切从实际出发也要坚定不移。从工作思路上讲，重点抓好以下4个方面：

第一，要勤于思考。思想是行为的先导，是改进和加强体系建设工作

的基础。首先，要深入学习领会党的十七大精神，特别是对反腐倡廉建设的要求；进一步深刻认识贯彻《实施纲要》的重大意义，把握好纲要的基本精神和各项举措的内涵，增强建立和完善惩防体系的紧迫感和责任感，在已有的工作基础上，树立要取得明显成效的决心和信心。其次，从审计工作与反腐倡廉工作紧密结合的实际出发，总结经验教训，查找突出问题，分析薄弱环节，把握客观规律，把抓住重点与整体推进有机结合，按教育、制度、监督并重的要求，精心设计体系运作机制。比如，如何针对一些审计人员特别是领导干部中存在的思想障碍，提高反腐倡廉教育这项基础工作的有效性，逐步形成长效机制；再比如：如何从审计工作大局出发，针对行使审计监督权的特点，建立和完善对权力的监督制约机制，为提高审计质量，防范质量风险和廉政风险提供制度保障。

第二，要狠抓落实。审计机关为依法履行审计监督职责，加强廉政建设，制定了一系列制度。狠抓落实，要重点做好以下工作：一是以领导干部为重点，进一步加强和改进作风建设。审计署党组历来把审计机关作风建设放在突出位置。审计工作成果突出，审计机关公信力的明显增强，得益于良好作风的保障。我们要以开阔的眼界，进一步发扬和培育敢说真话、善抓重点、讲求实效、勇于创新的作风，为同时提高审计质量和加强廉政建设扎扎实实地做事。二是严格执行制度。在依法审计，要求别人照章办事的同时，我们自身也要严格按制度办事。要注重建立确保制度落实的机制，实现在法律和制度面前人人平等的理念。三是不断完善制度。在新形势下，对已有的制度和执行情况要认真梳理和分析，对不完全适应情况变化的制度要及时修改、补充；对新任务新要求所需要的制度要及时建立。四是要把制度的可操作性作为制度建设的重要原则。制度不在多，而是要管用，特别是从源头上要管用，必须注意和解决脱离实际、面面俱到、难以运作的问题。比如：如何结合现场审计的实际情况和可能发生的问题，改进和完善审计组的教育、监督机制，保证一线人员在依法审计的全过程中不出问题、少出问题，出了问题也可及时纠正。特别在涉及国计民生和敏感问题的审计项目上，要确保独立公正和廉洁从审。

第三，要攻克难关。对一些难题要敢于攻、敢于抓，争取取得突破性进展，推动惩防体系建设和反腐倡廉工作的深入发展。比如实行审计外勤经费自理就是一个机制上的难题。审计署在国务院领导的支持下，与有关部门联合下发了有关文件，这就是一个全系统的突破性进展。有些地方审计机关乘势而上，有所作为，有的则强调客观，主观努力欠缺。再比如：建立有实效的内部监督和外部监督相结合的机制，并实行问责制，也是一个难点。监督问责工作受到意识、环境、体制、途径和方式等多方因素的影响，真正做到上下、左右、内外监督制约的有机融合，能够及时发现和督促解决问题而不流于形式，并能在发生重大问题时追究相关人的责任是一件很难的事，需要我们共同努力，逐步解决。

第四，要敢于创新。审计工作的发展历程，从某种意义上说也是不断创新的历程。建立健全惩防体系，深入开展反腐倡廉工作，要坚持继承与创新相结合的原则。坚持审计工作"二十字"方针，坚持从实践中总结的反腐倡廉基本经验的同时，还必须解放思想，推进创新。改革创新的重点是围绕审计监督权、财务管理权和人事管理权的正确行使，进行机制创新、制度创新和管理创新。比如，审计署请财政部对审计署财务进行监督检查，并向社会公告，就是建立体制外监督机制的新探索。再比如，如何克服审计业务和廉政建设"两张皮"的弊端，搭建两者紧密结合的新平台，促进建立两者紧密结合的长效机制。

（三）要在反腐倡廉工作实践中坚持以人为本

搞好审计机关的反腐倡廉工作，要充分依靠广大审计人员，把廉政建设与党的建设、队伍建设、精神文明建设紧密融合在一起，综合发挥整体效益，树立审计机关良好形象的"新品牌"。各级领导干部要通过自己的领导实践，正确引导审计人员坚定依法履行职责，不辱神圣使命的信念；切实提高审计人员的思想政治、业务、心理和身体素质；创造有利于审计人员成长的各种条件；热忱鼓励审计人员的个人价值在审计工作发展大局中得以实现；诚心诚意地尊重人、理解人、关心人、培育人；及时告诫干部规范、检点自己的行为，充分调动广大审计干部做好各项工作的积极性。审计机关的领导干部要做廉洁自律和言行一致的表率；要在多做下级领导干部和审计人员思想工作的同时敢于管理，严格要求；上级领导干部要为下级领导干部的工作排忧解难，下级领导干部要支持上级领导干部的工作，敢于负责。

党的十七大的召开，必将产生深远的影响。我国经济社会又好又快发展面临新的任务。审计工作要为大局服好务，取得新发展，将面临机遇和挑战，审计机关的反腐倡廉建设必须与之相适应。我们要以党的十七大精神为指导，做到思想上始终清醒、政治上始终坚定、作风上始终务实，以审计工作和廉政建设的丰硕成果，为开创审计工作改革与发展新局面做出新的贡献。

（中央纪委驻审计署纪检组长　安　国）

策划编辑:郑海燕

责任编辑:郑海燕　沈宪贞　陈　登

装帧设计:曹　春

责任校对:张　红

图书在版编目(CIP)数据

中国审计 25 年回顾与展望/李金华主编.

-北京:人民出版社,2008.11

ISBN 978-7-01-007394-1

Ⅰ.中…　Ⅱ.李…　Ⅲ.审计-工作-中国　Ⅳ.F239.22

中国版本图书馆 CIP 数据核字(2008)第 158420 号

中国审计 25 年回顾与展望

ZHONGGUO SHENJI 25 NIAN HUIGU YU ZHANWANG

李金华　主编

人民出版社 出版发行

(100706　北京朝阳门内大街 166 号)

北京瑞古冠中印刷厂印刷　新华书店经销

2008 年 11 月第 1 版　2008 年 11 月北京第 1 次印刷

开本:700 毫米×1000 毫米 1/16　印张:30.25

字数:423 千字

ISBN 978-7-01-007394-1　定价:55.00 元

邮购地址 100706　北京朝阳门内大街 166 号

人民东方图书销售中心　电话 (010)65250042　65289539